樂園憶往

天主教聖言會在華傳教史

吳蕙芳 著

臺灣 學生書局 印行

當人們被遺忘就成為過去，
但歷史會隨著他們留下的遺產而延續。

People become the past when they are forgotten,
but history will last with the legacy they left behind.

序
回憶起樂園：聖言會士在華人社會的傳教史

　　本書匯集了十二篇聖言會傳教士在中國和臺灣的歷史專文，範圍涵蓋十九世紀後期至二十世紀中期的中國，以及二十世紀中期以來的臺灣。這相對於臺灣學界有限的天主教傳教史研究成果而言，是個受歡迎的貢獻。

　　本系列研究的傳教士屬於天主教聖言會(SVD)，這是一個國際性的傳教團體，由阿諾德・楊生神父於 1875 年在尼德蘭史泰爾創立，迄今慶祝 150 周年紀念。目前他們擁有約六千名成員，分布於世界各地工作。早期在中國時，他們頗為人知的成果是 1933 到 1950 年負責北京輔仁大學，並出版研究中國古代歷史與文化的學術性刊物《華裔學志》，而本書著重的是他們在教區的努力。

　　這個傳教史的研究始於十九世紀末在山東南部的工作，主要是德國傳教士的奠基，到第二次世界大戰前和二戰期間拓展到河南幾個傳教站(位於河南北部的新鄉被美國傳教士稱為「樂園」)，以及研究 1950、1960 年代以來在臺灣的教區與社會工作。書中大部分呈現出美國傳教士如何經由自己家鄉的支援基礎下，持續他們在非常不同的時代和社會環境中對民眾宣揚福音與進行社會工作。他們的主要工作是建立基督教社區，但也設立學校、孤兒院、從事社會服務事業，以減輕災害、救助貧困等。

　　作者的突出之處，是她以真實的資料為基礎，毫無偏見地細緻描述了傳教活動的細節。因此，人們不僅可以得知關於傳教士和傳教團體的工作方式，還可以找到有關當地實況的詳細說明，例如山東南部與河南，涉及匪患、天災、日本占領等，這些內容有時沒有其他當時來源的資料可供參考。

作者描述了傳教士如何真正地投身參與當地社會，並以他們自己的方式為社會做出貢獻。這項研究具體詳細地展示了他們在一個多世紀以來傳教工作的許多面向以及傳教士的動機。

　　這本書也講述了永遠離開家人和母國的天主教傳教士們，獻身於傳播福音的迷人故事。他們盡力適應當地文化中的語言和風俗習慣；他們高度積極地勤奮工作，並創造性地嘗試建立接受並努力實踐福音的本地民間社會；在可能的情況下，他們還致力於幫助解決社會需求、教育與社會關懷等項。通過這些方式，他們在社會上留下了持久的影響。

聖言會柯博識神父
2025.01.21

Preface

Remembering Paradise:
Histories of the Mission Work of Divine Word Missionaries in Chinese Society

This book is a collection of 12 mission histories of Divine Word Missionaries since the late 19th century to the middle 20th century in China, and since the middle of the 20th century in Taiwan. It is a welcome contribution to the rather limited studies of the history of Catholic mission work by Taiwanese scholars.

The missionaries studied in this collection belong to the Mission Society of the Divine Word (SVD), an international mission congregation founded in Steyl in the Netherlands in 1875 by Fr. Arnold Janssen and which by now is celebrating its 150th anniversary, having about 6,000 members working all over the world. Earlier in China their well-known undertakings were Fu Jen University in Beijing from 1933 till 1950, and also the publication of the scholarly magazine Monumenta Serica which does research in ancient Chinese history and culture. The present book deals with their endeavors in mission dioceses.

The mission studies range from the work of the German founders of the mission society who started missionary work in Southern Shandong in the late 19th century, and in the period before and during the Second World War to working in several mission stations in Henan (namely in Xin Xiang in North Henan which American missionaries called "Paradise") and also studies of parishes and social work in Taiwan during 1950s and 1960s. It shows how the mostly American missionaries, supported by their home bases continued their work of evangelization and social work to people in very different times and social situations. Their main work was building Christian communities, but also establishing schools and orphanages, doing social work, alleviating disaster situations and poverty, etc.

The author stands out by her meticulous attention to the details of the missionary activities based on authentic sources without the slightest bias. Therefore one can find information not only on the missionaries and the way a mission society worked, but also detailed descriptions of local situations, like in Southern Shandong and Henan where sometimes no other contemporary sources are available, e.g. banditry, natural disasters, Japanese occupation, etc.

The author describes how the missionaries really involved themselves in the local society and contributed in their way to whatever they could do for society.

This study shows in concrete detail the many aspects of their mission work over a period of more than a century and the motivation of the missionaries.

    This book gives a fascinating story of Catholic missionaries who forever left their families and native country to dedicate themselves to the spreading of the Gospel. They struggled to adept to the local culture of language and customs. They were highly motivated, hardworking and creatively tried to build local communities of people who accepted the Good News and tried to live it. Wherever possible they also involved themselves in helping to solve the needs of society, education, social care, etc. In this way they left a lasting impact in society.

Fr. Jac Kuepers SVD
January 21, 2025

樂園憶往：天主教聖言會在華傳教史

目　　次

序 I

導　　言 1

第一部　奠基山東

第一章　聖言東傳：楊生神父書信中的魯南傳教事業(1879-
　　　　1897) 9
　　第一節　書信資料分析 13
　　第二節　人力物力支援 18
　　第三節　傳教事業拓展 30
　　結　語 49

第二章　福若瑟神父的華人社會生活：從香港到魯南(1879-
　　　　1908) 53
　　第一節　生活環境調適 57
　　第二節　傳教工作推動 67
　　結　語 79

第二部　拓展河南

第三章　異域樂土：外籍傳教士眼中的華北民間社會(1920至1940年代) …… 85

第一節　生存環境紀錄：天災 …………………… 86
第二節　生存環境紀錄：人禍 …………………… 93
第三節　信仰生活觀察 …………………………… 99
結　語 ……………………………………………… 109

第四章　來自中原的訊息：傅相讓神父的河南傳教經歷 …… 111

第一節　日常生活適應 …………………………… 113
第二節　傳教工作開展 …………………………… 121
結　語 ……………………………………………… 129

第五章　實踐信仰生活：1931年的中國聖教年曆 …… 133

第一節　外部觀察 ………………………………… 136
第二節　內涵說明 ………………………………… 145
結　語 ……………………………………………… 155

第六章　建立新鄉樂園：米幹神父在豫北的傳教事業 …… 165

第一節　傳教工作 ………………………………… 167
第二節　人力資源 ………………………………… 175
第三節　經費供給 ………………………………… 182
結　語 ……………………………………………… 187

第七章　重返新鄉樂園：國共內戰時期的米幹神父 …… 197

第一節　新鄉樂園的早期成果 …………………… 198
第二節　二戰後期的全面規劃 …………………… 204

第三節　內戰期間的實務工作：在中國的建設與阻礙‥‥‥‥‥ 211
　　第四節　內戰期間的實務工作：在美國的努力與困境‥‥‥‥‥ 218
　　結　語‥‥‥‥‥‥‥‥‥‥‥‥‥‥‥‥‥‥‥‥‥‥‥‥ 222

第八章　戰亂下的傳教士生活：韓克禮神父回憶錄中的景象‥ 227
　　第一節　生平經歷‥‥‥‥‥‥‥‥‥‥‥‥‥‥‥‥‥‥‥ 228
　　第二節　對日抗戰時期(1937-1941)‥‥‥‥‥‥‥‥‥‥‥‥‥ 232
　　第三節　二次大戰期間(1941-1942)：太行山區內‥‥‥‥‥‥ 239
　　第四節　二次大戰期間(1942-1945)：國民政府統治區內‥‥‥ 243
　　結　語‥‥‥‥‥‥‥‥‥‥‥‥‥‥‥‥‥‥‥‥‥‥‥‥ 250

第三部　傳承臺灣

第九章　天主教聖言會的社會服務事業：以新店大坪林德華女
　　　　子公寓為例‥‥‥‥‥‥‥‥‥‥‥‥‥‥‥‥‥‥‥ 255
　　第一節　美籍神父的中國情緣(1937-1947)‥‥‥‥‥‥‥‥‥ 256
　　第二節　女子公寓的創建歷程(1960 年代)‥‥‥‥‥‥‥‥‥ 263
　　第三節　女子公寓的營運成果(1968-1988)‥‥‥‥‥‥‥‥‥ 279
　　結　語‥‥‥‥‥‥‥‥‥‥‥‥‥‥‥‥‥‥‥‥‥‥‥‥ 296

第十章　萬德華神父筆下的傳教經歷：海峽兩岸的觀察紀錄‥ 301
　　第一節　對中國的記載(1930 至 1940 年代)‥‥‥‥‥‥‥‥ 302
　　第二節　對臺灣的觀察(1960 至 1970 年代)‥‥‥‥‥‥‥‥ 314
　　結　語‥‥‥‥‥‥‥‥‥‥‥‥‥‥‥‥‥‥‥‥‥‥‥‥ 325

第十一章　從 Formosa High Lights 到《聖三堂訊》：天主教會
　　　　　在臺灣本地化發展的案例‥‥‥‥‥‥‥‥‥‥‥‥ 329
　　第一節　萬德華神父與 Formosa High Lights 的創刊‥‥‥‥‥ 329

第二節　楊世豪神父與《聖三堂訊》的印行⋯⋯⋯⋯⋯⋯⋯ 337
　　第三節　《聖三堂訊》的演變⋯⋯⋯⋯⋯⋯⋯⋯⋯⋯⋯⋯ 344
　　結　語⋯⋯⋯⋯⋯⋯⋯⋯⋯⋯⋯⋯⋯⋯⋯⋯⋯⋯⋯⋯⋯ 352

第十二章　溯源：劉維和神父的尋根之旅⋯⋯⋯⋯⋯⋯⋯⋯⋯ 355
　　第一節　奠基開拓的新土⋯⋯⋯⋯⋯⋯⋯⋯⋯⋯⋯⋯⋯ 356
　　第二節　魂牽夢縈的故鄉⋯⋯⋯⋯⋯⋯⋯⋯⋯⋯⋯⋯⋯ 367
　　第三節　飲水思源的聖家⋯⋯⋯⋯⋯⋯⋯⋯⋯⋯⋯⋯⋯ 376
　　結　語⋯⋯⋯⋯⋯⋯⋯⋯⋯⋯⋯⋯⋯⋯⋯⋯⋯⋯⋯⋯⋯ 385

徵引書目⋯⋯⋯⋯⋯⋯⋯⋯⋯⋯⋯⋯⋯⋯⋯⋯⋯⋯⋯⋯⋯⋯ 389

後　記⋯⋯⋯⋯⋯⋯⋯⋯⋯⋯⋯⋯⋯⋯⋯⋯⋯⋯⋯⋯⋯⋯⋯ 407

英文目次⋯⋯⋯⋯⋯⋯⋯⋯⋯⋯⋯⋯⋯⋯⋯⋯⋯⋯⋯⋯⋯⋯ 413

表目次

表 0-1	早期來臺聖言會士表(1954-1964)	1
表 1-1	書信資料統計表(1879-1897)	14
表 1-2	香港時期聖言會士地位與權力關係表	18
表 1-3	魯南傳教區聖言會士地位與權力關係表	18
表 1-4	魯南傳教區聖言會士表(1879-1897)	19
表 1-5	匯往魯南傳教區資金表(1881-1885)	24
表 2-1	魯南傳教區領洗者統計表	74
表 5-1	中華民國二十年聖教瞻禮齋期表	159
表 6-1	新鄉傳教區神職人員配置表	169
表 6-2	新鄉傳教區各縣天主堂設置表	170
表 6-3	新鄉傳教區基礎教育設施統計表(1936-1941)	173
表 6-4	新鄉傳教區聖言會士表(1933-1949)	176
表 6-5	新鄉傳教區收支經費表	182
表 6-6	河南各傳教區教徒人數統計表(1949)	189
表 7-1	新鄉傳教區工作成果統計表(1936-1941)	199
表 7-2	新鄉傳教區資金及資產統計表(1936-1941)	201
表 9-1	女子公寓規劃經費與實際募款經費表	269
表 9-2	女子公寓住宿守則	285
表 11-1	*Formosa High Lights* 刊行表	330
表 11-2	《聖三堂訊》刊行表	345
表 12-1	劉維和工作堂區表	357
表 12-2	嘉義教區神職人員表(1952-1967)	359
表 12-3	嘉義教區屬聖言會負責之堂區開拓表	360
表 12-4	劉維和學習資料表	378
表 12-5	劉維和抄錄資料表	382

圖目次

封面圖	早期來臺聖言會士	
圖 3-1	河南信陽傳教區、新鄉傳教區行政配置圖	110
圖 4-1	傅相讓自河南原武王村寫信給美國親友的信封	131
圖 5-1	中華民國二十年聖教瞻禮齋期表部分影像	158
圖 6-1	河南九個天主教傳教區圖	190
圖 6-2	新鄉傳教區行政範圍位置圖	190
圖 6-3	焦作天主堂土地配置圖	191
圖 6-4	原陽王村教堂	191
圖 6-5	新鄉後河頭教堂	192
圖 6-6	新鄉耿莊教堂	192
圖 6-7	新鄉李臺教堂	193
圖 6-8	武陟喬廟教堂	193
圖 6-9	武陟小馬營教堂	194
圖 6-10	米幹初訪新鄉與已在當地的五位會士合影(1934)	194
圖 6-11	米幹墓碑	195
圖 9-1	女子公寓正面圖	298
圖 9-2	女子公寓背面圖	299
圖 9-3	萬德華將女子公寓建築藍圖致贈羅勃懷斯與史提夫麥昆	299
圖 9-4	女子公寓 A 棟室內空間規劃圖	300
圖 10-1	萬德華與新鄉傳教區孩童	327
圖 10-2	電影場景中的聖三堂	327
圖 10-3	萬德華與住宿女子	328
圖 12-1	嘉義教區範圍(含嘉義及雲林)	387
圖 12-2	濟寧戴莊平面圖	387
封底圖	福若瑟神父時代的魯南傳教情勢圖	

導　言

　　在天主教聖言會(Societas Verbi Divini，簡稱 SVD)中華省會檔案室有一張大約攝於 1966、1967 年間，地點為該修會位於嘉義縣中埔鄉頂六舊會院的照片；(參見封面圖)而攝於相同時間與地點的照片還有另外一張，刊於田耕莘(Thomas,1890-1967)樞機主教紀念回顧展資料冊裡。[1]兩張照片分別出現十六、十七名聖言會士，比對之下差別只在施予仁(Bartley Schmitz,1918-2016)神父，又經由修會檔案紀錄、教區紀念冊等資料可知，這些人是早期在臺灣工作的聖言會士，他們於十年(1954-1964)間先後被派赴臺灣南、北多處為教會事業奠基。[2]事實上，此段期間來臺聖言會士並不限於照片上的十餘人，而是三十多人，茲將這些會士依其出生年份表列如下：

表 0-1　早期來臺聖言會士表(1954-1964)

姓名 (聖名)	國籍	生卒年份〔享壽〕、晉鐸年份〔歲數〕	經歷 〔至臺灣歲數及服務年數、在中國服務年數〕	圖片位置
01. 田耕莘樞機主教 (Thomas)	中	1890-1967〔七十七〕 1918　　　　〔廿八〕	1960-1967 在臺灣臺北、嘉義　　〔七十、七〕 中國山東出生、晉鐸　　　　　　〔四十二〕	前中
02. 李士嘉神父 Michael Richartz	德	1893-1982〔八十九〕 1922　　　　〔廿九〕	1963-1969 在臺灣臺北　　　　　　〔七十、六〕 1936-1951 在中國河北(北平)　　〔十五〕	
03. 傅禮士神父+ Rudolf Frisch	德	1899-1982〔八十三〕 1930　　　　〔卅一〕	1959-1982 在臺灣嘉義　　　　　　〔六十、廿三〕 1930-1952 在中國甘肅(蘭州)、青海〔廿二〕	前右1
04. 台義施神父 Augustin Theis	德	1900-1975〔七十五〕 1929　　　　〔廿九〕	1959-1975 在臺灣嘉義　　　　　　〔五十九、十六〕 1930-1952 在中國山東　　　　　　〔廿二〕	後左3

---

[1] 《田耕莘樞機主教紀念回顧展(1890-1967)》(未載出版項)，頁 6。

[2] 早於 1948、1949 年中國大陸值政治紛擾時，聖言會即陸續派人到臺灣來觀察狀況，然首度應邀正式派會士來臺協助傳教工作則始於 1954 年；相關說明參見本書第九章前言部分。

05. 倪體仁神父 Josef Irsigler	奧	1902-1984〔八十二〕 1929　　　〔廿七〕	1959-1981 在臺灣嘉義　　〔五十七、廿二〕 1930-1951 在中國河南　　　　　〔廿一〕	
06. 齊德芳神父+ Franz Giet	德	1902-1993〔九十一〕 1930　　　〔廿八〕	1963-1993 在臺灣臺北　　〔六十一、三十〕 1930-1947 在中國山東、河北(北平)〔十七〕	後 右2
07. 賈德良神父 Leo Kade	德	1903-1981〔七十八〕 1931　　　〔廿八〕	1954-1964 在臺灣嘉義　　　〔五十一、十〕 1932-1949 在中國山東　　　　　〔十七〕	
08. 光令才神父 Bernhard Kolanczyk	德	1903-1983　〔八十〕 1931　　　〔廿八〕	1959-1965 在臺灣嘉義　　　〔五十六、六〕 1931-1950 在中國山東　　　　　〔十九〕	
09. 龐德神父 Anton Pott	德	1903-1986〔八十三〕 1932　　　〔廿九〕	1959-1983 在臺灣嘉義　　〔五十六、廿四〕 1934-1952 在中國河南　　　　　〔十八〕	後 左1
10. 張維篤神父 (Vitus)	中	1903-1982〔七十九〕 1930　　　〔廿七〕	1959 在臺灣臺北　　　　　〔五十六、一〕 中國山東出生、晉鐸　　　　　〔廿九〕	
11. 吳恩理神父+ Heinrich Werner	德	1903-1981〔七十八〕 1935　　　〔卅二〕	1961-1981 在臺灣嘉義　　　〔五十八、二十〕 1935-1952 在中國山東　　　　　〔十七〕	前 左1
12. 紀福泰神父 Alois Krieftewirth	德	1904-1990〔八十六〕 1932　　　〔廿八〕	1954-1980 在臺灣嘉義、高雄、臺南 　　　　　　　　　　　〔五十、廿六〕 1932-1952 在中國河南、河北(北平)〔二十〕	前 左3
13. 葛汎德神父+ Fritz Kornfeld	奧	1904-1961〔五十七〕 1932　　　〔廿八〕	1961 在臺灣嘉義　　　　　〔五十七、一〕 1933-1953 在中國河南　　　　　〔二十〕	
14. 陶賀神父+ Alois Tauch	波 蘭 3	1909-1987〔七十八〕 1935　　　〔廿六〕	1954-1987 在臺灣嘉義、雲林、高雄 　　　　　　　　　　　〔四十五、卅三〕 1935-1948 在中國山東　　　　　〔十三〕	前 左2
15. 閔明我神父+ Josef Meiners	德	1909-1979　〔七十〕 1936　　　〔廿七〕	1960-1979 在臺灣高雄、臺北 　　　　　　　　　　　〔五十一、十九〕 1937-1954 在中國山東、河北(北平)〔十七〕	
16. 萬德華神父 Edward Wojniak	美	1909-1983〔七十四〕 1937　　　〔廿八〕	1961-1975 在臺灣臺北　　〔五十二、十四〕 1937-1947 在中國山東、河南　　　〔十〕	前 右2
17. 英由義神父+ Franz Grimm	捷 克	1909-1997〔八十八〕 1936　　　〔廿七〕	1962-1997 在臺灣嘉義　　〔五十三、卅五〕 1937-1952 在中國山東、河北(北平)〔十五〕	後 右1
18. 山道明神父 Dominik Schröder	德	1910-1974〔六十四〕 1937　　　〔廿七〕	1964-1966 在臺灣臺北　　　〔五十四、二〕 1938-1948 在中國山東、河北(北平)、青海 　　　　　　　　　　　　　　　〔十〕	
19. 司文德神父+ Joseph Stier	美	1911-1979〔六十八〕 1938　　　〔廿七〕	1964-1968、1970-1979 在臺灣臺北 　　　　　　　　　　　〔五十三、十三〕	

3　陶賀生於波蘭西里西亞(Schlesia)省的西維德尼察(Schweidnitz)市，當時屬德國境內，故也有視之為德籍神父；見柯博識，〈陶賀神父 Fr. Alois Tauch, SVD 小傳〉，收入陳淑銖、李美紗，《傳教士的夥伴：陶賀神父和聖神女子傳教學校 1955-1978》(臺南：聞道出版社，2017)，頁XV。

			1938-1943、1945-1948 在中國山東、河南、河北(北平) 〔八〕	
20. 蔣百鏈神父 Richard Arens	德	1912-1990〔七十八〕 1938 〔廿六〕	1960-1974 在臺灣臺北 〔四十八、十四〕 1939-1949 在中國山東、河北(北平) 〔十〕	前右3
21. 彭加德神父 Ernst Böhm	奧	1912-1992 〔八十〕 1937 〔廿五〕	1962-1980 在臺灣臺北、嘉義 〔五十、十八〕 1938-1948 在中國山東 〔十〕	
22. 扈伯爾神父 Franz Huber	奧	1912-1994〔八十二〕 1938 〔廿六〕	1963-1985 在臺灣臺北 〔五十一、廿二〕 1939-1950 在中國山東、河南 〔十一〕	
23. 文訥神父 Peter Venne	德	1913-2008〔九十五〕 1939 〔廿六〕	1962-1987 在臺灣臺北 〔四十九、廿五〕 1940-1946 在中國河北(北平) 〔六〕	後右5
24. 陳錫洵神父 (Paul)	中	1918-2018 〔一百〕 1950 〔卅二〕	1959-2018 在臺灣嘉義 〔四十一、五十九〕 中國山東出生、菲律賓晉鐸	後右3
25. 施予仁神父+ Bartley Schmitz	美	1918-2016〔九十八〕 1944 〔廿六〕	1960-2016 在臺灣臺北、臺南、嘉義 〔四十二、五十六〕 1948-1951 在中國河北(北平)、上海、香港 〔三〕	
26. 朱秉文神父 (Joseph)	中	1920-2007〔八十七〕 1950 〔三十〕	1960-2007 在臺灣嘉義 〔四十、四十七〕 中國山東出生、菲律賓晉鐸	後左4
27. 楊世豪神父 (Aloisius)	中	1922-1995〔七十三〕 1952 〔三十〕	1962-1995 在臺灣嘉義、臺北 〔四十、卅三〕 中國山東出生、菲律賓晉鐸	後左2
28. 薛保綸神父 (Paulion)	中	1923-2022〔九十九〕 1955 〔卅二〕	1963-2022 在臺灣臺北 〔四十、五十九〕 中國山東出生、菲律賓晉鐸	
29. 艾文神父 (Paulion)	中	1925-1983〔五十八〕 1955 〔三十〕	1964-1983 在臺灣臺北 〔卅九、十九〕 中國山東出生、菲律賓晉鐸	
30. 孫志文神父+ Arnold Sprenger	德	1929-2015〔八十六〕 1958 〔廿九〕	1964-1987、2009-2015 在臺灣臺北 〔卅五、廿九〕	
31. 杜誼華神父 Bernard Doyle	美	1930-1965 〔卅五〕 1955 〔廿五〕	1963-1965 在臺灣臺北 〔卅三、二〕	
32. 趙德恕神父 Zsoldos Imre	匈牙利	1931-2009〔七十八〕 1960 〔廿九〕	1964-2009 在臺灣臺北 〔卅三、四十五〕	
33. 侯光華修士 Patrick Hogan	美	1936-2017〔八十一〕	1963-1999 在臺灣臺北 〔廿七、卅六〕	後右4
34. 衛伯安神父 Karl Weber	德	1936-1994〔五十八〕 1964 〔廿八〕	1964-1993 在臺灣嘉義 〔廿八、廿九〕	
35. 潘國樑修士 Albert Behrla	德	1937-2018〔八十一〕	1963-1968 在臺灣臺北 〔廿六、五〕 1968 離會	

資料來源：雷立柏(Leopold Leeb)編著，《聖言會在華 1879-1955 年：編年史、地方志、人物列傳》(未出版打字本，2019)，頁 296-297、274、211-212、295、238、215-216、240、246、272、313-314、307、249、247、294、261、310、218、285、292、182-183、190-191、235、300、198、281、314-315、311、

180；又資料載吳恩理、朱秉文、楊世豪來臺時間有更正，而不同來源資料載台義施、倪體仁、英由義、陳錫洵至嘉義教區時間有些許差異，惟不影響文中之分析闡述。此外，編號 30-35 會士資料見聖言會中華省會檔案室紀錄。
說明：「+」表葬於臺灣的外籍會士。

  從表中可知 1954 至 1964 年間，首批來臺服務的三十五名聖言會士有外籍與國籍兩種，而外籍又分為德國、奧國、波蘭、捷克、匈牙利、美國；其中，歐洲籍會士人數較多(廿三名，占 65.71%)，尤其是德國(十六名，占 45.71%)，且年齡較長，出生年份介於 1893 至 1937 年間，差距達四十四年之多，而美籍會士人數較少(五名，占 14.29%)，出生年份介於 1909 至 1936 年間的廿七年。惟廿八名外籍會士中，除出生於 1920、1930 年代的四個歐洲籍、兩個美籍會士均於青年時期(平均年齡30.33歲)直接派至臺灣服務外，其餘廿二人來臺工作時，平均年齡已超過五十歲(53.77歲)，且均具備在中國華北傳教經歷，尤其是山東，另含甘肅(蘭州)、青海、河南、河北(北平)等地，亦即他們年輕時在故鄉晉鐸後，便於 1930 至 1940 年代紛赴中國傳教。這廿二人中，除較晚到達或較早離開的三人，在中國服務時間僅數年外，其餘十九人均在華北度過其人生的青春歲月，短者十年，長者達廿二年之久；迨 1950 至 1960 年代值其中、高齡階段時，他們再度被派到屬華人社會的臺灣，分別工作於臺北、嘉義、雲林、臺南、高雄等地，多人服務年資長達二、三十年，甚至超過半世紀，最終病歿葬於臺灣者有九人。

  至於國籍會士人數遠少於外籍會士(七名，占 20%)，他們均出生及成長於中國山東，但出生時間卻分散於 1890、1900、1910、1920 四個年代，最年長者是 1890 年出生的田耕莘，其次是 1903 年出生的張維篤，兩人均於山東晉鐸，另五人則分別出生於 1918、1920、1922、1923、1925 年，均在菲律賓晉鐸。

  上述關於三十五名早期來臺會士的背景說明與統計分析，實可觀察出聖言會於海峽兩岸華人社會傳教史的發展歷程，因該修會於 1875 年在歐洲創會時，會祖楊生(Arnold Janssen,1837-1909)神父與絕大多數會士均屬德籍，而 1880 年代在中國山東南部建立修會首個傳教據點時，亦以德籍會士為大宗；惟 1920 年代聖言會的傳教範圍拓至甘肅、青海、新疆、河南等地時，已有美籍會士參與山東及河南南部信陽傳教區的工作，且數量日增；再至 1930 年代，河南北部的新鄉傳教區已成為以美籍會士為主、由美籍會士擔任監牧(Prefect Apostolic)的新傳教區；此外，1930 年代聖言會因接管北平輔仁大學，令修會工作範圍更發展至河北，不論是來自歐洲或美國的外籍會士大量派往中國華北負責各式工作。然 1949 年中共建政後，教會事業無法立足，故外籍會士被迫先後離開，終止在中國華北近七十年的傳教事業，直至 1950 年代才轉至臺灣重啟教會工作。

又隨著聖言會在中國傳教事業的持續發展，最早的奠基地山東在努力經營四十年後，於 1920 年代開始出現本地聖召，此可分為兩種，一是於 1920 年代入會者，一是於 1910、1920 年代出生者，前者除田耕莘、張維篤外，另有孫金聲(Petrus,1903-1976)神父、伏開鵬(John,1904-2002)神父，其中，田耕莘是先晉鐸再入會，另三人則是先入會再晉鐸；而後者除陳錫洵、朱秉文、楊世豪、薛保綸、艾文外，另有劉維和(Joseph,1922-2022)神父。這些首批國籍會士均出生於山東，然成長過程卻歷經各個戰亂的嚴重影響，尤其是後者，由於 1940 年代中國政權更迭，迫使他們遠離家鄉故國，輾轉遷徙數地後，終落腳菲律賓，在當地繼續學習、完成課業並晉鐸，開啟其傳教士生涯的初體驗，再於 1950 至 1960 年代陸續來到臺灣。

當時，聖言會在臺灣的工作範圍分為北臺灣與南臺灣兩部分，北臺灣重心在新莊輔仁大學、新店大坪林，南臺灣則以嘉義教區(嘉義、雲林)為主，亦及於臺南、高雄等地。這些較年輕、具菲律賓傳教經驗的國籍會士，與較年長、具中國華北傳教經驗的外籍會士攜手合作，在臺灣重新奠基開拓教會新土，日後更逐漸加入新的生力軍——1920、1930 年代在母國誕生、接受陶成教育後，即派赴臺灣服務的年輕外籍會士，甚至於 1970 年代培育出誕生臺灣本地的年輕國籍會士。這些來自不同故鄉家園、擁有不同經歷背景、屬不同世代的聖言會士們於 1950、1960 年代齊聚臺灣，大家共同努力持續在華人社會建立樂園直至今日。

本書的十二篇文章，即是將聖言會在海峽兩岸華人社會的傳教歷程分成三階段呈現：首先是 1880 至 1900 年代在中國山東的奠基。此階段有兩篇文章，關注重點有二；一是聖言會在華傳教初期，魯南傳教士與遠在歐洲母會間之關連性，而經由書信資料可知，近二十年間雙方聯繫不斷，會祖楊生除持續派遣會士赴魯南拓展相關工作，及長期支援傳教事業所需之經費、物資外，亦對在華教會工作提出建言與指導。另一重點則是初入華人社會工作的會士於香港、魯南地區實際面臨到的文化衝激、生活調適與傳教困境，此透過福若瑟(Josef Freinademetz,1852-1908)神父的親身體驗，實可觀察出晚清基層社會之各式民情風俗，及傳教士必須進行的文化交流、互動與融合歷程。

其次是 1920 至 1940 年代拓展至中國河南。此階段有六篇文章，主要聚焦聖言會在豫北新鄉傳教區的狀況，討論課題有三；第一、立基聖言會士親眼目睹之紀錄，面對被天災(洪水、乾旱、蝗蟲等)、人禍(兵燹、盜匪、戰亂等)不斷肆虐下的華北民間社會，教會工作得進行之方式及其相應成果。第二、經由 1931 年出版並流通當地的中國聖教年曆，剖析天主教徒的日常生活與信仰內涵。第三、新鄉傳教區在米幹(Thomas Megan,1899-1951)神父領導下的建設與困境，前者包括傳教據點設立、人力申請調度、學校教育推展、社會救助進行，後者則是太平洋戰爭爆發後美籍會士被迫離開傳教區及傳教區遭破壞、國共對峙下的傳教事業難以維持，終至無法再回到新鄉傳教區之命運。

最後是 1950 至 1960 年代傳承到臺灣，並持續發展至 2000 年以後。此階段有四篇文章，含兩個重要面向；一是聖言會在北臺灣的努力，特別是位於新店大坪林堂區的聖三天主堂與德華女子公寓之創建，兩者不僅反映教會在該地區傳教工作的持續進行與本地化歷程，更呈現教會關心 1960 年代北臺灣快速工業化下的社會變遷，而致力於實際需要的先導型社會服務事業。另一則是聖言會在南臺灣的開拓，藉由出生於 1920 年代的魯南、屬首批國籍會士的劉維和之個人經歷，將聖言會於 1950 年代以來在臺灣重啟華人社會的傳教事業，往前追溯至 1880 年代在山東奠基紮根的源頭及其影響；據此，歷史脈絡清晰可見，歷史意義亦蘊含其中。

第一部　奠基山東

第一章
聖言東傳：楊生神父書信中的魯南傳教事業(1879-1897)

　　天主教聖言會是由楊生於1875年9月創立於荷蘭史泰爾(Steyl)。當時正值十九世紀中期以後，歐洲浪漫主義運動與天主教復興而促成之海外宣教熱潮，諸多專為傳教而設立的組織、團體先後成立，如義大利的宗座外方傳教會(Pontificium Institutum pro Missionibus Exteris，簡稱 PIME，又稱義大利外方傳教會、米蘭外方傳教會，創於 1850 年)、金邦尼傳教會(the Combonian Fathers，創於 1866 年)，法國的里昂非洲傳教會(Lyon Society for African Missions，創於1856年)、白衣神父會(White Fathers，創於1868年)和白衣修女會(White Sisters，創於 1869 年)，比利時的聖母聖心會(Congregatio Immaculati Cordis Mariae，簡稱 CICM，創於 1862 年，又稱司各特神父，Scheut Fathers)，英格蘭的聖若瑟外方傳教會(the St. Joseph Missionary Society of Mill Hill，創於1869年，又稱磨房山神父，Mill Hill Fathers)等，[1]而聖言會亦是在此背景下產生。[2]

　　1879年3月，聖言會舉行了創會以來的首次派遣禮，兩位年輕會士——德籍安治泰(Johann Baptist Anzer,1851-1903)、奧籍福若瑟成為該修會首批派

---

[1] Patrick Taveirne 著，古偉瀛、蔡耀偉譯，《漢蒙相遇：聖母聖心會在鄂爾多斯的歷史 1874-1911》(臺北：光啟文化事業，2012)，頁 161-162。

[2] 聖言會成立地點是位於德國與荷蘭交界處的小鎮史泰爾，因當時德國有俾斯麥的文化鬥爭問題，故楊生無法在母國成立新修會；見相藍欣，《義和團戰爭的起源》(上海：華東師範大學出版社，2003)，頁 51。

赴海外工作之傳教士，他們短暫時間各自返回家鄉告別親友後，隨即同行啟程往中國出發，於當年 4 月抵達香港，在香港代牧、屬宗座外方傳教會的義籍神父高雷門(Giovanni Timoleon Raimondi,1827-1894)安排下，安治泰與福若瑟分別負責修院教學、醫院與教區服務等工作，並努力學習當地語言及掌握民情風俗，以累積在華人社會的傳教經驗。

1882 年初，安治泰與福若瑟先後來到山東南部屬兗州府的陽穀縣坡里，此乃當時魯南地區唯一擁有較多天主教徒(158 人)的村莊，[3] 兩人即以此為據點，協助原屬方濟會(Ordo Fratrum Minorum，簡稱 OFM)負責之傳教工作。1885 年底，教廷正式將聖言會在魯南工作地獨立成一新代牧區(Apostolic Vicariate)，1886 年初安治泰被祝聖為魯南代牧(Vicar Apostolic)，轄區範圍除原有的兗州、沂州、曹州三府外，又擴至濟寧直隸州，(參見封底圖)聖言會在魯南開始有專屬之獨立傳教區，安治泰亦成為聖言會在中國的首位傳教區負責人。

自十九世紀八〇年代安治泰、福若瑟兩人到魯南開啟聖言會在當地的傳教工作，到二十世紀初安治泰、福若瑟、楊生三人先後亡故為止的二十多年間，魯南傳教區信眾已擴增近三百倍，從原來的一百多人增至約四萬六千多人，[4] 如此成長速度與成果實受人矚目；尤其，聖言會在魯南民間社會曾面臨莫大之反教勢力，然相關工作並未中斷，民國以後仍持續教會事業，直至二十世紀四〇年代，聖言會在魯南的發展，已從當年的一個傳教區(即魯南代牧區)，擴至兗州、青島、陽穀、曹州、沂州五個正式教區(Diocese)，可謂成果豐碩。

---

[3] Fritz Bornemann and others, *A History of Our Society* (Romae: Apud Collegium Verbi Divini, 1981), p.270.

[4] 據韓寧鎬於 1908 年 7 月 15 日的統計報告可知，當時魯南傳教區有領洗者 46,151 人，慕道者 44,564 人；見 Frank Mihalic and Vincent Fecher eds. and trans., *Arnold Janssen, SVD Letters to China, Vol.I:1879-1897* (Romae: Apud Collegium Verbi Divini, 2003), p.XLVII.該資料集譯自較早刊行的德文版，見 Josef Alt ed., *Arnold Janssen SVD, Briefe nach China, Band.I:1879-1897* (Romae: Apud Collegium Verbi Divini, 2000).

有關聖言會早期在華發展的一手史料，普遍為人所知者有中央研究院近代史研究所編印的《教務教案檔》，其中涉及聖言會的部分主要載於四至六輯；[5]亦有較晚刊行、由山東大學編印的《義和團運動文獻資料匯編》等。[6]至於後人研究成果，則有教內、教外兩方面的投入，前者有專書如 Fritz Bornemann 等人的 *A History of Our Society*，[7]專文如 Karl Josef Rivinius 的 "Mission and the Boxer Movement in Shandong Province with particular reference to the 'Society of the Divine Word'"、[8]Jac Kuepers(柯博識)的"A Case of Cultural Interaction between the German Catholic Mission and the Population of South Shandong in Late Qing China"、[9]Andrzej Miotk 的"Karl Josef Rivinius: *Im Spannungsfeld von Mission und Politik: Johann Baptist Anzer (1851-1903), Bischof von Süd-Shandong* (Johann Baptist Anzer: SVD Bishop between Mission and Politics)"、[10]Gianni Criveller(柯毅霖)的"Freinademetz and Anzer: Two

---

[5] 中央研究院近代史研究所編，《教務教案檔》，4 輯(臺北：中央研究院近代史研究所，1976)；中央研究院近代史研究所編，《教務教案檔》，5 輯(臺北：中央研究院近代史研究所，1977)；中央研究院近代史研究所編，《教務教案檔》，6 輯(臺北：中央研究院近代史研究所，1980)。

[6] 路遙主編，《義和團運動文獻資料匯編(德譯文卷)》(濟南：山東大學出版社，2012)；路遙主編，《義和團運動文獻資料匯編(法譯文卷)》(濟南：山東大學出版社，2012)。

[7] 該書涉及聖言會在華傳教見第二部分 18 至 23 章；Fritz Bornemann and others, *A History of Our Society*, pp.270-320.又該書部分中譯文可見飽乃曼著，薛原、潘薇綺譯，《聖言會在華傳教小史》(新莊：天主教聖言會，1999)。

[8] Karl Josef Rivinius, "Mission and the Boxer Movement in Shandong Province with particular reference to the 'Society of the Divine Word'"，收入《義和團運動與中國基督宗教》(新莊：輔仁大學出版社，2004)，頁 259-295；該文中譯本見李維紐斯，〈基督教傳教活動與山東義和團運動──以"聖言會"為中心〉，《清史譯叢》，7 集(北京：中國人民大學出版社，2007)，頁 115-144。

[9] Jac Kuepers, "A Case of Cultural Interaction between the German Catholic Mission and the Population of South Shandong in Late Qing China"，《輔仁歷史學報》，31 期(新北，2013.09)，頁 143-202。

[10] Andrzej Miotk, "Karl Josef Rivinius: *Im Spannungsfeld von Mission und Politik: Johann*

Missionaries, Two Styles"、[11]柯博識的〈十九世紀的中國教案〉、[12]溫安東(Anton Weber)的〈聖言會及其在中國的傳教工作〉等；[13]後者有專書如 Rolf Gerhard Tiedemann(狄德滿)的 *Violence and Fear in North China: Christian Missions and Social Conflict on the Eve of the Boxer Uprising*、[14]Klaus Mühlhahn(余凱思)的 *Herrschaft und Widerstand in der 'Musterkolonie' Kiautschou. Interaktion zwischen China und Deutschland, 1897-1914*、[15]Albert Monshan Wu(吳孟軒)的 *From Christ to Confucius: German Missionaries, Chinese Christians, and the Globalization of Christianity, 1860-1950*，[16]及專文

Baptist Anzer (1851-1903), Bischof von Süd-Shandong (Johann Baptist Anzer: SVD Bishop between Mission and Politics)," *Verbum*, Vol.52, No.1-2 (2011), pp.123-154.又本文主要介紹教內有關安治泰研究之論點，類似說明亦見於雷立柏的著作；相關資料參見：Karl Josef Rivinius, *Im Spannungsfeld von Mission und Politik: Johann Baptist Anzer, 1851-1903* (Siegburg: Studia Instituti Missiologici SVD, 2010)；雷立柏編著，《聖言會在華 1879-1955 年：編年史、地方志、人物列傳》，頁 182、255。

[11] Gianni Criveller, "Freinademetz and Anzer: Two Missionaries, Two Styles," *Tripod*, Vol.23, No.131 (2003), pp.7-15；該文中譯本見柯毅霖著，陳愛潔譯，〈福若瑟與安治泰：兩位傳教士、兩種風格〉，《鼎》，23 卷冬季號，總 131 期(香港，2003)，頁 21-28。

[12] 柯博識，〈十九世紀的中國教案〉，收入《聖言會來華傳教一百周年紀念特刊(1882-1982)》(未載出版項)，頁 57-63；該文論點主要源自其博士論文形成之專著 Jac Kuepers, *China und die Katholische Mission in Süd-Shantung, 1882-1900* (Steyl: Drukkerij van het Missiehuis, 1974).

[13] 溫安東，〈聖言會及其在中國的傳教工作〉，《鼎》，32 卷春季號，總 164 期(香港，2012)，頁 4-15。

[14] Rolf Gerhard Tiedemann, *Violence and Fear in North China: Christian Missions and Social Conflict on the Eve of the Boxer Uprising*；該書中譯本見狄德滿著，崔華杰譯，《華北的暴力和恐慌：義和團運動前夕基督教傳播和社會衝突》(南京：江蘇人民出版社，2011)。

[15] Klaus Mühlhahn, *Herrschaft und Widerstand in der 'Musterkolonie' Kiautschou. Interaktion zwischen China und Deutschland, 1897-1914*；該書中譯本見余凱思著，孫立新譯，《在「模範殖民地」膠州灣的統治與抵抗：1897-1914 年中國與德國的相互作用》(濟南：山東大學出版社，2005)。

[16] Albert Monshan Wu, *From Christ to Confucius: German Missionaries, Chinese Christians,*

如周丹的〈晚清時期聖言會在華傳教活動考實(1879-1908)〉、[17]康志杰的〈中國天主教發展鄉村經濟的理念與實踐——以聖言會在華活動為例〉等。[18]

惟前述史料與研究成果多屬教會發展的外部觀察，尤其是涉及教案衝突問題，對修會內在狀況的說明有限；而本章主要立基楊生與魯南會士往來書信之一手資料，聚焦歐洲母會與在華傳教士的連結面相，將聖言會於魯南傳教事業首個階段(1879-1897)之主客觀環境與實際狀況詳加剖析，以提供學界參考。

第一節　書信資料分析

現存楊生與在華會士間的書信往來資料始於 1879 年，其首度派會士往中國傳教開始，終於 1908 年，其亡故前為止，三十年間的書信總量有四百多封，除最後十年由秘書代筆外，餘均由其親自撰寫。[19]

---

and the Globalization of Christianity, 1860-1950 (New Haven and London: Yale University, 2016).該書討論天主教聖言會、基督教德國信義會(Berlin Missionary Society)兩個傳教團體在華發展的文化衝擊與調適，相關說明參見王志希，"Reviews: From Christ to Confucius"，《漢語基督教學術論評》，32 期(桃園，2021.12)，頁 191-193。

[17] 周丹，〈晚清時期聖言會在華傳教活動考實(1879-1908)〉，《天主教研究論輯》，9 期(北京，2012)，頁 199-227。

[18] 康志杰，〈中國天主教發展鄉村經濟的理念與實踐——以聖言會在華活動為例〉，《天主教研究論輯》，10 期(北京，2013)，頁 321-335。

[19] 楊生與派赴各地區傳教的會士均有書信往來，這些書信資料已由聖言會羅馬總會將之編輯刊印，除與中國工作會士的書信集外，亦有與美國、新幾內亞、澳大利亞等地工作會士的書信集；這些書信集是德文版先印行，再譯為英文版。相關史料之德文版、英文版可參見：Josef Alt ed., *Arnold Janssen SVD, Briefe in die Vereinigten Staten von Amerika* (Romae: Apud Collegium Verbi Divini, 1994); Robert Pung and Peter Spring eds. and trans., *Arnold Janssen, SVD Letters to the United States of America* (Romae: Apud Collegium Verbi Divini, 1998); Josef Alt ed., *Arnold Janssen SVD, Briefe nach Neuguinea und Australien* (Romae: Apud Collegium Verbi Divini, 1996); Frank Mihalic ed. and trans., *Arnold Janssen, SVD Letters to New Guinea and Australia* (Romae: Apud Collegium Verbi

目前這批一手史料已由聖言會羅馬總會整理後刊印成三冊,各冊時間斷限分別為:第一冊 1879-1897 年,即自首批派赴中國的安治泰、福若瑟出發往香港開始,至鉅野教案發生前的十九年間,共 182 封信;第二冊 1897-1904 年,即自鉅野教案發生時,至安治泰在羅馬亡故,德籍韓寧鎬(Augustin Henninghaus,1862-1939)神父接替其行政職務為止的七年間,共 156 封信;[20] 第三冊 1904-1908 年,即自韓寧鎬總負責魯南傳教區各項工作開始,至楊生亡故前為止的五年間,共 126 封信。[21]

其中,第一冊書信數目雖占總量不到四成(39.22%),然其時間段限卻達全部的六成以上(63.33%),且該期間乃聖言會在中國開啟傳教事業的首個階段,其工作範圍含山東兗州、沂州、曹州三府與濟寧直隸州四部分,即聖言會最早工作的魯南傳教區,而透過楊生與當地會士的書信往來資料,應可確切掌握聖言會於此時期在該地區的奠基情形,甚或明瞭其後續發展與影響狀況。茲將這些書信資料的統計情形列表如下:

表 1-1　書信資料統計表(1879-1897)

年份	編號	安治泰 A	福若瑟 B	安治泰與福若瑟 A+B	文安多與李天安 C	其他個別 D[22]	所有 E	總計
1879	001-006	3	0	3	0	0	0	6
1880	007-013	6	0	1	0	0	0	7
1881	014-026	7	1	5	0	0	0	13

Divini, 2001).又楊生與在華會士往來之書信總量及相關說明可參見 Frank Mihalic and Vincent Fecher eds. and trans., *Arnold Janssen, SVD Letters to China, Vol.I:1879-1897*, pp. XXVII-XXVIII.

[20] Josef Alt ed., *Arnold Janssen SVD, Briefe nach China, Band.II: 1897-1904* (Romae: Apud Collegium Verbi Divini, 2001).

[21] Josef Alt ed., *Arnold Janssen SVD, Briefe nach China, Band.III: 1904-1908* (Romae: Apud Collegium Verbi Divini, 2002).

[22] 這些書信專門寫給其他個別傳教士的有十四人,即文安多、布恩溥、李、恩格理、伯義思、恩博仁、怡百禮、能方濟、陵博約、郭爾哈、韓寧鎬、魏若望、德天恩、薛田資,以上諸人的基本資料可參見本書表 1-4。

1882	027-034	4	1	1	1	0	1	8
1883	035-046	8	1	0	0	0	3	12
1884	047-057	4	3	0	0	2	2	11
1885	058-066	0	3	0	0	0	6	9
前期合計 F		32	9	10	1	2	12	66
比例(%)		48.48	13.64	15.15	1.52	3.03	18.18	100
		56.05	21.22	【平均併入A、B】				
1886	067-080	9	1	0	0	2	2	14
1887	081-087	6	0	0	0	0	1	7
1888	088-093[23]	5	0	0	0	0	1	6
1889	094-102	8	0	0	0	0	1	9
1890	103-108	6	0	0	0	0	0	6
1891	109-117	8	0	0	0	1	0	9
1892	118-125	7	0	0	0	0	1	8
1893	126-134	9	0	0	0	0	0	9
1894	135-142	5	1	0	0	1	1	8
1895	143-151	5	0	0	0	4	0	9
1896	152-172	9	4	0	0	8	0	21
1897	173-182	5	2	0	0	2	1	10
後期合計 G		82	8	0	0	18	8	116
比例(%)		70.69	6.90	0	0	15.51	6.90	100
總計 F+G		114	17	10	1	20	20	182
比例(%)		62.64	9.34	5.49	0.55	10.99	10.99	100
		65.38	12.09	【平均併入A、B】	【併入D】	11.54		

從表中可知，楊生每年都寫信到魯南傳教區，信件往來最頻繁的年份(1896 年的 21 封)是平均每月至少寫一封信以上(1.75 封)，最少年份(1879、1888、1890 年的 6 封)平均每兩個月也有一封信(0.5 封)，這對新修會初創階段的繁忙期間，且交通往返頗不便利的當時，[24]要保持這種密切聯絡程度實

---

[23] 原資料集目錄中將第 93 封信置於 1889 年份有誤，該封信撰寫時間為 1888 年 11 月 26 日，本統計表中予以更正。

[24] 當時信件往來有利用各個港口的船運，也有利用西伯利亞鐵路的陸運；相關說明參見 Frank Mihalic and Vincent Fecher eds. and trans., *Arnold Janssen, SVD Letters to China,*

屬不易,可見楊生對魯南傳教事業的關注與期望瞭解當地之發展狀況。

又楊生的書信主要是寫給安治泰,信件總數達 114 封,比例近三分之二(65.38%),幾乎每年都有信件,除 1885 年安治泰首度返回歐洲,離開魯南傳教區外。其次是寫給福若瑟(12.09%),再次是寫給其他個別傳教士(11.54%)及所有傳教士們(10.99%)。

值得注意的是,1879 年當安治泰與福若瑟兩人共赴香港,1880、1881 年又先後前往山東濟南時,楊生的書信除個別寫信給兩人外,亦往往是一封信同時寫給兩個人;然 1882 年後,當其他會士陸續派往魯南傳教區工作後,楊生即不再一封信同時寫給安治泰與福若瑟兩人,而是個別寫信給兩人,或是一封信寫給所有在魯南的傳教士們。再至 1886 年,安治泰已被教廷任命為相當於主教(Bishop)地位的魯南傳教區代牧,並返回中國後,楊生的書信幾乎全部是寫給安治泰的,從前期有 32 封信,占全部 66 封信的二分之一以上比例(56.05%),到後期有 82 封信,占全部 116 封信的超過三分之二比例(70.69%),可知兩人互動頻繁,幾乎年年通信,且楊生自不同地方寫信給安治泰,[25]無論安治泰是在中國或歐洲;然楊生寫給福若瑟的書信則是大幅度減少,從前期的 9 封信,約占兩成比例(21.22%),降至後期的 8 封信,占不到一成比例(6.90%),此數量實與楊生以同一封信寫給所有會士們的情況一致;亦即,福若瑟的角色扮演如其他會士般,已與安治泰差距愈為擴

Vol.I:1879-1897, p.XXVIII.此種情況亦呈現於楊生書信中之實例,因其曾言及利用與遠東聯繫的法國郵件船(Messageries Maritimes)寄送郵件給在魯南工作的會士們;見"Letter from Janssen to Anzer, Freinademetz, Wewel, and Riehm," Steyl, August 18, 1882, in *Arnold Janssen, SVD Letters to China, Vol.I,1879-1897*, p.76.本章以下引用書信資料均來自該楊生書信集,故註釋中不再重覆書信撰寫者(即寄信者楊生)、資料編者與譯者、出版項等,僅載書信之收信者、撰寫地點與時間(月、日、年)、頁碼。

[25] 楊生寫信地點主要在荷蘭的史泰爾,然亦有其他地方,如位於荷蘭的溫特斯偉克(Winterswijk)、芬洛(Venlo),位於德國的布呂根(Brüggen)、諾因阿爾(Neuenahr)、馬爾堡(Marburg)、弗萊堡(Freiburg)、美因茲(Mainz)、柏林(Berlin),位於義大利的羅馬(Rome)、夸拉基(Quaracchi),位於奧地利的維也納(Vienna)、克拉根福(Klagenfurt)、聖佳俾爾(St. Gabriel)修院、林茨(Linz),位於盧森堡的卡佩倫(Capellen);其中,155 封(占 85%)是在史泰爾寫的,27 封(占 15%)是在上述其他各地完成的。

大。

　　當然，書信往來所以產生如此變化的關鍵原因，應在於安治泰自1886年起即具代牧身份，為魯南傳教區最高行政主管，手握決策大權，肩負重責大任，楊生諸多事務勢必首先與安治泰討論，並尊重其地位。事實上，從書信變化情況可知，1886年後的安治泰與會祖楊生彼此間關係已有變化，安治泰不再如昔日與福若瑟般，均為隸屬楊生之下的會士身份，(參見表1-2)此種現象亦可見於1886年後，楊生寫信給安治泰時，對安治泰的稱呼愈為尊敬，而對自己的稱呼愈為謙卑的遣詞用字中觀察出來。[26]同時，楊生曾致函安治泰明白表示：「由於羅馬教廷授予您代牧的職務，您現在已不再受我管轄，因此我請求您好好地通知同僚，現在當臣服於您的這個事實，如此以避免對該事實有任何的誤解」。[27]楊生亦擬定魯南傳教區的特別規範，明定修會在該地負責人(省會長 Provincial)與傳教區負責人(代牧)的權力來源分別為：前者必須服從總會長(即在史泰爾的楊生)，後者直接聽命於教廷傳信部(即在羅馬的教宗)，不受總會長約束；而安治泰當時既為傳信部在魯南傳教區的代牧，亦為聖言會在中國的省會長，[28]可知其位高權重之程度。

　　又從前述諸狀況實可確認：此時對魯南傳教區工作有決定性影響者應為楊生與安治泰，而實際工作者則是與魯南民間社會直接接觸的福若瑟及其他會士們(參見表1-3)；其中，楊生因遠在歐洲，實難對當地傳教工作有確切掌握與直接掌控，[29]故真正對魯南傳教區影響最大者乃是安治泰。

---

[26] 楊生於1886年前寫信給安治泰時往往在信首稱之為「安治泰神父」或「安治泰」，信末則以「A.楊生」自稱，或在自己姓名旁加上「你們的院長」或「朋友」、「同僚」等字；而1886年後，楊生在寫信給安治泰時總是在信首稱之為「尊敬的主教閣下」、「主教同僚」、「珍貴的朋友與同僚」，信末則自稱為「主教的謙卑僕人」或「謙卑同僚」、「謙卑朋友」等。

[27] "Letter to Anzer and Freinademetz," Steyl, May 16, 1886, p.167.

[28] "Letter to Anzer," Steyl, May 23, 1886, pp.172、174.又當時安治泰擔任省會長的任期長達十四年。

[29] "Letter to all," Steyl, July 13, 1886, p.197.

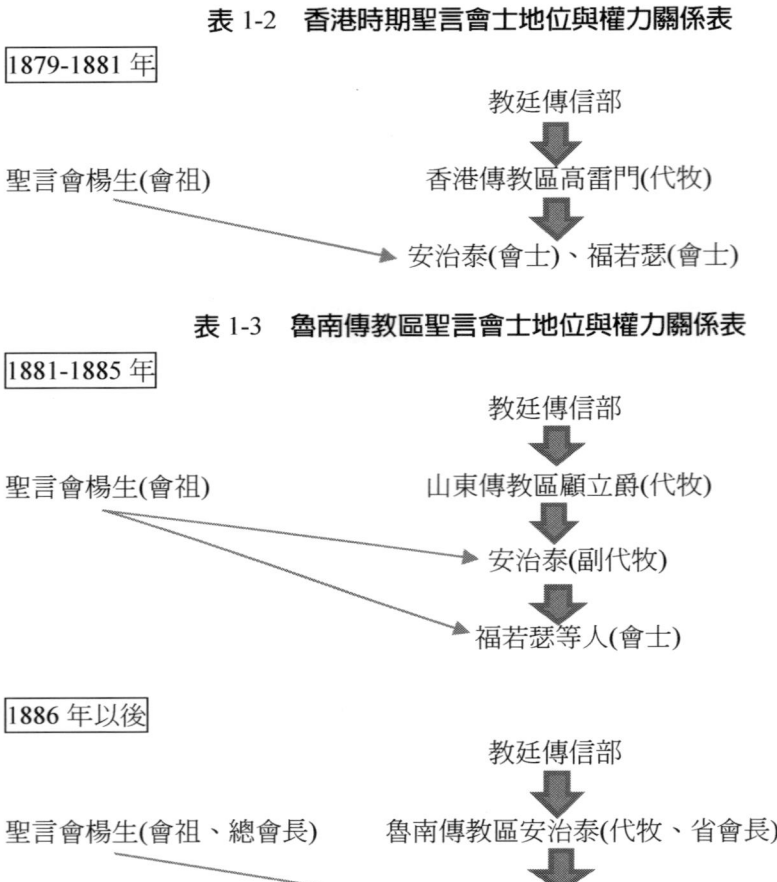

表 1-2　香港時期聖言會士地位與權力關係表

表 1-3　魯南傳教區聖言會士地位與權力關係表

第二節　人力物力支援

一、神父與修士

　　楊生對魯南傳教區人力上的支援，含派出可負責禮儀工作的神父與主要支援技術工作的修士，而兩種人才均需長期培育，並在傳教事務上彼此合作。茲將楊生先後派赴魯南工作之會士表列如下：

表 1-4　魯南傳教區聖言會士表(1879-1897)

序號	中文/英文姓名	國籍	生卒年份	到達魯南時間	入會時間
01.	安治泰神父 Fr. Johann Baptist Anzer	德	1851-1903	1882	1875
02.	福若瑟神父 Fr. Josef Freinademetz	奧	1852-1908	1882[30]	1878
03.	文安多神父 Fr. Anton Wewel	德	1857-1938	1882	1879
04.	李天安(陵)修士、神父 Br.、Fr. Gottfried Riehm	德	1850-1889	1882	1877
05.	白明德神父 Fr. Franz Bartels	德	1859-1928	1883	1877
06.	布恩溥(布青雲)神父 Fr. Theodor Bücker	德	1856-1912	1883	1879
07.	陵博約(凌寶珂)修士、神父 Br.、Fr. Eberhard Limbrock	德	1859-1931	1883	1877
08.	郎明山修士、神父 Br.、Fr. Johann Laxhuber	德	1858-1891	1883	1881
09.	維天爵(德華盛)修士、神父 Br.、Fr. Franziskus Peter Dewes	德	1862-1906	1883	1881
10.	岳昆崙修士 Br. Ceslaus Hermann Blas	德	1857-?	1883	1882 1891離會
11.	能方濟神父 Fr. Franz Xaver Nies	德	1859-1897	1885	1879
12.	李神父 Fr. Karl Lieven	德	1858-1889	1885	1880
13.	恩博仁神父 Fr. Heinrich Erlemann	德	1852-1917	1886	1883
14.	德天恩神父 Fr. Theodor Vilsterman	荷蘭	1857-1916	1886	1878
15.	盧國祥神父 Fr. Rudolf Pieper	德	1861[31]-1909	1886	1879
16.	丘文成修士 Br. Josef Johann Overloper	德	1860-1918	1886	1884
17.	隋德明修士 Br. Augustinus Peter Schmitz	德	1849-1911	1886	1884
18.	韓寧鎬(韓萬和)神父 Fr. Augustin Henninghaus	德	1862-1939	1886	1879
19.	羅賽神父 Fr. Peter Röser	德	1862-1944	1889	1877

---

[30] 安治泰與福若瑟於1879年同時到香港，1880、1881年先後轉往山東濟南，終於1882年1、3月，分別抵達魯南的陽穀坡里。而繼兩人之後陸續到達中國山東的其他會士，均是首個工作地點就是在陽穀坡里，而實際行程則是從歐洲啟程，船行至上海，經山東芝罘(煙臺)、濟南，再抵達坡里。

[31] 盧國祥的出生年份有1861、1860不同記載，分見於 Frank Mihalic and Vincent Fecher eds. and trans., *Arnold Janssen, SVD Letters to China, Vol.I:1879-1897*, p.519；雷立柏編著，《聖言會在華1879-1955年：編年史、地方志、人物列傳》，頁270。

20.	郭爾哈神父 Fr. Jakob Kohlhaas	德	1859-?	1889	1878 1896離會
21.	佛爾白(佛安多)神父 Fr. Anton Leo Volpert	德	1863-1949	1889	1880
22.	韓理神父 Fr. Richard Henle	德	1865-1897	1889	1888
23.	費德勒修士 Br. Hermann H. Fiedler	德	1855-1909	1889	1885
24.	費(吳)好思修士 Br. Ambrosius Wilhelm Vierhaus	德	1858-1934	1889	1887
25.	培渥藍(培渥萱)神父 Fr. Hubert Peulen	德	1864-1928	1890	1878
26.	舒瑪赫神父 Fr. Wilhelm Schumachers	德	1864-1892	1890	1882
27.	斐(裴)德禮神父 Fr. Karl Petry	德	1865-1925	1890	1879
28.	恩格理神父 Fr. Christophorus Nägler	德	1856-1924	1891	1879
29.	魏若望神父 Fr. Johann Evangelista Weig	德	1867-1948	1891	1888
30.	怡百禮神父 Fr. Wolfgang Ibler	德	1863-1919	1891	1889
31.	司鼎銘神父 Fr. Josef Schrouff	德	1866-1921	1891	1881
32.	柯瀛洲神父 Fr. Ludwig Klapheck	德	1868-1930	1891	1889 1909離會
33.	賈蘭伯神父 Fr. Heinrich Johann Krampe	德	1858-1925	1892	1878
34.	伯義思(伯德祿)神父 Fr. Johann Baptist Buis	荷蘭	1866-1935	1892	1880
35.	葛(戈)巴德神父 Fr. Georg Gebhardt	德	1866-1920	1892	1880
36.	蘭樂敏修士 Br. Adolph Anton Glaremin	德	1865-1925	1892	1886
37.	范若翰修士 Br. Willibrordus Johann Ferring	德	1866-?	1892	1889 1901離會
38.	斐士爾修士 Br. Engelbertus Friedrich Fischer	德	1868-?	1892	1890 1901離會
39.	海恩修士 Br. Ulrich Johann Heyen	德	1870-1928	1892	1890
40.	赫德明神父 Fr. Josef Hesser	德	1867-1920	1893	1882
41.	史神父 Fr. Josef Schneider	德	1867-1896	1893	1885
42.	薛田資神父 Fr. Georg Stenz	德	1869-1928	1893	1887
43.	賀神父 Fr. Augustin Horstmann	德	1869-1900	1894	1892
44.	諾廣訓神父 Fr. Peter Noyen	荷蘭	1870-1921	1894	1883[32]
45.	法來維神父 Fr. Georg Fröwis	奧	1865-1934	1894	1884
46.	陶加祿神父 Fr. Karl Teufer	德	1869-1948	1895	1887

---

[32] 資料載諾廣訓於 1883 年入史泰爾聖言會學校，但不明此是否即為入會年份；見雷立柏編著，《聖言會在華 1879-1955 年：編年史、地方志、人物列傳》，頁 266。

47.	齊恩來神父 Fr. Josef Ziegler	德	1864-1925	1895	1895
48.	海明德神父 Fr. Gerhard Heming	德	1864-1943	1896	1886
49.	巴修士 Br. Friedrich Anton Platzkötter	德	1864-1899	1896	1893

資料來源：Frank Mihalic and Vincent Fecher eds. and trans., *Arnold Janssen, SVD Letters to China, Vol.I,1879-1897*, pp.519-520；雷立柏編著，《聖言會在華 1879-1955 年：編年史、地方志、人物列傳》，181-182、210-211、307、275、184、195、254-255、252-253、202、189、266、254、207、301、270、268-269、281、227-229、276-277、246、301-302、227、208、300、269-270、287、269、265、305-306、237、285、244、249、196、214、216、208、209、231、230-231、283、291-292、234、266、212、294-295、315、226、271; Jac Kuepers, *China und die Katholische Mission in Süd-Shantung, 1882-1900*, pp.210-212.

　　總計楊生自 1879 至 1897 年的十九年間陸續派出會士 49 人到魯南傳教區工作，平均每年派出 2.6 人，其間有四年未能派出會士(即 1884、1887、1888、1897)，究其主要原因在於此時修會屬慘澹經營的草創階段，故有數年實無法派出適當人力，惟其在有限資源下，仍能持續派出傳教士至華服務，可知楊生對魯南這個修會首個工作區之重視。又派出的 49 名會士中，有 44 人屬德籍，占總額近九成(89.8%)，另有荷籍 3 人、奧籍 2 人，共占總額約一成(10.2%)，所以如此，應與修會創立背景與創會者密切相關。

　　有關會士的養成訓練，第一年是望會(postulancy)生，第二、三年是初學(novitiate)生，此階段完成並宣發初誓(first vows)，即成為修士(brother)。接著分途發展，朝神父方向努力者著重理論學習，必須在神學、哲學等課程上付出大量心力，亦要派赴各不同地方傳教實習，惟其可依學習進度，先後取得協助禮儀聖事進行的副執事(subdiaconate)、執事(diaconate)身份，最後宣發終身誓(perpetual vows)並由主教祝聖為神父；[33]而以終身修士(lay brother)為目標者特別強調工藝技術，專注各種實作課程，如蒸氣機、建築、機械等，[34]在學習間亦須通過數次考核與堅定心意的宣誓，直到最後的終身誓。[35]

---

[33] "Letter to Anzer," St. Gabriel, December 16, 1892, p.346.又該書信資料在目錄記錄上誤載為 12 月 26 日。

[34] "Letter to Naegler," Steyl, May 23, 1895, p.412.

[35] 會士不論是往神父或終身修士方向發展的陶成時間長達九年，其中，第一個三年宣誓

又被楊生派赴魯南傳教區工作的會士們，多數在歐洲已晉升為神父，然亦有少數以執事、修士身份到魯南再經相當學習後，於當地被祝聖為神父；後者如李天安、陵博約、郎明山、維天爵四人均於 1882、1883 年間，屬第二批、第三批派赴魯南傳教者，此實因當時傳教區急需推動各項工作、缺乏足夠人力，故這些在歐洲尚未完成學習過程的會士們，只能先到魯南工作並繼續相關課程的學習，以便依照會規，最終能正式晉鐸。

　　另值得注意的是，此時派赴魯南傳教區工作的會士裡，具修士身份者僅十四人，占會士總額的兩成多比例(28.57%)，且數名終身修士最後離開修會，[36]往他處發展。細究原因，實在於終身修士須具備相當程度的專業技術，甚至達到可獲證照之標準，故培育時間頗長，然其在傳教區中負擔的實務工作非常吃重，地位亦不若神父般之受人尊敬。

　　事實上，派赴魯南的修士們必須各個學有專精，乃能對草創時期傳教區內的教堂興築、器具製作、園藝農務等方面有所貢獻；而面對安治泰的修士需要，楊生也道出實情地說：「好修士很少見，特別是漆工與醫生不會因為你的跺腳而從地生出」，「有能力的人才也很少，尤其是適合到中國的人才」。[37]惟楊生仍盡其所能地派出適當者，如1886年前到達傳教區的李天安是擁有合格證照的櫥櫃製作者、[38]陵博約具鐵匠技術、[39]岳昆崙職司農場與烘焙事，[40]而維天爵負責蓋屋、照顧院子與小印刷場、木匠車間，還能拍照

　　　是為榮耀聖拉斐爾(St. Raphael)，第二個三年宣誓是為榮耀聖佳倍爾，第三個三年宣誓是為榮耀聖彌格爾(St. Michael)，以後的終身誓是為榮耀耶穌聖心與聖母聖心(Sacred Hearts of Jesus and Mary)；相關說明見"Letter to Anzer," Steyl, June 24-August 1, 1883, p.96.

[36] 十四名修士中，四個在中國被祝聖為神父(李天安、陵博約、郎明山、維天爵)、三個離會(岳昆崙、范若翰、斐士厥)，離會者比例占 21.43%。

[37] "Letter to Anzer," Steyl, March 7, 1896, p.447.

[38] "Letter to Anzer and Freinademetz," Steyl, December 1, 1881, pp.57-58.

[39] 雷立柏編著，《聖言會在華 1879-1955 年：編年史、地方志、人物列傳》，頁 254。

[40] 楊生曾於書信中表示：希望在魯南的傳教士寫較詳細的報告給他，但岳昆崙不必如此，因其必須從事烘焙工作，可知擔任此工作之繁瑣與忙碌程度；見"Letter to All," Steyl, May 10, 1884, p.126.此外，韓寧鎬亦證實：岳昆崙原為歐洲幫工協會成員，技藝

攝影；1886 年後到達傳教區的丘文成更是身懷多種技藝，舉凡木匠、建築師、設計師的工作均勝任愉快，亦會製造磚瓦；[41]而費德勒、費好思兩人精於木工，亦學會鍍金、雕刻、排版、時鐘修理及烹飪等技術；[42]蘭樂敏專研印刷技術，擅鉛字印刷，全力負責印刷出版事務；[43]范若翰在歐洲為學習紡紗、織布、染色、上漿等手藝，至少花費一年時間及 250 馬克學費，才能掌握該技術。[44]

當然，神父養成教育中亦有部分涉及技藝層次或屬個人興趣、經驗的學習歷程，故若干神父也可從事相關工作，如恩博仁在歐洲時即為母會建築教堂，到魯南後也總攬許多教堂的興築事務；[45]而諾廣訓、賀神父負責製作經緯與繪製地圖，[46]至於照像攝影事，則文安多、白明德、韓寧鎬都能承擔。[47]惟各類技藝事務的主要參與者，仍是終身修士而非神父。

二、資金與物品

除人力支援外，楊生亦持續提供財力與物力給在中國的會士們。首先就財力而言，早於 1879 年，楊生即在書信中附上一些彌撒獻儀，給兩名前往

甚佳；見韓寧鎬(Augustin Henninghaus)著，陳曉春、柯雅格譯，《聖言會福若瑟神父——其生平和影響及兼論山東南部傳教史》(兗州：天主教兗州府，1920 出版，2012 譯本影印)，頁 131。

[41] 雷立柏編著，《聖言會在華 1879-1955 年：編年史、地方志、人物列傳》，頁 202、268。

[42] 楊生於書信中特別表明：母會非常需要費德勒與費好思兩名修士，由於缺少他們，自己必須另外雇用木工進行相關工作，可知兩人的能力與重要性；見"Letter to Anzer," Steyl, August 5, 1889, p.274.

[43] "Letter to Anzer," Steyl, July 4, 1892, p.337.

[44] "Letter to Anzer," Steyl, August 20, 1892, pp.339-340.

[45] "Letter to Anzer and Freinademetz," Steyl, January 6, 1880, p.25.

[46] "Letter to Anzer," Steyl, June 1,1894 , p.389.

[47] 參見雷立柏編著，《聖言會在華 1879-1955 年：編年史、地方志、人物列傳》，頁 9；"Letter to Anzer," Vienna, September 29, 1887, p.227.

香港的傳教士在旅途中使用；[48]此種彌撒獻儀後來也提供給陸續到達魯南工作的其他會士使用，[49]當然，接受獻儀的會士也必須提供相關的禮儀服務並撰寫報告。[50]而 1880 年，因山東發生飢荒災情，楊生曾特別寄給安治泰 1,500 馬克，其中有一部分是提供當時負責山東傳教區工作的方濟會義籍代牧顧立爵(Eligio Pietro Cosi,1819-1885)使用的。[51]

再至 1881 年起，為方便會士在山東地區協助方濟會進行各項工作，楊生提供安治泰一個每年的信用額度，令其可利用這些經費作更多規劃之事，然必須有使用經費的相關紀錄回報，令楊生得瞭解工作內容與進度。事實上，這個信用額度不斷調整，以利各項工作推動，如從 1881 年 1 月開始使用的 7,500 馬克，[52]到 7 月增加 1,500 馬克，且可另外規劃 500 至 1,500 馬克的需求；[53]至 1882 年，當安治泰已成為顧立爵副手，將魯南相關工作歸屬聖言會負責時，楊生再將匯款額度增加 3,000 馬克。[54]茲將目前可掌握之匯款資料表列如下：

表 1-5　匯往魯南傳教區資金表(1881-1885)

時間	馬克	銀兩	說明
1881.10.13			
1881.12 月		407.75[55]	
1882.12.06	3,000	588.23	自 1881 年 10 月 13 日匯款，至 1883 年 6 月共寄出 26,563.5 馬克，[56]若扣除 1883 年 2 月與 5 月的兩次匯款數，可知 1881 至 1882 年的兩年間，共匯款 20,563.5 馬克。

---

[48] "Letter to Anzer and Freinademetz," Steyl, March 13, 1879, p.3.
[49] "Letter to Anzer and Freinademetz," Steyl, March 17, 1882, p.65.
[50] "Letter to Anzer," Steyl, December 13, 1882, pp.78-79.
[51] "Letter to Anzer," Steyl, February 9, 1880, p.36.
[52] "Letter to Anzer," Steyl, April 2, 1881, p.43.
[53] "Letter to Anzer," Steyl, July 14, 1881, p.46.
[54] "Letter to Anzer," Steyl, July 29-August 5, 1881, p.50.
[55] "Letter to Anzer and Freinademetz," Steyl, December 1, 1881, p.56; "Letter to Anzer and Freinademetz," Steyl, December 9, 1881, p.59.
[56] "Letter to Anzer," Steyl, June 6-8, 1883, p.87.

1883.02.01	3,000	591.71	
1883.05.31	3,000	593.76[57]	
1883.10.08	5,000	984.25	
1883.11.10	4,000	787.40	1883年共匯款 15,000 馬克
1884.01 月	5,000	986.39[58]	
1884.04.30	6,000	1,181.19	
1884.05.24	4,793.28	936.19	
1884.06.13	4,100	800.78	
1884.06.30	1,000	195.31	
1884.08.13	2,591.79[59]		
1884.09.17	2,000	390.62	
1884.10 月	4,000	781.25	
1884.11 月	3,093.05	618.61	
1884.12 月	5,000	1,010.10[60]	1884年共匯款 37,578.12 馬克
1885.03.13	1,000		
1885.03.26	3,550	710	
1885.04.02	3,300	660	
1885.05.06	3,000	606.15	
1885.05.23	3,000	600	
1885.06.03	3,000	600	
1885.06.09	3,350		至1885年6月共匯款 20,200 馬克[61]

---

[57] "Letter to Anzer," Steyl, June 14, 1883, p.93. 載1882年12月至1883年5月間的三筆匯款事。

[58] "Letter to Anzer," Steyl, May 9, 1884, p.121. 載1883年10月至1884年1月間的三筆匯款事；又其中兩筆匯款事之記載亦見於"Letter to Anzer and all," Winterswijk, October 26, 1883, p.104; "Letter to Anzer," Steyl, November 10, 1883, p.105.

[59] "Letter to Freinademetz," Vienna, July 31 and Steyl, September 5, 1884, p.134. 載1884年4至8月間的五筆匯款事；又其中一筆匯款事之記載亦見於"Letter to Anzer," Steyl, May 15, 1884, p.129.

[60] "Letter to Freinademetz," Steyl, December 19, 1884, p.142. 載1884年9至12月間的四筆匯款事；又其中兩筆匯款事之記載亦見於"Letter to Anzer," Steyl, May 15, 1884, p.129; "Letter to Freinademetz," Steyl, October 10, 1884, p.140.

[61] "Letter to Freinademetz," Steyl, June 11, 1885, p.162. 載1885年3至6月間的七筆匯款事。

從表中可知,楊生於 1881、1882 年的兩年間,共匯款 20,563.5 馬克,平均每年提供資金 10,281.75 馬克,而 1883 年增加至 15,000 馬克,1884 年則達 37,578.12 馬克,再至 1885 年,僅半年間即匯出 20,200 馬克。此外,透過楊生之人際網絡,魯南傳教區亦有來自歐洲的其他援助款,如 Max Hanrieder 神父於 1885、1886 兩年,分別提供 1,000、2,000 馬克;[62]可知楊生實竭力支援傳教區的經費需求。

　　事實上,當時聖言會在歐洲成立不久,母會本身資源有限,亦有諸多建設必須進行,然楊生甚為節約,總是先滿足在華傳教士的需要。如安治泰與福若瑟離開歐洲八個月後(即 1879 年 11 月),楊生曾在信中言及,母會財務有困難,當時有房屋修建與成員生活需要,然該年 1 至 10 月的捐款總額僅能提供母會所需經費的四成多。[63]而 1882 年 12 月到 1883 年 5 月的半年間,楊生陸續匯款給安治泰後,於 6 月的信中表示:自己已竭盡所能,「所以,不要抱怨」,也要求做事不能「超過你們所能掌握的,並節省你們的資源」;[64]到 10 月的書信裡,楊生更針對安治泰因經費提供不足產生怨言而提出解釋,認為其進行的計畫「太激烈及有問題」,且寫信告知需要經費的時間太遲,因此必須自己想出解決方式。[65]又 1884 年 5 月,楊生寫信提醒大家:夏天通常是經費困難的時候,而他仍希望為魯南傳教區提供金援,但要求「必須在這額度內規劃,不可花太多」;[66]其實,那時母會正要進行建築物的擋土牆工程,公部門的水利委員會也已核准,最後,在楊生強調的座右銘「節省」下,仍儘可能地將經費轉至魯南,因為,「我知道這對你們有多

---

[62] "Letter to Anzer," Vienna, September 29, 1887, pp.226-227.

[63] 楊生書信中明載 1879 年 1 至 10 月捐款總額為 27,897 馬克,然每月維持會院 115 人生活與建築經費需要 6,000 馬克,即便修院有來自學生的學費收入,然數量有限且不穩定,當時甚至有老師是無償授課的;見"Letter to Anzer and Freinademetz," Steyl, November 19, 1879, pp.22-23.

[64] "Letter to Anzer," Steyl, June 14, 1883, pp.93-94.

[65] "Letter to Anzer," Steyl, October 18, 1883, p.98.

[66] "Letter to Anzer," Steyl, May 9, 1884, p.122.

重要」。[67]

又這些資金匯到魯南傳教區後是如何運用的,因無完整資料難以確認;然零星資料顯示,魯南最初建立的教會據點坡里,到 1884 年已設有男孤兒院、女孤兒院、養老院、作坊、廚房、農場、牛棚、磨坊,以及印刷場、木工車間,共需照顧約七十人的生活所需,而所有花費均靠歐洲母會支援,因此生活非常困苦。[68]1886 年,安治泰被任命為代牧自歐洲返回後,規劃在坡里蓋一個小型的哥德式教堂需要八千馬克,因經費有限,只能興築土牆方案代替(僅有柱子是燒磚做成的教堂),花費四千馬克。1887 年教會在兗州透過中間人買一個房子,需要四千馬克。1890 年,教會在七個村莊採用冬季學校方式傳教,花費在教師的工資、食物等開支總共是四千馬克。[69]以上數項開支內容可知,經費普遍用於建立教會據點的硬體設備,及為傳教進行的慈善、教育事業等,由此或可掌握部分資金流向及當時物價狀況。

楊生持續匯款給安治泰,然希望其能提供詳細的工作計畫、實際成果與費用需求報告,惟安治泰似乎未能依其所願,適當地寄出完整文字說明。如 1881 年 1 月,楊生開始提供魯南傳教區一個信用額度以便進行相關工作時,即要安治泰寄給他一個「經費紀錄,如此我可以對中國傳教工作的需求有概念」;[70]同年 10 月,楊生又在信件中對安治泰表明:「我會寄給你更多的錢,但我需要有關學生、教師等等的數據」。[71]其實,楊生於書信中多次指

---

[67] "Letter to All," Steyl, May 10, 1884, p.127.

[68] 坡里發展至 1884 年的經營狀況,兩年後(1886)到魯南工作的韓寧鎬有較清楚的描述,而薛田資的記載則明白指出:十年後的坡里發展情形,在物質部分仍是艱困的;相關資料參見:韓寧鎬著,陳曉春、柯雅格譯,《聖言會福若瑟神父——其生平和影響及兼論山東南部傳教史》,頁 53;George M. Stenz, Twenty-five Years in China, 1893-1918 (Techny: Society of Divine Word, 1924), pp.31-33.

[69] 雷立柏編著,《聖言會在華 1879-1955 年:編年史、地方志、人物列傳》,頁 14-16、19。

[70] "Letter to Anzer," Steyl, April 2, 1881, p.43.

[71] "Letter to Anzer," Steyl, October 14, 1881, p.54.

出安治泰報告內容的不夠詳細與完整、[72]有誇大之處，[73]甚至要福若瑟提醒安治泰注意此事；[74]亦明白告訴安治泰，應「思考將行旅時間作更好的利用，如撰寫有關傳教事務之報告」，[75]可知安治泰對此類事項並未達到楊生要求。

又由書信資料可知，自歐洲匯往魯南傳教區的各式經費，係由安治泰全權決定如何分配使用，福若瑟較不涉及資金問題，惟 1896 年 3 月，楊生將七千馬克匯到中國，卻寫信說明，該筆款項本應由身為代牧的安治泰來分配，但此時他要福若瑟作為其特別代表，故由福若瑟運用此經費訪視傳教區或擬定其他計畫支用，並要與同在當地工作的另外兩名會士陵博約、恩博仁討論，聽取建議後再做出決定。[76]之後，福若瑟決定將經費用於訪視各教會據點的傳教工作需求，及修會在魯南據點戴莊之購買與建設，而楊生對此運用方式表示贊同。[77]

此外，1896 年 7 月，楊生也在信中開始關切教會財產的歸屬問題，因此寫信給安治泰，想瞭解魯南傳教區的各式財產，於其離世後，該以何種方式謹慎地保留在教會內？楊生也明言，他本人已放棄在史泰爾、置於其名下的所有財產，並將之轉給修會，一切程序均由公證人依其他修會採用的相同法

---

[72] "Letter to Anzer," Steyl, June 29, 1882, p.73; "Letter to Anzer," Steyl, December 13, 1882, p.79; "Letter to Anzer," Steyl, June 24-August 1, 1883, pp.95-96; "Letter to Anzer," Steyl, October 18, 1883, pp.100-101; "Letter to Anzer," Steyl, June 24-August 20, 1887, p.220. 又楊生於 1889 年的書信中懷疑安治泰是否禁止屬下提供相關資料給他，因魯南其他傳教士均言安治泰應已提供母會關於傳教事務的全面報告，他們也不認為主教會沒有時間寫報告：見"Letter to Anzer," Steyl, November 26, 1889, p.285.

[73] "Letter to Anzer," Steyl, August 1, 1886, p.203.

[74] "Letter to Freinademetz," Steyl, January 6, 1882, p.64.

[75] "Letter to Anzer," Steyl, March 2, 1884, pp.119-120.

[76] "Letter to Freinademetz," Steyl, March 5, 1896, p.443; "Letter to Freinademetz," Steyl, March 25, 1896, pp.455-456.

[77] "Letter to Anzer," Steyl, February 26, 1897, p.483, "Letter to Anzer," St. Cabriel, May 10, 1897, p.489.

律方式完成。[78]

　　除了資金，楊生亦將各式物品寄往魯南傳教區，如1881年7月，楊生承諾提供製麵餅器具及兩噸桶裝物資；[79]1887年7月則裝箱寄出錫和鋅製品，以便將之重新加工成其他有用物品；又為魯南必須提供圖像資料(不論是照片或地圖)給母會的需要，相機與攝影器材等貴重物也是郵寄品的重要項目。[80]此外，各式印刷品的需求也很大，如1882年2月，楊生應安治泰要求，郵寄有關選輯、法文語彙書等；[81]1887年7月，與前述金屬物品同時運到魯南的數個包裹中，有年度行事曆、筆記本、小冊子等，某些還標示姓名給特定會士；[82]而為在華傳教士們的持續學習與滿足精神需要，楊生多次郵寄各種靈修書籍。[83]1894年8月，楊生透過安治泰贈與本年度發願神父及修士們每人一張聖人小卡作為紀念，並想知道每位會士期望的一本發願紀念書，他打算寄送相關物品；[84]1895年5月，楊生要安治泰提供魯南各教會據點和人員的確切清單，令他能每月向各傳教站寄送雜誌、年曆及其他良好讀物；當然，若任何會士有工作地點的調動，亦必須將這些印刷品全部留在原地，[85]供後人繼續利用。1896年3月，安治泰要求道德神學書籍以供學生學習之用，故楊生自其圖書館中挑選許多保存完好且有用的該類書籍，郵寄到魯南。[86]

　　當時許多教會使用物品若非從歐洲郵寄運送，就必須由傳教士自行生產

---

[78] "Letter to Anzer," Steyl, July 16, 1896, pp.457-458.

[79] "Letter to Anzer," Steyl, July 14, 1881, p.47.

[80] "Letter to Anzer," Steyl, August 20, 1887, p.219.由於相機與攝影器材昂貴，當時許多經費是用在這方面的購置；見"Letter to Anzer," Vienna, September 29, 1887, p.227.

[81] "Letter to Anzer," Steyl, May 4, 1882, p.68.

[82] "Letter to Anzer," Steyl, August 20, 1887, p.219.

[83] 參見："Letter to Anzer," Steyl, August 1, 1886, p.204; "Letter to all the priests," Neuenahr, June 13, 1887, p.217; "Letter to Anzer," Steyl, November 26, 1888, p.253.

[84] "Letter to Anzer," Steyl, August 3, 1894, p.404.

[85] "Letter to Anzer," Steyl, May 24, 1895, p.415.

[86] "Letter to Anzer," Steyl, March 7, 1896, p.447.

製作,因此運輸花費難以省略;而為協助教會進行教堂興建、農地管理、器物製作等事項,楊生建議在傳教區的孤兒院可訓練有能力者學習手藝技術(如紡紗和織布)、較年長孤兒則學習機器技術,除維持生活亦擁有謀生方式;[87]也可考慮成立有木工機械課程的技術學校以培育適當人材,更有從朝鮮進口木材之想法,甚至打算在當地自行開挖三個煤坑(一個在曹州、兩個在沂州)以應需求。[88]

第三節　傳教事業拓展

一、傳教區域獲取

　　與其他天主教修會相較,聖言會屬較晚成立的新修會,故其派出會士向外傳教時,首先面臨的問題之一,即必須找到屬於自己的傳教區域。當時,曾負責傳信部中國地區總務工作、亦鼓勵楊生創立修會的高雷門已成為香港傳教區首任代牧;因此,在其同意下,修會於1879年派出第一批會士的傳教之旅首站,即是到香港。[89]

　　其實,聖言會創立不久,楊生即請教高雷門有關傳教區域問題,高雷門的答覆是:聖言會士可以先到香港,他願意協助在當地建立一個據點,以後再進入中國內地的某個區域工作,也許可以去甘肅。然1878年7月,楊生有機會赴羅馬晉見教宗良十三世(Leo XIII,1810-1903)時,甘肅已被聖母聖心會接受。此外,楊生也透過高雷門,詢問讓聖言會士到與之同屬宗座外方傳教會負責的河南工作的可能性,高雷門認為有可能,但寫信給河南代牧需要五個月時間,緩不濟急;楊生又致函巴黎遣使會(Congregatio Missionis,簡稱

---

[87] "Letter to Anzer," Steyl, August 20, 1892, p.340.
[88] "Letter to Anzer," Vienna, September 29, 1887, p.227.
[89] 1879年3月,楊生寫給出發往香港去的兩名會士第一封信時,便特別提及要向高雷門及其工作夥伴致上問候之意;見"Letter to Anzer and Freinademetz," Steyl, March 13, 1879, p.4.

CM，亦稱拉匝祿會 Lazarites)會長，請他代為詢問負責北京的該修會代牧能否接受聖言會士，但得到的答案是不可能。[90]

事實上，楊生四處尋找修會專屬傳教區不僅是長期目標下的必然結果，更是為解決眼前問題的迫切考量，因安治泰與福若瑟開始在香港工作後不久，就發現語文學習實在是一大挑戰。由於兩名會士最早接觸中文，是在史泰爾向聖母聖心會的荷籍神父司牧靈(A. E. Smorenburg,1827-1904)學習，而司牧靈曾工作於中國北京與西灣子長達十五年，教授的是北方口音的中文；因此，安治泰與福若瑟離開歐洲時，雖已習得數百個中文字，但發音卻與香港的南方腔調格格不入。[91]

當時，安治泰在香港被高雷門派到修院教書，講授哲學與神學課程；也到國際醫院、巴黎外方傳教會(Missions étrangères de Paris，簡稱 MEP)的養老院照顧病患與老人，曾學習英語及葡語，亦向一名中國退休官員學習官話，但沒有學習廣東話，中文學習的時間並不多。福若瑟則全心學習中文，尤其是客語，因為被派到一個名為西貢的傳教站，協助義籍神父和類思(Luigi Maria Piazzoli,1845-1904)向當地居民進行傳教工作，並曾獨自居住當地數星期之久。[92]

惟安治泰較有機會及時間與香港諸多不同修會成員交往，楊生也要安治泰多認識其他修會的總務、傳教士以拓展人脈、建立人際網絡，[93]甚至認為

---

[90] 雷立柏編著，《聖言會在華 1879-1955 年：編年史、地方志、人物列傳》，頁 6-7。又楊生詢問遣使會負責人，希望其能釋出部分傳教地給聖言會一事，亦見於"Letter to Anzer," Steyl, July 30, 1879, p.11.

[91] Fritz Bornemann, "A.E. Smorenburg," *Verbum*, Vol.14, No.3(1973).又有關福若瑟在歐洲母會學習中文及到達華人社會後面臨語言問題之說明，參見本書第二章第一節。

[92] Fritz Bornemann, *Founder of Three Missionary Congregations, 1837-1909* (Romae: Apud Collegium Verbi Divini, 1975), p.131；雷立柏編著，《聖言會在華 1879-1955 年：編年史、地方志、人物列傳》，頁 7。

[93] 參見："Letter to Anzer," Steyl, March 13, 1879, p.4; "Letter to Anzer," Steyl, October 24, 1879, p.19.

可以結交新教傳教士，因其與不同港口有聯繫。[94]也由於香港期間的這些交往與聯繫，安治泰曾拜訪道明會(Ordo Praedicatorum，簡稱 OP，又譯為多明我會)在遠東地區的負責人，甚可經由此管道獲得臺灣或福建的一部分作為傳教區，並能擁有一個港口方便對外交通往來；[95]但是，高雷門建議應向方濟會要求傳教區，因其在中國擁有廣大傳教地，相信應該會是第一個同意將自己傳教區分割的修會。[96]

對於獲取修會專屬傳教區一事，楊生雖然早已關注，卻不若安治泰般積極，主要考量在於修會初創不久，培育出的傳教士數量太少，且安治泰與福若瑟仍過於年輕，對中國的民情風俗瞭解有限，確實需要在香港華人社會持續相當時日的學習，以累積經驗與奠定日後傳教基礎；同時，高雷門也不希望初來乍到香港的兩名會士，如此快速地離開當地。[97]但安治泰的態度卻非如此，其於到達香港不到三個月(1879 年中)，即迫切想往中國內陸發展，[98]再隔半年左右(1880 年初)，又以要學好中文為理由，向楊生表達必須前往山東行旅之意願。[99]

面對安治泰的積極想法與作為，楊生在長達半年(1879 年 7 月底至 1880 年 2 月初)期間的書信中不斷勸勉他，要具「火爆脾氣」的安治泰必需「有耐性」，「不要一直望著面向中國的高山」；[100]並表明自己不像安治泰如此熱衷此事，他比較喜歡讓事情主動接近自己，亦舉出宗座外方傳教會很晚

---

[94] "Letter to Anzer," Steyl, February 6, 1880, p.31.
[95] Fritz Bornemann, *Founder of Three Missionary Congregations, 1837-1909*, p.132.
[96] "Letter to Anzer and Freinademetz," Steyl, November 19, 1879, p.24.
[97] 參見："Letter to Anzer," Steyl, July 30, 1879, p.11; "Letter to Anzer," Steyl, October 24, 1879, pp.18-19.
[98] 安治泰於 1879 年 4 月到達香港，楊生於 1879 年 7 月的書信中，已提醒安治泰稍安勿燥，要對自己的責任有耐性，並表示他本人在歐洲可與其他修會聯絡討論相關事項；見"Letter to Anzer," Steyl, July 30, 1879, pp.11-12.
[99] "Letter to Anzer," Steyl, February 8, 1880, p.33.
[100] "Letter to Anzer," Steyl, September 12, 1879, p.13.

才獲取傳教區之實例，[101]請安治泰不要過於性急。然楊生亦肯定安治泰是個足以持續行動，且願意犧牲奉獻的人；因此，他會保持與方濟會的聯絡。[102]最終於 2 月底，楊生與方濟會總會長聯絡後，寫信令安治泰出發往山東行，當面與顧立爵討論釋出部分地區給聖言會之事。[103]

其實，當時在歐洲方面的聯繫結果並不明確，方濟會總會長僅回覆楊生說，將寫信問山東代牧相關事，有消息會告知；然楊生尚未接到方濟會的再次確認訊息，便寫信要安治泰前往山東，信件中還附上楊生親筆寫給顧立爵的書信。[104]而安治泰於 1880 年 4 月離開香港，5 月到達上海，接著轉赴芝罘，正式踏入山東領地，6 月中到達濟南；惟 6 月初至 7 月初間，顧立爵在山西太原參加主教會議，直到返回山東後才開始兩人間的會談。此期間，楊生曾於 5 月初寫信給安治泰，表示除非得到顧立爵的正式答覆，否則他無法前進羅馬處理此事。[105]然安治泰與顧立爵的討論始終無法達成協議，因安治泰要求位於魯東半島區的港口芝罘，及獲得較靠近魯北濟南府、教徒人數達數千人的泰安府(教徒約二千人)與東昌府(教徒約二至三千人)，但顧立爵只答應讓出位於魯南的兗州、沂州及曹州三府，該區既有教徒僅一百多人；因此雙方均致函在歐洲的總會長，由兩個修會總會長於 1881 年 2 月在羅馬商量，方濟會總會長也與顧立爵書信討論，最終達成協議並獲傳信部認可，其主要內容為：方濟會劃出魯南三個府作為聖言會士工作區，但行政管轄權仍歸屬方濟會的山東代牧顧立爵；楊生可建議人選擔任新劃分區的管理人(即副代牧或代牧代理、Provikar)，顧立爵是通過此人管理該區；另顧立爵也可自行提名人選，但必須得到楊生同意。[106]

---

[101] "Letter to Anzer," Steyl, October 24, 1879, pp.18-20.

[102] "Letter to Anzer," Steyl, January 30, 1880, p.29; "Letter to Anzer," Steyl, February 6, 1880, p.30.

[103] "Letter to Anzer," Steyl, February 25, 1880, pp.36-37; "Letter to Anzer," Steyl, March 3, 1880, p.37.

[104] 雷立柏編著，《聖言會在華 1879-1955 年：編年史、地方志、人物列傳》，頁 7。

[105] "Letter to Anzer," Steyl, May 5, 1880, p.39.

[106] Fritz Bornemann, *Founder of Three Missionary Congregations, 1837-1909*, pp.133-136；雷

在此協議下，楊生於 1881 年 4 月請顧立爵任命安治泰為修會在魯南傳教區負責人，[107]5 月則令福若瑟離開香港往山東行。然顧立爵並未立刻批准安治泰的人事案，甚至於 12 月底欲更換福若瑟來擔任此職，惟福若瑟請求不要如此安排；於是，次年(1882)1 月，顧立爵才正式任命安治泰為副手。之所以發生如此情況，實導因這段時期顧立爵與安治泰甚為緊張的對立關係。

蓋協議簽定後，安治泰仍對顧立爵多所要求，包括獲得三個府外的其他地區，及二十個傳教員與本地神職人員以便進行相關工作；對此，顧立爵表示，若有這些人力，他就無需聖言會協助山東教務發展事。而楊生收到來自羅馬道明會總會長及方濟會代表反映實況的信件後，甚感難過與困擾；其於 1881 年 7 月寫信要求安治泰「請你控制你的願望，不要再像以前那樣打擾顧立爵蒙席(Monsignor)」，並表示獲得三個府後的態度應該是謙卑，而非尋求更多地區。[108]又於 8 月再次寫信提醒安治泰，「修會的任命並非配合一個人的年紀，而是一個人的能力與用途」，「我認為福若瑟將更為顧立爵蒙席認同，因為他溫和的脾氣和對義大利語的瞭解；好好用他，將之視為一個在困難環境中的媒介，以贏回顧立爵蒙席的好意願」。[109]該年底，楊生於信中告訴安治泰與福若瑟兩人，若工作上無法得到方濟會的協助，可以口頭或書面方式向河南、江南，或北直隸東部、南部的代牧求助。[110]

迨 1882 年 1 月，安治泰正式被任命為顧立爵副手後，兩人關係仍不平和，因安治泰持續依自己想法行事；如其仍欲利用芝罘作為對外交通聯繫港口，致楊生於 6 月兩次寫信反對該計畫，因此舉將「成為未來與方濟會爭執的來源」、「會造成我們與方濟會的複雜性」，但在魯南傳教區內確實需要

立柏編著，《聖言會在華 1879-1955 年：編年史、地方志、人物列傳》，頁 7-8。

[107] "Letter to Anzer," Steyl, April 2, 1881, pp.41-42；"Letter to Anzer," Steyl, July 29, 1881, p.47.

[108] "Letter to Anzer," Steyl, July 29, 1881, pp.48-49.

[109] "Letter to Anzer," Steyl, August 25, 1881, pp.52、53.

[110] "Letter to Anzer and Freinademetz," Steyl, December 1, 1881, p.57.

方便與上海聯繫，以達歐洲的港口；因此，楊生主張應沿著大運河另外找據點，而不是在芝罘。[111]

此外，安治泰決定於次年(1883)秋返回歐洲，亦遭楊生反對，因修會剛取得魯南傳教地，諸多事情尚待處理，負責人不該遠離傳教區，[112]且楊生察覺安治泰在曹州府的許多作為頗令人詬病，不僅來自方濟會成員，亦含自己同僚；更值得注意的是，楊生聽聞：當安治泰不在時，顧立爵準備任命福若瑟為副代牧，可能時間是在 1883 年 7 月。因此，他要安治泰暫時不可離開魯南，待事情更為明朗再作決定。[113]事實上，楊生已於當年 4 月向傳信部提出申請，希望將魯南傳教地獨立成一新的監牧區(Apostolic Prefecture)或代牧區，惟傳信部對該地負責人安治泰持保留意見，因此楊生才會於 10 月寫封長信勸勉安治泰，並要求他「必須更控制自己」，「否則會傷害自己聲譽」。[114]最終，安治泰的歐洲行延遲一年(於 1884 年 9 月)出發，並由顧立爵任命福若瑟於安治泰不在時，代理魯南傳教事務；而楊生同意安治泰此行的理由有二，即令其身體健康問題得以解決，以便為教會作出穩固貢獻，更重要的是，令其參與在史泰爾召開的聖言會首次大會，共同討論修會章程以順利定案。[115]

安治泰離開魯南四個月後，顧立爵於 1885 年 1 月在濟南過世，由李博明(Benjamino Geremia,1843-1888)神父接任山東代牧職。當年 12 月，傳信部決定將魯南地區升為正式代牧區(範圍除兗州、曹州、沂州三府，另增加濟寧直隸州)，安治泰被提名為首任魯南代牧，與魯北代牧李博明分區負責教會在山東事務。1886 年 1 月，安治泰在史泰爾被科隆總主教正式祝聖為代牧，然其於修會首次大會 5 月結束後，才啟程返回魯南，途中接獲來自史泰

---

[111] "Letter to Anzer," Steyl, June 16, 1882, pp.69-70; "Letter to Anzer," Steyl, June 29, 1882, p.72.

[112] "Letter to Anzer," Steyl, February 1, 1883, p.80.

[113] "Letter to Anzer," Steyl, October 18, 1883, pp.99-100.

[114] "Letter to Anzer," Steyl, October 18, 1883, p.97.

[115] "Letter to Anzer and all," Winterswijk, October 26, 1883, pp.103-104.

爾的電報通知，被任命為魯南會士們的省會長；[116]亦即，經由教區代牧與修會省會長雙重職務，安治泰在魯南傳教區的地位與權力已無人可及。

二、傳教工作進行

楊生對魯南傳教工作提出指導方針與建言始於 1881 年初，安治泰尚未被顧立爵任命為副手時，此後則持續不斷。惟綜觀其在書信中的呈現，主要包括兩方面內容，即傳教據點設立、傳教士的學習與規範，卻對以往學界討論甚多的教案紛爭、保教權歸屬議題較少觸及，究其主因實在於楊生乃修會總會長，關注重心在會務，與負責魯南教務工作的代牧安治泰職司重點不一；且經由前述魯南傳教士地位與權力關係表的解說可知，修會總會長對魯南教務諸事是居輔助地位，並非扮演核心角色。

事實上，當時受限時間、距離等因素，魯南傳教士關於教務紛爭事，實無法每次都向遠在歐洲的會祖作說明。[117]而面對來自魯南傳教士涉及教務紛爭的若干內容，楊生在書信中的回應也往往只是致上誠摯慰問與祝福、感謝天主護佑教務發展，或請會士珍惜寶貴學習經驗，並藉苦難淨化自己過失等。[118]

---

[116] 參見："Letter to Anzer and Freinademetz," Steyl, May 16, 1886, p.167;雷立柏編著，《聖言會在華 1879-1955 年：編年史、地方志、人物列傳》，頁 13-14。

[117] 如福若瑟於 1889 年 4 月在曹縣城遭群眾暴力對待，史泰爾方面於年終才間接得知此事，故楊生命令福若瑟就該事件呈上詳細報告，而福若瑟在報告中開頭即言：「您的『嚴命』使我不得不拿起筆來，把那早已成為陳年舊事的曹縣事件又一次從垃圾堆裡拖了出來」，由此可知福若瑟於該事件發生後，並未主動向會祖作報告；見〈一八八九年四月二十三日的受虐事件〉，《聖福若瑟書信》(未出版打字本)，頁 99；該一手史料原以德文記載，初由聖言會羅馬總會刊印出版，且印刷兩次，分別刊於 1973 年、1974 年，兩者內容相同，僅書名略有不同；後譯為中文打字本。原文資料見 Fritz Bornemann ed., *Josef Freinademetz, Berichte aus der China-Mission* (Romae: Apud Collegium Verbi Divini, 1973); Fritz Bornemann ed., *福神父見聞行遇錄 Josef Freinademetz, Berichte aus der China-Mission* (Romae: Apud Collegium Verbi Divini, 1974).

[118] 相關資料參見："Letter to Anzer," Steyl, October 18, 1883, p.97; "Letter to Anzer," Steyl,

至於保教權問題，楊生態度是尊重安治泰的決定，如 1881 年的書信即明白對安治泰表示：有關保教權「我給你完全的自由」。[119]1882 年，當第二批會士要前往中國時，楊生提供安治泰的意見是：法國堅持其保教權，就應該發給德籍傳教士旅行文件；但如果無法獲得法國的旅行文件，就必須取得德國的任何一種文件。[120]1883 年，楊生派出第三批會士時，更明確地告訴安治泰，「該給他們法國或德國的旅行文件，我留給你作判斷」。[121]值得注意的是，1887 年楊生發現安治泰似乎直接與歐洲樞機主教討論保教權事，但他並不瞭解相關內容；[122]1889 年 5 月，楊生提醒安治泰注意：由於德國公使授予的權力並非基於正式條約，因此可能隨時會被撤回。[123]惟自 1889 年 7 月至 1890 年 8 月間，經由數封書信往來，楊生已逐漸掌握安治泰對保教權的明朗態度：即確認由德國來保護。[124]對於此事，李維紐斯的研究認為，安治泰這麼做的原因實為方便處理教務相關事，令諸多交涉工作進行起來較為簡化、不複雜，對魯南傳教事業應有助益；[125]但雷立柏指出：

May 15, 1884, pp.128-129; "Letter to Anzer," Steyl, May 23, 1886, p.177; "Letter to Buecker," Steyl, July 13, 1886, pp.201-202; "Letter to Anzer," Venlo, September 8, 1888, p.247; "Letter to Anzer," Steyl, March 19, 1889, p.256.

[119] "Letter to Anzer," Steyl, July 29, 1881, p.49.

[120] "Letter to Anzer," Steyl, June 16, 1882, p.69.

[121] "Letter to Anzer," Steyl, June 14, 1883, p.92.

[122] "Letter to Anzer," Vienna, September 29, 1887, pp.224-225.

[123] "Letter to Anzer," Freiburg, May 12, 1889, p.268.

[124] "Letter to Anzer," Steyl, July 9, 1889, pp.270-271; "Letter to Anzer," Steyl, April 7, 1890, p.290; "Letter to Anzer," Steyl, August 27, 1890, pp.293-294.又有關安治泰為保教權周旋於德國、法國及教廷間的說明，參見：Ernest P. Young, *Ecclesiastical Colony: China's Catholic Church and the French Religious Protectorate* (New York: Oxford University, 2013), p.64；相藍欣，《義和團戰爭的起源》，頁 54。

[125] 相關說明參見：Karl Josef Rivinius, "Bishop J. B. Anzer: On the Occasion of the 80th Anniversary of his Death," *Verbum*, Vol.24, No.4(1983), pp.377-380; Andrzej Miotk, "Karl Josef Rivinius: *Im Spannungsfeld von Mission und Politik: Johann Baptist Anzer (1851-1903), Bishof von Süd-Shandong* (Johann Baptist Anzer: SVD Bishop between Mission and Politics)," pp.131-132.

安治泰此舉實在聖言會內引起很大危機。[126]

　　整體而言，對初創時期的聖言會來說，楊生與魯南傳教士往來書信中涉及最多者仍屬會務事，其除持續將歐洲母會發展的詳細狀況告知海外傳教之會士外，亦對魯南傳教區的硬體基礎、軟體條件——即建立適當傳教據點、培育良好傳教士——特別重視並提出原則性建言。

　　就前者而言，楊生認為：當時魯南傳教區的三個府裡，僅兗州府陽穀縣坡里有教友一百多人，因此必須先將陽穀設為整個傳教區的領導核心地(即第一據點)，即便其地理位置距山東省中心區太遠。接著，努力經營該領導核心地之活動，透過講述道理、領受聖體、晚間靈修與朝拜聖事等方式，激起教友們熱忱；[127]再來，將他們聚集在大城市附近，增加教友人數到一或兩千人；然後，經由深入巡視各處，發掘一些位於沂州府或兗州府範圍內、靠近沿海地區居住的虔誠家庭；最後，轉換重心到那裡，便可將之定為魯南傳教區的第二據點。[128]

　　楊生亦明確指出，設立傳教據點的重要地理條件有四，即：第一、從黃河與大運河行旅的可能性，第二、與道臺的距離，第三、位於濟南府的適當地點，第四、或許是在海岸邊。同時，他要求安治泰確認，利用大運河或海岸邊據點往上海的聯繫管道，何者較為方便?亦要釐清道臺所在地、尋找方便與濟南府或芝罘往來的據點等事。[129]又楊生對第一據點的選擇，實期望設於濟寧或濟寧與兗州間之適當地點，以便連結陽穀與濟寧，且在兩地間有教友家庭可提供住宿及行李暫置處所，但若鐵路線可達兗州，則仍應將陽穀設為第一據點。[130]由此可知，楊生對傳教區據點設立的考量實著重往水陸

---

[126] 雷立柏編著，《聖言會在華 1879-1955 年：編年史、地方志、人物列傳》，頁 20。

[127] 楊生頗為重視經由教會儀式進行以增加教友及慕道者的虔誠之心，尤其是在聖週期間，且其不僅告知安治泰要注意此事，亦提醒福若瑟要特別留心相關事；見 "Letter to Freinademetz," Steyl, January 5, 1884, pp.107-108.

[128] "Letter to Anzer," Steyl, April 2, 1881, pp.42-43.

[129] "Letter to Anzer," Steyl, July 14, 1881, pp.46-47.

[130] "Letter to Anzer and Freinademetz," Steyl, December 1, 1881, p.58；"Letter to Anzer and Freinademetz," Steyl, March 17, 1882, p.65.

交通較便利的魯東方向發展，且要易於與芝罘、上海等對外港口互相聯繫；除方便對外聯繫之必要性，魯南傳教區內東(濟寧)、西(陽穀)兩個傳教據點彼此間，也要擁有人員往來與物資傳遞的便利性。亦即，交通發達、運輸便利乃設立傳教據點最重要的考量，而這也是歐洲母會設立傳教據點的首要原則。[131]

事實上，由於坡里位居魯南傳教區尾端，與較靠東邊的濟寧均屬黃河與運河經過的水患平原區，不論是傳教士外出工作或教友定居當地，均生活在危險中；[132]因此，1893 年，楊生根據自魯南赴歐洲募款的陵博約提供之資料，繪出最新山東大地圖，規劃魯南傳教區的未來發展，且與安治泰討論獲取位置偏北的泰安府與東昌府，作為新據點的可能性，因新據點可連結坡里(屬兗州府)及王莊(屬沂州府)兩個重要教友村。惟此事必須與方濟會詳細討論，並取得歐洲方面的理解，而其中重要關鍵，仍在於方濟會是否願意再釋出傳教區域。[133]為達此目標，楊生與安治泰沙盤推演可能被歐洲方面質詢的各種問題，及足以應對之適當答案；[134]當然，楊生也明白安治泰對獲得芝罘港口的長久渴望──自其被任命為顧立爵副手後的十二年來不曾遺忘──，然楊生亦明確對安治泰表示，後者實較前者更為困難，他只希望能得到泰安府與東昌府，或其中的一個。[135]

此外，楊生也關注教會據點設立可能引起群眾強烈反應；因此，他主張最好先不要在城市中進行，而是往山區和丘陵間的鄉村裡開展工作，且傳教士要四處走動發現好人；在楊生看來，傳教區裡存在「一個受過教育的基督

---

[131] "Letter to Freinademetz," Vienna, July 31, 1884, pp.131-132.
[132] 據薛田資言：坡里因位於水坑，常遭水患侵擾；見 George M. Stenz, *Twenty-five Years in China, 1893-1918*, pp.31、94.
[133] "Letter to Anzer," Rome, May 17, 1893, pp.351-352.
[134] "Letter to Anzer," Rome, June 24, 1893, pp.376-378.
[135] "Letter to Anzer," Steyl, September 19, 1893, pp.380-381.事實上，楊生於1884 年初即對福若瑟表示，如果能將教會據點遷至傳教區較中間位置，並可尋得與上海聯繫更省時的方法，就不必總是迂迴地經過芝罘對外往來；見"Letter to Freinademetz," Steyl, January 5, 1884, p.108.

徒，比一個無私神父對教會更有用」，所以，或許可以使用獻儀協助一些教友搬遷，將這些人聚集在同區域內，形成一個傳教據點。[136]然楊生也提供其他神職人員的經驗之談，認為從城市開始比在農村好，因為城市較容易避開人們關注，在群眾中不易被發現；惟不論從何處著手，重要的是：「如果我們在某些地方安頓下來，那麼我們必須努力讓自己在物質方面對周圍的人有幫助，這樣他們也許會准許我們住在他們的國家，並對他們產生一些影響」。[137]

至於培育良好傳教士方面，楊生提及對當地語言掌握、民情風俗瞭解，以及個人身體健康維持等部分。由於早期派赴魯南工作的會士，囿於極需人手且時間有限的急迫性，在歐洲期間的語文學習並不多，必須到達當地後全心投入，否則難以工作。[138]因此，楊生要求傳教士必須「努力把中文徹底學好，不要只是溝通而已」；[139]而先到會士也要協助晚到者，如 1891 年才到魯南的恩格理被派至早他兩年到達的韓理負責之傳教站工作，其目的之一即是幫助他學習語言；[140]那時，與恩格理同批出發往魯南的傳教士共有五人，當他們還在旅途中時，楊生已寫信要安治泰安排這些人的中文學習課程，並作成報告寄給他。[141]楊生也持續叮嚀新到傳教士的語文學習狀況，如文安多、李天安是次於安治泰、福若瑟，屬第二批派赴魯南的傳教士，兩

---

[136] "Letter to Anzer and Freinademetz," Steyl, December 1, 1881, p.57.

[137] "Letter to Anzer and Freinademetz," Steyl, March 17, 1882, p.66.

[138] 從韓寧鎬的記載可知：布恩溥自己承認，他被派到沂水時，能掌握的中文是有限的；而韓寧鎬本人也有相同狀況，因其於 1886 年中，陪同剛升上代牧不久的安治泰回到坡里時，在慶賀歡迎會上，對福若瑟的中文致詞也無法掌握。此外，薛田資的回憶錄亦曾提及自己在華兩年後，語言能力仍屬有限的實際狀況。相關資料參見：韓寧鎬著，陳曉春、柯雅格譯，《聖言會福若瑟神父——其生平和影響及兼論山東南部傳教史》，頁 52、69；George M. Stenz, *Twenty-five Years in China, 1893-1918*, p.43.

[139] "Letter to Freinademetz, Wewel, Bartels, Buecker, Limbrock, Laxhuber and Riehm," Capellen, September 23, 1884, p.139.

[140] 當時楊生曾於信中詢問恩格理，是否已經可以帶領傳教員，或仍然完全依賴他們工作；見"Letter to Naegler," Steyl, May 23, 1895, p.411.

[141] "Letter to Anzer," Steyl, September 20, 1891, p.318.

人在歷經長達 105 天的辛苦旅程後，終於 1882 年 5 月到達魯南，而楊生在 8 月的書信中，即要他們開始學習中文；[142]又 1889 年 9 月派出的四名神父與兩名修士，於 11 月到達魯南後，楊生於 12 月初的書信中，希望他們「已經勤奮地在學習中文」；[143]至於 1892 年到魯南的伯義思，兩年後收到楊生來信誇獎他說：「我很高興你如此輕鬆地學會中文」，更期望他在德天恩指導下，成為教會得力助手。[144]

事實上，對以拼音文字為母語的歐洲傳教士而言，學習中文實令人望而生畏，適應中國生活方式亦非易事，尤其是對年紀較長者而言，故楊生曾表示，許多人「沒有學習中文的能力，也不喜歡中國人的方式」；[145]這些人「無意到中國去，從長遠來看，他們無法學中文，也無法與中國人相處」。[146]但也有主動請求派赴中國者，如范若翰本來是被規畫留在母會、一個「非常有天賦及非常有用」的終身修士；[147]而諾廣訓對中國有熱忱，[148]海明德也選擇到中國。[149]因此，如何挑出適當人選，確令楊生費盡心思，惟其希望到魯南工作的會士們「於內在及外在均成為良好中國人」，[150]而要達到此理想目標的關鍵，首在語言掌握，其次則是文化適應。

由於華人社會對兩性界限要求甚為嚴格，故楊生早於 1884 年的書信中即指出：傳教士要注意自己的言行舉止，尤其是與婦女互動，要特別考慮到中國的民情風俗，並使自己熟悉及習慣這種模式。[151]1894 年，楊生同意魯

---

[142] "Letter to Anzer, Freinademetz, Wewel and Riehm," Steyl, August 18, 1882, p.78.
[143] "Letter to Anzer," Steyl, December 12, 1889, p.286.
[144] "Letter to Buis," Steyl, June 2, 1894, p.391.
[145] "Letter to Anzer," Steyl, August 5, 1889, p.277.
[146] "Letter to Anzer," Steyl, September 26, 1889, p.278.
[147] "Letter to Anzer," Steyl, September 22, 1892, p.342.
[148] "Letter to Buis," Steyl, June 2, 1894, p.391.
[149] "Letter to Anzer," Steyl, July 16, 1896, p.459.
[150] "Letter to all," Steyl, July 13, 1886, p.200.
[151] "Letter to Freinademetz, Wewel, Bartels, Buecker, Limbrock, Laxhuber and Riehm," Capellen, September 23, 1884, p.139.

南數名神父宣發終身誓時,除肯定他們對傳教區的努力工作及責任承擔外,另補充幾點,包括他們對吸煙規定、對婦女行為,及對會規的忠實遵守;[152]可知楊生對這些事情的重視程度。

　　同時,楊生亦於該年隨書信附上對婦女行為的一般性法令,要魯南傳教士均須閱讀相關規定,並在書信上簽字確認。[153]又為落實此規範,楊生清楚說明傳教士居所禁止婦女進入,她們只能進到入口處的接待室,[154]且要安治泰牢記在心,並切實執行。[155]此外,楊生還寫信給負責教會房舍建築的恩博仁,請他按照規定建造會士的居住空間,竭盡可能地處理尚未符合規定的會士住所。[156]楊生也寫信給負責坡里初級神學院的怡百禮,要他密切注意神學院學生在這方面的行為舉止。[157]

　　至於吸煙問題,亦頗為楊生重視的生活規範,並將之提出與魯南傳教士討論。由於楊生反對在住居公開吸煙,但對需要者而言,或許可以在他們自己房間的空間範圍內吸煙,另距居住團體不遠處也可成為吸煙區。惟楊生希望傳教士即使獲得許可,仍應選擇完全不吸煙,也請大家儘可能地學習同僚們的好例子;而這些好範例對基督徒與異教者而言,也可令他們認真思考遠離吸煙的習慣。楊生認為:「取悅天主,應從減少多餘的東西開始,而一個傳教士被人看見從他口裡吐出如雲的煙,會令人產生完全不同的想法」。但楊生也將某些特定地區的允許吸煙選擇,保留給個人作判斷,僅提醒大家,「既不吸煙也不嚼煙草」乃修會的光榮標記,因此,請同僚約束心志,為自己修會維持良好傳統;[158]他也贊同安治泰的看法,即「不想遵守所有規則者,包括關於吸煙的那條規則,那麼,就是不願意進入修會的精神,如此之

---

[152] "Letter to Anzer," Steyl, June 21, 1894, pp.395-396.

[153] "Letter to Anzer," Steyl, August 3, 1894, p.402.

[154] "Letter to Anzer," Steyl, July 5, 1895, p.418, n.6.

[155] "Letter to Anzer," Steyl, August 25, 1895, p.420.

[156] 當時的規定是:會院迴廊外入口必須有以玻璃或透明紙做成窗戶的接待室;見"Letter to Erlemann," Steyl, July 5, 1895, p.419.

[157] "Letter to Ibler," Steyl, December 1, 1895, pp.424-425.

[158] "Letter to Anzer and others," Steyl, July 6, 1894, pp.398-399.

人不應該宣發任何誓言」。[159]

當然，楊生也體諒魯南傳教士的工作繁忙、壓力甚大，對身體非常耗損，故要求傳教士必須睡眠充足。其於 1883 年即寫信給大家，希望每人確實有 6.5 至 7.5 小時的睡眠時間；其中，年輕人至少該有 7 小時睡眠。而可行之道為晨間彌撒儘早進行，並以午休補充夜間睡眠不足狀況；若午休期間有訪客，應將其遣散或請稍候片刻，並藉此令訪客明瞭傳教士有許多工作要做，必須擁有足夠睡眠以維持體力。[160]其實，安治泰曾於 1889 年提及自己的作息時間是：

> 我幾乎日夜工作，睡眠時間只有晚上六點至十點間；接著，我起床繼續工作直到清晨兩點；之後，於早上四點半再起床，並在一天中的賸餘時間保持清醒。即便我們強迫自己如此工作，我們仍無法達到我們希望完成的一半。[161]

即安治泰一天的睡眠時間僅 4.5 小時，約為楊生規定數量的六或七成。另據 1893 年至魯南傳教區服務的薛田資，於三十年後回顧對安治泰的近距離觀察時，亦言及「主教是個不懈怠的工作者，他晚上的睡眠時間很少」，而這是眾所周知的事。[162]由此可知魯南傳教區發展的首個階段，傳教士們的工作負擔及體力負荷實況。

惟隨著魯南傳教區的逐漸拓展，也出現了傳教士相處不睦或工作衝突情形，實對教會事業在當地發展產生負面影響，楊生也必須費心處理相關問

---

[159] "Letter to Anzer," Steyl, August 3, 1894, p.405.
[160] "Letter to Anzer and all," Winterswijk, October 26, 1883, pp.102-103.又楊生於 1887 年的書信中言及，依照會規，會士們的睡眠時間至少是 6.5 至 7 小時；見"Letter to Anzer," Vienna, September 29, 1887, pp.222-223.再到 1893 年，楊生與安治泰討論到有關坡里各個事項時，提到傳教士的睡眠時間，這次的決議是「領導者必須堅持每一個傳教士每天有 7 小時的睡眠」；見"Letter to Anzer," Rome, June 1, 1893, p.360.
[161] "Letter to Anzer," Vienna, September 29, 1887, p.223, n.4.
[162] George M. Stenz, *Twenty-five Years in China, 1893-1918*, p.28.

題。如 1884 年底,楊生接獲關於岳昆崙可能因安治泰口頭批評其行為而產生的投訴,然楊生認為岳昆崙應努力改善自己,日後要更加注意上司勸告,[163]之後,岳昆崙曾致函楊生說明此事。[164]惟 1889 年,楊生接獲安治泰嚴厲指責岳昆崙的信件,於是 1890 年 8 月,岳昆崙隨行安治泰第二次返歐之旅回到母會,次年(1891)4 月即離開修會。[165]又 1886 年中,安治泰對韓寧鎬也有意見;此次,楊生希望其能以非常友好方式與屬下交談,化解兩人心中障礙,並向安治泰表示:「一般說來,我不會停止鼓勵弟兄們盡可能地在適當時間和地點,以開放、信任和立即的服從,來與你接觸」,因為「藉由下屬而來的問題和異議,能使上司成聖」。[166]

事實上,安治泰於 1886 年正式成為魯南代牧後,與屬下關係愈為惡化。首先,是 1886 年 2 月為陵博約與郎明山兩人升為神父、李天安升為執事而舉行的祝聖典禮;此乃魯南傳教區首度舉行的隆重大禮彌撒,但因安治泰仍在歐洲,三名會士中有兩人不願意等待其回來主持,[167]而福若瑟認為:可邀請新上任不久的方濟會魯北代牧李博明進行儀式,藉此改善兩會以往因爭取傳教區造成的緊張氛圍,惟此舉令安治泰不滿,連帶影響他與會士們關係;楊生則於 7 月的書信中表示,高興李博明能參與盛會並收到其友好信件,然希望不久的將來,修會自己的代牧也有機會參與聖事。[168]迨 1886 年夏,安治泰已從歐洲回到坡里,身為修院院長的李神父曾提醒他,應禁止貞女到傳教士住樓,安治泰無法接受被批評,將之調往遠離兗州坡里的沂州王莊工作,結束李神父為時僅四個月的院長職務。至 1887 年 4 月,安治泰懷疑福若瑟唆使其他傳教士反對自己,因而派福若瑟到較晚開發、位居傳教

---

[163] "Letter to Freinademetz," Steyl, December 19, 1884, p.141.

[164] "Letter to Freinademetz," Steyl, June 11, 1885, p.161.

[165] "Letter to Freinademetz," Steyl, December 19, 1884, p.141; "Letter to Anzer," Steyl, May 6, 1891, p.313.

[166] "Letter to Anzer," Steyl, July 12, 1886, p.191.

[167] "Letter to Anzer," Steyl, May 21, 1886, pp.168-169.

[168] "Letter to all," Steyl, July 13, 1886, p.200.

區南部的漁臺(屬濟寧直隸州)及單縣(屬曹州府)拓展教務。[169]

此段期間，不知是否關於魯南傳教士不合的訊息陸續傳往歐洲，因楊生於 1887 年 11 月寫信給安治泰，提醒他「真誠的謙卑和父親般的行為，可能會成功地贏得傳教士們的心，讓他們完全歸順」。[170]又於 1889 年 5 月寫信給魯南所有會士，懇請大家：

> 努力彼此相愛，在你們的領袖和父親、最可敬的主教指導下，真正而牢固地團結起來，你們都想成為忠誠而順從的兒子，同時給予他真正的支持，為壓在他身上的許多憂慮，以及他所面臨的鬥爭。[171]

楊生的擔憂心情，於書信中可見蛛絲馬跡。此外，當年 8 月，楊生亦寫信要求安治泰，不可未經其同意而接受修會以外的神父或修士到傳教區工作，否則他將不再派任何會士到魯南，此實因盧國祥的信件中言及安治泰與他人所做的私下交流，令楊生頗為不悅。[172]

自 1890 年代開始，安治泰陸續獲得世俗名位，如其成功地將德籍傳教士的保護權，從法國轉至德國手上，故於 1891 年獲德皇威廉二世(Friedrich Wilhelm Viktor Albert von Preußen,1859-1941)授與的二級帶星皇家勳章，及其故鄉巴伐利亞(Bavaria)攝政王頒發的米歇爾勳章；數年後，又獲二級紅鷹勳章，並因此得到可擢升貴族的巴伐利亞皇家功勳勳章。1893 年，安治泰更因德國公使布蘭德(Maximilian August Scipio von Brandt,1835-1920)居間努力，得到中國政府頒發的三品頂戴官位，次年(1894)再獲二品頂戴榮銜，[173]

---

[169] 雷立柏編著，《聖言會在華 1879-1955 年：編年史、地方志、人物列傳》，頁 14-16。另據曾赴單縣工作的韓寧鎬表示：當地有「單縣不善」的俗語，可知該地區傳教工作之困難；見韓寧鎬著，陳曉春、柯雅格譯，《聖言會福若瑟神父——其生平和影響及兼論山東南部傳教史》，頁 90。

[170] "Letter to Anzer," Steyl, November 11, 1887, p.230.

[171] "Letter to all," Marburg, May 4 and Freiburg, May 12, 1889, p.262.

[172] "Letter to Anzer," Steyl, July 9- August 6, 1889, p.272.

[173] 當時楊生在書信中言及，安治泰於中國獲得的榮譽在歐洲引起極大關注。相關資料與

楊生也致函恭賀安治泰,並希望這種官位職銜「對教會而言是個真正的祝福」。[174]

然此時也是安治泰與傳教士關係更為惡化,甚至是衝突白熱化的開始;因 1893 年初陵博約奉命赴歐洲募款,不滿安治泰諸多行為的話語傳到母會。楊生透過秘書以勸勉話語之書信求證於安治泰,安治泰則請福若瑟為他向母會方面解釋,然福若瑟於 1894 年 2 月以書信回覆安治泰表示:無法為他說好話。於是,在安治泰激烈反應下,福若瑟被禁止談論相關事,其雇用的傳教員也被安治泰全部開除。[175]

又 1894 年 4 月,陵博約自歐洲帶回募款以充實魯南傳教經費,但安治泰並不高興;8 月兩人於濟寧會面時,安治泰當面譴責他;不久,召開修會的省會議後,與會傳教士有福若瑟、文安多、恩博仁、韓寧鎬、德天恩五名傳教區內屬資深及核心人物,聯名控訴安治泰長期的不當作為。[176]

事實上,這段時間內,福若瑟因安治泰對他的懲處,曾於 1894 年 4 月致函楊生告知自己面臨的困境;楊生於 6 月寫信給安治泰,提及魯南傳教士對他「缺乏信心」,要安治泰自我反省,以贏回眾人對他的信任。[177]楊生亦於 7 月回信給福若瑟,要其將 2 月寫給安治泰的信件副本寄到歐洲給他看,並將此信件亦交給魯南一些資深傳教士閱讀後,再將個人意見寫信回覆給楊生。於是,福若瑟等五人於濟寧開完省會議後共同簽署的信件,及各個傳教士分別撰寫的信件,於 9 月間先後完成寄往歐洲;而初時未加入共同簽署信件的陵博約,亦於事後支持,[178]不但寫信給楊生,也於 10 月寫信給安治泰,並將後者副本連同書信一起寄給楊生,告知遠在歐洲的會祖:修會白

說明參見:"Letter to Anzer," Rome, June 24, 1896, p.379;韓寧鎬著,陳曉春、柯雅格譯,《聖言會福若瑟神父——其生平和影響及兼論山東南部傳教史》,頁 228,註 1。

[174] "Letter to Anzer," Steyl, October 14, 1893, pp.381-382.
[175] 雷立柏編著,《聖言會在華 1879-1955 年:編年史、地方志、人物列傳》,頁 24-25。
[176] 雷立柏編著,《聖言會在華 1879-1955 年:編年史、地方志、人物列傳》,頁 254-255。
[177] "Letter to Anzer," Steyl, June 15, 1894, pp.392-393.
[178] "Letter to Freinademetz," Steyl, July 19, 1894, pp.400-401.

紙黑字明文規定於手冊中的內容，有許多要點在魯南傳教區中並未施行；[179]亦即明指安治泰長期以來的諸多行事，並非規範允許下的結果。

再至 1895 至 1896 年間，魯南傳教區人心浮動與人事異動不斷。先是1895 年 7 月，郭爾哈申請宣發終身誓被安治泰以「沒有遵守代牧區的規律」為由拒絕，並要他離開魯南，故郭爾哈於 12 月返回歐洲，次年(1896)便離開修會。[180]其實，楊生也未允許郭爾哈的終身願，僅同意他宣發三年暫願，但楊生認為郭爾哈的問題有待調查，其仍可停留中國一段時間；而安治泰將屬下遣送回國實超越自己權限，因調整會士工作區是總會長的職權，安治泰的決定並未經適當程序。[181]

1896 年 3 月，楊生因恩博仁請求調離魯南傳教區，而寫信要他忠誠地堅持下去，[182]也請福若瑟鼓勵他。[183]同時，以當前魯南的不安情勢看來，楊生認為最好派福若瑟為其代表，確實表達修會立場，並到傳教區各據點巡視，傾聽會士們心聲後，讓福若瑟作出完整報告給他，令楊生能真正瞭解魯南傳教區狀況。為此，楊生除致函安治泰告知此人事案，請安治泰盡一切可能協助福若瑟的工作；亦寄出經費供福若瑟分配使用，以完成其託付之任務。[184]又當年 5 月，楊生與安治泰交換意見後，將陵博約調離魯南；故陵博約自山東費縣出發經新加坡，前往德屬新幾內亞擔任威廉斯蘭(Wilhelmsland)傳教區負責人。[185]再到 8 月，楊生分別寫信給韓寧鎬、布恩溥，10 月又寫信給

---

[179] "Letter to Anzer," Steyl, February 11, 1895, p.408, n.8.

[180] 雷立柏編著，《聖言會在華 1879-1955 年：編年史、地方志、人物列傳》，頁 246。

[181] "Letter to Anzer," Steyl, July 5, 1895, p.417; "Letter to Anzer," Steyl, February 27, 1896, pp.436-437.

[182] "Letter to Erlemann," Steyl, March 4, 1896, p.441.

[183] "Letter to Freinademetz," Steyl, March 25, 1896, p.456.

[184] "Letter to Freinademetz," Steyl, March 5, 1896, p.443; "Letter to Anzer," Steyl, March 12, 1896, pp.449-450; "Letter to Anzer," Steyl, March 25, 1896, pp.454-455; "Letter to Freinademetz," Steyl, March 25, 1896, pp.455-456.

[185] "Letter to Freinademetz," Steyl, March 5, 1896, p.444.德屬新幾內亞威廉斯蘭將成為一獨立傳教區，且於 1895 年夏由教廷交給聖言會負責傳教事務；故楊生取得安治泰意見後，寫信給陵博約告知其新的工作地點與職務；見"Letter to Limbrock," Steyl, January

魏若望、[186]德天恩等長期在魯南的會士們，嘉許他們對工作的付出，安撫他們的情緒，並說明處理事情的原則與方式，期望會士們仍彼此合作，繼續為魯南傳教區的未來發展而努力。[187]

此期間，楊生亦於1896年2月寫了封語重心長的信給安治泰，肯定其在魯南「不遺餘力地熱心工作」，但也表示「無法抗拒的嚴重錯誤，足以使所有好事情變得一文不值」；因此，請安治泰反思，是否過於重視自己榮譽而輕忽別人感受？為維持自尊心而經由權力，命令屬下達到其無法完成的工作？[188]五個月後(即7月)，楊生又致函安治泰，嚴肅地要他誠實面對自己的問題，特別是被許多人，無論是魯南會士或其他神職人員一致證實的事情，最好「簡單謙卑地承認」，並盡快改進。[189]該年8月，是安治泰晉鐸二十周年的日子，楊生除於書信中祝福他外，再次要他「更好地理解」自己的錯誤。[190]

1897年1月，楊生於同一天分別寫信給兩位在魯南工作超過十年以上的資深傳教士——福若瑟與韓寧鎬；給前者的信中，楊生道出經由整件事情的正面思考結果，即「對一個〔像我們這樣的〕年輕修會而言，必須經歷各式各樣的事情，是一件好事。對於必須採取的方向，會是很好的教訓」。[191]給後者的信裡，楊生則認同將教區與修會兩個負責人分開的做法，因教區是傳教事務實施場域，由傳信部任命教區長上；而修會長上則是維護並促進會士紀律，且根據個別會士的才華與能力分配工作，但他也必須先諮詢教區長

16, 1896, pp.427-428.

[186] 魏若望為安治泰的侄子，於史泰爾學習時期即備受楊生肯定與重視，相關資料參見："Letter to Anzer," Steyl, October 24, 1879, p.16; "Letter to Anzer," Steyl, July 29, 1881, p.47.

[187] "Letter to Henninghaus," Steyl, August 14, 1896, pp.468-470; "Letter to Buecker," Steyl, August 24, 1896, pp.472-473; "Letter to Weig," Steyl, October 2, 1896, p.474; "Letter to Vilsterman," Steyl, October 2, 1896, p.475.

[188] "Letter to Anzer," Steyl, February 6, 1896, pp.430-431.

[189] "Letter to Anzer," Steyl, July 31, 1896, pp.464-465. 又楊生於該封信中指出安治泰有飲酒問題，並曾因酒醉引發爭論而留下之人證、物證資料。

[190] "Letter to Anzer," Steyl, August 14, 1896, p.466.

[191] "Letter to Freinademetz," Steyl, January 6, 1897, p.477.

上才能作出適當排。[192]而此乃日後聖言會正式將修會於魯南傳教區的省會長職，自安治泰手中轉到福若瑟身上的重要立論依據。[193]

結　語

　　1875 年 9 月楊生創立聖言會後兩個月(即 11 月)，來自巴伐利亞的安治泰加入修會，次年(1876)8 月正式晉鐸，成為修會第一個神父會士；當時，已成為教區神父一年多的福若瑟，在故鄉聖瑪爾定(St. Martin)教堂擔任副本堂工作，並任教於公立學校。1878 年 2 月，福若瑟響應楊生海外傳教理念，兩人於 7 月首度見面，8 月福若瑟便到史泰爾進行初學，準備次年與安治泰共赴中國傳教。

　　兩位首批派出的年輕會士，或許是因為在歐洲不一樣的傳教士初經歷，決定了日後差別的傳教工作重心，不論是在華南的香港或華北的魯南。安治泰擅長目標規劃、政策擬定等，多接觸上層社會的行政事務，福若瑟置身平民百姓間、好參與基層社會的各項服務；再加上兩人迥異的個性與習性，令行事高調、不顧一切、奮力往前的安治泰，與作風低調、腳踏實地、按步就班的福若瑟形成截然不同的強烈對比；[194]惟於聖言會在華傳教事業的最早開拓期間，兩人與遠在歐洲、全心竭力作海外傳教士後盾的會祖楊生，實形成鐵三角似的緊密關係。

　　為開展修會在華傳教工作，楊生於尋找專屬傳教區一事上曾四處碰壁，其後能順利派出安治泰、福若瑟兩人，先於 1879 年至香港學習，再於 1882 年到魯南傳教，實得力於屬不同修會背景的兩地負責人高雷門、顧立爵之大

---

[192] "Letter to Henninghaus," Steyl, January 6, 1897, pp.479-480.
[193] 有關聖言會對分隔教區長上與修會長上的論述說明，可見韓寧鎬著，陳曉春、柯雅格譯，《聖言會福若瑟神父——其生平和影響及兼論山東南部傳教史》，頁 202-205。
[194] 有關安治泰個性的描述及其與福若瑟的差異，可參見：相藍欣，《義和團戰爭的起源》，頁 51-52；柯毅霖著，陳愛潔譯，〈福若瑟與安治泰：兩位傳教士、兩種風格〉，頁 22-23。

力支持與協助。而 1885 年底，傳信部正式將魯南提升為獨立傳教區，1886 年安治泰被祝聖為相當主教地位的代牧職務，這對一個創立僅十年的年輕修會而言，實莫大之成就。

自 1882 年聖言會士初至魯南時的 158 名教友，到四年後的 1886 年已成長約四倍、共 634 名教友，[195]再到 1892 年復活節時，教友人數多達 4,398 個，[196]即十年間，教友數量擴增近廿八倍。這些數字的背後，是修會力量的聚集與努力；其中，除派赴魯南傳教區工作會士們在當地的全力付出外，楊生持續從歐洲派出的人力與匯入的財力、物力，實居關鍵地位。

由於魯南為聖言會首個傳教區，故楊生優先滿足該地區的人力需求，不論是神父或修士。即便 1884 年，有樞機主教希望楊生能協助在紐西蘭的工作，惟楊生表示：目前魯南傳教區「需要我所有可以提供的傳教士」；[197]而 1889 年起，傳信部要求楊生承擔責任，陸續派會士支援南美洲阿根廷、非洲多哥等地的教會工作，[198]楊生仍派出較多會士到魯南傳教區而非他處。[199]且派赴魯南的傳教士必須精心培育及特別挑選，乃能確切符合當地需求，尤其是必須具備各種工藝技能的終身修士；然派赴魯南者的工作負擔與生活適應亦甚為艱辛，不論是語言學習、民情風俗掌握，乃至生活規範要求等，致楊生的某些要求，在當時時間有限情況下實難完全遵行(如撰寫傳教區事務詳細報告、傳教士要有充足睡眠時間等)。[200]至於財力方面，楊生

---

[195] 此數據來自 1886 年的統計表，見韓寧鎬著，陳曉春、柯雅格譯，《聖言會福若瑟神父——其生平和影響及兼論山東南部傳教史》，頁 71，註 1。

[196] 〈一份收穫報告(1903 年)〉，《聖福若瑟書信》，頁 152。

[197] "Letter to Anzer," Steyl, May 9, 1884, p.125.

[198] "Letter to Anzer," Steyl, September 26, 1889, p.278; "Letter to Anzer," Steyl, August 13, 1891, p.315.

[199] 如 1892 年楊生於書信中言，其同一時候派出的會士，僅一人到阿根廷，但有五人到魯南；見"Letter to All," Steyl, January 31, 1892, p.325.

[200] 魯南傳教士對楊生要求的某些事項實難以達成之狀況，亦見於韓寧鎬的記載；見韓寧鎬著，陳曉春、柯雅格譯，《聖言會福若瑟神父——其生平和影響及兼論山東南部傳教史》，頁 54-55。

往往節約母會需求，不惜犧牲自己原定計畫，盡力匯款往魯南傳教區；而各式物品的供給，更是小至卡片、手冊、書籍等印刷品，大至木材、金屬製品、攝影器材等，從原料、半成品到成品均包含在內，可知魯南傳教區在楊生心目中之特殊地位。

然魯南傳教區逐漸拓展後卻發生會士不合情形，實楊生始料未及，亦對教會事業產生不良影響，[201]而究其原因或在於安治泰個人因素。主動積極的安治泰於修會專屬傳教區的獲取上，確實在短期間內達成目標，為修會在華人社會的教會事業奠基做出重大貢獻；然其較急迫的工作態度及與人對立的行事風格，實冒犯長期在當地工作、願意讓出傳教區的方濟會。此種處理事情態度與模式，亦造成必須與之長期相處的會士同僚不滿；尤其是安治泰於 1886 年正式成為魯南代牧後，或因急欲增加傳教成果而忽視修會規範，其亦認為經由政治上的權勢地位可令教會發展更為順利，故 1890 年代積極靠近世俗權力、獲取世俗名銜以鞏固自身地位。

無論如何，楊生對安治泰的種種作為，雖肯定其持續不斷地努力工作，為修會及教會付出甚多，卻也明確指出安治泰的問題所在，且語氣從初期的提醒、勸勉，到後來的警訓、告誡，顯示楊生對魯南傳教區的未來發展實憂心忡忡。最終，楊生鼓勵魯南傳教士們以此事為學習經驗並記取教訓，持續在工作崗位上同心協力，亦透過事務釐清、權力分散方式重整修會，令日後聖言會在華人社會的傳教事業，得在此基礎上朝更理想的方向邁進。

---

[201] 楊生曾於 1897 年書信中言及：「幾乎沒有人自願去中國服務」，因「在過去幾年裡，那些前去中國的人如何面對如此多的問題，這也很有可能引起人們的注意」；見 "Letter to Anzer," St. Gabriel, May 10, 1897, p.490.

第二章
福若瑟神父的華人社會生活：
從香港到魯南(1879-1908)

　　1879 年 3 月，年僅廿七歲、來自義大利南提羅爾(Suedtirol)的聖言會士福若瑟，在結束於荷蘭史泰爾舉行的首次派遣禮後，即肩負傳教使命出發往中國行，[1]其乃該修會於 1875 年創立後，首批派赴海外的傳教士之一，而聖言會士在華人社會生活的歷史即由此展開。

　　福若瑟於當年 4 月抵達香港，在香港代牧高雷門安排下，被派往當時仍屬中國廣東、一個名為西貢的傳教站，協助和類思向當地居民進行傳教工作。1881 年，聖言會獲山東傳教區代牧顧立爵允許，可接手部分原屬方濟會負責的魯南地區傳教事務；於是當年 5 月，福若瑟離開工作兩年的香港，經由上海往北行，先至濟南，終於 1882 年 3 月抵達山東陽穀縣坡里。

　　當時，魯南傳教區面積約六萬平方公里、人口九百萬，含卅二縣，僅三個村莊有信眾不到二百人，其中的 158 人定居陽穀縣坡里；[2]福若瑟即以該據點為基礎，正式開啟此後在魯南長達廿六年的傳教生涯，此生未再返回歐

---

[1] 荷蘭史泰爾的首次派遣禮於 1879 年 3 月 2 日舉行，福若瑟於當晚離開修院後，先行返回家鄉告別親友，再於 3 月 15 日自義大利安考納(Ancona)港口登船正式出發，開始為期卅六天的長途旅程。有關福若瑟離開修院至登船出發間之行程與相關說明，見〈前往中國(1879)〉，《聖福若瑟書信》，頁 5-13。

[2] 狄剛，〈聖言會在華傳教簡史〉，收入《聖言會來華傳教一百周年紀念特刊(1882-1982)》，頁 18。

洲故土，³而其足跡遍及兗州、沂州、曹州三府所屬諸縣，及濟寧直隸州等地，終於 1908 年 1 月因病亡故，葬在濟寧戴莊，享年五十六歲。

　　福若瑟以外籍傳教士背景，在華人社會近三十年的傳教歷程中，親眼見聞之民間社會生活狀況頗為廣泛；尤其，他因魯南傳教區先後兩任代牧安治泰、韓寧鎬數次赴歐而肩負傳教區各項工作，⁴並參與處理民教紛爭與衝突事務，更令其傳教經歷甚為多樣豐富，值得深入瞭解，一窺究竟。

　　而以往有關福若瑟的介紹說明、研究成果多見於教會出版品，特別是聖言會士的投入，如繼安治泰接掌魯南傳教區代牧職、曾與福若瑟共事長達二十年以上的韓寧鎬，早於福若瑟過世後十二年(1920)即出版 *P. Josef Freinademetz SVD. Sein Leben und Wirken. Zugleich Beiträge zur Geschichte der Mission Süd-Schantung* 一書，⁵此乃最早為福若瑟著書立傳者，且該書蒐羅徵

3　福若瑟自 1882 年 3 月到達山東陽穀縣坡里，至 1908 年 1 月亡故於濟寧戴莊，近廿六年間，除因肺部嚴重病況被醫生要求到日本長崎療養三周(1898 年 7 至 8 月間)外，其餘時間均在魯南傳教區工作；見〈濟寧，1898 年 9 月 27 日〉，《聖福若瑟書信》，頁 132。

4　安治泰有五次離華赴歐，其時間與原因分別為：1884 至 1886 年為參加聖言會第一次大會，於此期間被羅馬教廷任命為魯南傳教區代牧；1890 至 1891 年為參加聖言會第二次大會，有岳崑崙同行；1897 至 1898 年為參加聖言會第三次大會，有盧國祥伴隨；1900 年 1 至 7 月因病回歐洲休養並向官方人士介紹在中國的嚴峻形勢；1903 年應教廷之請啟程赴歐，由柯瀛洲同行，終於 11 月在羅馬亡故。而繼任魯南代牧的韓寧鎬於 1907 年 6 月為向歐洲宣揚中國教務事而離華赴歐，亦是由福若瑟代理相關事，故福若瑟在魯南傳教期間，共六次代理傳教區最高行政主管職。相關說明參見：雷立柏編著，《聖言會在華 1879-1955 年：編年史、地方志、人物列傳》，頁 181-182、227；韓寧鎬著，陳曉春、柯雅格譯，《聖言會福若瑟神父──其生平和影響及兼論山東南部傳教史》，頁 101、150、182-183、225-226、247；Fritz Bornemann and others, *A History of Our Society*, pp.33-51；包敏(Fritz Bornemann)著，梁慧鴻譯，〈天主教聖言會歷史(二)〉，《公教文譯》，7 期(羅馬，2016.06)，頁 91-95。

5　Augustin Henninghaus, *P. Josef Freinademetz SVD. Sein Leben und Wirken. Zugleich Beiträge zur Geschichte der Mission Süd-Schantung* (Yenchowfu: Druck und Verlag der Katholischen Mission, 1926).又本書早於 1920 年即出版，中譯本即是譯自 1920 年版，且有兩種不同譯本，首先是陳曉春之譯本，見韓寧鎬著，陳曉春譯，《聖言會福若瑟神父──其生平和影響，兼論山東南部傳教史》，收入《義和團運動文獻資料匯編

引諸多原始資料並予全文刊載,在相關史料有限又解讀困難情況下,[6]實方便後人利用作研究。至 1950 年代,首位到中國傳教的美籍會士王金鏡(Clifford King, 1888-1969)撰 *A Man of God: Joseph Freinademetz, Pioneer Divine Word Missionary*;[7]1960 年代,曾擔任河南信陽傳教區主教的張維篤著《福若瑟神父行實》;[8]1970 年代,則有劉英修女的《飲水思源:楊生神父、福若瑟神父小傳》、[9]Fritz Bornemann 的 *Der selige P. J. Freinademetz 1852-1908, Ein Steyler China-Missionar Ein Lebensbild nach zeitgenössischen Quellen* 等書。[10]

(德譯文卷)》,惟該譯本未將原書中的第一、七編譯出。其後柯雅格補譯這兩編內容形成完整之譯本並於 2012 年影印出版,而本書採用的是完整版譯本;見韓寧鎬著,陳曉春、柯雅格譯,《聖言會福若瑟神父——其生平和影響及兼論山東南部傳教史》。

[6] 據韓寧鎬言:福若瑟早期留下的文字史料有限,且其很少對人提及與個人相關之事;又當時為節省時間,福若瑟的筆記往往採他人難以理解的個人速記法寫下,即使與之結識二十多年的韓寧鎬都無法完全掌握資料內容;相關說明參見韓寧鎬著,陳曉春、柯雅格譯,《聖言會福若瑟神父——其生平和影響及兼論山東南部傳教史》,頁 5、8。此外,聖言會整理書信史料的 Josef Alt 曾指出:福若瑟寫給楊生、安治泰的某些信件已不復存在;見 Josef Alt ed., *Arnold Janssen, SVD Letters to China, Vol.I:1879-1897*, p.169, n.4.

[7] Clifford King, *A Man of God: Joseph Freinademetz, Pioneer Divine Word Missionary* (Techny, Illinois: Divine Word Publications, 1959).

[8] 張維篤,《福若瑟神父行實》(臺北:教友生活,1962)。張維篤曾於 1937 年 5 月,親訪當年伴隨福若瑟傳教的夏文林(Joseph,1861-1939)神父請教相關事,而其父親張淑雅亦曾協助福若瑟進行教會多方面之工作。此外,據楊世豪言,《福若瑟神父行實》一書早於 1950 年代即寫成。相關資料參見:雷耀漢(Leopold Johann Leeb)編,《魯南公教人物考(1879-1949 年)》(未出版打字本),頁 69;楊世豪,〈三位傑出的聖言會士〉,收入《聖言會來華傳教一百周年紀念特刊(1882-1982)》,頁 22。

[9] 劉英,《飲水思源:楊生神父、福若瑟神父小傳》(臺北:天主教聖言會,1973)。又楊世豪曾於 1975 年撰寫一本簡明的福若瑟傳記,以紀念聖言會創會百年及楊生、福若瑟兩人被封為真福(Blessed)盛事,然因故未能及時出版,書籍原稿後於 1979 至 1980 年間,分四十期連續刊登於《教友生活週刊》;見楊世豪,〈三位傑出的聖言會士〉,頁 22。

[10] Fritz Bornemann, *Der selige P. J. Freinademetz 1852-1908, Ein Steyler China-Missionar Ein Lebensbild nach zeitgenössischen Quellen* (Bozen: Freinademetz-Haus Bozen, 1977).該書英

再到 1990 年代以後，相關之著述、譯著更多，如薛保綸譯自美籍會士周華德(Walter A. Joyce)的《天國的拓荒者(Fools for the Sake of Christ)》、[11]普路茲(Stan Plutz)的《真福福若瑟神父傳(Blessed Joseph Freinademetz)》等，[12]可見福若瑟在修會、教會內之備受重視與關注程度。

至於福若瑟本人或當時人、當事者留下之一手史料，除福若瑟執筆的若干教會規範或禮儀書，[13]及部分日記、書信、報告外，另有因民教衝突、教務紛爭而產生之官府檔案，乃至後人輯錄的語句、[14]敬禮內容等。[15]而本章主要利用福若瑟在華期間之數種文字資料——不論是日記、書信、報告等，配合其他當時人、當事者之記載文獻，乃至後人的研究成果等一、二手史料，呈現晚清香港、魯南地區的民間社會情形，特別著重其對生活環境的調適與傳教工作的進行兩部分。其中，前者含傳教士的語言學習、文化適應歷程，後者則涉及教會與民間秘密教門的接觸、往來，及傳教員的角色扮演與影響，筆者期望藉此課題，觀察中外不同宗教與文化背景下的互動狀況與融合過程。

譯本見 Fritz Bornemann, *As Wine Poured Out: Blessed Joseph Freinademetz SVD Missionary in China, 1879-1908* (Rome: Divine Word Missionaries, 1984).

[11] 周華德著，薛保綸譯，《天國的拓荒者》(臺北：天主教聖言會，1996)。

[12] 普路茲，《真福福若瑟神父傳》(臺北：天主教聖言會，1997)；該書後來又出版為普路茲、米格著，薛保綸譯，《聖福若瑟神父傳：傳教士的典範》(嘉義：天主教聖言會，2005)。

[13] 如 Josef Freinademetz, *Sacrificium* (Yenchowfu: Typographia Missions Catholicae, 1915)、福若瑟，《亞來淑劇》(兗州：山東兗州府天主堂，1917)、福若瑟，《避靜指南》(兗州：山東兗州府天主堂印書館，1931)、福若瑟，《新約中的彌撒聖祭》(未載出版地：天主教聖言會，1997)等；另有關福若瑟的著作說明可參見雷立柏編著，《聖言會在華 1879-1955 年：編年史、地方志、人物列傳》，頁 211。

[14] 如尤恩禮編，薛保綸譯，《聖福若瑟語錄》(新莊：輔仁大學出版社，2007)。

[15] 如《向主僕福若瑟神父九日敬禮》(兗州：山東兗州府天主堂印書館，1944)；該書後來又出版為《真福福若瑟神父：九日敬禮》(新竹：方類思神父，1990)。

第一節　生活環境調適

　　福若瑟往中國行的首站是香港,當結束兩年在華人社會的學習傳教生涯後,他撰文向遠在歐洲的長上報告個人心得時,曾指出:「傳教士第一次用中文聽告解的那一天,對他來說是個喜樂的日子,而他第一次用中文講道的那一天,則簡直就是一個節日!」[16] 但他也坦白地說明自己的實際狀況是:

> 語言很難學,尤其是音調很難辨別,許多詞聽起來別無二致,意思卻大相逕庭。坦率地說,對於這種語言的內部結構,以及怎樣分辨同樣的音調,我一點也不喜歡。我用中文聽的第一個告解是在三王來朝瞻禮前夕。我雖竭盡全力去聽,還是無濟於事。[17]

這時當地通用的中文語言是客家話,即福若瑟抵達香港不到九個月,就必須聽懂教徒以客家話辦告解的內容;然再隔半年後的首次以客家話講道情形,則令他重振士氣且提出建議,因為:

> 我於七月二十五日第一次用中文講了道,星期天又講了一次。人們說:他們能聽懂我。……我想利用這個機會請求院長先生:為了將來的傳教士和傳教事業的好處,應在傳教修院裡重視唱歌課。一個好的聽力對一個人學習中文,其裨益之大,令人不可思議。你可以隨便找一個字詞,發音相同,只是音調不同,意思便不同。很悲哀的是:我們這些「洋鬼子們」往往使用了正確的詞,[18] 但因弄錯了音調,聽起

---

[16] 〈對兩年學習的回顧〉,《聖福若瑟書信》,頁40。

[17] 〈西貢,1880年4月4日〉,《聖福若瑟書信》,頁29。又三王來朝瞻禮即今日所稱之主顯節(1月6日),由於福若瑟抵達香港是在1879年4月20日,故其首次聽告解的日期是1880年的主顯節前夕,即1880年1月5日。

[18] 據廿四歲即到魯南(1886年)、於中國傳教超過半世紀之久的韓寧鎬言:當地人對他們這些外籍神父的普遍稱呼是「洋鬼子」、「歐洲妖怪」;見韓寧鎬著,陳曉春、柯雅

來便像是個不正確的詞。這當然常常讓人感到苦惱。[19]

　　事實上，福若瑟接觸中文始於 1878 年 8 月，他初至史泰爾的聖言會傳教修院開始初學階段，那時他除協助教授希臘文外，亦隨曾多年在中國華北及內蒙古傳教與教學的聖母聖心會士司牧靈學習中文，故其離開歐洲時，對北方發音的中文並不陌生。而福若瑟在到達香港前的語文能力，除母語(一種南提羅爾當地的古拉丁文)、希臘文外，還有義大利文、德文、法文、英文等。[20]惟即便有如此多樣的語文背景與經歷，當他抵達香港八個多月後的首次聽中文告解卻甚感挫折，其重要原因就在於中文發音的地域性差異甚大。[21]

　　此種語言學習問題後來亦發生於福若瑟轉往魯南傳教區工作時，其早於上海往濟南之旅途中，即發現「這裡的方言跟香港的方言有很大的差別」，因此，他通常會「努力克服困難，跟這個人或那個人說幾句話」；[22]又為協助新到傳教士學習本地語言，山東代牧顧立爵曾發明一種羅馬字的拼音法，

格譯，《聖言會福若瑟神父——其生平和影響及兼論山東南部傳教史》，頁 35。
[19] 〈香港，1880 年 8 月 16 日〉，《聖福若瑟書信》，頁 31-32；又福若瑟首度以當地語言講道的這一年，距其晉鐸時的 1875 年 7 月已滿五周年。
[20] 福若瑟自義大利安考納港出發後，行程經亞歷山大、蘇伊士、阿登、錫蘭、檳榔嶼、新加坡，再到香港，中途使用數種不同語文；其中，在離開亞歷山大港以前，主要用義大利文，之後則必須用英文。此外，他亦用拉丁文和旅程中遇見之各不同國籍的神父、修士們溝通；參見〈前往中國(1879)〉，頁 19、23。又福若瑟具備德文、法文能力亦見於韓寧鎬的說明及個人記載，見韓寧鎬著，陳曉春、柯雅格譯，《聖言會福若瑟神父——其生平和影響及兼論山東南部傳教史》，頁 7；〈上海，1881 年 5 月 27 日〉，《聖福若瑟書信》，頁 43。
[21] 福若瑟於香港期間即意識到自己「不會在香港長久逗留」，而香港的語言也跟「後來要學的語言大不相同」；又韓寧鎬的觀察記載曾言：福若瑟「在荷蘭學的中國話在香港用不上，而他在香港所學的語言，對他當時還不明朗的未來也沒有用」，指得就是中文在各地發音的相當大差異，實令外籍傳教士在學習上甚感困擾。相關資料參見：〈對兩年學習的回顧〉，頁 33；韓寧鎬著，陳曉春、柯雅格譯，《聖言會福若瑟神父——其生平和影響及兼論山東南部傳教史》，頁 18。
[22] 〈濟南府，1881 年 9 月 1 日〉，《聖福若瑟書信》，頁 50。

此學習方式亦有助於不識字教徒的閱讀宗教書籍。[23]而福若瑟停留濟南的八個月(1881 年 7 月至 1882 年 3 月)期間，或許就是因為這個新方法得以儘速掌握山東方言，[24]此後，不論是對當地民眾傳教或與官府交涉公務，其均可暢言無阻，不被語言問題困擾。[25]

另據韓寧鎬的觀察，當福若瑟對語文掌握愈為得心應手後，他往往在傳教時「喜歡提到跟中文的字兒有類似的發音的古拉丁話的例子」，並說自己「講中國話講得比較容易是因為他的母語有的地方比較相似」，[26]可知此時的他，對中文運用的關注重點，已從聚焦「差異」方面，轉而強調「相同」部分。

語言學習外，文化適應對福若瑟而言，或許是個更大挑戰。其在香港之文字記載，諸多內容提及日常生活情形及風土民情畫面，如：

> 今天(陰曆二月二十五日)是祭掃祖先墳墓的日子。人們在墓地給祖先奉獻豬肉和雞肉，點燃紅色的蠟燭。但魔鬼只能享用從祭肉中升起的香煙，而祭肉則由他的子孫們分食了。……
>
> 該地區的外觀，……若干家庭組成大小不等的村落，村落中間是為魔鬼所建的廟宇。道路要比在提羅爾山裡糟糕的多，左右全是死者的墓碑。[27]

---

[23] 韓寧鎬著，陳曉春、柯雅格譯，《聖言會福若瑟神父——其生平和影響及兼論山東南部傳教史》，頁 19、26。

[24] 〈從香港到魯南(1881 年 5 月至 1882 年 3 月)〉，《聖福若瑟書信》，頁 51。

[25] 光緒十一年(1885)因教會在鉅野購地發生糾紛，須至官府處理相關事務，而福若瑟獲鉅野知縣接見，得當面交涉之因，即在於其「通曉華言」；見中央研究院近代史研究所編，《教務教案檔》，4 輯，頁 288，「光緒十一年八月初一日(1885.09.09)總署收山東巡撫陳士杰函，福教士鉅野買地案查係縣民張守鑾盜賣已訊明完結」。

[26] 韓寧鎬著，陳曉春、柯雅格譯，《聖言會福若瑟神父——其生平和影響及兼論山東南部傳教史》，頁 5。

[27] 〈西貢，1880 年 4 月 4 日〉，頁 28-29。

> 我穿中國服裝已有大約三個星期了，也就是說：我穿白色的長襪，白色短褲，襯著氈制鞋墊的亞麻布鞋，一件一直蓋到腳的長袍，剃光的頭上垂著一條假辮子，不戴帽子。[28]

其他如民間通俗信仰、人口販賣、飲食內容、治病方式、禁忌規範等，均成為福若瑟書信中描繪華人社會生活的重要內容，惟其對某些現象頗不以為然，甚至難以適應，如：

> 今天是「天后」的生日，這座廟就是為她而建的。她是海上女神，保護航海者和海盜免於葬身魚腹，賞賜魚夫魚婦網網大魚好魚。可想而知，對魔鬼來說，這可謂是一個相當氣派的凱旋日。今天他洋洋得意，……因為他欣慰地看到：這些人真是他的孝子賢孫，他們的祖先曾對他俯首貼耳，謙恭備至，而新的一代竟仍然步其後塵，毫不遜色。[29]

> 一個十八歲的可憐的姑娘，不知從什麼地方被帶到這裡出賣。村裡的頭面人物們從我的窗前經過，去看看那可憐的姑娘是否適合他們想結婚的兒子。我聽見他們說賣價是五兩銀子。另一個人建議：把這個不幸的姑娘進行拍賣，誰出的價最高就給誰。這樣的交易我實在看不下去。[30]

> 人們殺死了一條可怕的蛇，然後津津有味地吃了。據他們說：它比豬肉和雞肉還要好吃，但我是不會去吃的。[31]

---

[28] 〈西貢，1880 年 6 月 2 日〉，《聖福若瑟書信》，頁 29。
[29] 〈對兩年學習的回顧〉，頁 32。
[30] 〈西貢，1880 年 4 月 4 日〉，頁 27-28。
[31] 〈西貢，1880 年 6 月 2 日〉，頁 30。

> 幾個星期之前我腳疼。一位中醫曾試圖用羊腳治療，但不僅徒勞無功，反而每況愈下(或許是因為我對羊腳缺乏信賴吧!)。[32]

> 我踏上回家的路。為了走捷徑，我想坐一個外教人的船渡過海峽。他拒絕了我，因為我不按他說的把鞋脫了。中國人相信：如果有人穿著鞋上了船，善神就會離船而去，災禍便會隨之來臨，難以逃脫。[33]

其實，對出身十九世紀中葉、一個信仰虔誠的歐洲傳統天主教家庭之傳教士而言，[34]其初至異域外邦，面對不同文化背景下的各式民間社會生活差異，致產生諸多難以認同及不適應之情形，是可想可知的。

然福若瑟認為前述各項並非阻礙傳教士在華人社會生活或工作的問題所在，傳教士最重要的是必須進行「內部的轉變」，即

> 學習中國人看問題的方法、中國人的風俗習慣，和中國人的性格及資質，這不是一天就能做到的，也不是一年就能做到的，而且也少不了會動一些很痛苦的手術。我每天所見所聞和所經歷的，在許多方面與我到目前為止的經驗截然不同。

此外，他也注意到

> 造物主賦予了中國人與歐洲人不同的稟賦。……在「天朝大國的子民」身上永遠有兩個角色在上演，一個是內在的，另一個是外表的，兩者自相矛盾。……，中國人不能使自己上升到一個較崇高的思想。他們不相信：傳教士為到中國來作出了很大的犧牲。當他看到傳教士

---

[32] 〈香港，1880 年 8 月 16 日〉，頁 31。
[33] 〈對兩年學習的回顧〉，頁 41。
[34] 相關福若瑟的出生及成長經歷，可參見周華德著，薛保綸譯，《天國的拓荒者》，頁 3-5。

為一位病人包紮令人厭惡的傷口時，他們就認為：他一定是因為從中能撈到很多油水才這樣作的。……但最令年輕的傳教士無法理解、也最讓他痛苦的，是「中央大國」居民們的宗教冷漠。[35]

所以，傳教士必須面對這個痛苦，並堅持傳教事業是個偉大工程之信念，「它的偉大是因為它目標的崇高，它的值得驚歎是因為它的方式和成就的數量和品質」，乃能獲得真正快樂。[36]

而當福若瑟離開香港往山東行，眼見不同於華南香港的華北魯南之風土民情，再度令他用文字記下了自己的觀察：

船上一共有十個水手，都是相貌英俊、體格健壯、脊背赤紅的彪形大漢，……。雖然是外教人，但他們對我都很彬彬有禮，沒有任何粗魯的舉止，總是稱我「神父」。我很讚歎他們的歡樂和滿足。……我感到好奇的是：所有水手們究竟依據什麼菜譜，在我上方蹲成一圈，把一些很好看、很厚的麵皮用一堆很漂亮的蒜、蔥等等填滿。我自然是同大家一塊兒吃。[37]

顯然，他對山東民間社會的初次接觸與第一印象是不錯的，也頗能接受當地的飲食方式。

迨 1882 年底，福若瑟已抵達魯南九個月後，因長上安治泰委派至沂州府拓展教務，於是他獨自一人前往當地，在幾個本地傳教員協助下，首次進行大規模的傳教工作；八個月後，他作出詳細彙報，以相當篇幅說明親自觀察下屬沂州府沂水縣之風土民情，如對當地自然與人文環境的描述是：

這裡是山區，和我的家鄉提羅爾一樣，只是沒有那種神奇魅力，那種

---

[35] 〈對兩年學習的回顧〉，頁 34-35。
[36] 〈對兩年學習的回顧〉，頁 38。
[37] 〈濟南府，1881 年 9 月 1 日〉，頁 47-48。

氣象萬千。山上光禿禿的，寸草不生，從山腳到山頂沒有任何樹木，只有矗立在那高不可攀的山峰左右的那許多城堡式的防禦工事看起來相當壯觀。[38]

其亦呈現山區居民貧困生活並分析原因：

大多數這些山裡人的貧困在歐洲人聽來簡直就是聳人聽聞，但對中國人來說則並非那麼敏感，一方面是因為他們從小便已對此習以為常了，另一方面，是因為中國人生來就有一種易於知足的卓越能力，使他們不致于為未來過多操心。……這極度的貧困也是由於人口過多引起的。每個人都結婚，就連生來就是盲人的也要娶個盲人女人作老婆。[39]

他也對該地平民百姓的禮貌與客氣印象深刻：

世界上再沒有像中國人這樣客套和友善的了。雖然在沂水是些樸素的山裡人，但在這方面，這些樸實無華的山裡人跟那些溫文爾雅的城裡人沒什麼兩樣。……我常常為普通農民的教養感到驚訝。好些人對他們三千年前的歷史如數家珍，瞭若指掌。就連普通人也常常會引用孔「聖人」的話，總而言之，所有的人嘴裡都經常會說一些意味深長的格言俗語。雖然他們沒有學過數學，但他們無論計算整數還是分數都比我們歐洲人既快又準。[40]

然由此親身經歷，亦令福若瑟確實體會到中國傳統文化對傳教工作構成阻力的重要因素；首先，是以自我為中心的驕傲，此

---

[38] 〈王莊，1883年9月4日〉，《聖福若瑟書信》，頁58。
[39] 〈王莊，1883年9月4日〉，頁58-59。
[40] 〈王莊，1883年9月4日〉，頁59-60。

觸及了中國人、尤其是中國讀書人的無法抑制的驕傲。正是這種驕傲使他們認為中國是世界的中心，使他們絲毫也不能想像：除了他們之外，還能有其他有理智的民族存在，或者另一個民族能夠顯示出比中國人更好的東西。

其次，是重視世俗名利，其明白指出「名譽和金錢」是「全中國崇拜的兩大偶像」。且往往為達目的而「處心積慮的詭計多端」，

人們常說：一個猶太人能騙十個基督徒，而一個中國人則能騙十個猶太人，說得很有道理。啊，中國人已經讓我在這上面吃盡了苦頭！謊言，詭詐，欺騙，偽裝，歪曲，比比皆是，讓人不知道該相信誰，該作什麼。

最後，是缺乏感恩之心，

感恩在這裡聞所未聞。你可以把整個王國給了一個中國人，而他可能連一句感激的話也不會對你說。同樣，他需要什麼時，不是請求，而是要求，比方說：我病了，給我藥。[41]

值得注意的是，隨著安治泰於 1885 年被教廷任命為魯南傳教區首任代牧，自歐洲返回魯南，同行而來的韓寧鎬——亦聖言會新派赴中國傳教的年輕會士，在 1886 年 6 月與福若瑟初次見面時，兩人即因對中國人之不同看法產生激烈爭辯。據韓寧鎬於三十四年(1920)後的回顧記載言，當時

可能是我說了一句貶低的話，使得福若瑟神父開始為中國人唱贊歌。他贊美他們的良好品質、他們嚴明的習俗以及相比較而言他們對家庭

---

[41] 〈王莊，1883 年 9 月 4 日〉，頁 60-61。

生活的高度重視(這在山東省內的農民身上表現得尤為突出)，他把這些與我們現代大城市裡的一些習慣風俗互作比較。

他的贊美似乎有點太過了，以致我覺得我有必要加以反駁。因此，我們陷入了激烈的爭論之中。

日後，類似爭論仍會發生；甚至，某次因場面過於激烈，致其他年輕會士著急地請魯南代牧安治泰來調解。[42]

其實，韓寧鎬的回顧文中，以相當篇幅解釋他後來長期觀察到的，福若瑟對中國人及中國文化看法的原因。首先，是在傳教態度上：

> 如果傳教士不去愛讓自己費心勞神的人，而看到的總是他們身上的弱點，那他的工作最終會變得非常的艱難和沈重。他會失去對工作的熱情，變得悲觀甚至易怒。這種心態不僅對傳教者本人，而且對於托付給他的教民來說都是不利的。傳教士必須熱愛和尊重教民，這對他們來說恰恰是頭等重要的。……，蔑視中國的一切東西，那麼這不僅說明他本人的糟糕，而且他的傳教事業也不會取得成就。……當然我們不必把中國人和中國的東西都看作是完美的，是不可超越的。如果一個傳教士不了解他工作所在地的人們的弱點，那麼他也自然無法採取正確的改進措施。

事實上，傳教士一旦建立起對當地人們與風土民情的尊重態度，再適時指引其某些想法，即便明白指出傳統文化的不當之處，也較易獲得人們的認同，而福若瑟就是「做到這點」，

> 他會非常直接地向他的教民們指出他們的缺點，因為他對基督徒的要

---

[42] 韓寧鎬著，陳曉春、柯雅格譯，《聖言會福若瑟神父──其生平和影響及兼論山東南部傳教史》，頁63。

求非常嚴格，……，但是沒有中國人會責怪他，因為每個人都明白，他的批評是出於純潔的心靈之愛和高揚的熾熱情感。

他也不遺餘力地催促中國人根除迷信思想——對於這種習俗他是毫不留情地。但他是站在宗教的立場之上，這是一個傳教士的工作範圍，誰都不能剝奪他的這種權利。此外，中國人仍舊可以平平靜靜地做他的中國人，也可以繼續保留他們歷代傳下來的風俗習慣——如果他們并不有違道德觀念的話。

其次，是在傳教觀念上：

作為傳教士來到中國，并不是為了把中國人變成德國人或者法國人，而只是把他們變為優秀的基督徒。對於那些相對落後的地區來說，傳教士們可以把給新教民帶去超自然的宗教真理和恩寵的同時賜給他們一個健康的世界文化作為自己的責任。

而在那些本身就擁有幾千年古老文化的東亞文明古國，無論是風俗習慣、生活習性還是社會關係方面，都已經是世代相傳了許多年，傳教士要做的第一件事情，就是要去除其中的罪惡的、顛倒了的部分。如果老百姓自己想去了解一些外來的文化財富，如果他們想學習外來的知識和技能，就像目前中國的情景，那就是另一番情況了。只要有益於傳教事業，那麼傳教士自然非常願意助一臂之力，去滿足他們對教育和知識的追求，就如他愉快而全身心地去幫著做一切能給百姓帶來真正幸福的事情一樣。[43]

之後，韓寧鎬深刻體會到，當年福若瑟會與他激烈爭論的關鍵，實在於想將「如此重要的一課」，「在新人剛到的第一天晚上就講給他聽」。[44]而

---

[43] 韓寧鎬著，陳曉春、柯雅格譯，《聖言會福若瑟神父——其生平和影響及兼論山東南部傳教史》，頁64-65。

[44] 韓寧鎬著，陳曉春、柯雅格譯，《聖言會福若瑟神父——其生平和影響及兼論山東南

他本人也因為這個文化辯論的碰撞，激勵他開始尋找一個適當的眼光與角度看待華人，以便進行華人社會的傳教工作。[45]

由此可知，福若瑟於抵達魯南四年後，亦接觸華人社會七年後，已身體力行地將自己融入當地社會生活與思考模式中，乃能自不同角度觀看中國人，並進而護衛中國之民情風俗與文化，亦立於前述基礎進行傳教工作，終將此源自域外的宗教信仰，日漸拓展於當地平民百姓間。

第二節　傳教工作推動

在傳教實務上的全心投入，早見於福若瑟在香港工作時期。那時，他常到距西貢有三、四小時路程遠的鹽田仔(Yim Tin Tsai)小島上主持彌撒，也會在島上過夜，其明白表示：「我很喜歡這個小島，因為那裡只有教友，而且是很好的教友，人數大約有七十人。外教人在那裡無法立足，那裡享有完全的信仰的一致」。[46]

當然，他也曾被派往尚未有教會據點的大嶼山(Lantao)島拓展教務，在不到一星期走遍全島後的感覺是好壞參半，因為「當地的人從總體看來準備得很好，而且一位七十一歲的善心老人把他的房屋供傳教士使用，所以，我們將給那裡派一位傳道員，並且每過一段時間會有一位傳教士到那裡去」；但是，他在旅程中曾因投宿困難而不得不住在「魔鬼的家，也就是廟裡度過」，雖然，這是他在島上度過的最後一夜，也是「休息得最好的」一夜；此外，他也經歷了剛踏進村子，外教人就對他「大喊大叫起來」，「還有石

部傳教史》，頁 67。相關此事例之說明亦見於赫爾曼・費希爾(Hermann Fischer)著，雷立柏譯，《奧古斯定・韓寧鎬主教傳：一位德國人在華工作 53 年》(臺北：聖家獻女傳教修會，2006)，頁 62-63。

[45] 赫爾曼・費希爾著，雷立柏譯，《奧古斯定・韓寧鎬主教傳：一位德國人在華工作 53 年》，頁 63。

[46] 〈西貢，1880 年 4 月 4 日〉，頁 28。

頭從我身邊飛過」的場景。[47]

其實，對初來乍到華人社會生活與工作的福若瑟而言，他基於個人宗教背景，喜歡且習慣待在教友村中是可想而知的，至於他對異教世界的觀察及判斷，則往往依據當地人的態度友善與否而定；惟即便如此，他對華人社會普遍設立的信仰據點——廟宇，仍無法接受而視之為魔鬼住所，縱然這個經歷曾提供他在異教世界旅途中難得的良好休息環境。事實上，待 1882 年 3 月正式到達魯南傳教後，福若瑟接觸到的華人社會精神生活，已不再只是前述普遍廣泛的民間通俗信仰而已，更涉及不被官府認可的各種民間秘密教門。

山東地區民間社會秘密教門的發展歷史頗為悠久且影響深遠，[48]早在聖言會士到達該地區前，這些秘密教門即與基督宗教有聯繫；[49]而福若瑟與其接觸始於 1883 年初在沂州府，先是沂水縣的王莊，再至蒙陰縣的井旺莊等地。據在魯北工作的方濟會神父馬天恩(Pietro Paolo de Marchi,1838-1901)於 1882 年 8 月致函安治泰可知，[50]當時，是沂水縣曾參加無極道與一柱香兩個秘密教門的二十多戶人家主動表態想加入教會，並透過淄川亦曾具秘密教門背景的望教者(即慕道者)居間聯絡而成。

馬天恩信件中附有沂水欲加入教會之外教家庭成員名單，並清楚說明這些人過往的精神信仰與曾遭受官府迫害之經歷，請安治泰「自己親自調查他

---

[47] 〈西貢，1880 年 6 月 2 日〉，頁 29-30。

[48] 山東民間秘密教門之相關說明可參見：路遙，《山東民間秘密教門》(北京：當代中國出版社，2000)；狄德滿著，崔華杰譯，《華北的暴力和恐慌：義和團運動前夕基督教傳播和社會衝突》，頁 133-148。而後者的研究指出，十九世紀下半葉，異端信仰被山東農村民眾廣受信奉，當時山東、河南和直隸的三分之一人口與秘密教門有關，而魯北地區的教門規模尤較魯南地區為大；詳見該書頁 145、193。

[49] 山東民間秘密教門早於十八世紀初即與天主教會有接觸，相關說明可參見孟德衛著，潘琳譯，《靈與肉：山東的天主教 1650-1785》(鄭州：大象出版社，2009)，頁 126-147。

[50] 馬天恩於 1889 年 2 月繼承顧立爵(任期 1870-1885)、李博明(任期 1885-1888)，成為魯北傳教區代牧(任期 1889-1901)。

們」，更特別提醒剛到魯南僅半年多、接手傳教區行政工作不久的年輕聖言會士「在這件事上最好謹慎行事，很有可能會受騙上當」。而安治泰的決定是：應利用此一機會親自到當地瞭解實際狀況，即使這些主動來的人不適合，或許也有機會為未來的傳教工作建立新的聯繫契機。[51]於是，當年10月安治泰啟程往沂水，11月到達王莊，在當地「用不低的價錢購買一些茅屋」作為傳教據點後，便要福若瑟接替相關工作，自己則於福若瑟抵達王莊後次日離開。[52]

福若瑟在該地區停留十五個月，首先進行的是挨家挨戶之巡視工作，即到每個希望加入教會的外教人家中待上幾天時間，以掌握確切情況。一個月後完成巡訪，他發現這些人的數量約二百個，並非原來預期的四、五百人，且這些外教人來找傳教士的動機很多樣化，「為了報仇，或想謀個職業等等。至於靈魂的得救，他完全可以甘心情願地放棄。他的計畫一旦成為泡影，人便也消逝得無影無蹤」。然福若瑟也注意到一些外教人對傳教士的「熱烈歡迎」與「親切信任」，甚至婦女也會來拜訪他，「這對外教人來說可謂大傷風化」之事。事實上，他得知當地「許多人有好的意願，但缺乏勇氣和力量去克服奉教路上的障礙。作天主教徒對這些人來說絕非易事」，外教人曾對他說：

> 一旦奉教，他們便再也不敢上市場了。見了人，他們就會羞得面紅耳赤。若在這之前他們被看作是正派的人和好鄰居的話，現在他們一下子變成了世界上最瘋狂的人，變成了人類的渣滓！鄰居再也不和他們彼此往來，互相幫忙，而這在中國是非常必要的。他和他的全家大小現在被稱為「鬼子鬼孫」或者「二毛子」，因為「大毛子」是傳教士。挖眼掏心、活活用油煎死之類的陳詞濫調被他們成百上千次的大

---

[51] 〈馬天恩神父致函安治泰神父，濟南府，1882年8月21日〉，引自韓寧鎬著，陳曉春、柯雅格譯，《聖言會福若瑟神父——其生平和影響及兼論山東南部傳教史》，頁41-42。

[52] 〈王莊，1883年9月4日〉，頁62-63。

事宣揚。人們逼他把門堵上，威脅要把他活埋，要把他的名字從祖譜中勾銷(這在中國是個可怕的懲罰)。母親對兒子喊道：「我沒有你這樣一個兒子！」因為兒子成了天主教徒。[53]

為杜絕不實謠言及取得官府支持，福若瑟首次拜訪中國地方官，獲得官員熱情接待，甚至發布保護令。[54]即便如此，民間各式不利教會之謠言仍四處播散，惟福若瑟並未放棄，持續從沂水地區往西面的蒙陰及南面的莒州拓展教務。其中，莒州地方官的態度與沂水一致，亦曾下達保護令，且表示他「對天主教非常熟悉，因為在這之前他已與傳教士打過交道」，而「假若他不是地方官的話，他也會奉教的」。[55]

福若瑟在沂州府開拓出之望教者，無論是在沂水、蒙陰及莒州等地均屬民間秘密教門背景，然這不構成傳教工作之困擾，因民間秘密教門種類繁多，性質不一，流派複雜，並非都涉入政治企圖，真正參與武裝叛亂者更是少數；[56]而傳教士往往予以區分，稱「和平的、非暴力的、虔誠的」教門為「較好的外教人的教派」。[57]尤其，當福若瑟愈廣泛、深入到民間社會底層，愈發現這些秘密教門在民間社會的普遍性與重要程度。如其曾因安治泰赴歐期間巡視整個傳教區一年，於1885年8月提出觀察報告指出：

> 人們常說：沒有任何地方像中國這樣對宗教如此冷漠。這話只對了一

---

[53] 〈王莊，1883年9月4日〉，頁63-65。

[54] 該保護令發布於光緒9年3月20日(即1883年4月26日)，全文內容可見〈王莊，1883年9月4日〉，頁66。

[55] 〈王莊，1883年9月4日〉，頁68-69。

[56] 學界有關華北民間秘密教門的類型、發生於山東地區的教門叛亂、十八世紀末至二十世紀初秘密教門之本質等問題，狄德滿有相當完整的綜論與說明；參見狄德滿著、崔華杰譯，《華北的暴力和恐慌：義和團運動前夕基督教傳播和社會衝突》，頁133-152。

[57] 赫爾曼・費希爾著，雷立柏譯，《奧古斯定・韓寧鎬主教傳：一位德國人在華工作53年》，頁129。

半。在中國有大約七十二個所謂的「大教」,其他小一點的更是數以千計。人們意識到異教的荒誕不經,於是渴望找到更好的營養,卻找不到。有人靠打短工維生,家裡除了老婆和滿屋的孩子外一無所有,吃了上頓沒下頓,目不識丁,但談起他已多年為伍的教派來卻口若懸河,滔滔不絕。這裡成千上萬的人似乎不加入一個教派就不能生活似的。此外,有些教派花費很高,教徒們成千成千的財產被花在上面,但他們還是說:不加入教派,就無法生活。[58]

因此,在民間社會如此普遍而迫切的信仰需求、精神慰藉下,基督教會是可以有拓展的空間。

其實,此種秘密教門皈依者除前述屬沂州府的諸縣村落外,另有屬兗州府汶上縣的李家莊,屬曹州府鉅野縣的張家莊、單縣的秦奶奶廟和寇莊、曹縣的郭堂村,以及屬濟寧直隸州嘉祥縣的周家莊等地。[59]而這些新教徒是教會在魯南傳教初期頗為重要的力量,理由不僅在於他們的宗教熱忱,其亦對產生及訓練新望教者有相當助力,因為他們往往能將自己原來秘密教門的同伴引進教會,[60]且某些甚具能力的新教徒也可協助傳教士進行各項工作,如對福若瑟幫助甚多的王碩新即為一例。此人成為教徒,實經歷曲折過程,因其為尋求真理,在認真讀書十年後,走過山東、北京、滿洲等地,先後涉獵儒學、道藏、佛經等大量著作,甚至在道觀、佛寺裡修行,亦曾加入秘密教門,然這些學說、教義內容均無法滿足其精神需求,於是他

打算去朝鮮繼續找尋,途中經過設在營口牛庄的天主教傳教點。雖然

---

[58] 〈巡視傳教區(1885 年 8 月)〉,《聖福若瑟書信》,頁 78。
[59] 參見:韓寧鎬著,陳曉春、柯雅格譯,《聖言會福若瑟神父——其生平和影響及兼論山東南部傳教史》,頁 41-43、46-47、72、90;狄德滿著、崔華杰譯,《華北的暴力和恐慌:義和團運動前夕基督教傳播和社會衝突》,頁 193-194;雷立柏編著,《聖言會在華 1879-1955 年:編年史、地方志、人物列傳》,頁 10-12。
[60] 柯博識,〈十九世紀的中國教案〉,頁 58。

他在當學生時聽說過天主教，他所在的村庄離一個天主教區也只有十五里遠，但當時人們說了那麼多關於基督教學說的壞話(他們不孝順，看不起自己的父母等等)，以至於他極為蔑視地離去。[61]

文中提及的外教人批評天主教會不孝順父母之說，確也出現於福若瑟在魯南傳教的經歷中，因此，為反駁不實傳聞，其曾於1885年11月2日(即天主教會的追思亡者日)在兗州府汶上縣李家莊，為一個新教徒的已亡父親舉行正式的天主教殯葬禮以正視聽。當時，這個教會首次隆重殯葬禮需要的人力，因當地外教人不肯支持與協助，必須從其他村落調度教徒來幫忙，包括距李家莊有兩百里路遠的白洋峪教友村中三十多人組成之樂隊，來自曹州府的教徒則負責扛著棺木；整個禮儀由三位神職人員，即福若瑟、白明德、能方濟全程參與主持，吸引周圍四、五十里外，上萬人的異教民眾聚集觀看，場面之浩大，可想而知；事後，福若瑟在報告中認為，「這個葬禮的確給教會增添了不少的光彩」。[62]

又教會雖欲拓增信眾而向不同背景或經歷之有心皈依者敞開大門，惟外教人要成為望教者，甚至得以領受聖洗聖事真正成為教徒，仍有相當長的學習階段與考驗歷程，特別是要熟記每天必須進行的早禱與晚禱經文，[63]實望教者莫大之挑戰；如1882年魯南代牧安治泰的年度報告中，曾言及教徒宗教生活情形是：

---

[61] 王碩新成為天主教徒的過程與經歷，源自曾聽聞其自述內容的韓寧鎬之文字記載；見韓寧鎬著，陳曉春、柯雅格譯，《聖言會福若瑟神父——其生平和影響及兼論山東南部傳教史》，頁49。

[62] 〈巡視傳教區(1885年8月)〉，頁76-78。

[63] 當時中國教會很重視早晨與傍晚教徒齊聚教堂中的集體誦經，此乃凝聚教徒團體的重要方式，也可說「在華天主教的特徵和記號就是每天的唸經」；相關說明參見赫爾曼・費希爾著，雷立柏譯，《奧古斯定・韓寧鎬主教傳：一位德國人在華工作53年》，頁116-117。

所有的人都參與早上和晚上的集體祈禱,而這個祈禱很長。他們也參與彌撒。主日幾乎完全是祈禱的日子,晨禱和早上的彌撒長達2個小時,大約9點是大彌撒和講道,此後女孩子和婦女朗誦教理問答,又加上很多祈禱。大約12點,男人們也朗誦這些經文。下午2點有聖體降福,此後婦女們唱很多經文。到了晚上,大家一起唸晚禱,先是女人,後來男人。[64]

而當時的晚禱經文即多達三十種,包括:1.三鐘經、2.信望愛短誦與小悔罪經、3.預備經、4.悔罪經、5.謝恩經、6.天主經、7.聖母經、8.信經、9.大悔罪經、10.痛悔、11.求恩經、12.日課誦、13.向聖母與護守天神和主保聖人誦、14.省察、15.痛悔、16.信望愛誦、17.申爾福與母皇、18.聖母禱文、19.向聖母請安、20.向聖母求善終經、21.向聖若瑟誦、22.為主教祈禱經、23.為司鐸祈禱經、24.為已亡父母親友恩人祈禱經、25.為所有亡者祈禱經、26.求免患難誦、27.睡覺前求主保佑誦、28.為各種需要的七個經文、29.結束經、30.謝恩經。

此外,還必須牢記玫瑰經十五端,每主日要唱的完整苦路經;另有各不同性質的禱文學習,如聖母德敘禱文、諸聖禱文、耶穌聖名禱文、領聖體經等;最後是與各不同聖事相關的四本要理問答內容。[65]這對民間社會大多數目不識丁的農民,或僅粗通文字、略具識字基礎者而言,實須花費相當長的時間學習,且這些經文往往以文言形式呈現,用吟唱方式進行,而中文系統裡「書面語言跟日常語言有天壤之別」,[66]故望教者的學習歷程通常是兩年,或至少需要一年時間,[67]再經由神父考核通過後,才能施行聖洗聖

---

[64] 雷立柏編著,《聖言會在華1879-1955年:編年史、地方志、人物列傳》,頁9。
[65] 〈王莊,1883年9月4日〉,頁64。
[66] 〈王莊,1883年9月4日〉,頁63。
[67] 韓寧鎬著,陳曉春、柯雅格譯,《聖言會福若瑟神父——其生平和影響及兼論山東南部傳教史》,頁58。

事。[68]而望教者最終能領受聖洗聖事正式成為教徒的比例並不高，從以下數個統計資料表即可得證：

表 2-1　魯南傳教區領洗者統計表

時間	領洗者	望教者	比例	說明
1886 年 10 月[69]	634	2,150	29.5%	本數據不含教徒家孩童與瀕死孩童領受聖洗聖事之人數。
1892-1893 復活節	4,398	11,885	37.0%	
1902-1903 復活節	3,231	36,760	8.8%	
1903-1904 復活節	3,416	40,363	8.5%	

資料來源：〈一份收穫報告(1903 年)〉、〈1903 至 1904 年復活節年度彙報〉，《聖福若瑟書信》，頁 152-153、161；韓寧鎬著，陳曉春、柯雅格譯，《聖言會福若瑟神父——其生平和影響及兼論山東南部傳教史》，頁 58。

　　由上表可知，能順利完成學習階段及通過考核，真正成為教徒的人數占望教者比例最多只有三成多，也有少至不到一成者。[70]又望教者一旦領受聖洗聖事後，絕非學習歷程的結束，而是日常生活裡謹守教會各項規範，將學

---

[68] 對望教者的考核內容不一，福若瑟特別重視「他們勤謹地公唸早晚課，遵守主日」，並將此項列入獲得聖洗聖事的必要條件，並向每一個望教者講明，若不遵守此一規定，他就不給望教者領受聖洗聖事；見〈巡視傳教區(1885 年 8 月)〉，頁 76。

[69] 這個數據並非當年度的統計結果，有可能屬累計數值，即自 1882 年初聖言會開始協助方濟會在魯南傳教區工作，或自 1886 年聖言會正式負責魯南傳教區(即安治泰於 1885 年底被教廷任命為魯南傳教區代牧)起算，故聖言會士到達當地前原有的一百多名老教徒亦已累積計入該數值中，果真如此，若扣除這些老教徒人數，則領受聖洗聖事者人數應更少，所占比例亦更低。

[70] 也有研究顯示，魯南傳教區發展至 1899 年時，共有五十四名外國傳教士為五萬四千個中國教徒服務，如將魯南傳教區總人口仍以當年(1882 年)福若瑟初至該地時的九百萬人計算，則聖言會士在魯南傳教區工作十八年後，教徒人數占該區總人口的比例為 0.6%；相關資料見 Patrick Taverine 著，古偉瀛、蔡耀偉譯，《漢蒙相遇與福傳事業：聖母聖心會在鄂爾多斯的歷史 1874-1911》，頁 478。

習內容徹底實踐的開始。[71]事實上，後者的長期生活實踐或許較前者的階段性學習更為艱難，故福若瑟曾言：「讓一個外教人奉教要比讓一個新奉教的成為一個熱心教友容易得多」。[72]他也曾對不守教規者，不論是宣揚迷信、參與賭博，或沒有參加祈禱等情形予以適當處置，如他在寫給安治泰的信中言：

> 我讓參與賭博的全體人員在教堂裡公開請求寬恕，然後我才同意他們進行懺悔，我對那些搞迷信的人說，他們必須等到您的歸來，而後接受您認為適當的懲罰，然後他們才能進行懺悔。[73]

惟其文字記載中亦不乏虔誠教徒的典範實例，如屬兗州府汶上縣郭家樓的九歲、雙目失明男孩濤兒，他每每於早晨喚醒教友，讓他們聚集起來祈禱，而星期六他會為教友推磨，以便大家明天能參與主日活動；[74]來自曹州府鉅野縣的少女、不滿十七歲的武芝，為堅守天主信仰抗拒嫁入自幼即被訂親的異教家庭中，甚至要求加入善會成為貞女。[75]而後者也是教會往往期望一個家庭、家族或整個聚落、村莊能集體皈依，成為聖家或教友村的重要原因——令天主信仰得在同血緣、同地緣團體中長期維持發展，並落地生根至代代相傳不斷。也因此，福若瑟會對曹州府單縣新教友村的出現甚感欣慰地言：

> 去年一年中〔即 1887 年〕，我又有了三個極好的教友團體：楊莊，

---

[71] 天主教徒的日常生活要依循「瞻禮齋期表」(即聖教年曆)進行，須遵守主日、聖日及相應之大、小齋與禮儀等規範，相關說明可參見本書第五章第一節。

[72] 〈梁山，1886 年 9 月 17 日〉，《聖福若瑟書信》，頁 88。

[73] 韓寧鎬著，陳曉春、柯雅格譯，《聖言會福若瑟神父——其生平和影響及兼論山東南部傳教史》，頁 78。

[74] 〈梁山，1886 年 9 月 17 日〉，頁 89。

[75] 〈基督徒德性〉，《聖福若瑟書信》，頁 116-118。

有教友約一百四十人，賈莊，有教友一百四十人，和伊莊，有教友二百多人。這是我十三年傳教生涯中很少見過的三個模範團體。儘管極度貧困，但他們不從傳教區領受任何資助，反而表現出一種他處少見的熱情。這三個村也幾乎全是教友，只有個別家庭仍然對外教信仰戀戀不捨。當一位傳教士在這些村莊中看到如此眾多的孩子，他心中該是多麼喜悅啊！[76]

然即便形成教友村，村中教徒信仰的持續蓬勃發展，除依恃其本身堅守外，亦依賴本地傳教員(即傳教士助手，又稱傳教先生)的長期帶領、居間聯繫，及傳教士的駐守當地與巡視各區，而由於傳教士人數頗為有限，且經常被派赴不同任務必須離開原工作區，故長期留在當地的傳教員實居關鍵地位，扮演重要角色。

聖言會最初在魯南的傳教員，主要依靠早期方濟會、耶穌會(Societas Iesu，簡稱 SI 或 SJ)在當地培育之既有人手，其中不乏條件不佳被兩會解雇者，[77]之後則自行尋找及訓練適合者，如1885年底的魯南傳教區報告顯示，當時已有三十二名傳教員，惟 1888 年底的報告記載，只有三十名傳教員協助傳教工作，[78]可知傳教員的數量並不穩定。

而福若瑟在魯南傳教時確有傳教員之協助，[79]這些人的來源、背景與經歷各不相同，除前述體驗過數種不同學說思想、教義理念，最終皈依天主教的王碩新外，另有較早的張昌澤，其乃來自魯北的老教徒，所受教育不多，

---

[76] 〈單縣匪患(1888 年)〉，《聖福若瑟書信》，頁 96。
[77] 雷立柏編著，《聖言會在華 1879-1955 年：編年史、地方志、人物列傳》，頁 10。
[78] 雷立柏編著，《聖言會在華 1879-1955 年：編年史、地方志、人物列傳》，頁 13、18。
[79] 此處所說的傳教員，是指正式經過相當訓練的成人而言，不含因應緊急狀況而臨時調派之人手，如福若瑟曾派一個十歲小女孩去教一些婦女們道理，也多次派一名男童去教他的祖母學習劃十字聖號；見 Fritz Bornemann and others, *A History of Our Society*, p.272.

然盡忠職守地協助教會，有他在身邊，福若瑟「非常地高興」；[80]而幫忙魯南傳教事業達二十年之久，相貌堂堂且處事明智、圓融的樂秉君，擅長與官員溝通；[81]至於夏文林是山東臨朐人，曾入濟南洪家樓修院，因病中斷學習至坡里當傳教員，後再入修院並於 1889 年正式晉鐸，為首批由安治泰祝聖的兩名本地神職人員之一。[82]此外，單縣劉家莊的孫天一及其外孫熊家林，與秀才周奉章等人，均為傳教士得力助手，福若瑟的報告中「表達了與他們合作的和諧，讚揚他們是傳教助手中好的典型。他們通過自己的行動獲得了良好的個人聲譽，也為基督教爭取了更多的信徒」。[83]

但也有不良傳教員的失當行為影響教會聲望者，如福若瑟曾在報告裡指出：汶上縣的助手「不在自己的職位上盡職盡責，而是去耕田犁地來養活他們的女人和孩子」，這會造成「某些新教徒中的嚴重冷漠和隔閡，而異教徒對於教徒的厭惡更是與日俱增」。[84]至於成武縣侯家莊的助手，更令福若瑟感覺是「碰上了一件此前在中國從未有過的傷心事」，給他「帶來了極大的痛苦」。

該名助手昔日曾參與兗州府教會購買房產事，後來多次插手訴訟案件，謀取私利，亦向人兜售鴉片，且「口中髒話連篇」。福若瑟欲將之開除，而助手竟先行「把那些新教徒拉到了他那一邊，並且作了安排」，甚至有四個堂口的村長及一個八十歲老人來為他求情，福若瑟瞭解到

---

[80] 韓寧鎬著，陳曉春、柯雅格譯，《聖言會福若瑟神父——其生平和影響及兼論山東南部傳教史》，頁 46。
[81] 赫爾曼・費希爾著，雷立柏譯，《奧古斯定・韓寧鎬主教傳：一位德國人在華工作 53 年》，頁 63。
[82] 另一人是來自山東平陰縣的趙永榮(Matthias,1856-1920)神父，有關夏文林與趙永榮之說明；參見雷耀漢編，《魯南公教人物考(1879-1949 年)》，頁 69、75。
[83] 韓寧鎬著，陳曉春、柯雅格譯，《聖言會福若瑟神父——其生平和影響及兼論山東南部傳教史》，頁 91。
[84] 〈福若瑟神父報告，梁山，1886 年 9 月 1 日〉，引自韓寧鎬著，陳曉春、柯雅格譯，《聖言會福若瑟神父——其生平和影響及兼論山東南部傳教史》，頁 74。

教徒們并不是針對我的，但是他們堅持要某某人做傳教團助手，而不要其他人，因為他能給他們搞到一切東西，包括那些他不應該弄到的東西。那些教徒自己也承認，某某人做得不對。那兒一些不信教的人也不喜歡他，在這整個地區他都是臭名昭著，因為他把自己變成了一個專為他人打官司的蹩腳律師。

因此，他向安治泰表示自己的態度是

這件事情至關重要，因為它牽扯到幾乎二百名教徒。我能饒恕他的，就是不直接趕他走，而是把整個事情向主教閣下匯報，由主教來作出決定。主教閣下考慮得更加深遠，所以我願意按照您說的去辦。某某人活該馬上被趕走，這是確定無疑的。但是如果考慮到那二百名新教徒的話，那麼減輕處罰可能是更加明智的。不過這樣一來就會出現問題，即教徒們將來也會這樣地要求赦免他們犯下的罪惡。在這些冷漠的壞教徒中也有一些正直的人，我不能理解他們為什麼也會做出這種事情來。

而福若瑟當時無法理解的狀況，韓寧鎬在事隔十餘年後撰文明指癥結所在，即中國文化中的面子問題、社會網絡裡的人情包袱，因為那些「新教徒覺得有愧於他們的傳教團助手，所以就為他說情」；同時，被這樣一個傳教助手長期影響下的教徒行為表現，亦可想而知。[85]又針對這些傳教員於當時教會在魯南傳教區拓展教務之影響，韓寧鎬亦作出整體評價：「我們也必須感謝和承認，其中有一些很能幹的人。他們對傳教事業作出了很傑出的貢獻。不過另一些人沒有很大的價值，而另一些破壞的比建立的多」[86]此一說

---

[85] 〈福若瑟神父致函安治泰神父，1890 年 5 月 13 日〉，引自韓寧鎬著，陳曉春、柯雅格譯，《聖言會福若瑟神父——其生平和影響及兼論山東南部傳教史》，頁 99-100。
[86] 赫爾曼・費希爾著，雷立柏譯，《奧古斯定・韓寧鎬主教傳：一位德國人在華工作 53 年》，頁 112。

法應是反映實情的中肯之言。

結　語

　　綜觀福若瑟在華人社會近三十年之生活經歷，實體現中外不同宗教與文化背景下的交流互動及調適融合過程。從香港到魯南，他首先面臨的挑戰是語言困擾，若不能克服即無法掌握庶民百姓生活內涵，更難以在華人社會進行傳教工作，而福若瑟能順利解決問題，並愈為著重不同語言的共通處、相似點，實為後續之傳教工作奠定良好基礎。

　　其次是對中國傳統文化、民間通俗信仰，以及華人社會心態、平民百姓特質的理解與包容。福若瑟從香港時期初次接觸中國根深蒂固的諸多傳統風俗習慣，而感到難以認同、無法接受，到逐漸體認傳教士必須進行內部轉化，即學習自中國人的視角看待事情、思考問題，再到魯南時期更進一步地徹底改變傳教士態度與觀念：即傳教士必須先熱愛並尊重當地人，乃能獲得當地人的敬愛與信任，並因此令人們容易接納基督信仰及其教導；同時，傳教工作的真正目的，並非是將中國人變成外國人，而是導引本地人成為理想的基督徒，因此，本地的傳統文化──特別是已具悠久歷史傳承之中國文化是可持續保留，只要去除其中之罪惡及顛倒部分。

　　此外，在傳教工作實務方面，尤其是與不同宗教或信仰的接觸上，福若瑟在香港即已觀察到華人社會之民間通俗信仰現象，到魯南時期更擴及諸多不被官府認可的民間秘密教門。而教會與這些秘密教門的關係建立，實導因於對方的主動聯繫，且秘密教門普遍流傳、信眾廣泛，足以顯示小民百姓的精神需求；惟其派別甚多、性質互異，欲進入教會之目的也不盡相同。然無論來者意圖為何，對廣為宣揚福音、努力拓展教務的傳教士而言，凡與教會友善、有心皈依者，教會往往敞開大門，但要正式成為教徒，仍有其必要之學習歷程與考核門檻，且一旦領受聖洗聖事成為教徒，必須持久實踐教會規範於日常生活中，若有違反者亦要面對懲處；因此，當時能通過考核，從望教者順利成為教徒之人數比例實有限。

又與魯南傳教事業發展密切相關者，除傳教士的努力拓教、教徒的堅守信仰外，另有傳教員的角色扮演。當時由於傳教士人數有限，亦因不同任務分派而難以經常或長期留守某地，故身為傳教士助手，且屬本地人身份的傳教員角色即頗為重要。福若瑟在魯南的傳教事業，確實受益於來自不同背景、經歷，及具不同專長、能力之盡職傳教員的協助，然亦有不良傳教員的失當行為，對教會工作非但沒有幫助，甚至造成嚴重負面影響，實傷害教會聲譽。

福若瑟的華人社會生活，無論是在香港或魯南時期均曾經歷諸多艱難，但他不放棄希望，也謹記年少初衷，甚至鼓勵更多人到中國來傳教；如1891年，他提筆致函給在故鄉準備作神父的侄兒，信中寫著：

> 假如你將來也能來中國作福傳的工作，為我會是多大的喜樂，對你也是多大的恩寵！但是〔這〕件事讓我們放心地留給可愛的天主，祂為每一位祂想用的人安排祂想用他的地方。……，我當時也覺得，去中國是幾乎不可能的，但在天主那裡什麼都可能。[87]

字裡行間，可見他對魯南傳教事業的全心投入與熱切期許。

其實，就在寫這封信的前兩年(1889)，福若瑟在曹州府曹縣遭遇外教人的集體暴力行為——被捆綁、毒打、臉上塗滿糞便，連拉帶拖地通過街道，百般折磨後再被扔在地上；[88] 惟即便經歷此事件，他仍不想離開華人社會，

---

[87] 引自韓寧編著，陳曉春、柯雅格譯，《聖言會福若瑟神父——其生平和影響及兼論山東南部傳教史》，頁9-10。

[88] 福若瑟於1889年在曹縣城遭群眾暴力對待，當時，他正在傳教區西南各縣進行巡視工作；事後，應總會長楊生要求就該事件呈上詳細報告。相關資料可參見：〈一八八九年四月二十三日的受虐事件〉，頁99-107；又該事件亦有中國官方的檔案記載，見中央研究院近代史研究所編，《教務教案檔》，5輯，頁448，「光緒十五年七月二日(1889.07.29)總署收法國公使李梅照會，頃聞副主教等在曹州府有事謁地方官被差役關門毆打請迅即查明嚴辦」、頁453，「光緒十五年十月十八日(1889.11.10)總署收山東巡撫張曜函，查復福若瑟神父在曹縣被毆情形並已飭縣嚴拿滋事之人究辦」。

甚至不只一次請求會祖楊生免除其歐洲行程,另派其他會士替代。[89]最終,因在兗州府照顧病患,感染到已在城中肆虐數月之久的傷寒疫疾而亡故,[90]長眠於華人社會的魯南傳教區。

---

[89] 因職務及資歷關係,福若瑟在華期間曾有數次機會得返回歐洲故鄉,然其表態不願離開華人社會的工作崗位;相關史料與說明參見:"Letter from Freinademetz to Janssen, Yenchowfu, 14 December 1904," "Letter from Freinademetz to Janssen, Yenchowfu, 14 February 1905," in Richard Hartwich ed., *Arnold Janssen and Josef Freinademetz: Correspondence between two saints(1904-1907)* (Romae: Apud Collegium Verbi Divini, 2008), pp.56、69;韓寧鎬著,陳曉春、柯雅格譯,《聖言會福若瑟神父——其生平和影響及兼論山東南部傳教史》,頁150。

[90] 〈魯南宗座代牧韓寧鎬主教的紀念文章(1908)〉,《聖福若瑟書信》,頁171;該資料為韓寧鎬於1908年因福若瑟病逝後撰寫的悼念文。

第二部　拓展河南

第三章
異域樂土：外籍傳教士眼中的華北民間社會(1920 至 1940 年代)

　　位居文化交流先驅者地位的外籍傳教士，在其個人之異文化地區傳教生涯中，往往對生活周遭之各項人、事、物有頗為細緻之實際觀察與詳盡紀錄，可提供學界進行各式相關課題之研究，如年鑑學派大師布勞岱爾(Fernand Braudel,1902-1985)在其名著《15 至 18 世紀的物質文明、經濟和資本主義》一書中，曾引用十七世紀初耶穌會拉斯戈台斯(Las Cortes)神父對中國飲食情況的觀察內容；[1]而早於拉斯戈台斯，於十六世紀中後期即至華傳教的道明會加斯伯‧達‧克路士(Gaspar da Cruz,1520-1570)神父與耶穌會利瑪竇(Matteo Ricci,1552-1610)神父，則對中國南方的廣州及其他地區之食衣住行等狀況予以詳細記載，實為掌握當時民間社會生活面貌之重要參考資料與依據。[2]屬天主教聖言會的傳教士們亦不例外地留下諸多觀察紀錄，本章欲透過部分外籍聖言會士在華期間的親身經歷與見聞紀錄，[3]呈現 1920 至

---

[1] 費爾南‧布勞岱爾著，施康強等譯，《15 至 18 世紀的物質文明、經濟和資本主義》(臺北：貓頭鷹出版社，2000，2 刷)，頁 165、176、178。

[2] 相關史料與說明可參見吳蕙芳，〈口腹之欲：明版日用類書中的葷食〉，《中國歷史學會史學集刊》，35 期(臺北，2004.01)，頁 102-103。又中外學界運用這些傳教士見聞紀錄進行之研究成果頗多，且角度與方法各有差異，其發展演變情形可參考吳惠雯的綜論，見吳惠雯，〈晚明傳教士的中國意象——以社會生活的觀察為中心〉(臺北：國立臺灣師範大學歷史學系碩士論文，2004.01)，頁 4-17。

[3] 這些傳教士的文字記載主要刊於聖言會美國芝加哥(Chicago)省會泰克尼(Techny)出版，每月發行之 The Christian Family, Our Missions, The Little Missionary 等刊物上；其

1940 年代的華北民間社會風貌，特別是河南地區的外在生存環境與內在信仰生活，冀自另一角度觀察當時民間社會之生活特色及其文化內涵。

第一節　生存環境紀錄：天災

　　天主教聖言會自 1875 年由楊生創會後，首批傳教士安治泰與福若瑟即於 1879 年抵達香港，1882 年正式到中國山東開啟傳教事業。1920 年代，在山東的奧籍法來維與兩位美籍神父王金鏡、柯(Robert Clark,1895-1923)三人先後到達河南南部，拓展傳教工作於信陽、潢川、汝南等地。1930 年代，曾服務於河南南部的四位美籍神父大海(Peter Heier,1895-1982)、包德曼(Theodore Bauman,1899-1980)、甘維璽(Bernard Kowalski,1904-1975)、傅相讓(George Foffel,1898-1992)，與一位德籍神父林慎白(Fritz Linzenbach,1904-1981)五人率先往河南北部的新鄉傳教區工作，[4]此後陸續有多位美籍神父，如楊森(Joseph Jansen,1892-1966)、范(Joseph Fontana,1907-1958)、小海(Francis Heier,1906-1991)、[5]米幹、韓克禮(Joseph Henkels,1901-1997)、羅詩曼(Lloyd Peter Rushman,1905-1956)、萬德華、何(Arthur Haines,1908-1985)等人投入河南北部的傳教工作。

　　這些在河南服務的聖言會士對該地生存環境之印象深刻者，莫過於頻繁的天災人禍，且真實情形往往較報章雜誌上刊載地更為嚴重；[6]如米幹曾親眼目睹河南南部的羅山因大雨日夜不停，令河水暴漲至前所未有之高度，且

中，*The Christian Family* 與 *Our Missions* 兩刊物，於 1930 年合併為 *The Christian Family and Our Missions* 一種刊物，該刊物於 1952 年又改稱為 *The Christian Family*。

[4] 當時聖言會在河南南部的信陽傳教區含十五縣教務，即信陽、羅山、光山、潢川、固始、商城、正陽、息縣、汝南、項城、沈邱、上蔡、西平、遂平、確山；在河南北部的新鄉傳教區含十二縣教務，包括新鄉、沁陽、修武、原武、獲嘉、武陟、封邱、陽武、溫縣、博愛、濟源、孟縣。(參見圖 3-1)

[5] 大海與小海兩人為兄弟，先後到新鄉傳教區工作；兩人的中文名字也有譯為海義廉、海義節，然普遍採前者稱呼。

[6] Clifford King, "Weathering the Storm in China," *Our Missions*, August 1930, p.175.

蔓延至各個鄉鎮,幾百間泥磚建成的民房立即倒塌沖毀,不論是鄉村及城市均無倖免。而大水災中的某些實況,常令他難過不已,因為

> 我看到有人傷痛地被自家傾倒的房子壓住,而其他人悲嘆自己家中一些成員不是溺死就是被大水沖走。我記得有個畫面是,一家五口全部抱住一綑稻草稈漂浮著努力求生,當承載著生命的稻草稈經過在岸邊的我們時,他們拼命揮手求救,但我們沒有能力去救他們,因為冒險跳進湍急的河水中會喪命。這幕全家人緊抱稻草稈求生,最終仍邁向死亡的景像,始終出現在我腦海中。[7]

又令米幹甚感不解的是,隨著鄉村及城鎮被大水摧毀,竟無人關注公共衛生及救災工作,因為疫疾問題在中國是普遍而嚴重的,[8]但幸好這次水災沒有伴隨發生傳染病問題,否則民眾除擔憂家園難以重建、生活困苦外,更要面臨病痛困擾及另一波的死亡威脅。

惟大水災後的羅山未發生傳染病問題,並不保證其他地方得以倖免;服務於河南南部駐馬店的大海,就記載了大水退去後的一、兩個星期內,傳染病遍布每個聚落及村莊的情形,原因可能是遭到污染的水源流進飲用的水井中。無論如何,約有95%的人們被感染,除身體狀況原本較弱的嬰孩及老人外,也有身體強壯的中年人死亡,其中有一些是在教會中協助工作的人。

此種傳染病似乎介於瘧疾與流感間,最主要症狀是發燒及嚴重發冷,當大家都在穿亞熱帶地區的夏季服裝時,病患卻都身著冬天棉襖,頭纏大毛巾(看起來像是回教徒的頭巾),並在炙熱的大太陽下發抖,又伴隨著發燒及發抖而來的是腸胃不適致吃不下食物,「這對中國人而言是危險訊號,他們開始害怕死亡」,因為人們認為「一個人若能每餐都吃下好幾碗米飯,就代表身體是好的,但是一個人沒有胃口」,則「生命也將隨之消失」。

---

[7] Thomas Megan, "Floods in China: 50,000,000 people facing starvation," *The Christian Family and Our Missions*, November 1931, pp.348-349.

[8] Clifford King, "Weathering the Storm in China," pp.176-177.

傳染病導致民眾搶購藥物,藥物需求量大增自然價格亦隨之上漲到「用敲詐來形容都算是婉轉」的地步,然更糟的是藥物售罄,民眾必須到較大或更大的城鎮搶購,路邊亦充斥著各式各樣的賣藥人。當時最有效的藥物是奎寧,但這種藥數量很少且價格可達數百元,因此人們也會利用動、植物為材料製成的草藥以對抗疾病。又傳染病症狀有時會持續四至十天,亦會復發,故遭受最大痛苦及傷害的是無力買藥治病的乞丐及窮人,而在此波災情中,有兩種行業的人得以獲利,即藥商及棺材商。

　　大海觀察到,當地沒有人在亡故後需要負責殯葬儀式的業者,只需要提供棺材的商人。因長久以來人們有個習俗是,若不想在死後被人放在便宜的棺材裡埋葬,難以完整保存好自己的身體,就應當趁活著時候,照自己意願預先購買想要的棺材,所以這次傳染病流行,造成棺材場必須日夜不停地趕工應付需求(這些工場幾乎都僅雇用一、兩個工人)。另外,藥商也在疫情告一段落後,花錢雇請戲班在公共廣場及空地上,日夜不停、無分晴雨地演戲酬神,亦提供民眾觀賞,這些戲劇內容通常是病患與惡靈、病魔間的對話,而民眾亦獻上各式各樣供品且焚香祭拜,感謝神明幫助醫治病患。[9]

　　與大海同樣在河南南部傳教區工作的楊森,其確切傳教地點位於較靠東邊的沈邱,他也將當地因大雨形成水災的親身經歷記錄下來。楊森認為與以往水災相較,這次水災只能稱為「小」水災,但這個「小」水災讓他站在堤防上往外看,「只見一大堆泥土覆蓋在水壩上,除了黃泥外,看不到任何綠色東西,到處都是水」,且整整困住人們兩個月,令他無法到任何地方去。更嚴重的是,大雨前收成的麥子,有些因此在打穀前便遺失,致大水後的麥子價格高達一斗約 2.5 元,而當時一個有技術的勞工一日工資所得也只有 50 分錢;[10] 此外,當地第二批要栽種的大豆、蜀黍、芝麻、粟等作物,完全無法播種,當然也就不會有收成,因此,即便距離冬天還有三個月,已有家庭

---

[9] Peter Heier, "The Post-flood Chinese Influenza," *The Christian Family and Our Missions*, April 1932, p.124.

[10] 又據王金鏡的記載可知,當時在羅山一個中國普通勞工,一天約可賺 20 分錢,見 Clifford King, "Story of the Catholic Well of Roshan," *Our Missions*, October 1928, p.221.

全家打包離開住所去行乞。[11]

　　河南南部居民往往遭受大雨造成的洪水肆虐，而距離黃河很近的河南北部民眾則難逃黃河氾濫的浩劫。1933 年秋，聖言會獲得河南北部的新工作區，次年(1934)，米幹即撰文提到黃河對該地區的重要影響，他說

> 黃河是一條很不浪漫的河川，流經〔河南〕西北的低地區，河水的顏色是非常不受歡迎的黃色。它的河床是寬的，在某些地方有一里，在其他地方有三里及四里寬。在平時通常有些水在河床上，但當洪水來時，它像一頭兇猛的野獸，也因此，它不可避免地為自己獲得「中國的悲哀(China's Sorrow)」名稱。在河水兩岸是綿延往東的堤防，河川有周期性地潰堤，對鄰近村莊帶來無法言喻的痛苦與哀傷。而聖言會神父們的最新傳教區就座落在這條偉大河川的北岸。[12]

因此，該區工作推動的阻礙之一，就是黃河湍急水流導致潰堤後的水災問題，這種情形在 1933 年夏天即曾發生，對當地造成不小影響，幸好大水只有兩天，部分穀物仍得以保住，如果大水持續較長時間，則所有東西均被毀盡。[13]

　　黃河氾濫也有人為因素促成，即戰爭時期的刻意破壞。1946 年，米幹走在黃河南岸堤防上，看到一個中國老農婦對著坑道磚牆上的一條蛇焚香祭拜，因為「在她心中，蛇是黃河的具體化身，而中國傳統認為，蛇有力量促成及阻止洪水發生」。事實上，中國民眾所以有此舉動，關鍵在於黃河河床非常不牢固，僅靠一里長的磚牆在防護，故經常潰決致洪水漫延幾千里，而此情形已長達八年之久，因 1938 年 6 月日軍侵入河南，為快速及有效阻擋日

---

[11] Joseph Jansen, "'Minor' Floods in China," *The Christian Family and Our Missions*, April 1932, p.123.

[12] Thomas Megan, "Our New Mission in China," *The Christian Family and Our Missions*, June 1934, p.190.

[13] Thomas Megan, "Our New Mission in China," p.191.

軍西進，國民政府利用黃河伏汛期間，戰略性地炸毀鄭縣北方名為花園口的堤防，此後人們即飽受水患之苦。直到戰爭結束後，由聯合國善後救濟總署(United Nations Relief and Reconstruction Administration，簡稱 UNRRA)與行政院善後救濟總署(Chinese National Relief and Reconstruction Administration，簡稱 CNRRA)共同整治後，才改善困境。[14]

除水災外，河南北部生存環境的另一阻礙在蝗災。1933 年夏天，逃過大水倖免於難的部分農作物，到了秋天，又被蝗蟲毀壞。這些蝗蟲數量非常多，飛行時足以遮蔽太陽使天空變黑暗，當他們停留在農田裡，所有東西都被毀盡，不論是農作物、青草、樹木，以及每一種綠色植物。[15]

不僅河南北部有蝗災，河南西南部也慘遭蝗蟲侵害；1943 年，服務於魯山的韓克禮親身體驗到蝗災的恐怖情形。這一大批蝗蟲是從河南北部遷徙而來，人們只感覺到頭頂一片灰暗，伴隨低沈嗡嗡鳴聲；農家不論男女老少，都滿臉驚恐及焦慮地拿著竹製耙子加入打蝗蟲工作，因為他們知道

> 如果這些蝗蟲停留在他們的農田裡，會狼吞虎嚥地吃光正在成長的作物。一個冬天的饑荒剛剛過去，令許多父母看到他們的家人因各方面饑餓而死亡；一些家庭剛從營養不良的影響下康復，經由吃樹根、樹皮、樹葉，及其他不好的東西，只要這些東西能讓他們吃了維持生命。才剛收成的麥子也並不很好，平均每畝只有十公升，這種收成很難提供家庭足夠的食物到秋收，特別是政府又要對他們的土地徵收稅金。
> 而現在蝗蟲來了，如果蝗蟲摧毀農民的秋天作物，如小米、玉米、高粱及大豆，他們就沒有存糧為即將來到的冬天。那麼，比剛剛才結束

---

[14] Thomas Megan, "Taming 'China's Sorrow'," *The Christian Family and Our Missions*, July 1946, pp.272-273.

[15] Thomas Megan, "Our New Mission in China," p.191.

的更嚴重饑荒,確定將接踵而至。[16]

　　農村遭受蝗蟲威脅不到幾小時,消息很快傳入城裡,於是公務員、警察、商人、工人、老師及學生們,紛紛來到鄉間加入滅蝗行動。魯山縣地方行政長官甚至發布命令,要所有人都加入打蝗蟲行列,為使人們認真工作,還特別提供獎勵,每打死一磅蝗蟲可得到一元獎金。

　　第一波滅蝗行動持續三天,且晝夜不停;每天倉促吃過晚餐,民眾即提著燈籠吸引蝗蟲,蝗蟲見到燈光會聚在一起,如此可提高捕蝗效率。四天後又有第二批、第三批蝗蟲入侵,每一批都需要花費一、兩天時間乃得清除。惟蝗蟲所經之處,作物全被吞食踐躪,僅賸裸露稻稈;而蝗蟲產下尚在孵化中的卵,若不一併剷除,則傷害與損失仍會持續。蝗災過程中,韓克禮注意到,仍有農民透過傳統方式對抗蝗蟲侵擾,即農民發現重達八磅的大蝗蟲時,不願打蝗蟲的人們即在田裡插滿香燭,向蝗蟲王磕頭跪拜,請求蝗蟲王帶著他的饑餓夥伴們離開。[17]

　　不論是水患或蝗災,最終結果都造成糧食不足的生存問題,而1940年代河南最慘重的饑荒卻來自長期乾旱,對此,當時在洛陽工作的米幹有詳細的觀察紀錄。

　　此次大饑荒的發生可追溯至1941年上半年的小麥無法收成;6月時,被太陽烤乾的土地阻礙了玉黍蜀、玉米、豆子的生長;到了8月,收成有問題;於是9月就出現饑荒。10月的下雨,曾拯救蕪菁與馬鈴薯;但經過次年(1942)春季及秋季的旱災,嚴重影響到農作物的產量僅有以往的15%。更慘的是,政府當局要求人民繳稅用糧食取代金錢,於是「往西走」(往山西、四川、甘肅等收成較好的地方去)的難民潮便發生了。當時的狀況是:

---

[16] Joseph Henkels, "The Locusts Are Coming!" *The Christian Family and Our Missions*, January 1944, p.7.該文後來亦刊載於 Joseph Henkels, "The Locusts Are Coming!" *The Word in the World*, 1981, pp.104-105.

[17] Joseph Henkels, "The Locusts Are Coming!" pp.7、32.

人們於8月開始離開河南，人群起初像小溪，後來變成河流，最終成為難民潮。一開始洛陽每天可見五百個難民經過，他們還穿著羊毛衫，小孩仍有玫瑰紅色的臉頰，女人則是清潔的紮好頭髮。到後來，即9月到10月，人群聚集在洛陽，期望能搭上車到西部；此時，小孩臉色蒼白，女人骯髒而可憐，男人面帶失望，饑餓顯現在所有人臉上。到1月及2月的寒冷月份，人們仍持續來，他們就是難民，走路或用任何方式，掙扎來到洛陽，每個人臉上寫著「饑餓」，他們看來是絕望的，一個月沒有吃東西。……

很難估算究竟有多少人逃離河南，官方嘗試去計算；但對於我們看到的大受驚嚇而來的人群，是難以有確實的計算數字。往西部開的火車裝載著人群，他們擁擠著在車廂內並在車頂上，也有葡萄且懸在車廂旁的，從未見過火車如此載人，人們就像這樣地往西部移動，死亡也跟隨著他們。

　　至於留在河南面對饑荒致死的人究竟有多少，活著的人沒有時間去計算，因為明天自己也可能名列其中。而仍活著的人，想盡辦法吃任何東西以維持生命，

榆樹皮是其中的一個選擇，麥糠則接近奢侈品，而所有無法想像的東西也會進入數百萬饑民口中，如馬鈴薯藤、蕪菁頭、稻草稈、蕎麥葉子、棉花種子、鋸屑、泥土、玉黍蜀皮、雜草；即便是完全不像食物的東西也會被饑民們吃到空的胃裡，其結果是可怕的，因為會出現消化不良、便秘、拉肚子、潰爛、中毒與無止盡的不消化的麻煩，最後一連串的病，也只有醫生才能夠說得出病名並予以陳述。[18]

---

[18] Thomas Megan, "Hunger in Honan," *The Christian Family and Our Missions*, September 1943, pp.330-331.

第二節　生存環境紀錄：人禍

　　1920 至 1940 年代，外籍傳教士在河南觀察到最普遍的人禍就是匪亂，相關記載頗多；如 1926 年於美國晉鐸後即被派往中國河南南部信陽傳教區的米幹，初到中國不久，就得知已在中國服務五年、負責該地醫療工作的德籍戴(Katharian Doerr Adela,1889-1989)修女之親身經歷。當時，修女從山東搭船往河南，結果遇到一群匪徒乘另一艘船過來打劫，後來其得以脫困的重要原因在於：她沒有任何貴重物品，而且，修女善用所學中文並心平氣和地對匪徒曉以大義，才倖免於難；因此，事後修女認為「惡棍也是良民，因為他們是環境的受害者，沒有選擇人生的機會」。[19]

　　戴修女的幸運經驗，或許真是遇到無以為生，只能鋌而走險的本性善良人民，但這並不表示其他人的遭遇就一樣如此。位於駐馬店附近的韓莊是個天主教村落，秋收後的一個晚上，約二百人規模的盜匪團體爬入城內掠奪與縱火，負責當地教務者為國籍田神父，慌亂狀況下，其與修女、修士及居民們僥倖逃出城外藏身田裡，不久，盜匪帶著戰利品呼嘯而去，只賸下到處被毀壞的殘破村莊。[20]而米幹在正陽的傳教員、曾在小李莊教書的王先生，有一天之內先後遇到兩批盜匪的經歷，前者在他奉上僅有的一些錢後得以脫身，後者則將他綁架十幾天，受盡艱辛待遇，他才趁機逃離匪窟保全性命。[21]兩個例子可知盜匪打劫行為之普遍，且對象不限任何國籍與身份。

　　又米幹在信陽傳教區時，曾寫下親眼看見盜匪攻擊當地歷史悠久古城──汝寧府後之恐怖景象：[22]

---

[19] Thomas Megan, "A Page In Sr. Adela's Diary," *Our Missions*, April 1927, p.87.

[20] Thomas Megan, "A Night of Terror," *The Christian Family*, October 1928, p.448.

[21] Thomas Megan, "Twelve Days with the Bandits as told by the Catechist Wang Chiau-chan," *The Little Missionary*, April 1935, pp.177-179.

[22] 汝寧府的範圍相當於信陽傳教區，其治所在汝南縣，米幹曾對該城之歷史、文化有相當深入地觀察與說明，參見 Thomas Megan, "A Typical Chinese City," *Our Missions*, March 1930, pp.62-65.

踏上距離汝寧府幾英里、盜匪集團所行經之路徑，我才知道這些惡棍造成了巨大破壞。亡者遍布各處，看到的第一個受害者，給我留下永難忘記的印象。轉過一個被高粱田掩蓋的角落，我看見一具在熱帶地區太陽下的腫脹屍體，被灼傷和鐐銬的手臂，似乎因為乞求而高舉，燒成焦碎的臉朝上，似乎在最後一刻注視著將他殺害的人。當我們越來越接近汝寧府，屍體越來越多，有些人被支解，心臟遭挖出，其他內臟則散落地上，有些人的額頭只有一個彈孔。到處都是被掠奪及毀壞的確切景象。[23]

此外，1920 年代即來華傳教的王金鏡，於 1929 年 6 月從羅山往正陽路途上，被盜匪擄走九天之親身經歷實更為驚險。那時，他與傳教員李先生乘驢車出發，卻遇到身著軍服的盜匪舉槍對準他們，王金鏡拿出身上僅有的午餐費一塊錢，然盜匪不滿足，最後兩人被綁架至匪窟所在地的村莊。九天期間兩人雖生活困難，然盜匪為得贖金並未殺害他們，且透過盜匪若干談話內容，令王金鏡瞭解這群人之來歷，即此股力量屬軍隊的一支，然其白晝為軍人，盡駐防責任，夜間則為盜匪，打家劫舍、擄人勒贖；王金鏡甚至學到盜匪稱人質為「葉子」的隱語暗號，[24]而自己被稱為「洋葉子」(即外國的葉子)。[25]後來他們因村莊內一老人之協助通風報信，乃得正規軍的出兵拯救而獲釋。王金鏡被擄九天得救之經驗實較信陽傳教區監牧法來維於兩年前(1927)被擄二十天乃被釋放來得幸運，[26]然兩人均飽受身心煎熬，且教會實無力繳付任何贖金。

---

[23] Thomas Megan, "With Fire and Sword," *The Christian Family and Our Missions*, April 1938, p.151.

[24] 民初時期華北地區盜匪稱人質為「葉子」，故刑審人質稱「洗葉子」，而女性人質稱「水葉子」；相關說明與史料可參見，吳蕙芳，《民初直魯豫盜匪之研究(1912-1928)》(修訂版)(臺北：臺灣學生書局，2024)，頁 126-127。

[25] Clifford King, "Among the Bandits," *Our Missions*, October 1930, p.229.

[26] 有關王金鏡被擄之完整經過及涉及法來維被擄之部分內容，參見 Clifford King, "Among the Bandits," pp.220-237、239.

其實,當時盜匪一旦被抓到的下場,往往是被官府當眾梟首示眾以昭炯戒,不論是單獨個人或群體多人,且過程甚為殘忍可怕,米幹曾不只一次親眼目睹此種場景而印象深刻,[27]惟仍有多人以此為生、以身試法。

河南的人禍除頻繁匪亂外,還有連續不斷的兵災。在華傳教較久的王金鏡曾於 1930 年指出:過去十年間,中國因內戰而喪命者達數百萬人,據目前的保守估計,分布中國全境、隸屬不同立場的各式武裝軍隊超過三百萬人;為維持這些軍隊,自然削弱國家力量,而軍隊的運輸、調度與駐防各地,必定壟斷所有鐵路的車輛,致一般旅客及貨運被迫停止,也因此,遇到災害侵襲時,也不可能運輸穀物以救助災民。

事實上,當時的兵災與匪亂兩者往往互為表裡、關係緊密。由於王金鏡具被盜匪綁架的親身經驗,故其對中國的匪亂情形提出看法。他認為,中國有數百萬的男人與女人靠土地為生也投入盜匪行業,僅河南一省即多達四十萬人,這些人都擁有毛瑟槍或軍隊來福槍的完整配備,且以團的方式行動,各團規模介於廿五人到兩萬五千人之間。盜匪行徑之殘忍,以發生在河南東南方的實例來說,匪眾停留約兩周,意圖捕捉上萬人,這些人被盜匪反覆虐待——或被切耳、或被挖眼,甚至從身上割下肉來,以獲取大量贖金,未支付金錢者即喪命。一個被盜匪進駐的城鎮,往往留下六百具屍體躺在街道上,而此種消息報紙少有刊載,因為這樣的情形是一種「平常」,「每天都會發生」。[28]

楊森在河南南部的信陽工作時,曾收到盜匪綁架康涵義(Theodor Kalwey,1898-1981)神父要求三萬元的勒贖信,但當時傳教站沒有錢,盜匪要他儘快聯繫教區負責人,楊森認為這是爭取時間解救人質的好機會,惟信陽傳教區監牧法來維當時在旅途中,很難聯絡上,於是盜匪又來並威脅摧毀傳教站;最後,透過友善軍官及具影響力商人的居間協調,教會支付一千

---

[27] Thomas Megan, "An Execution," *Our Missions*, November 1930, p.249; "Letter from Fr. Thomas Megan to Fr. Lesage Emil," in Edward J. Wojniak, *Atomic Apostle: Thomas M. Megan, S.V.D.* (Techny, Illinois: Divine Word Publication, 1957), pp.80-81.

[28] Clifford King, "Weathering the Storm in China," pp.175-176.

元,才讓康涵義在八小時後獲得釋放,可是此後盜匪卻將目標轉移至威脅那個商人。[29]

楊森在沈邱服務時也注意到匪亂嚴重及兵匪勾結情形,他認為地方職業盜匪居住本地,以掠奪為生,然為求更多獲利以達舒適生活,他們往往會從個別到聯合在一起,如此更具規模及力量,而此種聯合可分為主要聯盟與次要聯盟(類似美國職業棒球隊的「Big League」與「Bush League」)。如此結盟對居民造成的危害較以往更嚴重,人們一旦落入盜匪手中,就不可避免地得付出大筆贖金或被折磨致死。這些地方職業盜匪使用來福槍、機關槍,如同軍隊一般;事實上,盜匪大部分的軍需彈藥來自士兵,且盜匪常被征召入軍隊,日後方便帶著補給來的槍枝及軍需品回到其舊行業裡。當然,如果有值得信賴的軍隊,盜匪也可以在幾個月內完全從河南驅逐出去,但要達到此一目標確實不容易,尤其,軍隊中去除原屬盜匪背景的成員,賸下的年青士兵,其成為軍人的目的僅為求得一天三餐的獲取,自然難以在工作上盡忠職守,全力完成託負之任務。[30]

如果前述楊森的記載僅屬對盜匪的通論或概述性質,較難令人深入瞭解細節,那傅相讓一篇刊登於 1932 年,將個人親身經歷及調查有關蔡溝城被盜匪侵擾並強占之圖文並茂、鉅細靡遺的文字說明,實可將盜匪活動的詳盡過程及安排步驟予以清楚掌握。

蔡溝位於信陽以東,屬上蔡轄區範圍內的傳教據點,曾是商業重鎮,由於販售穀物及鴉片的成功,持續湧入大量財富,因此住著許多退休商人及富有農民,然此地也因而成為附近五十至六十里範圍內、二百多個盜匪團體的覬覦目標,為安全起見,蔡溝除高大城牆及護城河的防禦措施外,亦有五十至六十個年輕人組成的地方自衛隊,於清晨及夜晚不斷巡邏;然蔡溝最終仍被盜匪侵入強占並大肆掠殺,究其關鍵原因即在裡應外合。

據傅相讓的記載可知:盜匪侵入的那個冬天晚上(距舊曆新年後三個星

---

[29] Joseph Jansen, "When Bandits Need Money," *Our Missions*, May 1928, p.122.
[30] Joseph Jansen, "'Minor' Floods in China," p.123.

期，約 2 月底時)，蔡溝一如往常，因為沒有足夠的燈火設備，也沒有其他娛樂，所以人們於六、七點鐘便上床睡覺，然午夜十二點一刻剛過，第一聲警報便響起，接著又有第二聲、第三聲、第四聲，伴隨而來的是城內各地的火燒及爆裂聲音。人們紛紛起身跑到城牆邊，拿著粗糙的手製槍、矛、磚塊及石頭，對抗持有來福槍、近萬人的盜匪團體往城內襲擊。

首波對峙超過一個小時，盜匪在晨曦中撤退，城內很快搜尋到為盜匪放火作內應的人們───一些前天下午即混入城內的老乞丐婦女，她們承認早先遇見盜匪，並同意以每人六元代價於夜晚在城內縱火，造成居民驚恐及害怕，以便盜匪輕鬆攻下這座城市；這些內應者的下場是，很快被審判並處以斬首極刑。然盜匪在清晨三點再度襲擊城市，之後又有第三波；此時天色已亮，城內防禦者本認為，天亮對防衛工作是有利的，然這次盜匪團體在南門的正對面，且有數名盜匪領袖大聲叫囂，要賣城者(即在城中之內應者)儘快開門，否則他們將取其生命作代價。結果，突然冒出三、四十名蔡溝自己的居民──有些是賣菜的，或一些社會地位不高的男子，將城牆上的守衛者擊斃，接著城門被打開，蔡溝淪陷了！

蔡溝城被數百名或數千名的盜匪(說法不一)占領至少五個星期，其間虐殺無數城市居民，包括最有能力的富裕者，目的在掠奪他們的財富及妻妾，並避免他們聚集群眾起而反抗；盜匪也殺害大批毫無利用價值又會消耗糧食的老幼、殘缺及貧窮者，不論男女，均無倖免。其過程通常是，「用來割草的大刀登場，在臨時搭建的斷頭臺上，那些貧窮的不幸者被割成片，並丟下城牆餵狗；有錢人通常被殘酷虐待，直到他們繳出擁有的財物，……許多人被剝奪生命，是活著的時候就被丟下城牆」。

傅相讓在其傳教站觀察到，城外數百或數千人的軍隊陸續往蔡溝前進，但第一批來的士兵本身就像盜匪，他們賣軍需品給盜匪，與盜匪打成一片；當其他人數較少的軍隊到達時，反被勢力龐大者攻擊。盜匪也會裝扮成農民，帶食物給士兵，卻趁著士兵吃飯毫無戒心時殺害他們，而賸下的士兵則會加入盜匪行列。重裝部隊下的兩個分支軍隊甚至彼此不合作，其打盜匪之結果可想而知。終於，有個握有數千名士兵的政府軍隊，利用戰爭期間留下的數十門大砲攻進城內,一場大屠殺後,數千名兵匪混雜的大量死屍,令遠在十里外的上百隻狗聞腥而來,蔡溝成為一個「死亡之城(City of the Dead)」。[31]

傅相讓在這篇文章的結尾部分寫下:

> 直到今天,我獨自走在這些殘破地方,一手拿著我的相機,一手捏著鼻子,卻始終無法逃離自己的記憶。那些被亂刀切割的孩子,那些被大火燒焦的房子,那些被拋棄荒廢的街道,那些血流不止的地面,都像是對這個曾經美好的城市的一種嘲諷。然而,雖然許多天真快樂的日子已經失去,但是這場大災難的結局,不過是個虛假的祝福;因為,無論用何種方式,那兩百五十五個盜匪團體都不會被完全消滅的。[32]

可見蔡溝居民在經歷此次大災難後,仍會繼續在盜匪侵擾的威脅下,提心吊膽地度過餘生。

地方盜匪、兵匪勾結造成禍害外,日軍侵華也嚴重破壞庶民大眾之生存環境,除前述國民政府為阻止日軍西進而戰略性炸毀河南鄭州花園口堤防,僅以磚牆作防護措施,致後來黃河經常潰堤造成洪水漫延,破壞民眾生存環境之實例外;米幹也記載,中國對日全面抗戰後數月,新鄉城被日軍占領,傳教區出現許多難民,「有一段時間,我們將近有兩千人擠在相對狹窄的傳教站內,我們較寬敞的傳教站有更多的人,每個房間、建築物及棚子都充滿了超出負荷量的人」,在這種空間條件下,人們能擁有的生存環境可想而

---

[31] 有關此次盜匪侵擾事件,除傅相讓的書信與專文記載外,亦有其他外籍傳教士的報導;參見:"Letter from Fr. George Foffel to aunt Nellie, cousin Eva and Carl," November 17, 1932; George Foffel, "How the Bandits Raided Tsai-keo," *The Christian Family and Our Missions*, August 1932, pp.251-253、256; Aug. Emarzlg, "Die apokalyptischen Reiter," *Steyler Missionsbote*, Juli 1932, pp.232-233.

[32] George Foffel, "How the Bandits Raided Tsai-keo," p.256.

知，所以米幹說，「沒有人可以從人的角度來概括中國人在過去十二個月裡的痛苦，……痛苦已存在所有階級的中國人身上，農民、商人、工匠，年長者與年輕人，富人與窮人──所有凡人都經歷了這個浩劫」。[33]

第三節　信仰生活觀察

華北民間社會根深蒂固的通俗信仰、傳統習慣內容及其呈現方式，對外籍傳教士而言是奇特的，除前述可見之焚香祭拜(蛇、大蝗蟲)、演戲酬神、預購棺木等現象外，大海還注意到，城裡作生意的商業區，不論店面規模大小，都在招牌上繪著彌勒佛；居家大門上往往裝飾門神圖像，並為杜絕不好風水豎立高牆，即使阻礙交通順暢也不在意。[34]而何神父傳教於河南北部沁陽時，發現當地有個觀念是，如果小女嬰瀕臨死亡邊緣，父母會將她丟到郊外讓野狗吃掉，這樣靈魂才得以逃脫惡運，順利進入另一個新軀體內，獲得生命重新開始，父母亦可因此免除恐懼；但是，若讓這個孩子自然死去，則惡運將持續不斷且威脅父母。[35]王金鏡在河南南部羅山也注意到，中國的父母會丟掉或殺掉自己的女嬰(有時也有男嬰)，因此，中國兩歲以前嬰兒的死亡率是非常高的。[36]至於魏神父在信陽的親身經驗為，「女嬰是不受歡迎的，可能被淹死或忽視，發育中的少女則可能被販售或虐待」。[37]而米幹亦深刻體會民間社會的重男輕女觀念，因其親眼見到家庭為丟棄新出生的女兒而產生之爭執。[38]

---

[33] Thomas Megan, "Honan in War-Time," *The Christian Family and Our Missions*, December 1938, p.447.

[34] Peter Heier, "Even the Devil Helps Along," *The Christian Family and Our Missions*, March 1944, p.78.

[35] Arthur Haines, "Forever Free," *The Christian Family and Our Missions*, January 1940, p.27.

[36] Clifford King, "Weathering the Storm in China," p.176.

[37] Dominic Wittwer, "Catholic Women: China's Hope," *The Christian Family and Our Missions*, June 1937, p.229.

[38] Thomas Megan, "Boy and Girl," *The Little Missionary*, October 1944, p.43.

惟即便中國傳統社會的民間宗教觀念與信仰生活相較於教會模式差距甚大，傳教士們仍信心滿滿，認為傳教事業在中國的前景是看好的。如米幹於1926 年晉鐸後不久即到中國河南南部的信陽傳教區工作，三年後(1929)他撰文指出，中國幾年來的內戰動亂，似乎對以廟宇為核心的民間信仰有某種程度的負面影響，因為士兵強占廟宇為據點，往往破壞建築，摧毀神龕、佛像或任意使用廟內物品；[39]且對立雙方為打擊敵人，亦以廟宇為主要攻擊目標，致許多廟宇嚴重受損，難以恢復。更有廟宇被改建成學校，廟產利用為教師薪資、學校設備經費，或納入國庫成為政府財產。當然，此種情形主要出現在較大城鎮或現代化步伐較快的地方，鄉村地區仍有大量固守傳統模式者。[40]

同時，長期天災人禍破壞人們的生存環境，許多平民百姓無以為生亟待救援，亦正是傳教士展現宗教大愛及服務人群的重要時機，故當時願意接觸教會，甚至進而接受道理班課程，終至領洗成為教徒者不斷增加，據吳來福(Franz Wolf,1894-1979)神父在河南南部信陽傳教區的實際經驗是：有次，必須同時為超過百人的成年人施洗，此一成果的確令傳教士感到非常高興，但因為實在沒有足夠大的空間來進行儀式，最後只能在戶外為這些人施洗。[41]而王金鏡更坦言，他喜愛中國的理由之一是領洗者很多，讓他甚感欣慰。[42]

其實，對擔任新鄉傳教區首任監牧的米幹而言，基於職責所在，自應對當地民眾的信仰生活作出細緻觀察與深入剖析，以擬定適當之傳教方式便於推動相關工作，而他也確實如此作並體會到，當時本地人對教會的態度，可概分為堅決反對、漠不關心與表示好感三種。其中，第一種態度的產生，有昔日觀念的影響，即認為西方以其優越感欲摧毀中國的舊事物，但事實上「教會並不意圖摧毀舊事物，教會目的在照亮並引導靈魂入天堂，這樣的誤

---

[39] Thomas Megan, "The Temples of Heathendom Totter," *The Christian Family*, May 1929, p.219.

[40] Thomas Megan, "The Temples of Heathendom Totter," p.220.

[41] Joseph Jansen, "The Catechumenate in China," *Our Missions*, October 1925, p.189.

[42] Clifford King, "Of Course, I love China!" *The Little Missionary*, November 1925, p.42.

解，似乎是對天主教會敵對的根源」；又持此種態度者，通常出現於地方領袖、政府部門或公立學校中，其表面的反對理由頗為多樣化，然背後的真正原因大多基於愛國主義，即視教會為國家敵人，意圖獲取政治權力。[43]也有少部分持此態度者屬狂熱份子或團體，認為傳教士參與危險活動影響社會，這些人往往暗中行事，並企圖從對抗外國人的經歷中得到好處。[44]

惟堅決反對教會的人數並不多，真正居大宗者是採第二種態度，即對教會冷淡而漠不關心者。這些人或許會被教會帶來的新奇事物吸引，「但是他們對西方的教導沒有興趣」，這群人其實是傳教士亟欲傳教的對象，卻也令傳教士進行工作頗感困難的一群人，因為他們完全不在乎教會的存在與否。如某次米幹騎自行車到河南南部上蔡的教友聚會所，半路與一個曾被盜匪割耳要求贖金的鄉村農民閒聊，提及這個位於其住家不遠處的教會團體時，結果農民是既不知道也不清楚，並回應說，「我們農民要知道什麼呢？我們知道如何滿足自己的吃，如何滿足自己的穿，並讓自己可以休息，這樣就夠了！」[45]

當時傳教士們理解到，大部分的中國百姓囿於教育程度、知識水準與物質條件等現實因素，僅能將個人有限力量關注於具體而實際之日常生活諸事，無法多思考屬哲學性質、偏理論層次的人生態度或生命意義等問題；[46]米幹坦言：

> 面對特殊的東方精神文化，純粹透過理論證明或邏輯爭辯對中國人影響不大，而只有理論也難以讓中國人接受天主教信仰；私底下，我常

---

[43] Thomas Megan, "The Attitude of the Chinese to the Church," *The Christian Family and Our Missions*, July 1937, p.244.

[44] Thomas Megan, "The Attitude of the Chinese Toward the Catholic Missionary," *The Christian Family and Our Missions*, August 1937, p.310

[45] Thomas Megan, "The Attitude of the Chinese to the Church," p.245.

[46] Thomas Megan, "The Future of the Church in China," *The Christian Family and Our Missions*, June 1939, p.208.

與中國人對不同的觀點與想法爭辯,而雖然經由理性與邏輯解說,我可以讓他們對自己提出的反對理由無言以對,我也可以解決他們的問題,但我不認為自己成功地導引中國人進入這個信仰的領域,所以,理論必須向實際屈服;同時,我們在剖析說明時也必須記住,皈依是來自天主的恩賜,惟有得到這種恩賜的人,信仰的光明才會到他們身上來。[47]

也因此,他認為應該務實地「在教育與醫療領域內投注更多心力,會讓愈來愈多的人認識教會」,[48]而這也是飽受天災人禍肆虐下,華北民間社會的勞苦群眾最迫切需要的幫助,米幹觀察到:

因中日衝突帶來意想不到數量的改變信仰者,人們感覺到教會是中立之地,也是戰亂時代的安全之地,大量群眾可以聚集在教堂裡或避難於傳教站內,在此情況下,許多人自然對天主教的經典有興趣,也想要瞭解教義,或許他們大部分人目前尚無意願領洗進入教會,但他們可以自然且普遍地親近教會;當然,其中也有臨陣逃脫者。但這也反映出,即始是自然親近教會者,也需要假以時日,才能真正進入教會。

另外,也有因為飢荒導致人們與教會接觸;同時,教會也是鄉村盜匪掠奪人們時的避難處,人們聚集在傳教站尋求安全,他們每來一次就有可能會有多一點的改變信仰者。確實,上主引領人們往光明去的方式是多樣化及多種類的;人們甚至可以這麼說,在中國,上主的方式是不同的,有人進教會尋找真理,有人進教會發現真理外,也滿足生活上的需要,而後者也會成為忠實教友,是傳教士與聖教會的榮耀與喜悅。

---

[47] Thomas Megan, "Forward!—Mission Work!" *The Christian Family and Our Missions*, August 1939, p.296.

[48] Thomas Megan, "The Attitude of the Chinese to the Church," p.245.

此外，令人改變信仰的工作是不能強迫或催促的，這是恩典下的收穫，並非傳教士努力下的直接成果，然而熱切期待是需要的。我們傳教士盡力去做，當我們盡力後，賸下的就交給天主聖神，即使成果未出現於我們這一代，也將會出現在天主認定的好時間內。也許這一天會來臨，有一大堆改變信仰的人朝教會而來，果真如此，我們要瞭解，這是許多祈禱與奉獻下的果實。[49]

所以，傳教士的重要工作就是「持續撒種」在所有階層及不同態度之民眾身上，「只要持續夠久，就可以成功」。[50]

至於持第三種態度——即對教會表示好感者，雖然數量就全中國人口總數而言比例有限，卻是最能鼓舞傳教士的人，而他們多來自老教友或親戚、朋友的引介，如在新鄉傳教區，就有50%的改宗者是被親人及朋友帶來的。[51]又這些新教友的身份背景雖不乏上層社會人士，如何神父在沁陽施洗的成年人中，就有不少是有錢人，也部分是相當具社會影響力者；[52]王金鏡也提到，他在羅山的慕道班成員中，至少有十個士紳在他們家鄉是享有名望的；[53]然大致而言，此領域內仍屬社會地位較低者居多。

惟第三種態度者的宗教執著與熱忱，確實是教會最有力之支持者、影響者與投入教會工作的人力來源，如羅詩曼在河南北部傳教時，即遇見兩位年約十五、六歲，本身非教友、亦非出身教友家庭的年輕女性，因其家鄉典範型、資深女教友的影響下，申請進入教會女子學校就讀，欲成為教會的傳教員或修女；後來，其中一人因病亡故，另一人順利取得家人同意書，特別是她虔誠佛教徒祖母的認可，最終不但接受洗禮，還成為中國本地修女，奉獻

---

[49] Thomas Megan, "Forward!—Mission Work!" pp.296-297.
[50] Thomas Megan, "The Attitude of the Chinese to the Church," p.245.
[51] Thomas Megan, "Forward!—Mission Work!" p.296.
[52] Arthur Haines, "Forever Free," p.27.
[53] Clifford King, "Weathering the Storm in China," p.191.

一生於聖教家庭及服務群眾之工作。[54]魏神父在河南南部傳教時也發現天主教婦女對異教徒的重大影響力，尤其是在家庭環境下，因此，他認為「女性可以是中國教會的救贖者」，「希望信仰可以紮根在這些無數的母親、女兒和姐妹的心中」。[55]

事實上，米幹認為華北居民具強健而堅忍的個性，只要提供適當的教育與訓練，他們會是極佳的教徒。[56]王金鏡更明白指出，引導華北民眾進入教會的過程是會令傳教士感動而喜悅的，因為「他們具備許多西方人欠缺的美好品德」，「他們與天主信仰的對談是真誠與持久的」。[57]而不論是在河南南部或河南北部服務的傳教士們，均曾撰文仔細描繪當地民眾的望教過程及其學習內容。

大致說來，一般民眾在確認個人信仰(即準備接受領洗)前的學習階段，主要有幾部分，首先是隨機性、不固定地接觸傳教士、傳教員或傳教士的隨從等人之道理講述，如米幹於 1937 年在河南北部傳教時，某次欲拜訪一個教會團體，結果短暫停留期間，竟然吸引大批非教友的群眾圍觀，他決定利用機會傳教，於是讓隨行人員掛出兩幅平常上道理課會使用、有著豐富色彩的圖畫———一幅是天堂、一幅是地獄，就著圖像開始講道理，半小時後再由其隨從上場，米幹稱此為「未能知數量」的傳道方式。[58]

而一旦有意願者確定其信仰意向後，就開始進入「入教訓練班」的學習，此時學習者稱為望教者，必須接受至少一年的考驗，在這段期間內的每個主日必須按時進教堂，參與彌撒及其他節慶禮節，還有早禱與晚禱，每周固定有一至兩次的道理課。在這一年裡，傳教士與整個村莊的教友都會在旁

---

[54] Lloyd Rushman, "Two Friends of God," *The Christian Family and Our Missions*, June 1944, pp.182-183.

[55] Dominic Wittwer, "China Needs More Catholic Women," *The Christian Family and Our Missions*, May 1937, p.194.

[56] Thomas Megan, "Our New Mission in China," p.191.

[57] Clifford King, "Weathering the Storm in China," p.190.

[58] Thomas Megan, "A Week on the Road in China," *The Christian Family and Our Missions*, December 1937, p.469.

注意並陪伴望教者的學習，且最終望教者是否可以順利接受領洗儀式，每位教友都有發言權，以確認其信仰程度。[59]事實上，米幹在上蔡的個人經驗是，一些望教者在這個階段學習必要的禱告、教理和天主教禮儀，約五、六周後即可見其產生相當變化，因此，「在這段時間裡，我總覺得最快樂，因這時會看到行旅、拜訪、勸告等的成果，可以說是為神聖的教會而累積的」。[60]

望教者在正式領洗前，還要經過「受洗道理班」(Official Catechumenate Class)的學習，即將所有望教者聚集在傳教站或修院內，實際參與修院生活，包括用餐、進堂、每日望彌撒、早晚禱等；經過四周至兩個月的密集學習階段並通過大家的考核後，望教者就可以接受洗禮；而領洗成為新教友後，仍持續有兩周的道理複習課，以加深他們對自己信仰的領悟。[61]

在整個學習歷程中，「受洗道理班」是望教者最貼近傳教士生活的一個階段，也是傳教士能夠以較長時間、近距離地觀察本地教友信仰表現的時候；楊森與王金鏡即不約而同地指出，望教者為參加道理學習課程，必須放棄工作至少一個月，還需奉獻部分收入，[62]這對華北民眾而言是很大的犧牲與付出，因為他們每天都要努力工作才能維持生活；且因傳教站或修院往往缺乏適當空間與足夠設備(每次望教者的人數可從數十人到上百人不等)，望教者只能以舖在地上的席子當作床休息，而在所有建築物都不暖和、教會又無法提供寢具的情況下，人們就必須忍受相當程度的寒冷；至於食物則是最

---

[59] 萬德華，〈我在河南傳教的經驗〉，收入《聖言會來華一百周年紀念特刊(1882-1982)》，頁50。

[60] Thomas Megan, "Shangtsai—Chinatown," *Our Missions*, July 1930, p.167.

[61] 萬德華，〈我在河南傳教的經驗〉，頁50。有關望教者領洗前的學習各階段所需時間，傳教士們有不同記載，如王金鏡言，領洗前的慕道過程至少需要兩年，而最後的兩個月會住在一起，見 Clifford King, "Go! It is Recess," *The Little Missionary*, October 1943, p.25.而米幹的記載，提及將人們聚在中心傳教站的時間(即最後階段)需要一個月或更久(六周)，見 Thomas Megan, "Method of Making Converts," *The Christian Family and Our Missions*, May 1934, p.159; Thomas Megan, "Sinsiang Steps Forward!" *The Christian Family and Our Missions*, June 1940, p.207.

[62] 王金鏡的記載提到，領洗者最後兩個月住在一起，必須自己付擔一半費用，見 Clifford King, "Go! It is Recess," p.25.

簡單的一種——米飯或粗粉製成的硬麵包，配上略加鹽的水煮季節性菜蔬。

望教者每天在一個狹長而窄、紙糊為窗的磚牆房子裡，不分成人與小孩都坐在長椅上，身倚大桌並利用置於桌上之書籍、配合傳教員的解說，透過朗讀與記誦方式學習教義，看到此一畫面「你會驚訝這些學生的專注與熱忱，這些人以往很少讀書，所以閱讀對他們而言是辛苦的，但沒有力量可以阻止他們」，尤其，「見到老人與他的孫子一起謙卑而溫遜地學習道理時，實在令人感動」，而在傳教站或修院內的另一間教室，則是提供給婦人與女孩的望教者進行相同模式的學習。

望教者於白天進行前述教義學習外，另有每日四次齊集教堂內，由教會指導者進行逐字且更細緻深入的教義講解課程，並測驗望教者的掌握程度，期盼他們將這些內容儘快融入生活中，形塑適當的價值觀。而傍晚時，傳教士會至不同教室內考核望教者當天的學習成果；晚餐後，因教室的照明設施有限，不適合持續白天的學習方式時，望教者的學習改採聆聽方式，即由傳教員藉著燭光，閱讀一篇篇的聖經故事給望教者聽，加深望教者對教義內容之印象，[63]而經由教會如此長期而精心安排的慕道過程，實可避免「麵粉教友」(rice-type of a Christian)的產生，[64]令新教友的質量均獲得提升。

事實上，當時在中國工作的外籍傳教士非常關心教會本地化問題，因惟有教會本地化程度夠深，才能令天主信仰在中國得以維持並繼續拓展，對此，傳教士們也提出個人看法與實際作法；如萬德華認為，本地化的最重要方式除培育大量本地教友外，也要培育許多本地神職人員，「要天主教堂在中國像中國，如同在美國像美國」，且「教會基石可以在中國長久，只要本地人去做」。[65]米幹則明確指出一連串的具體作法，即傳教士首先要建立教堂及傳教站，將信仰者聚集起來，「以進行拯救靈魂的工作」，且提供給教

---

[63] Joseph Jansen, "The Catechumenate in China," pp.189-190; Clifford King, "The Catechumenate in China," *The Christian Family*, May 1930, pp.228-229.

[64] 萬德華，〈我在河南傳教的經驗〉，頁50。

[65] Edward Wojniak, "Can the Church Survive in China," *The Christian Family and Our Missions*, January 1946, p.185.

友一個「足以傳承後代不會中斷」的信仰方式;[66]而為讓教堂更貼近本地教友的日常生活,他主張興築具中國風格的教堂,因此,建於喬廟的新教堂外觀就大不同於以往,

> 經過反覆討論後,我們決定修建一個具有道地中國風味的教堂與傳教站。中國人自古以來即擅長建築,所以自然地發展出一套建築特色;對於此一特色,我們試著將它融入這個傳教站的建築中來,尤其是想融入這個名為「天主之母」的教堂裡。
> 有點不可置信的是,在中國少有教堂是按照本地風格修建的,大部分教堂被建成傳統的哥德式、羅馬式或巴洛克式,因此,當開始興築我們的中國式教堂時,很不容易找到可以參考的前例,而中國的廟宇型式,也難以提供適當的建議與實用的啟發。……
> 教友們非常開心與熱心於這個教堂,這是我們首次意圖興建一個具中國風格的大面積教堂,而在此之前,我們無法預測未來的幾年內將有什麼樣的發展與進步;惟可確知的是,中國的教堂必須包含立基於中國建築規範與想法的教會形式,我們期望喬廟的這座中國式教堂,能成為教會傳教進步方向發展的一步,更重要的是,我們深刻期望日後能在中國興建更多屬天主與聖母的殿堂。[67]

此外,以教堂及傳教站為據點,亦須進行各式學校教育及社會服務工作;其中,前者包括培育本地教友的慕道班、俗人就讀的中小學與職業學校,以及養成本地神職人員的大、小修院等學習單位,後者則有救濟站、孤兒院及醫療院所等社會機構。[68]

---

[66] Thomas Megan, "The Future of the Church in China," p.208.
[67] Thomas Megan, "A New Church for Chiaomiao," *The Christian Family and Our Missions*, April 1942, p.135.
[68] Thomas Megan, "Soul Fishing in Chinese Waters," *The Christian Family and Our Missions*, November 1938, p.407.

惟無論何者，經營之初往往遭遇各方阻礙難以推動，終於眾人長期努力及主、客觀環境變化下，乃可突破困境獲得成果。米幹曾回顧沁陽傳教十年的心路歷程言及：1936 年他以新鄉傳教區監牧身份首度到達沁陽時，就職歡迎會上看不到任何官員及賓客，當時他請聖神婢女會(Missionary Sisters Servants of the Holy Spirit，簡稱 SSpS)的修女們協助工作，最初只能在惡臭巷弄的荒廢小屋經營診所，開業半年，僅偶有破布遮身的最貧困者登門求助，但修女們不放棄希望，接著又開辦孤兒院，楊森則建立學校，然幾乎面臨倒閉，因為庶民百姓總是躲避教會。後來，沁陽北部遭日軍侵入，政府官員、地方首長，甚至警察、軍人紛紛離去，群眾只能依靠教會為庇護所，於是人們開始接觸教會，並逐漸對教會產生信心，尤其是在擠滿難民、死亡率可達 50%的收容所裡，竟然沒有任何一名嬰兒死亡，此結果雖令中國婦女詫異不已，卻也心懷感激，她們視修女為產科醫師，而口耳相傳結果使修女們聲名大噪、善舉遠播，最終讓中國百姓從接納修女、傳教士，到認同教會作為，也因此，沁陽地區的慕道班、教會學校人數不斷增加，[69]教會本地化工作亦得持續進行。而這也是為何在戰亂的危險情況下，傳教士仍不願撤離工作崗位的重要原因——除了必須與本地教友在一起維持其信仰生活，以免教友走向或回到異教之路外；[70]當小民百姓亟需幫助時，教會及時且適當地伸出援手，實可藉此展現教會工作本質、令社會大眾確切瞭解教會並接受教會，亦有助於教會的本地化進程。當然，戰亂時期的教會資源也非常有限，但米幹認為，在此段特殊時間內，「我們的工作是維持目前狀況」，這樣「當和平重新回到對戰爭厭煩的世界時，傳教工作才能再度進行並充滿希望」。[71]

---

[69] Thomas Megan, "The Sisters Changed the Town," *The Christian Family and Our Missions*, November 1947, pp.418-419.

[70] Thomas Megan, "War-Time Worries of a Mission Bishop," *The Christian Family and Our Missions*, January 1942, p.6.

[71] Thomas Megan, "First Things First," *The Christian Family and Our Missions*, March 1943, p.111.

結　語

　　1937年10月，剛晉鐸七個月、年僅廿八歲的萬德華初到中國，開啟其傳教生涯的首頁時，迎接他的舊識——年長他十歲、比他早到中國十一年的米幹，對他說的第一句話就是問他：「你做了什麼事?被派到這裡來?」[72]可見，當時外籍傳教士到中國進行傳教工作是相當艱辛困難，絕非輕鬆容易的差事。而印證於1920至1940年代，若干外籍傳教士對華北民間社會生存環境的觀察紀錄，確實是如此，因其內容處處可見各種不同類型的天災人禍，不論是洪水、乾旱、蝗蟲的侵害，或兵燹、盜匪、戰亂的騷擾，這些都對庶民百姓的日常生活構成極大威脅，造成慘重損失，令其無法維生，難以存活。若將這些生活於中國民間社會的外籍傳教士之親身經歷、親眼目睹的文字記載，與官府檔案、地方志書等資料相較，實能更詳盡與細緻地呈現出華北民眾的物質生活條件與外在生存環境。

　　惟即便生存條件與生活環境如此艱困，外籍傳教士對自身工作仍樂此不疲，對教會在中國的未來發展充滿信心，究其原因，或在於其傳教使命與樂觀正向的應世態度。1982年，聖言會歡慶來華傳教一百周年時，年已七十三歲的萬德華撰文追憶四十多年前在河南新鄉傳教區的年輕歲月，他提到傳教區的自然環境是「土質多沙」，致當時必須經常騎著自行車、頂著強風到各處工作的傳教士們辛苦萬分，然他們卻往往「戲之為『天堂樂土』」；[73]既然是戲稱，就是一種反諷語句，可知面對當地惡劣自然生存條件的外籍傳教士們，往往是以正向態度、樂觀心情在中國進行相關工作。

　　其實，米幹雖然對初來乍到的萬德華說出反映中國現實狀況的歡迎詞，但他自己對中國的傳教工作甚為熱情，且多從正面角度看待事情，因此被一起工作長達廿二年之久的韓克禮形容其「人格特質是樂觀」；[74]而當時米幹

---

[72] Edward Wojniak, "A Great Missionary at First Hand," *The Christian Family*, September 1957, p.21; Edward J. Wojniak, *Atomic Apostle: Thomas M. Megan, S.V.D.*, p.120.

[73] 萬德華，〈我在河南傳教的經驗〉，頁50。

[74] Joseph Henkels, "Father Megan: an Atomic Missionary," *Divine Word Missionaries: 100*

稱河南北部的新鄉傳教區為「樂園(Paradise)」，[75]影響所及，其他聖言會士們亦如此暱稱這個地方。[76]即是因為如此看待所處環境，外籍傳教士們認為面對天災人禍頻仍的華北民間社會，正是對庶民百姓伸出援手的絕佳時機，也是令教會工作被華北群眾確切瞭解的最好時刻，而經由以教堂及傳教站為據點，進行之各式「教人心」的教育普及工作與「救人命」的社會救助事業，終能使華北民間社會較以往接納傳教士作為，亦致天主教會在中國得以持續開拓與發展。

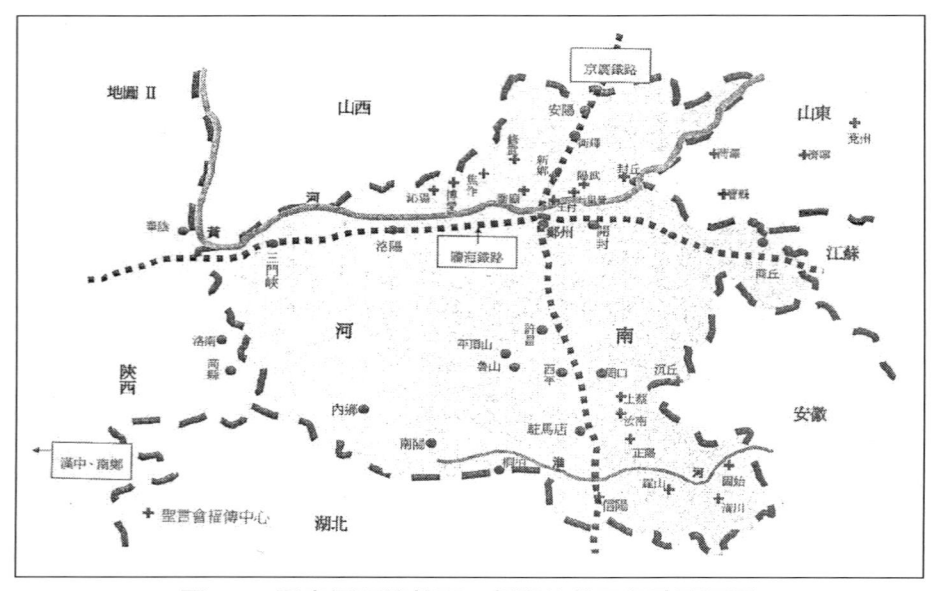

圖 3-1　河南信陽傳教區、新鄉傳教區行政配置圖

資料來源：昊伯，《華夏夷蹤：聖言會甘肅、河南福傳史(1922-1953)》(臺北：光啟文化事業，2006)，頁 20。

Years Jubilee Issue, Fall 1979, p.10.

[75] Thomas Megan, "Our New Mission in China," p.190.

[76] 如范神父在聽到米幹的任命消息後，就撰文直接稱他為「『樂園』的首位監牧」，而美籍會士們均稱「這個上主的葡萄園為"Paradise"」；參見：Joseph Fontana, "'Paradise' Welcomes Its First Prefect Apostolic," *The Christian Family and Our Missions*, February 1937, p.53; Thomas Megan, "A Week on the Road in China," p.469.

第四章
來自中原的訊息：
傅相讓神父的河南傳教經歷

「中原」是指以中國河南省為核心，亦延及黃河中下游的廣大地區而言。該區乃華夏文明的發源地之一，故古人亦將中原一詞視為中國的同義語，以別於邊疆地區。[1]

歷史上的河南，因位居黃河流域農耕區，在承平時期實成為中國諸多省份的糧食供應者，然亦因地理位置具戰略價值，成為各方力量競逐的角力舞臺，故有云：歷史上的河南，是和平時期的糧倉，也是動亂時期的戰場。而民國以後的河南，歷經各式天災人禍，尤其是1920至1940年代的內憂外患時期，導致當地人口銳減，倖存者亦難以為生。對於此一現象，學界有諸多著墨，如透過救難組織與民變角度的研究有中國學者崔家田的〈北洋時期中原地區紅十字組織的社會救助〉、〈全面抗戰時期中原地區紅十字組織的社會救助——以會刊為中心〉，[2]傅燕鴻的〈1940年代「中原大災荒」中的民變研究〉；[3]而歐美學界Micah S. Muscolino(穆盛博)的 *The Ecology of War in China: Henan Province, the Yellow River, and Beyond, 1938-1950* 一書，更立足

---

[1] 《辭海》(臺北：臺灣中華書局，1986)，上冊，頁125。

[2] 崔家田，〈北洋時期中原地區紅十字組織的社會救助〉，《華北水利水電大學學報》，32卷3期(鄭州，2016.06)；崔家田，〈全面抗戰時期中原地區紅十字組織的社會救助——以會刊為中心〉，《理論月刊》，2016年1期(武漢，2016.01)。

[3] 傅燕鴻，〈1940年代「中原大災荒」中的民變研究〉，《福建論壇》，2016年4期(福州，2016.04)。

生態學、環境史觀點,對河南當時的艱困情況予以詳細說明。[4]惟各式研究者的事後剖析與當事者的親身經歷,除可互相印證,亦呈現不同的觀察樣貌與內容,[5]而本章則是藉由一個外籍聖言會士傅相讓的文字記載,尤其是書信資料為基礎,(參見圖 4-1)展示其在河南傳教期間的外在生活狀況與實際教會成果,特別著重其內心世界與個人感觸。

傅相讓出生美國北部愛荷華(Iowa)州的狄比克(Dubuqü),1917 年(十九歲)至聖言會位於伊利諾(Illinois)州芝加哥的泰克尼接受陶成教育,1929 年(卅一歲)晉鐸後即被派往中國傳教。[6]其於當年 9 月 29 日離開芝加哥,經科羅拉多(Colorado)州的丹佛(Denver)、亞歷桑那(Arizona)州的大峽谷(Grand Canyon),至加利福尼亞(California)州的洛杉磯(Los Angeles)、舊金山(San Francisco),於 10 月 10 日自北舊金山灣的奧克蘭(Oakland)登船往亞洲行,先航向夏威夷群島(Islands of Hawaii),再經日本神戶(Kobe),終於 11 月 3 日抵達上海,一星期後再轉往湖北漢口,直到 11 月 16 日才正式到達其傳教使命地點——位於河南南部的信陽傳教區,[7]完成這為期一個多月、超過一萬英里之遠程行旅。

當時信陽傳教區由法來維負責,傅相讓即從此地開始其在華人社會的傳教生涯。四年後(1933 年 12 月),再轉往河南北部的新鄉,協助已派至當地服務的數名聖言會士一起工作;[8]1936 年 7 月,新鄉正式自宗座外方傳教會

---

[4] Micah S. Muscolino, *The Ecology of War in China: Henan Province, the Yellow River, and Beyond, 1938-1950* (Cambridge: Cambridge University Press, 2015);該書中譯本見穆盛博著,亓民帥、林炫羽譯,《洪水與飢荒:1938 至 1950 年河南黃泛區的戰爭與生態》(北京:九州出版社,2021)。

[5] 學界的相關成果可參見王成勉主編,《傳教士筆下的大陸與臺灣》(桃園:國立中央大學出版社、臺北:遠流出版事業股份有限公司,2014)。

[6] 據傅相讓言:其學習歷程完成於 1929 年 4 月,故其晉鐸時間亦約在此時期或之後;見"Letter from Fr. George Foffel to cousin Eva," May 24, 1930.

[7] 據傅相讓記載:其在日本曾停留約一星期參觀,而停留上海一星期的原因在於,必須等待往漢口去的船隻;見"Letter from Fr. George Foffel to aunt Nellie and cousin Eva," February 7, 1930.

[8] 最早到河南北部新鄉工作的聖言會士有五人,其時間依序為:1933 年 9 月到達的大

負責的衛輝傳教區中分出，成為一獨立監牧區，由米幹負責十二個縣的教務，(參見圖 3-1)傅相讓即持續在此新傳教區內工作。惟 1941 年底珍珠港事件爆發，仍留在新鄉傳教區的美籍傳教士均被拘禁，傅相讓亦不例外，直至 1943 年才經由換俘方式返回美國。

總計傅相讓在中國的傳教生涯約十四年，除最後兩年被日軍拘禁外，其餘時間，有四年在河南南部的信陽傳教區、八年在河南北部的新鄉傳教區，而無論身處何地，其均曾撰寫書信或專文描述個人工作狀況及所見所聞。本章主要透過這些文字記載及其他一、二手史料，呈現當時在中國的日常生活狀況與傳教工作成果；這些珍貴資料除可看出當時河南外在生活環境的艱辛困苦，亦可體會外籍傳教士的內心世界與個人感觸，或可填補若干歷史面貌，供學界參考瞭解。

第一節　日常生活適應

傅相讓於 1929 年 11 月中剛抵達河南信陽傳教區，即感受到未來生活環境的危險狀況實與昔日故鄉的安穩情形大不相同，因為親眼目睹自己房間的窗子與牆壁有許多彈孔；而不到一個月，更因戰亂威脅被迫與其他傳教士離開居所逃往他處，直至三周半後(即自 1929 年 12 月 12 日至次年 1 月)仍在流亡途中，[9]而這個在中國的逃難初體驗，致傅相讓受寒得到肺炎，令其印象深刻難以忘懷，即使四年後想到此次經歷，仍可記憶猶新地陳述許多細節：

> 我看見軍隊進城，戰爭爆發於我們每一個傳教站，且聽到子彈飛過我的頭上，我與其他傳教士們倚在石牆邊尋求安全——我對生活在中國的印象改變了！我們想要離開這個城市，但找不到門，因為這幾天從

海、林慎白均來自信陽傳教區，接著也是來自信陽傳教區的包德曼與來自北京的甘維鼇，最後仍是來自信陽傳教區的傅相讓於 1933 年 12 月到達新鄉；見 Joseph Henkels, *My China Memoris, 1928-1951* (Techny, Illinois: Society of the Divine Word, 1988), p.73.

[9] "Letter from Fr. George Foffel to aunt Nellie and cousin Eva," February 7, 1930.

黃昏到黎明，大門是被警戒而鎖上的。第二天，一個僕人指示我們如何逃離的路，我們逃到城外，……，而下一個傳教站在三十里外。天空下著傾盆大雨，路上各處的泥土積到幾乎一個人的膝蓋；無法言喻的疲累，全身濕透，我們到達了傳教站，在一個小的家庭式爐子裡生起小火，而我仍覺得寒冷，最後發展成肺炎。我提到這些細節的事項，是因為這是我在中國的首次經歷，且將留在我心中不能忘記。[10]

事實上，據法來維的報告可知，當時信陽傳教區的戰亂威脅實來自數種不同性質的武裝團體，包括北洋軍、西南軍，或左派軍、右派軍，乃至紅槍會、盜匪等勢力；[11]而傅相讓實親身遭遇數種團體之危害與損失，除前述經歷外，1930 年 10 月，約一至二萬人的左派軍隊占領位於該傳教區南方的羅山，城市中有上千人卻僅七人得逃脫，其中之一即為米幹。[12]又那時傅相讓已被派往該地服務，他也渴望到羅山協助傳教，然因熱帶疫疾影響身體狀況，被醫師留下數日，但其已先將行李寄出，結果晚到的人身逃過此禍，早到的物品則全遭劫難，因為

書籍、手稿、筆記，幾年來的工作與學習，成為他們晚餐米飯的烹煮燃料；一個目擊證人聲稱，我的彌撒外袍被他們的馬載走行經大街，我的衣服、教會家具、打字機、照相機、工具、藥品，與上百件的其他

---

[10] "With our American Missionaries(From Fr. Foffel)," *The Christian Family and Our Missions*, July 1933, p.221.

[11] George Fröwis, "A Chapter of Honan History," *The Christian Family and Our Missions*, June 1932, pp.188-189.

[12] 米幹對於此次驚險萬分的親身經歷有非常詳細之說明，亦曾數次對故鄉親友提及此特殊經驗；相關資料參見：Thomas Megan, "Escaping Martyrdom," *The Christian Family and Our Missions*, February 1931, pp.38-39、42; "Reds of Russia Advancing in China," *The Christian Family and Our Missions*, September 1932, p.283; "With our American Missionaries(From Fr. Megan)," *The Christian Family and Our Missions*, March 1934, p.91.

教會必須品與補給品，總價值一千元，被他們瓜分、毀掉或販售。[13]

又 1936 年新鄉監牧區正式成立且交由聖言會負責該地區教務後，工作於當地的傅相讓仍面臨戰亂威脅，特別是 1937 年 7 月中國對日抗戰開始，整體情勢更為險峻，先是 1937 年聖誕節後的九架日本軍機大轟炸，及其後持續不斷的轟炸聲與大砲聲，令人感受不到教會於 12 月該有的平安氛圍；接著是 1938 年 2 月日軍侵入並占據新鄉城，國軍撤守及百姓四處逃散之混亂局面，更令傅相讓提筆寫下：

> 在 2 月的一個寒冷早晨，黎明前不久，我被步槍射擊聲驚醒，走到街上，在慘白的天色中，人們帶著他們的貴重物品逃走了，因為軍隊正從東北方進來。黎明時分，我寬敞的院子裡充滿著大量受驚嚇的人們、馬、驢和牛。……，接下來，每個人都過著焦慮的日子。道路和田野充斥著向西逃亡的人群，很多基督徒則跑到教會避難。……，隔天清早，軍隊轉向北方，在距離我們約六英里外的地方與我們擦身而過，新鄉及我們教會所有其他城市，在接下來的兩天內被占領。
> 雖然我們現在所有人可以稍微喘氣，但接下來的幾天和幾個晚上，都令人痛苦。大量的炸藥震動了房子地基，幾乎將門窗震成碎片，……，每天都有殘酷炸彈越過我的教堂。即便是河流對岸、城市、教堂、主教座堂都遭到破壞。每當聽到炸彈爆炸聲，我們便驚恐萬分，同時為我們的同僚——工作於此城市的神父、修士、修女們——的安全祈禱或安息他們的靈魂。黎明始終是危險時刻，當我登上彌撒祭臺時，會懷疑是否可以完成這臺彌撒。有一次，在舉行祝聖儀式時，一場空中戰役幾乎就發生在教堂正上方。此外，有幾個可能是誤投的炸彈，掉落在附近田野裡。……，總之，讓我為自己生命中經歷的最血腥的四

---

[13] "Letter from Fr. George Foffel(Christmas Greetings)," November 16, 1930.

個月——2月、3月、4月、5月——獻上一頁。[14]

　　各方軍力侵入之戰亂外，大規模盜匪的騷擾亦令傅相讓甚感困擾與難過。1930 年復活期後，一群約萬人的盜匪往信陽州來，城裡五十人的有限士兵難以抵擋大量盜匪，所幸居民們利用城牆、磚頭、石塊、長茅等物奮力抗拒，直至次日有更多兵力到達，而盜匪終未能攻入城內。惟仍有附近市鎮被盜匪劫掠、焚燒且擄人勒贖，其中即包括對教會甚為重要的本地老師，於是教會派信差帶贖金救人，這個人安全歸來——雖然承受殘忍對待，如一天被揍三次、身上綁著磚塊以免逃跑等，而其他被擄者，超過百人因未付贖金慘遭殺害，另有七百人未再返回，亦不知其下落。事實上，當時情況頗為緊急，位於漢口的美國領事館以安全為由，建議美籍傳教士離開當地到漢口避難，並派遣附有槍枝的船隻來接人，但傳教士們表示「我們不打算離開，我們要堅持自己的據點到最後」。[15]然這次盜匪未能攻入城裡，並不意謂每次結果都能如此幸運。1932 年初，屬上蔡管轄的商業重鎮蔡溝，即在盜匪裡應外合策略運用及各方佈署下成功侵入城內，並占領該地達五星期之久。當時傅相讓在上蔡擔心了幾個星期，「甚至看不到任何一個白人」，不知道這是否是自己的「最後時刻」，接下來則是「經歷二月泥與雪」的三天逃亡。[16]

　　其實，當時河南生活環境之艱困，即便沒有前述戰亂的人禍影響，各式天災之破壞亦已達難以忍受的程度；如發生於羅山地區、1931 年秋天的大水災，[17]導致 1932 年春天的飢荒範圍擴大，傅相讓看到的情形是：

　　嬰孩被殺或拋棄，小孩挖草根，老人爬上樹且採摘萌芽的樹葉，超過

---

[14] "Letter from Fr. George Foffel to everybody," July 14, 1938, pp.1-2.

[15] "Letter from Fr. George Foffel to cousin Eva," May 24, 1930.

[16] "Letter from Fr. George Foffel to aunt Nellie, cousin Eva and Carl," November 17, 1932. 有關此次盜匪侵擾事件的詳細說明可參見本書第三章第二節。

[17] 有關此次嚴重大水災之真實報導亦可見於米幹之圖文並茂記載；見 Thomas Megan, "Floods in China: 50,000,000 people facing starvation," pp.348-350.

一打以上的堂區因吃樹皮而中毒,整個家庭虛弱到無法上教堂,上千個乞丐在街上,每天有二、三百個在我門口等待餵食。[18]

到了夏天,無論白天或黑夜,酷熱高溫幾乎持續六星期,即使處於陰影下位置,也有高達華氏 116 度(約攝氏 46.7 度)的氣溫致許多神父與修女生病。[19]接著是可怕霍亂從北方來襲捲城市,「街上的人們像蒼蠅般地死去」,短短兩、三天內就有三個年僅二十多歲的年輕聖言會士因此喪命,而他們大多數是在去年秋天才來到中國。[20]此種接連不斷的天災侵害,可以想見這段期間信陽傳教區人們面臨的生活壓力與生存困境。

1933 年 12 月,傅相讓轉至河南北部的新鄉服務,次年(1934)1 月接受指派到原武王村教堂擔任本堂神父;該村屬老教友村,約建於三十多年前,立有一宏偉教堂。[21]傅相讓於當年 3 月初正式走馬上任,後來發現該區周期性的氣候狀況是:「沙塵暴盛行於 1 月至 5 月;然後,緊隨而來的是炎熱夏季,蒸發的熱氣,如同從沙灘升起一般;之後,如果沒有洪水,10 月和 11 月是較為好過的」。

而他初上任即親身體驗沙塵暴威力,在走向王村的道路上,

---

[18] "Letter from Fr. George Foffel to aunt Nellie, cousin Eva and Carl," November 17, 1932.

[19] 傅相讓亦曾於 1933 年 7 月的信中提及當地,「超過一星期的氣溫在陰涼處是介於 103 至 109 度間(即攝氏 39.4 至 42.7 度間),即使在黃昏也是溫暖的」;見"Letter from Fr. George Foffel to cousin Eva," July 12, 1933.

[20] 據可查到的喪命聖言會士包括美籍史(George Schmitt,1904-1932)神父與德籍伯(Cherubim Wilhelm Börgmann,1908-1932)修士;其中,前者於 1930 年發終身誓,1931 年晉鐸,1932 年初在信陽學習語言,8 月 8 日亡於河南潢川,享年廿八歲;後者於 1929 年入會,尚未宣發終身誓,1931 年 9 月被派往河南,1932 年 7 月 7 日在河南信陽過世,享年廿四歲。相關資料參見:雷立柏編著,《聖言會在華 1879-1955 年:編年史、地方志、人物列傳》,頁 281、191。

[21] 有關王村教堂的建立過程及相關此教堂之圖像可參見:「王村天主堂碑記」(2008. 12.25 聖誕節立);Thomas Megan, "When the Bishop Comes," *The Little Missionary*, September 1938, p.100;本書第六章節一節。

由於沙塵暴的發生，我永遠不會忘記這次難忘的旅行，這是我經歷過的第一次，雖然我已預先被他們警告過。因此，我明智地雇請一位導遊指示我穿越這個沙漠，就如我現在所說的情形。的確幸運，因為有時我甚至無法從自己所在的馬鞍位置看到馬頭！暮色漸深，當我們幾乎撞上一面大牆時。塵土是如此濃厚，且我的眼睛如此酸痛，以致於我沒有注意到，現在我們距離村莊是多麼的近。事實上，我們已經到達了西門。

但在王村地區更嚴重的問題是，教會在當地沒有自己的井可以供水，必須使用街上的一個公用井，因此，

村裡無一人得倖免於阿米巴痢疾；特別是在夏季月份，數十個或更多的老年人和嬰兒們因此喪命。我感覺不舒服，體重減輕很多，以致於6月底被迫到上海接受檢查與治療。我沒有想到是這種可怕疾病，但顯微鏡不會說謊！直到同年夏天的8月我才能夠復原返家。……，疫苗當然也扮演了他們的角色，每個夏天約有一個月時間，我感覺自己像是一個針枕──就是一針接著一針的注射(自己打針！)，治療或預防阿米巴和細菌性痢疾、傷寒、霍亂、副傷寒、斑疹傷寒等疾病。

而自1934年秋到1936年冬，又有天災肆虐，傅相讓的信裡寫著：

自上個秋季〔即1934年〕的10月以來，沒有下雨。3月、4月、5月過去──仍然沒有下雨。種植莊稼的時間已經過去了，但農村卻像一片沙漠，幾乎無法看到一片青草。6月來了──仍是一片乾旱。人們悲痛欲絕，因為小麥全都枯萎了，現在如果他們不能進行第二季的作物種植將會如何呢？……
7月4日──我清楚記得這一天，……，第一陣雨來了，農作物被種植。兩個星期後，有更多的雨，然後一天天越來越多，直到最後，……，

黃河氾濫，破堤而出真實地肆虐土地。因為所有土地都積滿了水，因此沒有作物生長成熟。即使在最好的年份裡，我們可憐的基督徒也幾乎無法維持生計，所以您現在可以猜想1935至1936年冬天的情況。我們每天必須養活數百名基督徒，盡可能地多提供就業機會，最重要的是為我們飢餓和身體不適的孩童提供服務。這是我在中國遇到最糟糕的冬天，願天主祝福避免第二個荒年的發生！小嬰孩被留在我們的門口臺階，以免他們餓死；許多是令我永遠無法忘記的心碎場景。……
當 6 月(1936)到來，小麥順利收成，甚至連窮苦人都能夠再一次享用麵包。但是，他們的喜悅是短暫的，因為第二季收成，去年秋天，由於再一次乾旱，第二季作物幾乎為零。因此，這些窮人正在奮力掙扎。大約每四年，他們會有一個適當收成，次年他們依靠信仰生活，第二年是希望，第三年則是慈善事業！

再到1937年下半年，先是8月1日主日清晨四點半及傍晚太陽下山後的兩次大地震，以及之後的幾次餘震；接著，

第二天早上，8 月 2 日，天空烏雲密佈，它開始傾瀉，直到今天，9 月 7 日，我們很少見到太陽，這是最長的一段時間，有一天半的時間。因此，如果包括整個7月的最後一周，我們差不多已經有四十五天的降雨。……，8 月 3 日，田野被淹了，地震引起數百間房屋紛紛倒塌。從那時起，我們可以說有六、七次暴雨，然後是整夜或全天的暴雨。每十間房屋中就有九間房屋被毀壞，在一些村莊甚至沒有一棟房子是完好無損的。至於農作物，有60%到90%毀損；在有些地方，水還在繼續湧起。……
現在是9月7日，昨天和過去幾天仍然下雨，今天天空很晴朗——我們祈禱它仍然繼續，儘管如此，由於水仍在上漲，它將在數月後才會完全消退。憂鬱——是的，每個人都是憂鬱且厭世的——每個人都在

> 為悲慘的日子而奮鬥。最重要的是，食物嚴重短缺，貧窮的農民救出的幾撮糧食已經在禾場上腐爛了，因為在過去 8 月的一整個月裡，我們只有幾個小時的陽光。……
> 空氣中充滿了蟲子和蚊子，這是我以前從未見過的。瘧疾——數百和數千人已經感染了它，……，霍亂在這個地區爆發，有幾個人已經回天乏術。這些天，傷寒、流感也與痢疾同步。[22]

事實上，在次年(1938)7 月的信件中，傅相讓還補充說明了前一年(1937)大水災後的饑荒狀況：

> 大家還記得，去年夏天經歷了一場恐怖的大洪水。到了 1 月，水仍然在田野中未退去。作物無法生長——鐵路中斷——因此沒有食物可以進入這片土地。在 2 月與 3 月間，麩皮、樹葉、穀殼和草都成了奢侈品。我從未見過如此的饑荒，甚至樹葉都在夜裡被偷走，遭人磨成粉後吃掉。眼前所見成了無法律約束的狀態，……，因為沒東西可以吃，數以千計的搶匪開始出現。……，每天都會發生騷擾和謀殺事件。今年春天，這個小地方有一千多人遭到謀殺，生命不值錢。[23]

顯然，當時各種天災人禍肆虐於河南南部與北部的情形並無太大差異——均嚴重破壞小民百姓生存環境，令庶民大眾無以為生。

---

[22] "Letter from Fr. George Foffel to all my dear friends, benefactors, relatives, and acquaintances," September 7, 1937；又有關 1937 年新鄉傳教區面臨之嚴重水災情形，亦可見於 Thomas Megan, "For Charity's Sake," *The Christian Family and Our Missions*, January 1938, pp.9、34.

[23] "Letter from Fr. George Foffel to everybody," July 14, 1938.

第二節　傳教工作開展

　　傅相讓自 1929 年 11 月初抵中國河南，至 1941 年 12 月初因珍珠港事件被日軍拘禁為止，十二年歲月裡，分別服務於信陽、新鄉兩傳教區，期間雖歷經種種天災人禍之生存挑戰，卻未令其灰心喪志或受挫退卻。其於抵達中國三個月後(1930 年 2 月)的信中曾言：經過「所有的考驗與艱辛，搶劫者與盜匪，我仍保有相同的熱忱與信念，激發我去奉獻所有並走向這待開發之地」；[24]九個月後又在信中表示：

> 這個巨大國家的未來如何，只有天主知道。目前這座城市，特別是在醫院裡，似乎充滿著神職人員與修女，所有人都有一個悲傷、悲傷的故事可說，但是任何人及每個人都帶著寬容微笑。很多人在盜匪及共產黨手中，或是成為同夥勞工仍被綁架著要求贖金，其他人或如我一樣失去所有──所有除了生活與希望。因著神聖工作我們宣稱：「天主給予，天主收回；因天主之名」，同時，以我們僅賸的一些繼續我們的工作。[25]

　　為此，積極掌握當地風俗民情並學習適應異地環境，以便進行傳教工作乃當務之急。於是，儘快駕馭難度甚高的中文說寫、習慣以自行車或騎著牲口巡行傳教站，乃至穿著中式衣服及利用筷子吃本地食物，在短時間內均已成為傅相讓的日常生活寫照。如其曾在個人書信或文章中提及：傳教士要在本地服務，必須努力學習中文字典裡多達四萬多個文字的符號，[26]而雖然中文「非常困難，但我想我可以及時駕馭」。[27]又 1929 年底他初至中國就開始

---

[24] "Letter from Fr. George Foffel to aunt Nellie and cousin Eva," February 7, 1930.
[25] "Letter from Fr. George Foffel(Christmas Greetings)," November 16, 1930.
[26] George Foffel,"Explanation of the Enclosed Chinese Calendar," 1931.
[27] "Letter from Fr. George Foffel to aunt Nellie and cousin Eva," February 7, 1930.

試著學習用筷子，[28]之後即操縱自如，習以為常，如其描述1931年聖誕節當天結束早上彌撒，自己「開心地吃完早餐後放下筷子，接著脫下一些厚重中式衣服」；至於日常食物往往是「一或兩碗米飯與一些捲心菜」，[29]若遇糧食有限，則改成「玉米粉糊與水煮胡蘿蔔，以花生當作甜點」。[30]

當然，在與故鄉親友聯絡的母語書信中，傅相讓亦不免懷念昔日以四輪車代步的省時省力交通工具，或安全便捷郵政的適時撫慰思鄉心情；如其於來華後次年(1930)寫信對親友們說：

> 我很久沒有看見車子，……，自從我來到此地，只有看到一次或兩次，……，我當然懷念我們的老Buick車。有許多次我因為非常疲累，從我的自行車上摔下來，而在我決定往下一里路出發前會先坐下來休息一下。[31]

惟此種情形在傅相讓轉至河南北部服務後數年獲得改善，因新鄉傳教區監牧米幹曾設法購置數輛機車供傳教士使用，傅相讓也曾使用過，[32]但因經費問題，數量有限，所以自行車仍是當時傳教士們最普遍的交通工具。

又獲得家鄉親友們及支持者的來信，尤為傅相讓特別重視之事，因此乃鼓舞他在異地持續工作的重要精神力量與心理慰藉；[33]然當時動亂頻繁，郵

---

[28] "With our American Missionaries(From Fr. Foffel)," p.221.
[29] "Letter from Fr. George Foffel to aunt Nellie, cousin Eva and Carl," November 17, 1932.
[30] "Letter from Fr. George Foffel to all my dear friends, benefactors, relatives, and acquaintances," September 7, 1937.
[31] "Letter from Fr. George Foffel to cousin Eva," May 24, 1930.
[32] 傅相讓的信件中曾提及其在新鄉傳教區使用機車為交通工具，且機車上還懸掛美國國旗；見"Letter from Fr. George Foffel to everyobody," July 14, 1938, pp.4-5. 又新鄉傳教區神父使用機車之圖像資料可見"Aus der Steyler Sinsiang-Mission, Nordhonan, d. i. nördlich vom Gelben Fluß," *Steyler Missionsbote*, Juli 1940, p.257.
[33] 傅相讓不只一次地請求親朋好友們，原諒他因過於忙碌而無法及時與大家聯絡，但期望大家能如平時般地持續寫信給他，因為這些信「總是可以提供我許多快樂及鼓勵」；見"Letter from Fr. George Foffel to cousin Eva," July 12, 1933. 而其亦曾將前年完

件往往難以安全抵達目的地。如其曾在信件中寫著：當一個傳教士必須到國外工作，「面對著未來可能不會再見到他親近與接近的人時，他的心確實沈重，然而，通常會有一個連結點，即他可與他離開的人聯絡，經由他的書信，此在某種程度上是可以縮短距離」，[34]亦足以安慰人心。此外，傅相讓曾在信件中特別提醒大家：

> 我更要感謝你們的信，在過去一年裡許多祈禱與鼓勵的話，由於在我們附近的各種麻煩，我們被告知許多信件已被毀了，其他可能遺失在旅途中。我總是儘快回覆支持者，可是如果任何人的信尚未回應，你們可以視為信件未曾到達，但請勿因此氣餒，持續寫信。

他也會開心地告知來信者，信件已安全到達其手，「盜匪沒有搶走他們，他們現在與我在一起」。[35]又為了在短時間內或時間有限情況下，令更多人均可獲得自己信件以明個人生活與工作近況，傅相讓往往以複製方式將相同內容之信件寄給許多不同的朋友、親戚與資助者；[36]甚至構思出避免家鄉親友因誤寫中文地址致郵件難以遞送之簡易方法，即「將我的地址以中文印製好，因此，當你們寫信給我時，請將小紙條粘貼在信封上，以取代用手書寫」。[37]

而隨著新來傳教士的投入各式工作與傳教成果日漸增長，傅相讓的歡欣心情實溢於言表。如其於1932年底的信件載曰：

> 到了秋天帶給我們希望與喜悅，因為熱心與虔誠的傳教士來填補空

成之信件，於次年才有機會將之寄出；見"Letter from Fr. George Foffel (Christmas Greeting)," November 4, 1939.

[34] "Letter from Fr. George Foffel to cousin Eva," July 12, 1933.

[35] "Letter from Fr. George Foffel(Christmas Greetings)," November 16, 1930.

[36] "Letter from Fr. George Foffel to dear friend," December 9, 1940.

[37] "Letter from Fr. George Foffel to aunt Nellie, cousin Eva and Carl," November 17, 1932.

> 缺。我個人上個月到漢口去見這些新到河南與甘肅的傳教士，並帶他們來到信陽州。我被鼓舞著當我看到船停在長江，接著慢慢地到達港口，帶著廿八個快樂、被鼓勵的年輕靈魂，為交流而熱切地踏出腳步到這塊土地，他們已決定了他們的生活與所有。[38]

傅相讓亦努力展開傳教區中諸多既定工作，或曾中斷，乃至多年未進行之工作，如在信陽傳教區服務時，每次道理班結業後於復活期及聖誕期的施洗，不論人數僅十餘個或數量多到必須花費好幾個小時才能完成所有洗禮，均使其開心不已。[39]而在教會中學裡的教學工作，也令其頗有成就感；當時教會中學分男校、女校，傅相讓在兩個學校裡都授課，且每天教導一或兩個班，他認為這些學生「達到了普通學生所能達到的大部分技巧」，惟英語課程中女孩表現不若男孩，「因為她們太年長，她們也太晚開始」，但男孩的表現實在優於女孩十倍，[40]由此可知傅相讓甚為肯定中國學生的學習能力與成果。

此外，傅相讓因具備醫學專業，也負責傳教區的醫療事項，[41]與修女們合作維持施藥所、診所，甚至期望建立一個名為 St. Joseph 的醫院，以便

> 能夠提供為我們自己生病的傳教士，所有來自我們教區的天主教病人，以及，若仍有空間的話，可以專門提供給治療用與照顧跛子乞丐（包括痲瘋者），及上年紀的無家可歸者。

---

[38] "Letter from Fr. George Foffel to aunt Nellie, cousin Eva and Carl," November 17, 1932.

[39] "Letter from Fr. George Foffel to cousin Eva," May 24, 1930; "Letter from Fr. George Foffel to aunt Nellie, cousin Eva and Carl," November 17, 1932.

[40] "Letter from Fr. George Foffel to aunt Nellie, cousin Eva and Carl," November 17, 1932.

[41] 據與傅相讓共同服務於新鄉傳教區數年的萬德華云：傅相讓在信陽傳教區工作時，曾提供醫學專業知識給生病的米幹；而在新鄉傳教區服務時，亦因擁有醫師資格可為人看病，並建立一機動診所在鄉村巡迴醫病。相關說明見 Edward J. Wojniak, *Atomic Apostle: Thomas M. Megan, S.V.D.*, pp.53-54、94.

又為達此目標，他除投身醫療本身工作外，亦致力募款及建築事務，其曾言：

> 就在幾天前，當第一剷土翻動時，現在有超過三十人為立基在作挖掘工作，然在我面前最大的工作，只要曾經在中國工作者會知道其意義──每一塊磚要計算，每籃石灰與沙要稱重，大部分木材要購買，用手動的鋸子，且更重要的是，在建築過程中要有一個經常的監督者。[42]

可見傅相讓工作種類之繁與肩負責任之重。1933 年他曾對親友概述自己在信陽傳教區數年的工作狀況如下：

> 我的職責是信陽州的堂區神父，此乃我們傳教區的最大城市，附加的工作為男校與女校的監督，包括我們整個傳教區的辦公室負責人，目前我們有五十七個神父、修士與修女們，奉獻於十八個傳教站或部門，相關財政事，包括聯絡我們的資助者及遍及歐洲與美國的事業機構，這些事都在我的指導下──所有這些事，已令我忙的從早到晚，每一天，包括主日在內，還有，過去半年我的事業，也有巡視教區與離開家，我的旅程往來於長江到南方，黃河到北方。……有必要開啟醫院工作，……，我希望之後開始建宿舍，且之後在早春時期有新的教堂(St. George)──同時，課程要開始，又指導兩個道理班，以及開始我正規的傳教工作。[43]

事實上，傅相讓早已體認在中國傳教工作之辛勞，曾表示在中國生活必

---

[42] "An Appeal from Father Foffel, S.V.D. in China," *The Christian Family and Our Missions*, December 1933, p.380. 又有關傅相讓在信陽傳教區建立醫院之事，可見於"Letter from Fr. George Foffel to cousin Eva," July 12, 1933.

[43] "Letter from Fr. George Foffel to cousin Eva," July 12, 1933.

須「儘可能地上緊發條」，[44]且由於傳教士短缺，所以，他負責的工作往往「是需要三或四個神父來做的」，也因為工作過於忙碌，傅相讓曾說：「我已不再清楚主日或一般假日的意義了，大部分我工作到晚上十一點，而早上四點三十分起床——整天工作沒有休息」。[45]此種長達十幾個小時的每日工作時間，即使後來改到其他地區服務仍未改變。[46]

1933 年 12 月，傅相讓轉往河南北方的新鄉服務，但新傳教區也有不同工作，其書信記載：

> 在我新區域裡的教堂對日益成長的會眾而言太小且不實用，尤其是起居間，包括三個房間給兩個神父，在夏天的暑熱裡是不通風與混亂的，此情形也幾乎是在冬天的寒冷狀況中。我被分配到這個年輕而充滿希望的工作站的隱含條件是，在一年中我應該要建造一個寬敞的教堂，如果條件允許，還應該建一個實用的宿舍。這個責任實在不小，然而，帶著愉快心情，且也該如此，我被這個有信心的地方鼓舞，我欣然接受。[47]

1934 年 1 月，他被派往屬新鄉傳教區的原武王村教堂服務，然 6 月因身體諸多不適必須到上海檢查與治療，待其回來後已是秋天，他馬不停蹄且日以繼夜地立刻整修傳教站，[48]如此乃能於 11 月順利開啟男、女學校。1935 年春，又要進行新的一年之慕道班，此種課程一年兩次，一次在聖誕節前，一次在復活節前，此屬教理講授課程，乃專門為準備領洗者開設為期兩個月

---

[44] "Letter from Fr. George Foffel to aunt Nellie and cousin Eva," February 7, 1930.

[45] "Letter from Fr. George Foffel to aunt Nellie, cousin Eva and Carl," November 17, 1932.

[46] 據米幹的觀察：傅相讓在王村地區的工作時間是從早上四時半開始，直到晚上十一時半才結束；見 Thomas Megan, "When the Bishop Comes," p.100.

[47] "Letter from Fr. George Foffel to cousin Eva," July 12, 1933.

[48] 據傅相讓說，整修傳教站期間，通常他們上床時間已經是凌晨兩點，而他日以繼夜地監督這項工程；見"Letter from Fr. George Foffel to all my dear friends, benefactors, relatives, and acquaintances," September 7, 1937.

的教理學習課,會要求這些人

> 到傳教士的駐點學習並聽聞基本教理、禱告及我們神聖的信條。從早晨到深夜,這些慕道者,從小孩到白髮蒼蒼的男生和女生——有些甚至八十多歲——都忙著讀書。在此期間,每天有四次講道和兩次口試,……,慕道班每一年——四個月——這可憐的傳教士幾乎沒有一分鐘可以空出來。通常參與的人數約為一百人,並且必須提供他們的需求、膳食、住宿等——也要扮演身體和靈魂的醫師。[49]

亦即慕道班一年兩次,首期自10月開始,將於聖誕節領洗,次期始於2月,將於復活節領洗。

除引領新教友的慕道班外,也要為已領洗的孩童準備初領聖體事,而傅相讓驚訝地發現,在王村教堂區內已九年沒有舉辦初領聖體班,其中許多人自洗禮後再也沒接受必要的教會知識,而1935年5月,他完成了此一早該進行的任務,同時,這個初領聖體班是「堂區史上,最大的一班」,又這個月份還舉辦了超過350人的堅振班。[50]

1936年7月,新鄉傳教區成為一新的監牧區;9月,首任監牧米幹正式上任,相關工作更是加快腳步進行。傅相讓的書信資料曾記錄自1936年12月至次年7月的工作情形:

> 我開始像往常一樣,於聖誕節結束秋季慕道班。一旦結業,我便開始在傳教區進行冬季訪問。如果時間允許的話,我會於春天和秋天再來一次。日復一日,每個季節差不多有兩個月,我從這個教友村移動到

---

[49] "Letter from Fr. George Foffel to all my dear friends, benefactors, relatives, and acquaintances," September 7, 1937.

[50] 天主教會有七件聖事,包括聖洗、堅振、聖餐(即領聖體)、告解(亦稱和好聖事)、傅油、婚配、聖秩(亦稱聖品聖事);其中,聖洗、堅振、聖餐等聖事在正式進行前,必須完成相關課程。

另外一個教友村。晚上聽告解，第二天早上在彌撒中宣講天主聖言、施洗、辦理婚姻聖事等──之後向下一個教友村前進。今年〔即1937年〕2月我回來了，因為農曆新年已經很晚了。然後，是我們的年度退省，之後，我又必須趕回家，準備春季慕道班的開啟，參加人數很多，事實上，這是我有史以來第二大的班。復活節後的第一次聖體班絕非小數目，而在耶穌升天日，我準備了另一個大型的堅振課程。由於時間不夠，我被迫減少了春季拜訪。6月份的畢業典禮結束了，當我意識到之前，7月已經來臨，還有年度報告要填寫。

也由於大家的努力，王村教堂在整個新鄉傳教區於1936至1937年度的傳教成果中居首位，「不僅在嬰兒與成人洗禮的數量上，而且在幾乎所有其他聖事中──和好聖事、聖餐、堅振及婚姻聖事、臨終傅油」。同時，傅相讓在新鄉傳教區如同在信陽傳教區般，亦進行藥局與醫療工作，[51]可知其時間安排緊湊情形。他曾有一天內舉行五場婚禮之紀錄，也曾聽告解到深夜，特別是聖周期間，有三天日夜不停地聽告解──「有時工作了兩天或徹夜工作，都沒有閤上眼睛休息」。又進行各種教會服務，往往必須長途跋涉，辛苦萬分，如

去年〔即1936年〕，我參與了超過三十次的病人訪視。在我廣袤的地區，有些人需要兩、三天，甚至四天的旅程──經歷各種天氣和道路。在烈日下，我不只一次在道路中完全疲憊不堪，或是在一場詭譎的沙塵暴裡被困、迷路，甚至快窒息而死。……，讓我坦率地承認，在過去三年半的忙碌歲月中，我通常都很疲倦、疲憊不堪。我其實可

---

[51] 王村教堂於1939年開始施藥與治病之醫療服務，事實上，該地之醫療工作直到1940年代，仍需國外持續捐款乃可維持，而同在新鄉傳教區的會士甘維壐亦曾協助募款工作；相關資料參見：Thomas Megan, "Sinsiang Steps Forward!" p.207; Bernard Kowalski, "Little Drops of Water," *The Christian Family and Our Missions*, July, 1940, p.250.

以躺在任何地方、在任何時候睡覺。[52]

字裡行間隨處可見傳教士經歷的辛勞,亦道盡傳教工作的艱難,惟傳教事業也因此在當地奠定基礎並得開拓與發展。

結　語

　　綜觀傅相讓於 1930 至 1940 年代,將個人在華傳教期間之各式親身經歷陳述於書信、專文中的內容可知,當時河南民間社會頻遭各式災難侵襲;其中,酷熱、沙暴等自然地理環境,及難以預測的乾旱、洪水、地震、饑荒、疫疾等天災,不僅種類繁多、波及範圍廣大,且往往禍不單行地接踵而至。然令其更痛心的是戰亂之人為破壞,無論是源於國內地方派系的軍閥、盜匪等勢力,或來自國外的日本侵華,這些應可避免之人類暴力行為,亦均徹底摧毀大眾生存資源,致庶民百姓生靈塗炭難以活命。

　　此種艱困生活環境雖令傅相讓的社會救助事業更顯重要意義與迫切性,並在某種程度上使傳教工作易於深入人心獲得成果,如其曾言:1932 年春天的嚴重饑荒,要「感謝美國小麥的到達,致數千人得以存活且情況逐漸好轉」,因此,「我們春天的道理班擠滿人,且復活期再度為大家帶來喜悅,光是聖周就有超過百人領洗」。[53]而 1933 年的復活節,他在上蔡為新教友施洗,僅一天內就達卅三人,實乃其「人生最快樂的事」。[54]又 1938 年 2 月,日軍進占新鄉城致大批民眾逃亡,然教會沒有撤走,神職人員仍留在當地,於是,「在接下來的幾周,我們收到了數千份的慕道和洗禮申請;事實上,所有鄉村和城鎮大量皈依,並要求擁抱我們的聖教」。[55]

---

[52] "Letter from Fr. George Foffel to all my dear friends, benefactors, relatives, and acquaintances," September 7, 1937.

[53] "Letter from Fr. George Foffel to aunt Nellie, cousin Eva and Carl," November 17, 1932.

[54] "With our American Missionaries(From Fr. Foffel)," p.221.

[55] "Letter from Fr. George Foffel to everybody," July 14, 1938.

惟天災人禍亦讓教會工作進行地更為艱辛，1937 年 8 月以來的持續暴雨肆虐，令傅相讓堂區內「許多學校建築與小型教堂成為廢墟」，又為服務生病教友，他「經常得騎在馬背上，穿過不確定的水深，行走數英里，會不知不覺地陷入、跌落或嵌入泥濘及流沙中」。某次，他獨自一人行於「沒有光線，道路和田野只見一片水」之地，為「尋求指引」，於是，他「將聖體置於胸前」以度過難關。[56]但令傅相讓更難過的畫面是：

> 那些無法重建家園的人已經放棄了所有的生活，他們把一些物品擺放在一輛獨輪車上，父親推著、母親拉著，還有綁著或綑著的小孩，他們擠在公路上尋找食物和住宿。但是——唉，他們中的很多人永遠不會回來，他們其中也有許多我們的教友，這些人的名字終將從登記冊中刪除。
> 然而這還不是最糟糕的，如您所知道的，這個國家處於一個可怕的混亂狀態。戰爭——戰爭——戰爭！我們有很多教友被派到戰爭前線，而且每天有許多人被徵召。報紙上明顯追蹤戰爭的狀況，希望我們可以遠離它，但如其本身發展，在過去的兩個月裡，戰爭被帶到了我們河南省，就在我們教會的邊境——而且一天比一天逼近。[57]

由此可知，當時戰爭的威脅性應更甚於天災。

惟即便如此，傅相讓仍樂觀地認為：長期處於此動盪不安的危險狀態下，實可「教導我聖誕節最深刻的意義，以及任何事的真諦」；而聖誕節的意義在「和平降臨於人們的美好意願」，因此，他期望「這天會很快到來，

---

[56] "Letter from Fr. George Foffel to all my dear friends, benefactors, relatives, and acquaintances," September 7, 1937.

[57] "Letter from Fr. George Foffel to all my dear friends, benefactors, relatives, and acquaintances," November 12, 1937; George Foffel, "Explanation of the Enclosed Chinese Calendar," 1931.

當中國能夠享受這些充滿安全與希望的美好字句」；⁵⁸同時，「祈求我們可以順利地度過即將來的痛苦日子。更重要的是，祈求和平可以回到這個陷入困境的國度，使我們可以繼續我們的工作，傳播我們神聖的信仰，並保有一貫的成功和熱情」。⁵⁹而這或許就是傅相讓在中國傳教十餘年歲月中，內心最深刻的體會與最誠摯的企盼！

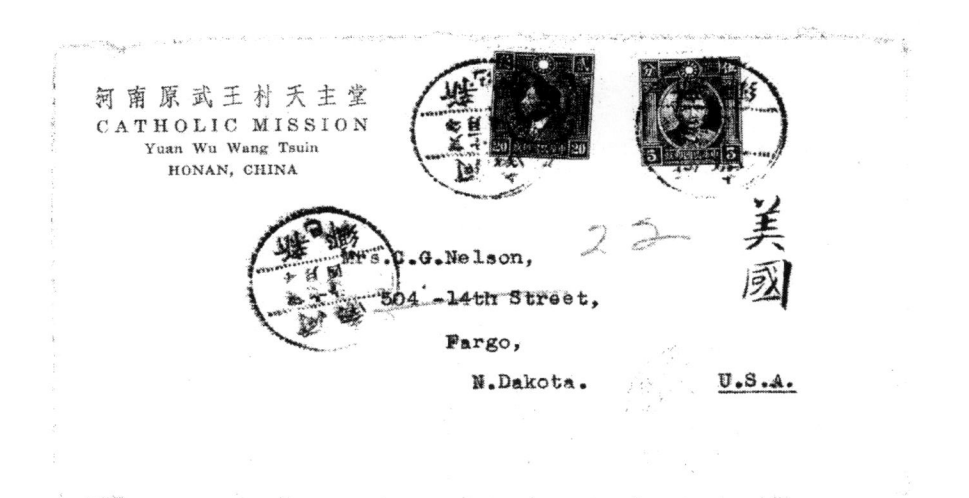

圖 4-1　傅相讓自河南原武王村寫信給美國親友的信封

資料來源：聖言會美國芝加哥省會。

說明：信封內為傅相讓於 1937 年 9 月 7 日、11 月 12 日寫的信件。

---

[58] "Letter from Fr. George Foffel(Christmas Greetings)," November 16, 1930.

[59] "Letter from Fr. George Foffel to all my dear friends, benefactors, relatives, and acquaintances," November 12, 1937.

第五章
實踐信仰生活：1931年的中國聖教年曆

　　聖教年曆即天主教教會年曆，亦稱禮儀年曆或禮儀年度(annus liturgicus)、禮儀年，[1]乃教徒信仰生活的依據及體現，其與民間社會世俗年曆的自然時節排列不同，係遵行耶穌基督救恩歷程——即逾越奧蹟的時序產生，並配合各式相應之禮儀內容，每年由羅馬教廷訂定後頒布，並通行全世界各地教區；教會期望經由此年曆的禮儀規範與生活實踐，涵養及堅定教徒之天主信仰並活出基督精神。

　　有關聖教年曆的說明多散見於教會禮儀書籍中，其內容明白指出：初期教會年曆頗為簡單，除主日外，復活節是最重要的日子，因每周的主日與每年的復活節均呈現基督逾越奧蹟意義。惟四世紀開始，與耶穌基督誕生、成長相關的聖誕期逐漸發展，且日益豐富本已出現、與耶穌基督死亡及復活相關的復活期內容；而六世紀以後，聖誕節亦如復活節般有一段準備時間，以靜候並預備耶穌基督的來臨。此外，三世紀左右，聖教年曆加入為教會奉獻生命之聖人紀念日；七、八世紀時，更將聖母相關的數件重要史事列入節日中。[2]而影響聖教年曆發展的因素，除猶太宗教與文化外，亦含希臘羅馬文

---

[1] 有關禮儀年曆名稱之說明可參見：Bernhard Raas, SVD著，韓麗譯，《教會禮儀年度》(臺北：光啟文化事業，2012)，上冊，頁 28-29；潘家駿，《聖事禮儀神學導論》(臺北：光啟文化事業，2015，初版2刷)，頁 179-182。

[2] 相關內容參見：鄧保祿，《教會禮儀簡史》(臺南：聞道出版社，1977)，頁 33-36；吳新豪編譯，《天主教禮儀發展史》(香港：香港教區禮儀委員會，1983)，頁5-7、30；趙一舟譯，《羅馬禮儀與文化共融》(臺北：天主教教務協進會出版社，1994)，頁 9-10。

化、日耳曼文化；³由此可知，聖教年曆的形成確有其相當時日的演變歷程。

又隨著聖教傳入中國，教會活動與相關規範亦在中國開始施行。據西方研究成果可知：唐代景教進入中國即將基督紀元方式帶至本地使用；至晚明基督徒范中則介紹一份全年的教會瞻禮單，敦促無法親赴教堂參與活動者在家自行禮拜；此外，瞻禮單在清代已流通新疆、蒙古等邊區各不同族群，且內容不僅將教會瞻禮日對應於民間社會習用之曆日，亦載及天主教徒在收穫時節可豁免主日、大小齋之規定。⁴而中文研究成果則指出：教會瞻禮單在明清時期的中國教民間已普遍流通，即使是禁教時期仍不中斷，甚可作為教民身份認同依據，持續提供其宗教生活功能；⁵又此時教會瞻禮單亦引起教外人士關注，惟因不明其意義與內涵，致產生誤解、誤用等情形。⁶

在文獻資料方面，明清時期在華傳教的歐洲籍耶穌會士確曾留下教會瞻禮規定及活動之相關記載，如由義籍神父利瑪竇等人編纂、法籍神父金尼閣(Nicolas Trigault,1577-1628)定稿的〈推歷年瞻禮法〉乃較早之成果；⁷而比籍神父柏應理(Philippe Couplet,1623-1693)撰有〈天主聖教永瞻禮單〉，將一年中聖教瞻禮及守齋日完整說明，其中，瞻禮分固定瞻禮、活動瞻禮兩部分，守齋日則有四季大齋、配合不同性質瞻禮的大小齋；⁸又這些聖教禮儀

---

3 Bernhard Raas, SVD 著，韓麗譯，《教會禮儀年度》，上冊，頁 14-20。

4 Patrick Taveirne 著，古偉瀛、蔡耀偉譯，《漢蒙相遇與福傳事業：聖母聖心會在鄂爾多斯的歷史 1874-1911》，頁 421、456。

5 有關瞻禮單於清代禁教期間，對天主教徒聚會習教事產生重要影響之詳細說明，可見張先清，《帝國潛流：清代前期的天主教、底層秩序與生活世界》(北京：社會科學文獻出版社，2021)，頁 206-231。

6 康志杰，〈瞻禮單述論：兼說西曆的東傳〉，《北京行政學院學報》，2014 年 3 期(北京，2014.05)，頁 123-127。

7 費賴之(Louis Pfister)著，梅乘騏、梅乘駿譯，《明清間在華耶穌會士列傳(1552-1773)》(上海：天主教上海教區光啟社，1997)，頁 134-135。

8 柏應理，〈天主聖教永瞻禮單〉，收入鐘鳴旦等編，《徐家匯天主教藏書樓明清天主教文獻續編》(臺北：臺北利氏學社，2013)，27 冊，頁 5-32。又柏應理此份瞻禮單的表格版可見於鐘鳴旦等編，《法國國家圖書館明清天主教文獻》(臺北：臺北利氏學

活動的諸多內容，可明白見於與柏應理屬同時代與同鄉人之魯日滿(Francois de Rougemont,1624-1676)神父，在江蘇常熟活動期間的帳冊記錄。[9]此外，蘇州本地教徒周志亦於清順治十二年(1655)編纂〈天主聖教周歲瞻禮齋期表〉，具體呈現當年度教會禮儀內容，再配合各式瞻禮內涵之詳細解說，[10]實可與外籍傳教士的文字記載相互印證。

　　由於明清時期中國通行之時憲曆不載西曆日期，亦不採星期制，外籍傳教士與本地教徒文字說明之瞻禮單，是配合中國傳統廿四節氣，先將一年的開始從冬至後四日的固定瞻禮日耶穌聖誕起算，再依距離幾日方式推出其他固定瞻禮日。而活動瞻禮日則是透過春分，先算出當年度耶穌復活瞻禮之確切日期，再以此為基礎，往前及往後推出與之相關的瞻禮日。又在固定及活動瞻禮日推算說明中，亦載配合這些瞻禮日的守齋時間與形式。此外，四季守齋依數個瞻禮日之前或後數日推算，而主日則依二十八星宿中的房虛昴星日推出。[11]據此可知，當時中國教會活動已含聖誕期與復活期相關節日與齋期，以及主日、季節守齋等內容，而瞻禮單的重要功能是提供教徒「按日持齋」，[12]無怪乎人們有直接稱瞻禮單為「齋單」者。[13]

　社，2013)，20冊，頁576-580。此外，有署名為「武林安當」者曾謄寫一份〈天主聖教永瞻禮單〉，其內容與柏應理的瞻禮單內容一致，亦藏於法國國家圖書館中，見鐘鳴旦等編，《法國國家圖書館明清天主教文獻》(臺北：臺北利氏學社，2009)，19冊，頁286-308。

[9] 高華士著，趙殿紅譯，《清初耶穌會士魯日滿常熟賬本及靈修筆記研究》(鄭州：大象出版社，2007)，頁299-320。

[10] 周志，〈天主聖教周歲瞻禮齋期表〉，收入鐘鳴旦等編，《徐家匯天主教藏書樓明清天主教文獻續編》，27冊，頁38-41。

[11] 相關說明參見：柏應理，〈天主聖教永瞻禮單〉，頁5-32；周志，〈周歲瞻禮事實〉、〈定來歲瞻禮日〉、〈主日〉、〈天主聖教周歲瞻禮齋期表〉、〈十移動瞻禮日〉，收入鐘鳴旦等編，《徐家匯天主教藏書樓明清天主教文獻續編》，27冊，頁33-44。

[12] 「奉天將軍達爾黨阿奉天府府尹蘇昌奏報遵旨查辦習教民人張八相等事摺(乾隆十二年二月十五日，即西元1747年3月25日)」，收入中國第一歷史檔案館編，《清中前期西洋天主教在華活動檔案史料》(北京：中華書局，2003)，1冊，頁137。

[13] 「天主教民劉振宇供單(乾隆四十九年八月十四日，即西元1784年9月28日)」，收

惟細數前述資料所載年度各瞻禮，以及主日、季節守齋等所涉及之日期總合，可知瞻禮單並非完整結構之年曆。另據目前所能掌握較早之瞻禮單影像〈天主聖教瞻禮齋期表〉(1695)、[14]〈康熙五十三年之瞻禮齋期表〉(1714)，[15] 亦足證明此一說法，因兩種瞻禮單外觀均為一單張之橫式長方形，全為文字呈現，由右往左書寫，分上下層印製，上層六個月，下層六個月，各月份所占篇幅大小不一，某些月份差距甚大，顯示各月份進行之瞻禮與守齋日數量多寡不一，此種瞻禮單確非逐日呈現之完整年曆模式。

民國建立後中國改採西曆，以往教會瞻禮單是否因此隨之由「瞻禮齋期表」轉型成完整結構之「聖教年曆」，必須經由更多的史料蒐集與分析確認乃可釐清。而本章係藉由一份刊行於 1931 年的中國聖教年曆，透過其外部觀察與內涵說明重構當時教徒日常生活情形；(參見圖 5-1、表 5-1)此年曆雖為山東兗州府天主教印書館刊印，卻普遍流通於河南南部的信陽傳教區，且屬當時在該區內進行傳教工作之聖言會士傅相讓所持有。經由本文之剖析說明，或可自另一角度掌握當時中國天主教信眾之生活狀況，亦呈現外來宗教與中國傳統文化，以及民間社會彼此之相互交流與融合特色。

第一節　外部觀察

一、史料產生背景

1931 年的中國聖教年曆為傅相讓的遺物，藏於天主教聖言會美國芝加哥省會位於泰克尼的檔案館裡。傅相讓於 1929 年晉鐸後即派赴中國，其在華人社會傳教生涯的首站是河南南部信陽傳教區的上蔡、羅山等地，參與傳

　　入中國第一歷史檔案館編，《清中前期西洋天主教在華活動檔案史料》，1 冊，頁 349。
[14] 張先清，《帝國潛流：清代前期的天主教、底層秩序與生活世界》，頁 221。
[15] 秦和平，〈對天主教重慶聖家書局出版事略的認識〉，《宗教學研究》，2014 年 3 期 (成都，2014.07)，頁 199。

教站建設、學校教育、醫療救助等諸多事務,惟 1933 年 12 月即轉往河南北部的新鄉傳教區工作,是最早到當地傳教的聖言會士之一。[16]

傅相讓與新鄉傳教區監牧米幹均來自美國愛荷華州,且兩人在泰克尼同窗共學長達九年(1917-1926),而傅相讓初赴中國河南信陽傳教區工作時,亦與較其早到達該傳教區工作的米幹共事四年(1929-1933)之久;[17]又傅相讓自 1933 年轉往河南北部傳教後,其傳教地點除短暫時間停留博愛外,主要工作於該區中服務範圍最廣(含三個縣、超過四分之一的教徒居住於此)之教會據點──原武王村教堂,[18]直至 1941 年珍珠港事件發生,美籍傳教士先後為日軍拘禁,傅相讓亦不例外地被迫待在拘留營中數年,至 1943 年才有機會返回美國,終於 1992 年過世,享壽九十四歲。

傅相讓遺留的 1931 年聖教年曆,除年曆本身外,另附有三頁說明文字,就這些文字的呈現方式、內容與涉及時間,可知此資料應是傅相讓寄給故鄉親友之信件,且文字中特別指出:

> 附帶的年曆,是你們不能夠在美國發現的東西,這是真正在中國生產,由我們自己在中國的中央出版機構,為成千上萬個中國基督徒印製的。
>
> 在美國我們會說「時間就是金錢」,但在這裡並非如此,中國人有許多時間,卻只有一點錢,因而,在此背景下他們對年曆之需求並非急迫的。事實上,在傳教士來到之前,幾乎所有人都沒有年曆,即使是現在的一般百姓也沒有年曆。少數特別者是住在大城市裡的有錢商

---

[16] Fr. Joseph Henkels, *My China Memoris, 1928-1951*, p.73.

[17] "Letter from Fr. George Foffel to all my dear friends, benefactors, relatives, and acquaintances," September 7, 1937.

[18] 有關原武王村天主堂的興建、周圍環境及其歷史,可參見張君琪口述、文戈整理,〈豫北最大的原陽王村天主堂〉,《新鄉文史資料》,11 輯(2000.10);又傅相讓於 1934 年 1 月赴王村天主堂就職之過程及相關說明可參見"Letter from Fr. George Foffel to all my dear friends, benefactors, relatives, and acquaintances," September 7, 1937.

人，及所有基督徒們，而後者尤其需要一些方法來提醒他們，主日(Sundays)與聖日(Holy Days)是必須慶祝的。[19]

由這段敘述可知，1931 年的中國聖教年曆實傅相讓寫給美國親友信件裡的附屬品，而此種年曆印製於中國且專門提供給本地教徒使用；又年曆在當時信陽傳教區之民間社會普及程度似頗為有限，其原因或在於經濟因素，然教會除經由道理班令本地人學習基督信仰以為其施洗外，亦必須透過聖教年曆教導已完成聖洗聖事之本地教徒學習適當的信仰生活，特別是在主日與聖日時有其相應之各式禮儀，以符合教會要求與規範。

事實上，傅相讓將中國聖教年曆附於家鄉書信中寄出之舉不只一次，1940 年底，他已在新鄉傳教區服務數年，在提筆寫信給美國親友時，亦將次年(1941)的中國聖教年曆附於信件中寄出，並表示，希望可以給家鄉親朋好友們「提供一個小提醒，讓你們在祈禱中想到我」，[20]因為，對當時定居在中國進行傳教工作、持續面臨長期戰亂與頻繁天災的傅相讓而言，故鄉親友的來信與祈禱乃其日常生活中非常重要之精神慰藉與支持力量。

二、聖教會與世俗社會的時間觀

傅相讓的中國聖教年曆全名為〈中華民國二十年聖教瞻禮齋期表〉，在全名右邊附加西曆年份及中曆歲次之說明，即「1931 救世後一千九百三十一年歲次辛未」，且年曆中載及「曆」字時，係採民間社會普遍流通之較少筆畫的俗體字「歷」，而非較多筆畫的正體字「曆」，可知是配合民間社會習慣而如此刊印。[21]

---

[19] George Foffel, "Explanation of the Enclosed Chinese Calendar," 1931.
[20] "Letter from Fr. George Foffel to dear friend," December 9, 1940. 又藏於美國芝加哥泰克尼檔案館內之該封信件，僅存信件本身，不見信中言及之 1941 年中國聖教年曆。
[21] 中國民間社會通用之出版品習以較少筆畫之同音字(通稱為俗體字)代替筆畫繁多之正體字，早見於元版及明版的日用類書《事林廣記》中，而明清時期普遍流行的民間日用類書(即家庭生活百科全書或家庭生活手冊)《萬寶全書》更常見到此種通俗用字，

至於名稱中的「瞻禮」一詞,乃聖教會對星期周期之各日稱呼。由於西方曆法的星期制裡,一周之首為星期日(dies Solis、太陽日),其他依序為星期一(dies Lunae、月亮日)、星期二(dies Martis、火星日)、星期三(dies Mercurii、水星日)、星期四(dies Iovis、木星日)、星期五(dies Veneris、金星日)、星期六(dies Saturninus、土星日);然在基督信仰中將星期制各日名稱改為主日(dies Dominica)、瞻禮二(feria secunda)、瞻禮三(feria tertia)、瞻禮四(feria quarta)、瞻禮五(feria quinta)、瞻禮六(feria sexta)及安息日(Sabbatum),直至今日,教會正式的拉丁文件仍以此種方式稱呼星期制的每一天;[22]而一年中為配合聖教信仰內涵產生的各式應對禮儀即形成此年曆。

　　該年曆外觀為單張的橫式長方形(長五十公分、寬五十九公分),正中間上方有一名為「牧童朝拜耶穌聖嬰」之中式聖畫圖,圖左下方題字「梅湖陳煦敬會」並附有印記,可知此聖畫圖出自甚為著名之天主教畫家陳煦(1902-1967)之手。陳煦字緣督,號梅湖,自取聖名為路加(Lukas),生於廣東梅縣,初師從浙籍畫家金城(1878-1926)學山水、走獸,後改習人物畫。民國十九年(1930)秋,北平輔仁大學創立美術系,陳煦成為該系第四位教師,亦在華北學院任教。三十歲經聖洗聖事正式成為天主教徒,施洗者為教廷首任駐華宗座代表剛恆毅(Celso Benigno Luigi Costantini,1876-1958)樞機主教。而陳煦開創以中國畫筆法繪製基督宗教題材畫作之先河,被稱為是近代天主教藝術本地化之開拓者,其以國畫筆法繪出之聖像,頗獲剛恆毅之賞識及推崇。又其在北平輔仁大學美術系任教時,培育出來之學生有王肅達(1910-1963)、陸鴻年(1919-1989)等人,均屬此種畫風之重要代表。[23]而中式聖畫圖後來亦

相關說明參見:吳蕙芳,《萬寶全書:明清時期的民間生活實錄》(臺北:國立政治大學歷史學系,2001),頁625;吳蕙芳,〈民間日用類書的淵源與發展〉,《國立政治大學歷史學報》,18期(臺北,2001.05),頁18。

[22] Bernhard Raas, SVD著,韓麗譯,《教會禮儀年度》,上冊,頁6-8。

[23] 參見:柯博識著,袁小涓譯,《私立北京輔仁大學 1925-1950:理念、歷程、教員》(新莊:輔仁大學出版社,2007),頁360-367;雷立柏,《別了,北平:奧地利修士畫家白立鼐在1949》(北京:新星出版社,2017),頁18-26。

被本地教徒應用於中國舊曆新年期間，如米幹負責的河南新鄉傳教區曾流行三幅聖畫圖，

> 這些圖畫中的第一幅，如同其他兩幅，都是由王肅達先生繪製的。其描繪基督形象，應用於新年時候在家中敬拜天主，感謝天主在過去的祝福，並祈求祂對未來的幫助。
> 另外兩幅畫是天使長聖彌格爾及聖拉斐爾，祂們被佈置在正門上，這與大多數非基督徒張貼「門神」圖畫雷同。[24]

在年曆的聖畫圖下方列有相關說明文字及教徒必須遵行內容共十八條，如「教友一年內無論何日皆能滿四規」；[25]而在這些說明文字左下角載「信陽教務區監牧法准」，即此年曆當時應流通於河南南部的信陽傳教區，係由該傳教區監牧法來維核准通行，惟負責印行之單位則是標注在年曆最底部的「山東兗州府天主堂印書館」，此乃位於山東兗州府、由德籍聖言會士蘭樂敏修士建立的保祿印書館，[26]是當時該修會在中國最重要的出版中心，流通中國傳教區之各式文字或圖畫出版品均由該印書館負責編印刊行。

又聖畫圖兩側各列六個西曆月份，分別為右方右邊的 1 至 3 月、右方左邊的 4 至 6 月，及左方右邊的 7 至 9 月、左方左邊的 10 至 12 月，各月份所

---

[24] "News from 'Paradise'," *The Christian Family and Our Missions*, June 1940, p.231.
[25] 〈中華民國二十年聖教瞻禮齋期表〉，第 2 條。又教會四規包括：一、要在各主日及聖誕節參與全彌撒；二、要遵守聖教會所定大小齋；三、要妥當辦告解並領聖體，每年至少一次；四、要盡力幫助聖教會經費。
[26] 蘭樂敏於 1865 年生於德國，1886 年至荷蘭史泰爾入聖言會並學習印刷技術，1892 年派赴中國山東陽穀坡里工作，除協助建築屋舍外，亦負責管理坡里的小印刷場，1896 至 1899 年在濟寧辦理印刷場，採用活字印刷術，1899 年遷印刷場到青島，1905 年到兗州創立「保祿印書館」，1910 至 1912 年在青島，1913 至 1925 年負責管理兗州印刷場，1925 年因傷寒病逝兗州；參見：雷立柏編著，《聖言會在華 1879-1955 年：編年史、地方志、人物列傳》，頁 216；"Letter from Freinademetz to Janssen, Tsingtao, 28 April, 1904," in Richard Hartwich ed., *Arnold Janssen and Joseph Freinademetz: Correspondence between two Saints(1904-1907)*, p.16.

占篇幅一致，除載明為大月(三十一日)、小月(三十日)或平月(廿八日)外，亦以紅色字體清楚標示聖教會著重的七個特別月份，包括聖家月(1月)、聖若瑟月(3月)、聖母月(5月)、耶穌聖心月(6月)、天神月(9月)、玫瑰月(10月)、煉獄月(11月)。凡遇這些特別月份來臨，教徒必須作額外功課以追思聖人行蹟、累積個人功德，亦可藉此求得大赦恩寵，如：

> 聖若瑟月內每日早課，加念聖若瑟禱文，默想聖人的功德。
> 聖母月內，每日念聖母行實。
> 耶穌聖心月內，每日早課，或晚課，加念耶穌聖心禱文。
> 玫瑰月內，每日念聖母玫瑰經、聖母禱文，及福哉若瑟。
> 煉獄月內，每日早課，或晚課，加念天主經、聖母經、聖三光榮頌，各六遍。[27]

此外，於煉獄月內的追思亡者節可為已亡親友求得大赦，方法是「自前日晌午至本日半夜，在各大小堂中，按教宗的意思，至少念天主經、聖母經、聖三光榮頌，各六遍。每次能為煉靈得一全大赦」，但必須先辦完告解聖事及妥領聖體後乃可獲得；[28]而首堂大赦日則是為自己求得大赦，具體作為是：

> 自前日晌午至本日半夜，神父在某堂中作彌撒，教友即能在某堂求得大赦。為求此大赦，必須妥領告解、聖體，並進堂按教宗的意思念經。每次進堂，至少該念天主經、聖母經、聖三光榮頌，各六遍，每次能得一全大赦。[29]

年曆月份各欄內分列出星期制之周期，各周期除以阿拉伯數字表示的西

---

[27] 〈中華民國二十年聖教瞻禮齋期表〉，第7條至第11條。
[28] 〈中華民國二十年聖教瞻禮齋期表〉，第13條。
[29] 〈中華民國二十年聖教瞻禮齋期表〉，第12條。

曆日期外，亦配上中文數字表示的中曆日期，且中曆亦標明大月(三十日)或小月(廿九日)；[30] 又為方便人們辨識，中曆日期裡的新月(初一)、滿月(15或16日)分別以黑臉圖形、白臉圖形表示，且特別將符號置於西曆相應日期的欄位中，亦將廿四節氣、三伏日載入年曆裡。值得注意的是，傅相讓比較了西方所用曆法(solar calendar、陽曆)與中國採行曆法(Chinese lunar calendar、陰曆)的差異：

> 中國曆法並非像我們一樣是按照太陽的周年運動，而是根據月亮繞行地球來計算。因此，每個月的第一天是朔日，而滿月則是十五日。月亮繞地球一圈為一個月；也就是說，一個月會有廿九天或三十天，不會有三十一天的情況發生。
>
> 儘管如此，為了與我們所謂的太陽年有一定程度上的一致性，也為了不在春、夏、秋季過新年。因此採取權宜之計；換句話說，他們不像我們一樣四年有一個閏年，而是每兩到三年就增加一個閏月。更準確的說，閏月每十九年會有七次——在第三、六、九、十一、十四、十七和十九年，然後，這種相同的周期會不斷重覆。所以，這些年有十三個月，而非十二個月。去年(1930)便是其中之一，下一年將是1933年。要閏的月份也不是每一年都相同，從1月到12月不等。[31]

由此可知，傅相讓在華期間確實觀察到西曆與中曆的差異性，惟其並未清楚說明中曆乃陰陽合曆性質，非純粹陰曆，故每隔數年即會出現閏月，以整合陰曆與陽曆每年產生的時間差。而聖教會為將基督信仰內涵與中國傳統民間社會互相結合，亦因此將聖教年曆呈現方式融合中、西曆兩種模式，以方便本地教徒在日常生活中得兼顧雙方、併行使用。

聖教年曆中的主日、首瞻禮六及守齋日等重要日期，除以完整文字標示

---

[30] 在1931年的聖教年曆中，屬中曆大月(三十日)者為1、2、4、6、9、11月，屬小月(廿九日)者為3、5、7、8、10、12月。

[31] George Foffel, "Explanation of the Enclosed Chinese Calendar," 1931.

外，亦以顏色、單字或符號提醒，此實提供不具識字能力或識字程度有限之教徒易於辨識；如主日全部以醒目紅色刊印，並在說明文字中特別告知：本日「教友當罷工，望全彌撒」，[32]然若逢秋收農忙時期，教徒實無法抽空參與主日彌撒，則經由傳教區監牧「賴教宗所賞十年特權」，教徒「可求本堂神父寬免，但不得缺念主日的經言」。[33]事實上，主日乃一周內最重要日子，意義如同一年中之復活節，故必須特別重視；惟即便如此，1931年的中國聖教年曆仍將殉道聖人、聖女(婦)紀念日與之並列，直至1960年代梵蒂岡(Vatican)第二屆大公會議真正確認主日至尊地位，乃專為紀念耶穌基督復活之日，[34]故今日的聖教年曆已不復見兩者並列情形。

而首瞻禮六——即為紀念耶穌基督聖死的每月首個周五(若逢教會重要節日則延至次個周五)之守齋日，[35]亦在年曆中以「心」字提醒教友注意。

至於守齋日的符號有兩種，分別代表守大齋的「☆」及守小齋的「○」；而大小齋的適用者及規定為：凡領洗者滿七歲，即須守小齋，滿二十一至五十九歲者，則必須守大小齋；其中，

> 小齋禁食肉及肉湯，不禁食魚類、奶油、奶餅、煉過的脂油，及雞蛋等物。大齋但午飯可以喫飽，晚飯不准喫飽，早晨略用點心亦不犯齋。若有相當的緣故，也可午飯少用，晚飯喫飽。凡孕婦及疾病軟弱等人，因不能守，而不守大小齋者無過。但可以行別樣善功，以補其缺。[36]

---

[32] 〈中華民國二十年聖教瞻禮齋期表〉，第1條。
[33] 〈中華民國二十年聖教瞻禮齋期表〉，第6條。
[34] 孫靜潛譯，《梵蒂岡第二屆大公會議禮儀憲章》(臺北：天主教教務協進會鐸聲月刊社，1964)，〈第五章論聖教年曆〉，第102、106條，頁45-46。
[35] 如1931年的聖教年曆中，四月的首瞻禮六即因逢耶穌受難日而延至次周的周五進行。
[36] 〈中華民國二十年聖教瞻禮齋期表〉，第5條。

又此時的守齋日規定除來自聖教歷史背景者，如固定於每周五守小齋、復活期間每周三守小齋、周五守大小齋，及聖神降臨望日(5月23日)、聖母升天望日(8月14日)均守小齋外，另有季節守齋日(Ember Days)——即於每季指定之周三守小齋，如5月(27日)的夏季小齋、9月(16日)的秋季小齋及12月(16日)的冬季小齋，惟1931年的中國聖教年曆裡並無春季小齋，究其原因，或在於此季節中已有復活周期的長時間守齋規定。而此種與季節相關之禮儀規範，在聖教年曆中另有為春耕豐收而進行的祈禱日(Rogation Days)共四天，分別為4月25日當天，及耶穌升天日(5月14日)前之周一、周二、周三。[37]

　　綜觀此時聖教年曆規範之守齋日，實多襲自以往之瞻禮單，不論是每周五、復活期，及重要瞻禮前一日(即望日)、季節守齋；惟守齋時間與形式規定有簡化情形，如昔日復活期守齋時間為每周主日外的其餘六日，而不是僅有周三、周五兩日，季節守齋時間為每季均三日，而非只有一日，又復活期、季節守齋、重要瞻禮前一日均須守大齋，而非小齋。[38]

　　然值得注意的是，此時聖教會守齋日若遇中國傳統新年期間，概以「寬免」方式處理，即教徒得依循中國傳統民間社會之世俗生活方式，無須遵行聖教會之守齋規定，實以往瞻禮單不曾出現者，此最明顯例子可見於復活期間。蓋聖教會每年「自聖灰禮儀，至復活瞻禮，又自聖誕前第四主日，至耶穌聖誕瞻禮，這兩期內禁止婚筵繁華」，[39]其中，前者屬復活齋期內每周三、周五必須嚴守大小齋規定。然1931年的中國聖教年曆上明載「陰歷正月初一日至十五以內的大小齋期，概為寬免」，關於此部分，傅相讓在信件

---

[37] 為春耕豐收的祈禱日在時間安排上有兩種，即為期一天的主要祈禱日(The Major Rogation Day)，與為期三天的次要祈禱日(The Minor Rogation Days)。
[38] 參見周志，〈天主聖教周歲瞻禮齋期表〉，頁38-41；〈十移動瞻禮日〉，頁41-42。
[39] 〈中華民國二十年聖教瞻禮齋期表〉，第3條。又聖灰禮始於古代教會的悔罪慣例，當教徒犯下大罪(如謀殺、背教、姦淫)，需做公開補贖以體現認罪之心。犯大罪教徒將進行為期四十天的公開補贖，此段時間不得領受聖體，頭上撒灰；至聖周四當天，贖罪者與信友團體修好，並被允許參加感恩祭典及領受聖體。相關說明可參見 Bernhard Raas, SVD 著，韓麗譯，《教會禮儀年度》，下冊，頁23-24。

中的文字解釋是：

> 天主教會意識到在中國，幾乎每天都是多數人或窮人們的大齋日，因此非常寬容，每年只訂八天這樣的日子，如四旬期的周五(Fridays of Lent)和聖誕守夜(Vigil of X'mas)。然而，一再地去計算，你會發現今年只有六天，為什麼會這樣呢？因為遇到了中國的舊曆年。舊曆年是一年中的盛大節日，在整整十五天中，會以最有趣及特別的態度來慶祝(這可以用一頁來說明!)就像你注意到的，今年是在聖灰禮(Ash Wednesday)的前一天。然而，如果沒有食用至少一些肉類——這通常是一年當中，人們唯一可以吃到一點肉的時候——所以，這十五天內的所有守齋都被寬免。[40]

即依聖教會規定，自聖灰禮開始至復活節止，每逢周三、周五嚴守大小齋；惟 1931 年的聖灰禮在西曆 1 月 18 日(周三)，此日恰為中曆正月初二，因此，聖教會配合民間社會的傳統文化與世俗需要，將中曆正月初二至 15 日間必須遵守的大小齋四次——分別為正月初二、正月初四、正月初九、正月 11 日(即西曆 2 月 18 日、2 月 20 日、2 月 25 日、2 月 27 日)——全部寬免。

由上述內容可知，此時之中國聖教年曆有襲自以往瞻禮單內容而予以簡化調整者，亦有新創部分，且合併西曆與中曆，將教會時間觀與中國民間社會之文化傳統、生活模式整合運作，以便兼具雙重身份的本地教徒能同時顧及世俗生活需要與聖教會的信仰規範。

第二節　內涵說明

一、基督逾越奧蹟的融入與體現

聖教會與世俗社會年曆之重大差異在於，前者賴信仰內涵——基督逾越

---

[40] George Foffel, "Explanation of the Enclosed Chinese Calendar," 1931.

奧蹟歷程產生，後者循自然時間順序運作；即聖教年曆是將「基督的全部奧蹟，每年作一循環紀念，從聖母受孕、耶穌誕生，直到耶穌升天、聖神降臨，期待永福與吾主的將臨」，而教會以此方式紀念救贖奧蹟，實是「給教友們敞開吾主的功德寶庫，為使奧蹟常活現在他們眼前」，且「藉著基督的救世奧蹟，得以適當的滋養教友的熱心」，[41]因此，整個聖教年曆的兩大部分即為涉及耶穌基督誕生、成長的「聖誕期」，及與耶穌基督受難死亡、復活相關的「復活期」；其中，「以復活為高峯，以誕生為起點」，[42]而在前述兩大期外則是常年期。

聖誕期乃教會新年度之開端，始於耶穌基督即將誕生的將臨階段(含四個主日，即將臨第一主日、將臨第二主日、將臨第三主日、將臨第四主日)，經誕生前夕(即望耶穌聖誕)、誕生當天(即耶穌聖誕)的核心階段，直至聖家形成。這段期間的重要節日包括聖母無染原罪(12月8日)、望耶穌聖誕(12月24日)、耶穌聖誕(12月25日)、諸聖嬰孩致命(12月28日)、立耶穌聖名(1月1日)、尊耶穌聖名(1月4日)、三王來朝(1月6日)、聖家回國(1月7日)、聖家瞻禮(1月11日)、聖母獻耶穌於主堂(2月2日)等日；其中，逢「聖母無染原罪瞻禮，當行奉獻禮，公念奉獻中華全國於聖母誦」。[43]

而復活期乃聖教年曆中最重要部分，因其乃耶穌基督逾越奧蹟的明確展現時段，故教會強調「每年一次，用最隆重的典禮，連同吾主的苦難聖死，舉行復活節」，[44]可知其地位高於聖誕期。

復活期早於四旬期前第三個主日(即七旬主日、六旬主日、五旬主日)便進入準備階段，經聖灰禮、四旬期(含四旬第一主日、四旬第二主日、四旬第三主日、四旬第四主日、苦難主日)，達聖周內的聖枝主日、逾越三日慶

---

[41] 孫靜潛譯，《梵蒂岡第二屆大公會議禮儀憲章》，〈第五章論聖教年曆〉，第102條，頁45、47。

[42] 吳新豪編譯，《天主教禮儀發展史》，頁56。

[43] 〈中華民國二十年聖教瞻禮齋期表〉，第18條。

[44] 孫靜潛譯，《梵蒂岡第二屆大公會議禮儀憲章》，〈第五章論聖教年曆〉，第102條，頁45。

(即周四耶穌建定聖體、周五耶穌苦死救世、周六望耶穌復活)，與耶穌復活主日的核心階段，[45]直至復活後的喜慶階段，包括復活四十日後耶穌升天、五十日後聖神降臨(含望聖神降臨)，及因之形成的天主聖三、聖體瞻禮、耶穌聖心等日。

其中，自聖灰禮開始至耶穌復活日止的最重要期間，教徒必須守大小齋，且「封齋期內，每瞻禮六公拜苦路」，而「每主日午前，可念苦路經，或玫瑰經，每瞻禮二公念聖神玫瑰經」；[46]又

> 從耶穌升天，到聖神降臨瞻禮，每日早課當念伏求聖神降臨誦，若能供聖體，念聖神玫瑰經更好。聖神降臨瞻禮日，當公念奉獻天主聖神誦。從本瞻禮，到聖三主日，每晚念伏求聖神降臨誦。[47]

此外，與耶穌基督逾越奧蹟密不可分的關鍵人物是聖母瑪利亞，因此，聖教年曆中亦將聖母瑪利亞及其同時代重要人物、史事載入紀念，如聖婦雅納(S. Anna)聖母之母(7月26日)、聖母聖誕(9月8日)、大聖若瑟(S. Joseph)(3月19日)、總領天神佳倍爾(3月24日)、聖母領報(3月25日)、聖母往見聖婦依撒伯爾(S. Elisabeth)(7月2日)、聖母升天(8月15日)等日，亦包括其後發生於五世紀的聖母雪殿(8月5日)。[48]

又聖教年曆也加入早期門徒(宗徒及其門下)、殉教烈士及其他聖人、聖女(婦)紀念日，包括與耶穌同時代之人物：如為耶穌施洗的聖若翰(S.

---

[45] 聖周是展現耶穌基督生命歷程中最重要的部分，諸多事項均在此周內發生，包括耶穌基督進耶路撒冷城(聖枝主日)、被門徒出賣(周三)、與門徒的最後晚餐(周四)、被釘在十字架上死亡(周五)，最終光榮復活(周六——復活前夕)。

[46] 〈中華民國二十年聖教瞻禮齋期表〉，第14條。

[47] 〈中華民國二十年聖教瞻禮齋期表〉，第15條。

[48] 西元431年的厄弗所大公會議曾宣布聖母為天主之母信道，此後，教宗西斯篤三世於羅馬之艾斯奎里山丘上建立大殿一座，以恭敬天主之母，日後該殿即被稱為「聖母大殿」，此乃西方教會奉獻給聖母瑪利亞之最古老聖堂。見主教團禮儀委員會編譯，《感恩祭典(三)平日彌撒經書》(臺北：天主教教務協進會出版社，1984)，頁717。

Ioannes Baptista)致命(8月29日)；及成為耶穌首批門下弟子的聖斐理伯(S. Philippus)雅各伯(S. Iacobus)宗徒(5月1日)、聖伯多祿(S. Petrus)及聖保祿(S. Paulus)宗徒(6月29日)、聖雅各伯(S. Iacobus)宗徒(7月25日)、聖巴爾多祿茂(S. Bartholomaeus)宗徒(8月24日)、聖瑪竇(S. Matthaeus)宗徒(9月21日)、聖西滿(S. Simon)聖達陡(S. Thaddaeus)宗徒(10月28日)、聖安德肋(S. Andreas)宗徒(11月30日)、聖多默(S. Judas Thomas)宗徒(12月21日)、聖若望(S. Ioannes)宗徒(12月27日)；曾服侍耶穌且與首批門徒們一同追隨耶穌的聖女瑪達利納(S. Maria Magdalena)(7月22日)、款待耶穌及親見耶穌救活其弟的聖女瑪爾達(S. Martha)(7月29日)、協助宗徒們管理教會的首位殉教者聖斯德望(S. Stephanus)(12月26日)、為宗徒伯多祿門下並在宗徒宣講福音時充當譯員的聖史瑪爾谷(S. Marcus)(4月25日)、追隨宗徒保祿傳教並撰寫第三部《福音書》及《宗徒大事錄》的聖史路加(S. Lucas)(10月18日)等日。

亦有與後世創立男、女修會相關者的聖婦方濟加(S. Francisca of Romana)(3月9日)、[49]聖依納爵(S. Ignatius de Loyola)會祖(7月31日)、聖多明我(S. Dominicus)會祖(8月4日)、聖女嘉辣(S. Clare)(8月12日)，[50]及率先往遠方異地傳教者，如到印度與日本各地傳教、終亡於中國上川島的聖方濟各沙勿略(S. Franciscus Xavier)(12月3日)等日。

綜觀此時聖教年曆著重之兩大節日(耶穌聖誕、耶穌復活)，及對諸多聖人、聖女(婦)之敬禮，雖早見於以往之瞻禮單中，且配合兩大節日特性，將之分屬固定瞻禮、活動瞻禮不同推算系統；然細究其內容可知，1931年的聖教年曆實增加兩大節日的準備階段，即出現等待耶穌誕生之將臨期，及預

---

[49] 方濟加(或譯為芳濟加、方佳)於1384年在羅馬出生，年輕出嫁，生平遇災難時，常賑濟窮人，為病人服務，尤以謙遜忍耐著稱。1425年依聖本篤會規創立獻主修女會，1440年逝世。見主教團禮儀委員會編譯，《感恩祭典(二)平日彌撒經書》(臺北：天主教教務協進會出版社，1984)，頁721。

[50] 嘉辣(或譯為佳蘭)於1193年在亞西西出生，她追隨同鄉聖方濟各走向貧窮道路，並成為聖佳蘭修女會之母及會祖，亡於1253年。見主教團禮儀委員會編譯，《感恩祭典(三)平日彌撒經書》，頁727。

備進入聖灰禮、四旬期的前期，此實提供教徒利用充分時間作心靈準備，以面對耶穌基督為世人誕生及展現死而復活之奧蹟。又聖教年曆對早期門徒，尤其是宗徒們之敬禮亦如昔日瞻禮單所載，惟不再持續以往在宗徒紀念前一日守大齋之規定。[51]

值得注意的是，此時聖教年曆出現以往瞻禮單不曾有的地方色彩，即載入元代以來先後赴中國各地傳教者，如十四世紀到北京的真福歐德理(B. Odoricus de Pordenone)(1月14日)、[52]十七世紀至福建的真福山方濟各(B. Franciscus de Capillas)(1月15日)、[53]十八世紀在四川的真福徐多林(B. Ioannes Dufresse)主教(11月24日)、[54]十九世紀往澳門及陝西、湖南等地的真福蘭月旺(B. Ioannes de Triora)(2月13日)、[55]及在河南、湖北一帶的真福董文學(B. Ioannes Gabriel Perboyre)(9月11日)等日；[56]亦將與傳教區領導者相關之聖人、史事紀念特別以文字標明乃其主保之紀念日，如聖日爾學(S. Georgius)

---

[51] 參見周志，〈天主聖教周歲瞻禮齋期表〉，頁38-41。

[52] 歐德理(或譯為和德理)於1286年出生於義大利，後入方濟會，向會長要求赴遠方傳教，先到小亞細亞一帶，再經印度，最後到中國傳教，於北京傳教三年，歸化者甚多，終於1331年病逝。見主教團禮儀委員會編譯，《感恩祭典(二)平日彌撒經書》，頁681。

[53] 山方濟各(或譯為劉方濟)生於西班牙，十三歲有志出外傳教而進入道明會。升執事後即到菲律賓，晉鐸後從事傳教工作十年有餘，最後在中國福建傳教，因發生仇教風波被捕入獄，亡於1648年(原資料載1678年)。見主教團禮儀委員會編譯，《感恩祭典(二)平日彌撒經書》，頁681-682。

[54] 徐多林(或譯為徐德新、李多林)生於十八世紀的法國，及長入巴黎外方傳教會。晉鐸後，於1775年到中國四川傳教，前後四十年；1815年教難時殉道。見主教團禮儀委員會編譯，《感恩祭典(三)平日彌撒經書》，頁832。

[55] 蘭月旺(或譯為藍月旺)於1760年在義大利出生，十七歲入方濟會，晉鐸後多次請求到中國傳教，於1800年獲准，先到澳門，再到陝西及湖南一帶傳教，後因當地發生教難被捕入獄，亡於1816年。見主教團禮儀委員會編譯，《感恩祭典(二)平日彌撒經書》，頁709。

[56] 董文學於1802年在法國出生，1818年入遣使會，1825年在巴黎晉鐸，1835年來到中國，先在河南，後在湖北一帶傳教。教難時被捕入獄，亡於1840年。見主教團禮儀委員會編譯，《感恩祭典(三)平日彌撒經書》，頁756。

本監牧主保(4月23日)、[57]本院長主保聖五傷方濟各(S. Franciscus Assisiensis)會祖(10月4日)等日。[58]

綜上所述可知，聖教年曆實以耶穌基督誕生、死亡、復活之歷程為核心，配合同時代及其後的重要人物與史事，再加上在聖教發展史中之歷代聖人、聖女(婦)事蹟，令教徒經由此年曆及相應之各式禮儀以追思過往歷史，並堅定現世信仰，更期盼未來救贖。也因此，當時教會規劃的道理班課程內容，除安排白天時段，透過朗讀與記誦方式令慕道者學習基督教義及各式經文禱詞外，傳教員亦會利用晚上時間講述《聖經》故事，[59]使慕道者經由聆聽方式掌握聖教歷史，以便配合聖教年曆的內容規範確實過教徒生活。

二、信仰生活實況

若欲觀察聖教年曆的內容規範與本地教徒信仰生活之關係，或可透過當時在中國傳教的若干外籍傳教士之文字紀錄，窺得部分實況，特別是在聖誕期與復活期這兩個聖教會最重要的時間段落內。

如1929年底到達中國河南南部信陽傳教區工作的傅相讓，於第二年(1930)首次經歷在中國之復活期時，記載著他於聖周一進行小規模的傳教之旅，高興地為十八個成人施洗，但他其實更想為停留在距離十五英里外一個小鎮上、數量約萬人之盜匪團體施洗；[60]此一想法雖未能付諸實現，然兩年

---

[57] 聖日爾學(或譯為聖喬治)的敬禮於第四世紀已在巴勒斯坦傳開，當時為敬禮該聖人，建有聖堂一座；而東西雙方教會很早就已傳揚聖人之敬禮。見主教團禮儀委員會編譯，《感恩祭典(二)平日彌撒經書》，頁738。

[58] 聖方濟各於1182年在義大利亞西西出生，少年時期生活無度，回頭改過後，捨棄遺產度貧窮生活，並實踐福音聖訓。除為自己徒弟訂立良好會規，亦為聖佳蘭女修會、在俗贖罪團體(第三會)，及向外教人宣道之工作建立基礎；亡於1226年。見主教團禮儀委員會編譯，《感恩祭典(三)平日彌撒經書》，頁784-785。

[59] 據王金鏡觀察：道理班於傍晚進行之《聖經》歷史故事課程的結果，是「在純樸、完好的慕道者心中留下深刻印象」，且「慕道者著迷於我們天主的生活與感情」；參見：Clifford King, "The Catechumenate in China," p.228; Clifford King, "Weathering the Storm in China," p.191.

[60] "Letter from Fr. George Foffel to dear cousin Eva," May 24, 1930.

後(1932)的春天,因前一年(1931)秋天的水災導致糧食欠缺,產生大量災民與飢民,雖令不少貧困家庭無法如昔日般地進教堂,卻也促使許多外教人士開始參加教會的春季道理班,故當年聖周即有超過百人領洗。[61]再至次年(1933)復活節,傅相讓在上蔡為人施洗後,開心地寄上一張本地人排隊等候領洗之照片回美國,並以文字表示「這張照片顯示我人生最快樂的事——一天內有卅三個人領洗」。[62]

1933年底轉往河南北部新鄉傳教區服務的傅相讓,於次年(1934)秋駐守該區屬原武之王村教堂,其從當年底開始進行教會一年兩次的道理班課程——秋季開班於聖誕期領受洗禮、春季開班於復活期領受洗禮,每次參與者約百人,無分男女,不限年齡層,從小孩到白髮蒼蒼的老人均有,有些甚至高齡八十多歲;而他在王村教堂的首度復活期施洗後,緊接著是兒童初領聖體班的開始,待5月完成任務後,牧靈工作更往前推進,他也甚感欣慰。1937年他再度舉行聖體班,並在耶穌升天日前,開啟一個大型的堅振班課程,令教徒之信仰更為堅定。再隔一年(1938)的2月,日軍進占新鄉城當日下午及其後,傅相讓仍持續為人們施洗、聽告解,每日黎明舉行彌撒,依張貼在牆上的聖教年曆進行諸事。[63]

事實上,復活周期的重要工作與信仰內涵,不僅是引領慕道者經由洗禮獲得新生,及經由聖體聖事與耶穌基督合而為一,更重要的是領受聖洗者之反省與悔悟,因此,聖周期間的教徒辦告解聖事以祈求天主原諒,就成為傅相讓時間與體力負擔甚為沈重的工作,他曾於1937年的聖周三開始,連續三天日夜不停地聽告解,完全無法闔眼休息;[64]而當年度僅聖周期間的領聖洗者就有三百多人,到耶穌升天節也有百名信眾接受洗禮。[65]

---

[61] "Letter from Fr. George Foffel(Christmas Greeting)," November 17, 1932.

[62] "With our American Missionaries(From Fr. Foffel)," p.221.

[63] "Letter from Fr. George Foffel to everybody," July 14, 1938.

[64] "Letter from Fr. Foffel to all my dear friends, benefactors, relatives, and acquaintances," September 7, 1937.

[65] "Letter from Fr. George Foffel to everybody," July 14, 1938.

傅相讓駐守王村教堂如此辛勞的結果是，自 1936 至 1937 年度，其轄區範圍內的傳教成果實居整個新鄉傳教區首位，不僅是在嬰孩與成人的聖洗數量上，也包括堅振、聖體、告解、婚配、傅油各種聖事的進行次數。此種進展程度，到 1938 年的復活節主日下午，新鄉傳教區監牧米幹親自蒞臨王村教堂時，面對的是擠滿教堂內之領聖洗者及堅振者；待所有儀式完成後，整個堂區內的參與者(含領聖洗者、堅振者與老教徒們)超過三千位成員，其場面之熱鬧可想而知。而復活節次日(周一)上午，傅相讓另外舉行了二十對新人的婚禮。[66]

　　相較於復活期的教徒參與情形，聖誕期亦不遑多讓，只是因為耶穌基督的誕生、新年度的開始而令氣氛更為歡樂喜慶。傅相讓寄給故鄉親友信件中首次提及的中國聖誕期經驗，是 1931 年在信陽傳教區的聖誕節前日，內容寫著：

> 在早上——請勿笑——我確實烘烤食物；接著裝飾教堂、設置馬槽；到了下午道理班結束，再來是超過一個小時的洗禮。一天或兩天前，老教徒已自遙遠的地方到達，因為沒有人願意錯過聖誕節，這個盛宴在他們內心是如此的珍貴；到了美麗亮眼的傍晚，人群擠滿教堂與庭院——每個地方都裝飾著寬大的中國燈籠——，喜氣洋洋的團體在午夜彌撒中唱著歌，這將在我的記憶裡永遠留存。
> 聖誕節早上是耀眼且有陽光的，經過昨晚的彌撒及領餐後，所有參與者都快樂地出發返回家中。[67]

由此可知，教徒為參加聖誕節最重要的彌撒，必須於數天前即自家中啟程前往教堂，經子夜彌撒後，到次日早上才會從教堂出發返回家中；即教徒參與一次聖誕期的重要活動，至少要停止手邊工作近一星期，這還不包括旅途中

---

[66] "Letter from Fr. Foffel to all my dear friends, benefactors, relatives, and acquaintances," September 7, 1937.

[67] "Letter from Fr. Foffel to dear aunt Nellie, cousin Eva and Carl," November 17, 1932.

之飲食開支與其他費用。

又此次聖誕節後的新年(1932)期間日子非常平靜，惟三王朝聖日當天，因一隊至少幾十人或超過千人的盜匪團體將往城中來之消息傳開，影響致該日進教堂參與活動之教徒數量銳減，[68]確已感受不到節日之喜悅氣氛。

事實上，聖誕期領受聖洗者及其他參與者之人數眾多並不亞於復活期，傅相讓在新鄉傳教區的記載中，曾提到聖誕節及子夜彌撒會有數百名皈依者的祈禱與敬禮；[69]而聖誕節當天的彌撒，配合各地教徒之需要至少舉行三場，除本堂彌撒外，在距離本堂十七英里外的地方進行第二場彌撒，第三場則是在中午，距離本堂最遠的傳教站，有五十英里之遙的地方，待聖誕節彌撒完全結束通常是在下午二點，而教徒們仍會在教堂庭院內逗留並聊天後才啟程返家。[70]聖誕期間數場彌撒各式參與者的總合人數之多及花費時間之長，可想而知，而教徒們積極參與盛宴情形，亦由此得見。

特別的是，傅相讓的文字記載裡，言及1937年的聖誕夜彌撒中，教徒的聖歌詠唱是以中文進行，[71]據此應可推論，當時為方便教徒參與及投入重要禮儀活動中，彌撒儀式的進行已有本地化情形。其實，早於史培祿(Hermann Schoppelrey,1876-1940)神父擔任信陽傳教區監牧的第一年即致力本地化工作，其曾提筆回顧自己過去一年的工作內容時曰：

> 去年〔1935〕，我們修改及擴大中文版祈禱書，此乃一費盡心力的苦差事，但新版本獲得如此大之恩寵，同時引進到六個傳教區。
>
> 一個特定的詩歌本也將要完成，第一部分包括基督徒在教堂中祈禱吟

---

[68] "Letter from Fr. Foffel to dear aunt Nellie, cousin Eva and Carl," November 17, 1932.又此一盜匪團體於1932年初侵入位於信陽以東的蔡溝城，占領當地達五星期之久，大肆掠奪屠殺後，蔡溝成為一個「死亡之城」；詳細說明可參見本書第三章第二節。

[69] "Letter from Fr. George Foffel to all my dear friends, benefactors, relatives, and acquaintances," November 12, 1937.

[70] "Letter from Fr. George Foffel to everybody," July 14, 1938.又傅相讓有關聖誕節進行數次彌撒之記載亦見於"Letter from Fr. George Foffel(Christmas Greeting)," November 4, 1939.

[71] "Letter from Fr. George Foffel to everybody," July 14, 1938.

誦的合唱旋律；第二部分體現教會四旬期及其他季節祈禱的歌曲，中文歌曲本來在數量上就非常少，此次將增添頗受歡迎的歐洲歌曲；第三部分包括大量的歌曲，有些非常長，是介於詩歌與散文間。在這些歌曲中，基督教真理通常以吸引人及戲劇性方式呈現(耶穌基督在受難地 Skull 的教誨)，以簡單樂器伴隨著旋律，中國人喜歡這些歌曲，且通常會聽說書人唱上幾個小時。[72]

因此，聖誕期間出現本地教徒以中文詠唱聖歌之畫面亦不足為奇。

又史培祿在這份文字紀錄中也明載：1936 年復活節辦告解者有 4,376 人、領受聖體者有 4,364 人，此數字若與當時信陽傳教區教徒總數 8,456 人相較，[73]可知復活節辦告解與領受聖體之教徒比例均超過一半(51.75%、51.61%)，當時教徒排除萬難，熱切參與教會重要活動之狀況，由此更可確知。

除聖教年曆中的兩大周期外，其他教會重要時刻亦可見本地教徒努力實踐信仰生活之實例；如傅相讓於 1934 年秋開始整修甚為殘破的王村教堂時發現，無論他修理或新造之長椅數量有多少，這些長椅總是在主日彌撒中充滿著跪地祈禱的教徒，而王村教堂在他被派來之前，近八年沒有任何神職人員駐守當地，經常的狀況是「士兵住在教堂，門窗充作燃料，院子裡積滿厚厚的沙塵」。[74]又與傅相讓同樣服務於新鄉傳教區的大海注意到：有出身異教家庭的女教徒，於每個聖日走五英里路，「不管冬天是下雪或滿地泥濘，都參加聖體聖事」。[75]此外，最早到信陽傳教區工作的美籍會士王金鏡，曾於 1929 年 6 月間，從羅山往正陽的路途上被盜匪擄走九日，當他獲釋脫困

---

[72] Hermann Schoppelrey, "A Year's Ups and Downs in Sinyangchow," *The Christian Family and Our Missions*, November, 1936, pp.417、433.

[73] Hermann Schoppelrey, "A Year's Ups and Downs in Sinyangchow," p.433.

[74] "Letter from Fr. George Foffel to all my dear friends, benefactors, relatives, and acquaintances," September 7, 1937.

[75] Peter Heier, "Even the Devil Helps Along," p.96.

後回到傳教站，才知道當地教徒為祈求他平安歸來，向羅山教會的守護者聖若瑟及傳教士的朋友──聖女小德蘭(S. Teresia Lexoviensis；亦稱為 the Little Flower of Jesus)進行了長達九日的禁食禱告。[76]可知主日、聖日的參與，及對聖人、聖女祈禱等教會禮儀與規範，在教徒心中之重要意義及其信仰態度之虔誠。

結　語

　　1926 年在美國泰克尼晉鐸後即被派赴中國傳教的米幹，於河南信陽傳教區、新鄉傳教區服務期間，曾數次撰文描述其觀察到的 1930 年代之中國民間社會生活情形，如：

> 居住在內地的中國人普遍過著相當單調的生活，日復一日，從早上工作到夜晚，星期六下午及星期日的休息，對他們而言是未曾聽聞的。即使是國定假日的意義，對他們來說，也不過是添加一些飯菜，或者是一件新衣服而已。但是在新年，所有中國人都休息，在新年及接下來的幾天，除了休息、拜訪親友，以及玩紙牌，沒有人會工作。[77]

> 大多數人仍然維持舊的宗教習俗，在新年，於黎明破曉時，每家都會點燃祭祀香並進行其他諸事，以開啟新年的節慶活動。在每個月的第一天及第十五天，許多中國人會虔誠地燒紙錢及點燃祭祀香。[78]

> 〔中國學校〕沒有星期六的放假日，連星期六下午都沒有半天的假日。課程一星期進行六天，在老舊的學校系統中，甚至連星期日都不

---

[76] Clifford King, "Among the Bandits," pp.236-237.
[77] Thomas Megan, "Chinese New Year," *The Little Missionary*, January 1935, p.110.
[78] Thomas Megan, "Soul Fishing in Chinese Waters," p.406.

被視為假日，每天都是工作日。[79]

這些文字紀錄，明白顯示當時中國民間社會生活裡根深蒂固的傳統文化色彩；而來自域外的聖教會，在如此差異的文化背景下，該如何宣揚及發展基督信仰，即成為傳教士莫大之考驗。

米幹認為，傳教工作的進行必須尋找一個接近本地人的方法，而較佳途徑有三，即經由傳教員協助的道理班課程，及各式教會學校、醫療院所的建立與推動。[80]又據其在河南傳教的實務經驗證明，經由傳教據點設立後的各式學校教育及醫療救助工作之普遍推行，的確吸引諸多本地人對教會產生興趣並予關注，甚或願意加入道理班，接受較完整的教會義理學習，與必要之誦經、祈禱及聖教禮儀，最終成功領受聖洗成為教徒，進入教會之大家庭中。然令皈依者能持續堅定其信仰，並使教會得在本地不間斷地成長與發展，仍必須將基督信仰內涵確切落實於教徒的日常生活中，[81]乃能真正使教會落地生根至開花結果；而聖教年曆的刊行與實踐，即是達到前述目的之重要方式。

聖教年曆以耶穌基督誕生、成長、受難、復活之歷程為時間軸，配合聖教發展史中為基督信仰奉獻心力與犧牲性命之歷代聖人、聖女(婦)之紀念，再將主日、聖日等相應之各式禮儀內容與規範融合其中。而信眾除自慕道時期即聆聽聖教故事、學習完整教理及各式祈禱經文外，亦於領受洗禮後的日常生活中，依循聖教年曆之規定，經年累月地長期實踐其信仰內涵，以恆久堅定信念，並真正活出基督精神。

又透過 1931 年的中國聖教年曆可知，其雖沿用昔日「瞻禮齋期表」名稱，然結構已屬完整「年曆」模式，且因年曆篇幅較大，實可新增許多聖

---

[79] Thomas Megan, "School Days in China," *The Little Missionary*, September 1936, p.14.

[80] Thomas Megan, "Soul Fishing in Chinese Waters," pp.406-407.

[81] 米幹曾明白指出：傳教的困難，在於令皈依者真正掌握基督信仰的深層內涵，與新的生活方式。見 Thomas Megan, "Optimists by Choice," *The Christian Family and Our Missions*, May 1941, p.170.

人、聖女(婦)及史事紀念，並強化教會兩大周期的禮儀內容；惟整體而言，配合教會各項禮儀進行之守齋規定，無論是在時間或型式上，「年曆」階段之要求，確已較「瞻禮齋期表」時期簡化許多。

此外，1931 年的中國聖教年曆無論在外觀或內涵上，均整合天主教會的普世大公性與傳教區的地域特性尤值得注意，如西曆與中曆合併之計時方式及不同數字符號的區隔排印，星期制、重要聖月與新月、滿月、廿四節氣、三伏日的完整呈現，中式繪法的聖畫圖，守齋期間遇中國傳統新年的彈性處理，入中國各地傳教之外籍傳教士紀念日，及傳教區領導者的主保聖人紀念日等；又為方便不具識字能力或僅粗通文字者之利用，聖教年曆之刊印，以紅色字體提醒主日與重要聖月，各式符號強調守齋日、新月及滿月等特別日期；此再再顯示基督宗教信仰與中國傳統文化，以及民間社會之彼此交流與相互融合特色。而若干外籍傳教士的文字記載，亦可見本地教徒在艱困環境下，仍持續對教會禮儀活動的參與及投入，此實體現其信仰之堅定與虔誠，而天主教會在本地發展之基石更因此得以奠定，並可朝穩健發展之方向邁進。

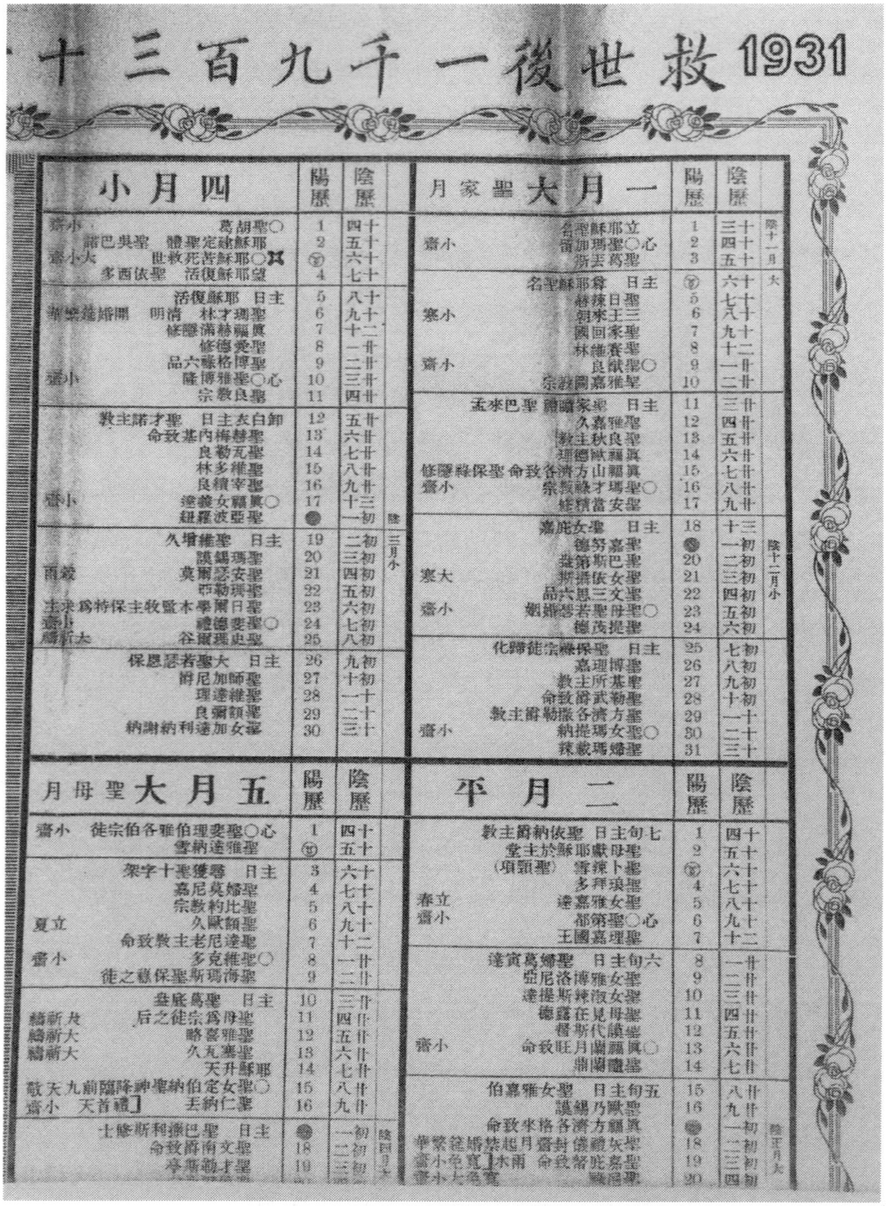

圖 5-1　中華民國二十年聖教瞻禮齋期表部分影像

資料來源：聖言會美國芝加哥省會。

表 5-1　中華民國二十年聖教瞻禮齋期表

說明：本表內容依原始資料呈現，惟日曆部分的新月(黑臉圖形)、滿月(白臉圖形)，實無法依原樣繪製，僅能分別以黑色圓形圖(●)、白色雙圈圖(◎)替代。

陰曆十一月大	陽曆	一月大　聖家月	陰曆十二月小	陽曆	二月平
十三	1	立耶穌聖名	十四	1	七旬主日　聖依納爵主教
十四	2	心○聖瑪加留　　　　　小齋	十五	2	聖母獻耶穌於主堂
十五	3	聖葛丟斯	十六	◎	聖卜辣雪　(聖頸項)
十六	◎	主日　尊耶穌聖名	十七	4	聖琅拜多
十七	5	聖日辣赫	十八	5	聖女雅嘉達　　　　　立春
十八	6	三王來朝　　　　　　　小寒	十九	6	心○聖第都　　　　　　小齋
十九	7	聖家回國	二十	7	聖理嘉國王
二十	8	聖賽維林	廿一	8	六旬主日　聖婦葛寅達
廿一	9	○聖猷良　　　　　　　小齋	廿二	9	聖女雅博洛尼亞
廿二	10	聖雅嘉圖教宗	廿三	10	聖女淑辣斯提達
廿三	11	主日　聖家瞻禮　聖巴來孟	廿四	11	聖母見在露德
廿四	12	聖雅嘉久	廿五	12	聖謨代斯督
廿五	13	聖良秋主教	廿六	13	○真福蘭月旺致命　　　小齋
廿六	14	真福歐德理	廿七	14	聖黽蘭鼎
廿七	15	真福山方濟各致命	廿八	15	五旬主日　聖女雅嘉伯
		聖保祿隱修	廿九	16	聖歐乃錫謨
廿八	16	○聖瑪才祿教宗　　　　小齋	正月大	●	真福方濟各格來致命
廿九	17	聖安當精修	初二	18	聖灰禮儀封齋月起禁婚筵繁華
三十	18	主日　聖女庇嘉			寬免小齋
十二月小	●	聖嘉努德	初三	19	聖嘉庇祭致命　　　　　雨水
初二	20	聖巴斯第盎	初四	20	聖尼祿　寬免大小齋
初三	21	聖女依攝斯　　　　　大寒	初五	21	聖斯維良
初四	22	聖文三思六品	初六	22	四旬第一主日　聖亞庇留
初五	23	○聖母聖若瑟婚姻　　　小齋	初七	23	聖伯多祿大彌盎主教
初六	24	聖提茂德	初八	24	聖瑪弟亞宗徒
初七	25	主日　聖保祿宗徒歸化	初九	25	聖酉斯篤　　　　　寬免小齋
初八	26	聖博理嘉	初十	26	聖亞立山主教
初九	27	聖基所主教	十一	27	聖良德　　　　　寬免大小齋
初十	28	聖勒武爵致命	十二	28	聖羅瑪帑
十一	29	聖方濟各撒勒爵主教			
十二	30	○聖女瑪提納　　　　　小齋			
十三	31	聖婦瑪載辣			

陰歷正月大	陽歷	三月大　聖若瑟月	陰歷二月大	陽歷	四月小
十三	1	四旬第二主日　聖隋拜主教	十四	1	○聖胡葛　　　　　　　　小齋
十四	2	聖路濟酉主教致命	十五	2	耶穌建定聖體　聖吳巴諾
十五	3	聖瑪禮帑致命	十六	◎	☆○耶穌苦死救世　　　大小齋
十六	◎	○聖嘉西彌　　　　　　小齋	十七	4	望耶穌復活　聖依西多
十七	5	聖福加致命	十八	5	主日　耶穌復活
十八	6	心☆○聖婦伯培多瓦及斐理齊達　　　　　　　　大小齋　驚蟄	十九	6	聖瑪才林　清明　開婚筵繁華
			二十	7	真福赫滿隱修
十九	7	聖多瑪斯	廿一	8	聖愛德修
二十	8	四旬第三主日　聖斐勒蒙致命	廿二	9	聖博格祿六品
廿一	9	聖婦方濟加	廿三	10	心○聖雅博隆　　　　　小齋
廿二	10	聖嘉佑致命	廿四	11	聖良教宗
廿三	11	○聖鄒西謨　　　　　　小齋	廿五	12	卸白衣主日　聖才諾主教
廿四	12	聖額我略教宗	廿六	13	聖赫梅內基致命
廿五	13	☆○聖女德多辣　　　大小齋	廿七	14	聖瓦勒良
廿六	14	聖婦瑪提德	廿八	15	聖維多林
廿七	15	四旬第四主日　聖隆吉諾	廿九	16	聖宰績良
廿八	16	聖赫理伯主教	三十	17	○真福女義達　　　　　小齋
廿九	17	聖巴德利爵主教	三月小	●	聖亞波羅紐
三十	18	○聖納濟蘇　　　　　　小齋	初二	19	主日　聖維增久
二月大	●	大聖若瑟	初三	20	聖瑪錫謨
初二	20	☆○聖婦福第納　　　大小齋	初四	21	聖安瑟爾莫　　　　　穀雨
初三	21	聖本篤會祖　　　　　春分	初五	22	聖瑪勒亞
初四	22	苦難主日　聖婦勒亞	初六	23	聖日爾學本監牧主保特為求主
初五	23	聖婦加達理納	初七	24	○聖斐德禮　　　　　　小齋
初六	24	總領天神加俾厄爾	初八	25	聖史瑪爾谷　　　　　大祈禱
初七	25	○聖母領報　　　　　　小齋	初九	26	主日　大聖若瑟恩保
初八	26	聖蒙當	初十	27	聖師加尼爵
初九	27	☆○聖母痛苦聖達瑪瑟諾　　　　　　　　大小齋	十一	28	聖維達理
			十二	29	聖額彌良
初十	28	聖徐斯督	十三	30	聖女加達利納謝納
十一	29	聖枝主日　聖撒都祿			
十二	30	聖貴林			
十三	31	聖女巴庇納			

陰歷三月小	陽歷	五月大 聖母月	陰歷四月大	陽歷	六月小 耶穌聖心月
十四	1	心○聖斐理伯雅各伯宗徒　小齋	十六	1	聖斐林兵卒
十五	◎	聖雅達納雪	十七	2	聖瑪才祿
十六	3	主日　尋獲聖十字架	十八	3	真福柏伯多祿主教等致命
十七	4	聖婦莫尼嘉	十九	4	聖達將
十八	5	聖比約教宗	二十	5	心○聖博尼法爵主教致命　小齋
十九	6	聖額歐久　　　　　　　立夏	廿一	6	聖女保理納
二十	7	聖達尼老主教致命	廿二	7	主日　聖體瞻禮　聖羅伯德
廿一	8	○聖維克多　　　　　　小齋			芒種
廿二	9	聖海瑪斯聖保祿之徒	廿三	8	聖梅達多主教
廿三	10	主日　聖葛底盎	廿四	9	聖各隆佈
廿四	11	聖母為宗徒之后　　　大祈禱	廿五	10	聖茂林
廿五	12	聖雅喜略　　　　　　大祈禱	廿六	11	聖巴爾納伯
廿六	13	聖塞瓦久　　　　　　大祈禱	廿七	12	○耶穌聖心　公念補辱經　小齋
廿七	14	耶穌升天	廿八	13	聖安多尼
廿八	15	○聖女定伯納	廿九	14	主日　聖巴西留主教
		聖神降臨前九天敬禮首天　小齋	三十	15	聖維多致命
廿九	16	聖仁納丟	五月小	●	聖婦西理塔
四月大	●	主日　聖巴撒利斯修士	初二	17	聖尼岡德
初二	18	聖文南爵致命	初三	18	聖女保辣
初三	19	聖才勒斯亭	初四	19	○聖女西理亞納　　　　小齋
初四	20	聖伯爾納定	初五	20	聖諾瓦都
初五	21	聖斯內修	初六	21	主日　聖類思幼年主保
初六	22	○聖女儒理雅　小齋　小滿	初七	22	聖保林主教　　　　　夏至
初七	23	○望聖神降臨　　　　　小齋	初八	23	聖則納斯致命
初八	24	主日　聖神降臨　行奉獻禮	初九	24	聖若翰誕生
初九	25	聖瓦蘭爵	初十	25	聖維廉
初十	26	聖斐理伯攝理會祖	十一	26	○聖維吉留　　　　　　小齋
十一	27	聖師伯達　　　　夏季小齋	十二	27	聖辣第勞國王
十二	28	聖日爾曼	十三	28	主日　聖依勒乃
十三	29	○聖趣理祿　　　　　　小齋	十四	29	聖伯多祿及聖保祿宗徒
十四	30	聖斐第曩國王	十五	30	聖保祿宗徒紀念
十五	◎	主日　天主聖三			

陰歷五月小	陽歷	七月大	陰歷六月大	陽歷	八月大
十六	1	耶穌寶血	十八	1	聖伯多祿被救出獄
十七	2	聖母往見聖婦依撒伯爾	十九	2	主日 聖亞風削 首堂大赦
十八	3	心○聖夏清　　　　　小齋	二十	3	聖尼各德慕　　　　　末伏
十九	4	聖勞良	廿一	4	聖多明我會祖
二十	5	主日 聖佐雅	廿二	5	聖母雪殿
廿一	6	聖棠桂林	廿三	6	耶穌山上變聖容
廿二	7	聖女額第佈公主	廿四	7	心○聖嘉耶當會祖　　小齋
廿三	8	聖吉良主教　　　　　小暑	廿五	8	聖額彌良　　　　　　立秋
廿四	9	聖女維羅尼加	廿六	9	主日 聖維亞內
廿五	10	○聖庇亞諾　　　　　小齋	廿七	10	聖老楞佐六品
廿六	11	聖撒本	廿八	11	宗徒分行天下　聖女斐路梅納
廿七	12	主日 聖亞松耶穌之徒	廿九	12	聖女嘉辣
廿八	13	聖友仁	三十	13	聖伯爾各滿年幼主保
廿九	14	聖文都辣　　　　　　初伏	七月小	14	○聖嘉理主教致命 望日 小齋
六月大	●	聖恩理各國王	初二	15	聖母升天
初二	16	嘉梅爾聖母聖衣會瞻禮	初三	16	主日 聖若雅敬聖母之父
初三	17	○聖雅勒淑　　　　　小齋	初四	17	聖彌樓
初四	18	聖加彌祿臨終主保	初五	18	聖婦赫勒納皇后
初五	19	主日 聖味增爵會祖	初六	19	聖瑪良精修
初六	20	聖額利雅先知	初七	20	聖伯爾納多
初七	21	聖斐理將	初八	21	○聖婦若瓦納會祖　　小齋
初八	22	聖女瑪達利納	初九	22	聖谷尼縛
初九	23	聖女羅穆辣	初十	23	主日 聖伯尼久
初十	24	○聖女基德納 小齋 大暑 中伏	十一	24	聖巴爾多祿茂　　　　處暑
十一	25	聖雅各伯宗徒	十二	25	聖類思國王
十二	26	主日 聖婦雅納聖母之母	十三	26	聖則福林教宗
十三	27	聖茂祿致命	十四	27	聖盧福主教
十四	28	聖依諾增教宗	十五	◎	○聖奧斯定　　　　　小齋
十五	◎	聖女瑪爾達	十六	29	聖若翰致命
十六	30	聖賽能	十七	30	主日 聖女羅撒
十七	31	○聖依納爵會祖　　　小齋	十八	31	聖賴蒙

實踐信仰生活：1931 年的中國聖教年曆　163

陰歷七月小	陽歷	九月小　天神月	陰歷八月小	陽歷	十月大　玫瑰月
十九	1	聖母為憂者之慰	二十	1	聖類彌主教
二十	2	聖斯德望國王	廿一	2	心○護守天神　　　小齋
廿一	3	聖女瑟辣斐雅	廿二	3	聖女小德肋撒
廿二	4	心○聖女岡第達　　　小齋	廿三	4	主日　聖五傷方濟各會祖　本院長主保
廿三	5	聖維多林			
廿四	6	主日　聖女葛隆巴	廿四	5	聖葩齊多致命
廿五	7	聖伯多祿嘉維神父	廿五	6	聖佈諾會祖
廿六	8	聖母聖誕　　　白露	廿六	7	聖母玫瑰
廿七	9	聖陡樓德	廿七	8	聖女伯希達
廿八	10	聖內美相	廿八	9	○聖焦內爵主教　小齋　寒露
廿九	11	○真福董神父致命　小齋	廿九	10	聖方濟各博亞
八月小●	12	聖母聖名	九月大●	11	主日　聖母為耶穌之母
初二	13	主日　聖雅瑪都	初二	12	聖彌良主教
初三	14	光榮聖十字架	初三	13	聖額都瓦國王
初四	15	聖母七苦	初四	14	聖女福都納達
初五	16	○聖女額第塔　秋季小齋	初五	15	聖女德肋撒
初六	17	聖方濟各獲印五傷	初六	16	○聖母聖心　　　小齋
初七	18	○聖女索斐亞　　　小齋	初七	17	聖瑪嘉理達　聖婦赫德維
初八	19	聖尼祿	初八	18	主日　聖史路加
初九	20	主日　聖女蘇撒納	初九	19	聖伯多祿神父
初十	21	聖瑪竇宗徒	初十	20	聖文德林
十一	22	聖茂理致命	十一	21	聖女吳蘇辣
十二	23	聖理諾教宗	十二	22	聖婦撒樓梅
十三	24	聖母贖擄者　　　秋分	十三	23	○聖斯維林　　　小齋
十四	25	○聖格略法　　　小齋	十四	24	總領天神辣法額爾　霜降
十五	26	聖女西斯第納	十五	25	主日　耶穌帝王　行奉獻禮
十六	◎	主日　聖葛斯瑪及達彌盎致命	十六	◎	聖祿將　聖瑪將
十七	28	聖女留巴	十七	27	聖婦撒庇納
十八	29	總領天神聖彌厄爾	十八	28	聖西滿聖達陡二位宗徒
十九	30	聖熱洛尼莫	十九	29	聖納齊蘇主教
			二十	30	○聖祿嘉諾　　　小齋
			廿一	31	望日

陰歷九月大	陽歷	十一月小 煉獄月	陰歷十月小	陽歷	十二月大
廿二	1	主日　諸聖瞻禮	廿二	1	聖額理久主教
廿三	2	追思已亡　為煉靈求大赦	廿三	2	聖女俾比亞納
廿四	3	聖胡拜多主教	廿四	3	聖方濟各沙勿略
廿五	4	聖嘉祿主教	廿五	4	心〇聖女巴爾巴辣　　小齋
廿六	5	聖匝加利亞及聖婦依撒伯爾	廿六	5	聖伯多祿主教
廿七	6	心〇聖維諾固　　　　小齋	廿七	6	將臨第二主日　聖尼各老主教
廿八	7	聖協隆致命	廿八	7	聖盎博洛削
廿九	8	主日　聖嘉斯多　　　立冬	廿九	8	聖母無染原罪　行奉獻禮　大雪
三十	9	聖德多祿	十一月大	●	聖須祿主教
十月小	●	聖謨尼多	初二	10	聖歐瑟比梧主教
初二	11	聖瑪爾定主教	初三	11	〇聖達瑪蘇教宗　　　小齋
初三	12	聖狄達固	初四	12	聖海茂仁
初四	13	〇聖達尼老幼年主保　小齋	初五	13	將臨第三主日　聖女路濟亞
初五	14	聖維內琅督	初六	14	聖額庇瑪祜致命
初六	15	主日　真福雅拜多	初七	15	聖瓦勒良
初七	16	聖額德孟	初八	16	聖雅陛　　　　　冬季小齋
初八	17	聖女熱多達	初九	17	聖拉匝祿
初九	18	聖歐陛	初十	18	〇聖吳尼巴　　　　　小齋
初十	19	聖婦依撒伯爾公后	十一	19	聖女茂辣
十一	20	〇聖福利斯　　　　　小齋	十二	20	將臨第四主日　聖女塔西辣
十二	21	獻聖母於主堂	十三	21	聖多默宗徒
十三	22	主日　聖女則濟利亞	十四	22	聖法維盎致命
十四	23	聖格勒孟多教宗　　小雪	十五	23	聖賽維祿　　　　　　冬至
十五	24	真福徐多林主教等致命	十六	24	☆〇望耶穌聖誕　　大小齋
十六	◎	聖女加達利納致命	十七	◎	耶穌聖誕　　　　寬免小齋
十七	26	聖留納多	十八	26	聖斯德望六品　　開婚宴繁華
十八	27	〇聖若撒法　　　　　小齋	十九	27	主日　聖若望宗徒
十九	28	聖何都琅	二十	28	諸聖嬰孩致命
二十	29	將臨第一主日　禁止婚宴繁華	廿一	29	聖托斐謨
廿一	30	聖安德肋宗徒	廿二	30	聖撒比悌
			廿三	31	聖西勿斯德肋教宗　謝主一年之恩

第六章
建立新鄉樂園：
米幹神父在豫北的傳教事業

　　新鄉監牧區是河南九個傳教區中最晚成立者，[1](參見圖 6-1)於 1936 年正式自河南衛輝代牧區劃分出來，[2]首任監牧為米幹；[3]該區位於黃河北岸狹長地帶，面積約四千平方公里，轄區含新鄉、沁陽、修武、原武、獲嘉、武

---

[1] 河南天主教九個傳教區分別為南陽、衛輝(安陽)、鄭州、開封、信陽、歸德(商邱)、洛陽、駐馬店、新鄉；有關各傳教區的成立過程可見劉志慶，〈近代河南天主教九個教區的形成與發展〉，《中國天主教》，2005 年 2 期(北京，2005.03)，頁 42-43。

[2] 天主教傳教區的設立分成監牧區、代牧區及教區，一般先成立監牧區，再升級為代牧區，最後成為正式教區，其負責人分別為監牧、代牧、主教；相關說明見雷立柏編，《中國基督宗教史辭典》(北京：宗教文化出版社，2013)，頁 39、287-288、395。

[3] 1936 年 7 月 7 日教廷傳信部正式宣布自衛輝代牧區分出新傳教區，並任命米幹為新傳教區監牧，且新傳教區因米幹將住在新鄉而被稱之為新鄉傳教區；見"PIUS EPISCOPUS SERVUS SERVORUM DEI AD PERPETUAM REI MEMORIAM," Julii 7, 1936, No. 6679-6680; "Sacra Congregatio 'De Propaganda Fide' DECRETUM," Julii 7, 1936, No. 6681. 教廷另於 7 月 10 日致函聖言會羅馬總會告知此事，而總會長則於 7 月 13 日寫信通知當時人在中國河南正陽工作的米幹；見"Letter from SACRA CONGREGAZIONE 'DE PROPAGANDA FIDE' to Fr. Joseph Grendel," Luglio 10, 1936; "Letter from Fr. Joseph Grendel to Fr. Thomas Megan," Juli 13, 1936, No.6683.該信送達中國河南信陽傳教區後，是由侯(Thimo Ludwig Holzer,1895-1978)修士從上蔡騎自行車廿五英里送到正陽給米幹，見 Thomas Megan, "Reflections of a New Prefect Apostolic," *The Christian Family and Our Missions*, February 1937, p.54.

陟、封邱、陽武、孟縣、博愛、濟源、溫縣十二縣，[4](參見圖 6-2)全部人口約二百萬，其中有教友 10,012 人，占總人口約 0.5%。

　　事實上，新鄉傳教區早於 1933 年 9 月初，即有兩名聖言會士至該地，協助宗座外方傳教會的義籍神父在當地工作，以後陸續有其他聖言會士抵達，相繼投入各項教會事業。而後來擔任監牧的米幹曾於 1934 年初首度親臨新鄉傳教區，1936 年 7 月被任命為負責人，此後直至 1948 年 1 月返回美國、未能再重回中國為止，[5]前後任職不到十二年；這段期間，新鄉傳教區除第一年(1936-1937)為承平時期，其餘均屬戰亂階段，包括 1937 年 7 月盧溝橋事件後中國開始對日全面抗戰，1941 年 12 月珍珠港事件後二次世界大戰亞洲戰場(即太平洋戰爭)的爆發，到1945年二戰結束後又是國共對峙的內戰時期，新鄉傳教區可謂成長於戰火之中。尤其，二戰爆發後，傳教區為日軍占領，十餘名美籍會士被關進拘留營內，米幹則逃離傳教區，輾轉流亡於洛陽、西安等國民政府統治區內，協助維持義籍傳教士留下之各項教會工作，惟此後即被迫離開自己負責的新鄉傳教區，只能透過私下管道與仍留在當地的德、奧籍神父聯絡，以掌握傳教區內狀況。

　　大致而言，米幹擔任監牧不到十二年的新鄉傳教區，可概分為三階段，第一階段自 1936 年 7 月至 1941 年 12 月止(即從米幹正式被任命為新鄉監牧，到其因珍珠港事件後被迫離開新鄉傳教區為止，約五年半時間)，第二階段自 1941 年 12 月至 1945 年 8 月止(即從米幹離開新鄉傳教區，到二戰結束為止，約三年半時間)，第三階段自 1945 年 8 月至 1948 年 1 月止(即從二戰結束後，到米幹離開中國返回美國為止，約兩年半時間)。其中，第二階

---

[4] 新鄉傳教區自1936年設立，迄今近九十年，由於時空變化，該傳教區所屬十二縣之行政規劃經數次調整，目前原武與陽武兩地合併為原陽一個行政區，而焦作自修武分出成為單獨行政區。

[5] 米幹為徹底解決新鄉傳教區的財務問題，於 1948 年 1 月離開中國，2 月抵達美國，本規劃最遲於當年 9 月返回新鄉，然 7 月接獲聖言會羅馬總會長轉來之消息，即教廷禁止他再回到中國，只能留在美國工作；該史料見"Letter from Fr. Aloysius Kappenberg to Fr. Thomas Megan," Juli 15, 1948.詳細說明參見本書第七章第四節。

段因戰亂情況嚴重，相關數據與資料難以留存及統計，第三階段則因時間短暫，偶有零星資料，然無法掌握全貌，僅第一階段資料較為完整明確，因此本章主要呈現第一階段之成果，佐以部分第三階段內容，而第一階段亦被稱為是新鄉傳教區的「繁榮時期」，[6]實可呈現該傳教區代表性之傳教成果。全文共分三部分說明，首言傳教工作，次論人力資源，再述經費供給，冀呈現當時天主教聖言會在河南北部傳教工作之實況，並觀察戰亂環境下，傳教士如何面對複雜之國內外局勢以維持教會事業的繼續發展。

第一節　傳教工作

　　1936年9月，米幹正式在沁陽被祝聖為新鄉傳教區監牧後開始全心投入工作，首要問題是先購地建立教會據點，以便推行各項工作。由於沁陽地理位置偏西，難以全面照顧及快速聯絡到整個傳教區所屬各地，且交通不若新鄉便利，因此米幹就職後四個月內(1936.9-1937.1)不斷在新鄉城內外尋找適當土地；後來因較早來到該傳教區工作、對當地較為瞭解的大海之協助，首先於 1936 年購得城內西大街約六畝多土地及地上建築物八十餘間，次年(1937)又購買城外新開街約八十餘畝土地，欲將後者修建成主教座堂及神父居所後，即可將前者提供給協助教會進行各項工作的女修會使用。惟兩塊土地獲得過程均產生若干困擾，前者是被軍隊占用，待1937年7月軍隊離開，乃能真正為教會利用；後者則因賣方涉入訴訟糾紛，教會只能期望於 1938年徹底解決，以便於當年秋或次年(1939)春動工整建，至次年秋得正式使用。此外，米幹亦在封邱、沁陽等處購地，規劃作為教堂、女修院、醫院、學校及墓地等項目之用。[7]

---

[6] 劉志慶、尚海麗，《河南天主教編年史》(北京：宗教文化出版社，2012)，頁245。

[7] "Letter from Fr. Thomas Megan to Fr. Joseph Grendel," January 17, 1937; "Letter from Fr. Thomas Megan to Fr. Joseph Grendel," August 7, 1937, No.6687; "Letter from Fr. Thomas Megan to Fr. Joseph Grendel," November 8, 1937, No.6694; "Letter from Fr. Thomas Megan to Fr. Joseph Grendel," August 26, 1938, No.6699.有關在新鄉購置兩塊土地之面積數字

由於購地並非易事，教會往往對土地充分運用，土地面積無論大小均規劃多種用途。如新鄉城內購得之西大街土地，立教堂外，亦建女修院，另附設培育本地修女之學校；而新鄉城外購得之新開街土地，除為主教座堂及神父居所、辦公室外，後來亦陸續設立倉庫、藏經室、圖書館及學校、醫院等設施。[8] 又沁陽城內土地則有教堂、診所(後擴大為醫院)、女修院、育嬰堂、孤兒院及墓地，[9] 而其他位於武陟喬廟、原武王村、修武焦作之教會土地亦均屬多用途。如武陟喬廟土地上有教堂、學校、女修院、醫院；[10] 另據原武王村天主堂碑刻及老修女張君琪陳述，原武王村土地上有教堂、女修院、學校、育嬰堂和孤兒院；[11] 又經由曾任焦作教會學校教師孫漢臣之紀錄及繪圖，可知焦作教會土地上設有教堂、學校、教師宿舍、教堂醫院，甚至有球場。(參見圖 6-3)其中，教會學校名稱為四完校，實 1945 年秋由奧籍扈伯爾神父與捷克籍安貴祿(Max Exner,1906-1980)神父籌辦的明德學校；而教堂醫院則為安東醫院，屬 1946 年新鄉公教醫院成立後的分院之一。[12] 另據教堂碑

來自劉志慶、尚海麗編，《河南天主教資料輯注》(北京：宗教文化出版社，2011)，頁 387。

[8] 據曾住在教堂內的孫家福言：該土地上建有一座二層樓房，共廿六間房屋，樓房四角砌有基石，上刻「多默校舍」字樣，二樓有倉庫、藏經室、圖書館；見孫家福，〈我親眼目睹新鄉天主教會的幾件事〉，《新鄉文史資料》，11 輯，頁 140。又二戰結束後，該土地上又陸續成立完全中學(輔豫中學)、完全小學(輔豫小學)、公教醫院、護士學校(輔醫高級護士學校)。

[9] "Letter from Fr. Thomas Megan to Fr. Joseph Grendel," August 7, 1937.

[10] Thomas Megan, "A New Church for Chiaomiao," p.135.

[11] 「王村天主堂碑記」；張君琪口述、文戈整理，〈豫北最大的原陽王村天主堂〉，頁 133-134。

[12] 明德學校即今日的勝利小學，於 1952 年因時任焦作本堂司鐸的捷克籍司學藻(Nikolaus Schmaderer,1901-1997)神父被驅逐，轉由中共接收後改名為四完學校。有關教會學校及醫院名稱的說明可見當時人的文字紀錄：楊啟文撰文(未載時間，曾為明德學校學生)、曲秀珍撰文(1987.09.16，曾為勝利街街長)、谷榮耀撰文(2007.10.09，曾為明德學校學生)、劉仁安撰文(2007.10.10)、王金祖撰文(2011.04.11，撰文時七十二歲)。亦可參見方志資料記載：《焦作市郊區志》(北京：紅旗出版社，1993)，頁 406；《焦作市解放區教育志》(北京：方志出版社，1997)，頁 52-53。

刻及當地其他老人們回憶,當時焦作教會土地上還種植葡萄、設有酒廠,[13] 也將教堂西邊規劃為墓地區。[14]綜上所述,可知教會對土地之利用方式主要有三,即先建立屬信仰據點之傳教站,含教堂、神父住所、女修院及墓地等,接著設置屬「教人心」目的之各式學校教育場所,及成立屬「救人命」目的之診所、醫院、育嬰堂、孤兒院等社會救助機構。

首先就信仰據點而言,新鄉傳教區成立第一年(1936)便在七個縣設有傳教站,包括新鄉、沁陽、修武、原武、獲嘉、武陟、封邱;四年後(1940)更擴增陽武、溫縣、博愛三個據點,[15]即在此十縣之傳教站均常設神職人員,且不時輪流調動令其學習及適應各地之傳教工作,茲將三個不同年度之傳教士調度安排情形(參見表 6-1)及新鄉傳教區所屬各縣之教堂設置狀況(參見表 6-2)表列如下:

表 6-1　新鄉傳教區神職人員配置表

教會據點/年度/人員	1936	1940	1941
01.新鄉	米幹、大海	米幹、安貴祿、羅詩曼	米幹、吉思德(Heinrich Christ,1911-1980)神父
02.沁陽	楊森、范、科(Denis Coneys,1900-1986)修士	林慎白、雷義華(Andrew Raha,1907-?)神父	林慎白、雷義華
03.修武	孫士選(Clemens Shapker,1907-1964)神父	韓克禮、宰梯雲(Friedrich Zeitler,1908-1992)神父、范	宰梯雲、安貴祿
04.原武	傅相讓	甘維璽、何	甘維璽、包德曼、柯修士
05.獲嘉	甘維璽	小海	小海、司文德
06.武陟	包德曼	大海	大海
07.封邱	林慎白、小海	范、萬德華、希祿迪(Rüdiger Held,1912-?)神父	康建德(Siegfried von Kaler,1912-2008)神父、范

---

[13] 「河南焦作大聖若瑟堂碑刻」(2003.12.25,聖誕節立);楊啟文撰文。
[14] 楊玉珍撰文(2011.04.10)。
[15] "Prospectus Status Missionis: Praefectura Apostolica-1 Julii, 1940," No.6684.

08.陽武		孫士選、司文德	
09.溫縣		包德曼	萬德華
10.博愛		傅相讓	傅相讓

資料來源：Joseph Henkels, *My China Memoirs, 1928-1951*, pp.75、94-95、97; "Letter from Fr. Thomas Megan to Fr. Joseph Grendel ," July 6, 1940.

表 6-2 　新鄉傳教區各縣天主堂設置表

行政區	教堂地點(設置年份)
01.新鄉	七里營(光緒廿五年、1899)、南高村(1917)、[16]西大街(1937)、[17]新開街(乃主教座堂，1938)、後河頭(1938)、曲水(1938)、耿莊(1939)、李臺(1940)
02.沁陽	縣城(1934)
03.修武	縣城(光緒廿七年、1901)、[18]待王、焦作
04.原武	王村(1913)
05.獲嘉	中和、王官營、西碑
06.武陟	北大段(1939)、喬廟(1941)、小馬營、木栾店、程伊
07.封邱	縣城、牽馬臺
08.陽武	縣城、西河角延州、八里莊、劉庵
09.溫縣	西關、縣城、西宋莊、徐堡

資料來源：劉志慶、尚海麗編，《河南天主教資料輯注》，頁 387、393-395、424-430；馮廣斌，〈天主教在新鄉縣活動的歷史〉，《新鄉文史資料》，11 輯，頁 131；又資料中若干教堂興建時間有誤已作修正。

這些教會據點之信仰核心——教堂，有繼承以往之成果者，如原武王村教堂早於宣統三年(1911)即由義籍包神父參照外國教堂模式修建，1913 年正式落成，名為露德聖母堂。[19](參見圖 6-4)亦有米幹任內新修建者，如位於新鄉城內的後河頭教堂建於 1938 年、(參見圖 6-5)耿莊教堂建於 1939 年；(參

---

[16] 南高村教堂早於1917年由義籍費林清神父設立，然 1936 年米幹拆除舊房予以改建。

[17] 西大街教堂於 1944 年改為輔豫中學男生部用地後，該堂教徒之宗教活動遷至新開街教堂進行。

[18] 清光緒廿七年，有義籍白玉華(Gerardo Brambilla, PIME)神父至修武城內北大街路東建教堂。

[19] 「王村天主堂碑記」；又據此天主堂形成之老教友村情況可見 Thomas Megan, "When the Bishop Comes," p.100。

見圖 6-6)而位於新鄉城外的曲水教堂建於 1938 年，屬新鄉總堂之分堂，乃大海任本堂司鐸時建成；[20]李臺教堂則建於 1940 年，(參見圖 6-7)該地自 1938 年開教後，初期聚會常依附曲水或暫租民宅，兩年後才有所屬教堂。[21]綜觀這些教堂外貌，可知義籍傳教士興建之教堂為傳統哥德式建築，規模宏偉，而聖言會士新建之教堂外觀較為樸實。事實上，米幹為使天主教信仰本地化，更於 1941 年在武陟喬廟興建具中國風格之教堂，[22](參見圖 6-8)該教堂與同樣位於武陟的小馬營教堂，(參見圖 6-9)有著截然不同的外觀呈現。

有關教會創辦的學校教育場所可分三類型，即一、培育神職人員、修女或貞女，二、培育投入教會事業的俗人，包括傳教員、教師、護理人員等，三、為接受天主教信仰者成立的道理班、祈禱學校等。其中，位於新鄉城內西大街天主堂的多默女子保守學校即為第一類型之代表，該女子學校乃米幹任新鄉監牧後的首個學校，校名來自其聖名，專門培育本地修女、貞女。據曾在該校就讀的兩位修女劉貞邦、王秀琴回憶：

> 招收的學生必須是天主教徒，未婚的女子才有入學資格，1936 年招收學生十餘名，1938 年該校學生有七八十人。……該校除了學習中學的語文、數學、英語、地理、歷史等文化課外，主要學習新經、古經、要理大全、教史等宗教知識。……強調靜心修養，不許接觸外人和對外通信，出入則必須二人以上同行。教學費用由教會撥給，學生生活費用由家長供給。畢業後合格者為修女，終身獻身於教會，分配到新鄉教區所轄各堂口，作傳教工作。

---

[20] 「新鄉總堂曲水分堂建堂紀念碑」(1938.06.01.)，見《新鄉文史資料》，11 輯，頁 279。

[21] 「李臺建築比約聖堂紀念碑」(1940.05.05，比約瞻禮立)。

[22] Thomas Megan, "A New Church for Chiaomiao," p.135.事實上，喬廟的中式教堂是個新嘗試，日後更期望發展教堂的中式繪畫、音樂、儀式等內容；見"News from 'Paradise'," p.231; Thomas Megan, "Optimists by Choice," p.171.

上述兩位修女均為原武人，曾分別入王村天主教小學、領洗學校，受教於貞女李世蘭，1938 年隨老師到新鄉城內入多默女子保守學校，當時校長是美籍的羅詩曼，1942 年後政治情勢轉變，新鄉傳教區各堂口及學校均改由德、奧籍神職人員負責，女子學校校長亦換成德籍的吉思德；而 1944 年學校因戰爭破壞，先後遷往獲嘉中和、修武縣城教堂，至 1945 年即停辦。[23]

　　而為培育投入教會事業人才的各式俗人學校如傳教員學校、小學校、中學校、護士學校，及為接受天主教信仰者而成立的道理班、祈禱學校等，亦於米幹就職後不到一年即展開，如 1937 年修武已有專門培育婦女及孩子的傳教員學校，並規劃當年秋在新鄉亦開始此種學校，至 1938 年則開辦男傳教員學校；[24]培育信仰者的道理班亦持續推動，惟1938 年 2 月日軍占領新鄉後，道理班的進行即面臨若干阻礙。[25]事實上，因戰爭破壞及影響，諸多規劃之教育工作實難全面而徹底地推行，僅能勉強維持現有成果，因此，需要更多資源及條件配合的完整小學校(含初小、高小兩部分)、完整中學校(含初中、高中兩部分)及護士學校之開辦，均待二戰後期或戰爭結束後乃能真正展開，如新鄉於 1944 年成立輔豫中學、1946 年成立輔豫中學附屬小學(1947 年正式更名為輔豫小學)，及 1947 年成立的新鄉史上第一所培育護理人員之專門學校——輔醫高級護士學校，該校實為配合 1946 年成立的新鄉公教醫院之護理人員需求而開辦的。惟即便如此，新鄉傳教區於成立的前五年，在屬基礎教育設施的道理班、祈禱學校及小學校方面，仍有相當成果，茲將相關數據表列如下：

---

[23] 劉貞邦生於 1923 年、王秀琴生於 1919 年，兩人回憶資料形成於 1999 年 12 月 14 日，見劉貞邦、王秀琴口述、馮成勛整理，〈兩位天主教修女的回憶〉，《新鄉文史資料》，11 輯，頁 126-127。

[24] "Letter from Fr. Thomas Megan to Fr. Joseph Grendel," August 7, 1937.

[25] "Letter from Fr. Thomas Megan to Fr. Joseph Grendel," February 20, 1938, No.6698.

表 6-3　新鄉傳教區基礎教育設施統計表(1936-1941)

項目/年度(年份)/數量(所/總人次、平均)	第一年度 (1936-1937)	第二年度 (1937-1938)	第三年度 (1938-1939)	第四年度 (1939-1940)	第五年度 (1940-1941)	總計 平均
道理班	20/800 40	14/795 56.8	12/1,075 89.6	23/2,431 105.7	25/2,020 80.8	94/7,121 75.8
祈禱學校	80/1,103 13.8	76/1,076 14.2	76/1,175 15.5	94/1,632 17.4	93/1,497 16.1	419/6,483 15.5
小學校	15/679 45.3	12/594 49.5	14/300 21.4	59/1,838 31.2	60/1,991 33.2	160/5,402 33.8

說明：表中原始數據來自本書第七章表 7-1，惟配合此處行文需要，另加上統計數字予以分析闡釋。

從表中數字可知，五年來新鄉傳教區無論是培育信仰者的道理班、祈禱學校，或培育投入教會工作的俗人小學校均有成長，雖然其成長過程並非持續平穩，惟整體發展趨勢是往上增加的。

至於教會負責的社會救助事業，最早是設在沁陽的聖心診所(Sacred Heart Dispensary)，由米幹邀請聖神婢女會四個修女協助經營，惟診所起初不受關注，開業半年，僅偶有最貧困者登門求助，但神父與修女們不放棄希望，接著又開辦孤兒院。後來，因中國對日全面抗戰，沁陽北部遭日軍侵入，小民百姓無以為生，群眾只能依靠教會為庇護所，於是人們開始接觸教會，並逐漸對教會產生信心。[26]據當時負責聖心診所的孫炳善(Josephine Riesselmann Sponsata,1897-1977)修女言：日軍占領該地不久，診所就來了第一批的難民與傷者，救助工作往往令醫護人員忙到晚上十二點，但「我們必須幫助那些可憐的人──他們面對著生命的危險」。[27]

其後，來自美國的聖方濟服務醫療會(Hospital Sisters of St. Francis)之醫療專業修女四人，亦加入傳教區中的醫療工作，另外在新鄉及原武王村負責

---

[26] Thomas Megan, "The Sisters Changed the Town," pp.418-419.又最早來沁陽診所的修女之一即為孫炳善修女，見 Thomas Megan, "Honan in War-Time," p.447.

[27] Assunta Volpert, *Ein Rebenhang im wahrea Weinberg*, Steyl 1951, pp.227-229；引自雷立柏編譯，《聖神會在華 1905-1955 年》(未出版打字本，2001)，頁 43。

兩個診所，[28]令傳教區內醫療診所數量擴增為三個，可對需要者提供更適當之服務。據統計資料可知，新鄉傳教區前三年(1936-1939)、由一個診所負責的醫療照護人次分別為 31,317、28,131、36,214，而第四年(1939)開始，加入另外兩個診所後的醫療照護人次成長到 42,827，第五年(1940)更增至 47,742，[29]可見傳教區醫療服務數量之增長。

事實上，這些數字僅供參考，難以真正顯示當時在傳教區內確切之照護情形，因無論戰亂或承平，不管是否在醫療診所或孤兒院內，天主教會在傳教區各地之正式或非正式的社會救助工作從未中斷，如米幹早於信陽傳教區服務期間，即曾與王金鏡合力救助在教堂外被凍到幾近死去者，[30]而在新鄉傳教區內工作更不時面對嬰孩被販售或棄置教堂外等待救援之事，[31]這些均屬不列入記錄之服務成果。同時，數個診所外之其他教堂進行之各式醫療照護行為亦不載入統計數字，也無法獲知實際狀況。[32]

---

[28] "To 'Paradise' and Back," *The Christian Family and Our Missions*, April 1940, pp.127-128; Thomas Megan, "Sinsiang Steps Forward!" p.207. 又來自聖方濟服務醫療會的四個修女分別為 Sr. Clementia、Sr. Agnes、Sr. Albertine 及 Sr. Engleberta. 此外，兩個診所分別為接管位於新鄉的王大夫醫院(Dr. Wang's Hospital)及原武王村的永援聖母診所(Our Lady of Perpetual Help Dispensary)。又王大夫醫院即國光醫院，由出生河南汲縣的醫師王豐(又名王國寶，1895-1987)於 1933 年建於新鄉柘榴園街西口路南；相關說明參見田玉生，〈懷念王國寶大夫〉，《紅旗區文史資料》，2 輯(1989.04)，頁 95-98。

[29] 相關數據與詳細資料參見本書第七章表 7-1。

[30] Thomas Megan, "In the Nick of Time," *Our Missions*, July 1927, pp.151-152; Thomas Megan, "Just in Time," *Our Missions*, July-August 1929, p.163.

[31] 米幹曾數次撰文提及中國嬰孩被販售或棄養情形，參見：Thomas Megan, "Pagan Babies," *The Little Missionary*, December 1937, p.81; Thomas Megan, "Heathen Baby," *The Little Missionary*, June 1938, p.220; Thomas Megan, "I Rescue an Infant," *The Little Missionary*, January 1940, p.105.

[32] 如據訪查資料可知：屬修武的焦作教堂會提供貧困者免費就學、醫療照護等服務；見谷榮耀撰文、張英撰文(2011.04.01，曾為明德學校學生)。

第二節　人力資源

最早在新鄉傳教區工作的聖言會士是 1933 年 9 月抵達的美籍大海與德籍林慎白兩人,當時該地仍屬宗座外方傳教會林棟臣(Martino Chiolino,1877-1948)神父負責的衛輝傳教區,[33]至 1933 年底止,該區又先後有三名美籍聖言會士,即包德曼、甘維璽及傅相讓到達,而米幹則於次年(1934)的中國舊曆新年期間來到新鄉傳教區,與已在當地的五名會士共同進行為期八天的靈修活動。(參見圖 6-10)

1936 年 7 月新鄉傳教區正式從衛輝傳教區分出,原屬宗座外方傳教會的義籍傳教士全部撤離,米幹於 9 月被祝聖為監牧後即全力展開各式工作。為有效進行傳教工作,米幹不斷寫信給羅馬總會長 Joseph Grendel(1878-1951)神父,希望有更多人力投入這個「樂園」中,如其任職僅四個月,便在 1937 年 1 月的信中言:

> 目前,我們嚴重地欠缺人手,而這裡的神父真是做了英雄的事,他們一個人做兩個人的事,但每個人都工作的很快樂並竭盡其力。我們深切期望在秋天時,可以有來自泰克尼的三或四個人派到此地,……,當高懷慈神父在這裡時,我也要求他至少派三至四個人到這裡來,若不如此,我不知道該如何進行工作。……,如果泰克尼可以在今年秋天派來三或四個美籍神父到河南,我們就可以迎頭趕上我們目前已進行的工作。……除神父外,我們還需要一個經過特別訓練的修士。在中國的修士需要負責交易及其他困難事項,而我們確實需要一個修士來處理書籍及辦公室事務。[34]

信中提到的高懷慈(Franz Kowaczek,1901-1980)當時服務於河南南部的信

---

[33] "Bericht der Sinsiang-Mission für das Jubiläumsbuch 1950," p.1.
[34] "Letter from Fr. Thomas Megan to Fr. Joseph Grendel," January 17, 1937.

陽傳教區，亦擔任聖言會河南區會長，[35]參與河南聖言會士各項工作；由此可知，米幹不僅向聖言會總會長要求派遣從美國來的新會士到新鄉傳教區，亦期望聖言會河南區會長調派已在中國工作、具實務經驗之聖言會士轉至新鄉傳教區服務。

尤其，1938年2月日軍正式進占新鄉城後，為協助更多需要救助之平民百姓，及應付日軍之挑釁行為，教會工作進行地愈為艱辛困難，米幹亦在信中要求總會提供更多人力資源，且最好美籍與歐洲籍(主要是德籍)神職人員各半，以便互相調度支援，並表示「在新鄉傳教區沒有國籍問題，我們都是生活在如兄弟般和諧氣氛中的德國人及美國人，彼此互相協助」，[36]且德籍神父在被日軍占領的傳教區內確實可協助應付與日軍相關之各項事務；[37]因此，米幹曾表示：要「感謝天主及我們修會的國際性」，讓不同國籍的傳教士能合力維持傳教工作的進行，並保住被日人掌控下新鄉傳教區之教會財產。[38]

事實上，由於戰亂影響，聖言會原本預定派往甘肅等較偏中國西部地區服務的傳教士，後來多人停留在河南新鄉傳教區工作，難以再往西前進，致新鄉傳教區神職人員之國籍人數比例發生極大變化，即不再如初成立般實以美籍會士為大宗，而成為以歐洲籍，特別是德籍傳教士為主流，此種情形直到二戰結束後，乃至內戰時期都未再改變。茲將曾工作於新鄉傳教區之聖言會士表列如下：

表 6-4　新鄉傳教區聖言會士表(1933-1949)

序號	姓名	國籍	生卒年份	到中國(地點)/新鄉年份
01.	海義廉(大海)神父 Fr. Peter Heier+	美	1895-1982	1926(河南信陽)/1933
02.	林慎白神父 Fr. Fritz Linzenbach	德	1904-1981	1931(河南信陽)/1933

---

[35] "Letter from Fr. Thomas Megan to Fr. Joseph Grendel," April 17, 1935.

[36] "Letter from Fr. Thomas Megan to Fr. Joseph Grendel," February 20, 1939.

[37] "Letter from Fr. Thomas Megan to Fr. Joseph Grendel," July 6, 1940.

[38] Thomas Megan, "Profit and Loss: On the Books of a War-Torn China Mission," *The Christian Family and Our Missions*, May 1944, p.134.

03.	包德曼神父 Fr. Theodore Bauman+	美	1899-1980	1925(河南信陽)/1933
04.	甘維璽(柯)神父 Fr. Bernard Kowalski+	美	1904-1975	1932(北平)/1933
05.	傅相讓神父 Fr. George Foffel	美	1898-1992	1929(河南信陽)/1933 1945 離會
06.	楊森神父 Fr. Joseph Jansen+	美	1892-1966	1924(河南信陽)/1934
07.	孫士選神父 Fr. Clemens Shapker	美	1907-1964	1933(河南信陽)/1934
08.	范(伏)神父 Fr. Joseph Fontana+	美	1907-1958	1935(河南新鄉)/1935
09.	海義節(小海)神父 Fr. Francis Heier+	美	1906-1991	1935(河南新鄉)/1935
10.	科修士 Br. Denis Coneys+	美	1900-1986	1935(河南新鄉)/1935
11.	米幹神父 Fr. Thomas Megan	美	1899-1951	1926(河南信陽)/1936
12.	雷義華(羅)神父 Fr. Andrew Raha	美	1907-?	1936(?)/1936 離會
13.	韓克禮神父 Fr. Joseph Henkels+	美	1901-1997	1928(河南信陽)/1936
14.	宰梯雲神父 Fr. Friedrich Zeitler	德	1908-1992	1936(山東)/1937
15.	安貴祿(艾)神父 Fr. Max Exner	捷克	1906-1980	1936(山東)/1937
16.	羅詩曼神父 Fr. Lloyd Peter Rushman+	美	1905-1956	1933(北平)/1937
17.	侯修士 Br. Thimo Ludwig Holzer	德	1895-1978	1924(河南信陽)/1937
18.	雷修士 Br. Symmachus Heinrich Rennert	德	1909-1945	1937(山東)/1938
19.	萬德華神父 Fr. Edward Wojniak+	美	1909-1983	1937(山東)/1938
20.	何神父 Fr. Arthur Haines	美	1908-1985	1937(山東)/1938
21.	司文德神父 Fr. Joseph Stier	美	1911-1979	1938(山東)/1940
22.	康建德神父 Fr. Siegfried von Kaler	奧	1912-2008	1938(山東)/1940
23.	謝迪我神父 Fr. Johann Rüthers	德	1912-2000	1939(河南信陽)/1940
24.	蕭重道神父 Fr. Richard Haas	德	1911-1949	1939(山東)/1940
25.	吉思德神父 Fr. Heinrich Christ	德	1911-1980	1940(山東)/1940
26.	希祿迪(賀)神父 Fr. Rüdiger Held	奧	1912-?	1940(北平)/1940 離會
27.	葛神父 Fr. Wilhelm Georgi	德	1913-?	1940(山東)/1940 離會
28.	姚啟明(任)神父 Fr. Jakob Jakobs	德	1909-1973	1938(山東)/1941
29.	扈伯爾神父 Fr. Franz Huber	奧	1912-1994	1939(山東)/1941
30.	文直芳(衛)神父 Fr. Ludwig Woltering	德	1911-1988	1939(山東)/1941
31.	艾神父 Fr. Lawrence Archey+	美	1910-1988	1940(北平)/1941

32.	柏神父 Fr. Bernhard Polefka	波蘭	1910-1942	1940(山東)/1941
33.	舒德神父 Fr. Johann Schütte	德	1913-1971	1940(山東)/1941
34.	魏神父 Fr. Dominic Wittwer	波蘭	1898-1980	1928(河南信陽)/1942
35.	德(特)神父 Fr. Peter Theodor	德	1911-2007	1941(山東)/1945
36.	包類思神父 Fr. Alois Baumeister	德	1910-1986	1937(山東)/1945
37.	福光治(楊)修士 Br. Flodobertus August Mrugalla	波蘭	1892-1967	1929(山東)/1946
38.	楊善策神父 Fr. Gustav Blank	德	1910-1987	1939(山東)/1946
39.	邢范濟神父 Fr. Franz Eichinger	德	1910-1992	1940(山東)/1946
40.	柏孝思(博)神父 Fr. Adalbert Pochowski	德	1907-1955	1936(山東)/1948
41.	司學藻神父 Fr. Nikolaus Schmaderer	捷克	1901-1997	1928(山東)/1949

資料來源：1.時人回憶錄與著作: Joseph Henkels, *My China Memoris, 1928-1951*, pp.73-78、83; Edward J. Wojniak, *Atomic Apostle: Thomas M. Megan, S.V.D.*, pp.93-96.
2. 米幹寫給聖言會羅馬總會長信件: "Letter from Thomas Megan to Fr. Joseph Grendel," January 17, 1937; "Letter from Thomas Megan to Fr. Joseph Grendel," March 3, 1940; "Letter from Fr. Thomas Megan to Fr. Joseph Grendel," December 17, 1940.
3. 後人編寫著作：雷立柏編著，《聖言會在華 1879-1955 年：編年史、地方志、人物列傳》，頁 225、255、184、249、209-210、239、288-289、210、225、200、259-260、273、226-227、312、207、278、233、274、310、223、292、240、278、222、198、226、238、235、310-311、182、272、287、296、214、310、184-185、280、264、189、205-206、272；龐紀淑貞記述，《扈伯爾神父生平小史》(未載出版項，1991)，頁 1；劉志慶、尚海麗，《河南天主教資料輯注》，頁 395-397、417。又表中編號 27、35、41 者到新鄉工作的時間有不同記載，惟不影響文中統計結果之分析說明，見雷耀漢編，《魯南公教人物考(1879-1949 年)》，頁 153、100、143。

說明：「+」表葬於美國芝加哥泰克尼墓園的會士。

　　從表中可知，自 1933 年聖言會士初至新鄉傳教區工作開始，至 1938 年日軍進占新鄉為止，不到五年時間內，曾在新鄉傳教區工作之傳教士共二十名，其中，僅五人為歐洲籍，包括四個德籍及一個捷克籍，即美籍傳教士比例高達 75%；然 1940 年以後至 1949 年為止，約十年內，再陸續至新鄉傳教區服務之廿一名傳教士，僅兩人為美籍，且均於 1941 年以前到達新鄉傳教區內，因珍珠港事件爆發後，美籍神職人員仍留在新鄉傳教區者即遭逮補而關進拘留營裡；其餘十九個均屬歐洲籍，其中，德籍十二人、奧籍三人、波蘭籍三人、捷克籍一人，即美籍傳教士占比不到一成(9.5%)，德籍傳教士比例則從以往的 20%，上升到 57%。

此種變化固然導因抗戰、二戰及內戰因素無法避免，然對傳教區最初經營出的「新鄉樂園(Paradise of Sinsiang)」團隊氛圍而言，或許仍不免有若干影響。因新鄉傳教區的美籍會士均孕育自聖言會美國省會位於伊利諾州芝加哥的泰克尼神學院，與米幹乃前後期的學長、學弟關係，同一學習背景出身的結果是，彼此工作時默契十足且合作愉快；米幹自己即於 1937 年寫信對羅馬總會長表示：在新鄉樂園工作的夥伴們，大部分是他在學生時代就認識的朋友，因此很瞭解這些成員，「他們是優秀的、快樂的、虔誠的人，且在傳教站內工作勤奮」，所以，「我非常滿意目前在這裡的神父們，也希望他們能滿意我」。[39]

又據 1938 年到達新鄉傳教區服務的萬德華形容當時他所見到、由米幹領導的十五人工作團隊，包括十個美籍(含九個神父及一個修士)、四個德籍(含二個神父及二個修士)、一個捷克籍神父之整體情形，萬德華描述這十五人各有專長，乃米幹不可缺少的工作伙伴，各自被賦予不同性質之工作，且彼此間交情好到每人均各有簡稱、暱稱或綽號，如與米幹同年或較年長的四名美籍神父，分別為：一、來自北達克他(North Dakota)州的大海(被稱為「Hap」)，是對米幹最具影響力的人，其個性安靜、屬幕後工作者，善於規劃說明，與擅長行動及實踐的米幹可互相配合；二、來自伊利諾州的楊森(被稱為「Shorty」)，他身高達六呎四吋(約 193 公分)，總是讓人仰望，但他大概是傳教站裡最被人喜愛的一個，大家都視他為和善、仁慈及耐性的代表，而他也被米幹選為個人的聽告解者及重要的建議者；三、來自俄亥俄(Ohio)州的包德曼(被稱為「Teddy」)，身體強壯得令人印象深刻，他是伐木者、木匠、電器技師及油漆匠，對新鄉樂園中的建築、修理及裝飾方面貢獻心力；四、來自愛荷華州的傅相讓(被稱為「Foff」)，其曾通過中國本地考

---

[39] "Letter from Fr. Thomas Megan to Fr. Joseph Grendel," January 17, 1937.

試，有資格為人看病，也被人們視為醫生，他自己建立一機動診所在鄉村巡迴醫病，該診所有完整牙科醫療設備，甚至附腳動鑽孔機，他同時也是個聰明的議價者，能夠應付中國商人，即使是米幹都說，「在傅神父面前我甘拜下風，他是聰明的！」

至於較米幹年輕的五名美籍神父，即一、來自愛荷華州的韓克禮(被稱為「Joe」)，他曾在北平輔仁大學任代理校務長職，[40]乃新鄉樂園的機械師，能利用舊盒子製成短波收音機，負責傳教站的音樂、新聞報導及遠距廣播事項，米幹稱他為「老好人」，因為他從不拒絕給別人好處；二、來自威斯康辛(Wisconsin)州的羅詩曼(被稱為「Rush」)，曾在北平輔仁大學教書，特色是聰明、自我犧牲且與人合作，得到米幹的敬重，他本來習慣學校生活，但發現新鄉樂園中有非常粗糙的事，有時必須如中國人所說的「吃土」，他也絕不抱怨，每天作他該作的事；三、小海(被稱為「Bucks」)，是大海的弟弟，由於他的興趣在機械方面，曾為米幹開辦幾個診所，和韓克禮一樣是機械師，可以在幾小時內將機車分解、清洗乾淨、修復，再組合回去，令人佩服；而來自伊利諾州的甘維璽(被稱為「Benny」)及范神父(被稱為「Fanny」)，兩人均為米幹絕佳的經費籌措者。

另有三名歐洲籍神父，即德籍林慎白(被稱為「Lin」)、宰梯雲(被稱為「Fritz」)，與捷克籍的安貴祿(被稱為「Max」)，三人均為新鄉樂園的重要成員，如米幹因林慎白之專業能力而賦予他擔任製圖者、總承包人及建築者等重要工作；並誇讚林慎白英語能力很好，與美籍神父相處融洽。[41]此外，三名修士在新鄉樂園裡也扮演一定角色，其中，經由兩名德籍修士(侯修士、雷修士)的努力監工，新鄉樂園的三座教堂及十五個聖堂得以在短短三年內順利完成；而美籍科修士來自伊利諾州，被米幹賦予秘書及辦公室經理工作，也被米幹認為是一個有效率的「Din(嘮嘮叨叨者)」，其實他們有許

---

[40] 北平輔仁大學設有校務長一職，該職並非校長亦非教務長，乃專門負責學校經費的修會代表，由外國神職人員擔任；見柯博識著，袁小涓譯，《私立北京輔仁大學 1925-1950：理念、歷程、教員》，頁297。

[41] "Letter from Fr. Thomas Megan to Fr. Joseph Grendel," January 17, 1937.

多相似處，如兩人都是愛爾蘭裔、被人譏笑是紅髮山羊，且理著平頭。[42]

從萬德華詳細地記載中，實可清楚觀察出新鄉傳教區之和諧工作氛圍，而此或許就是該傳教區成立後不久即發展迅速，且參與其中者始終難以忘懷此段「新鄉樂園」傳教經歷的重要原因之一。[43]

除向聖言會總會請求調派神父、修士投入新鄉傳教區工作外，米幹還親自協調不同女修會到傳教區來共同推動學校教育、診所醫療等事項。由於聖神婢女傳教會與聖言會均屬楊生創立之修會，[44]因此，最早與米幹合作的女修會就是聖神婢女傳教會。當時，該女修會有四人在沁陽負責診所事務，是新鄉傳教區最早投入醫療工作者，然聖神婢女傳教會自 1905 年至中國服務，其主要工作重心在山東，能夠到河南貢獻心力的人手頗為有限，且河南又分南部信陽與北部新鄉兩個傳教區，後來在沁陽的四個修女中有一人必須轉至信陽傳教區工作，[45]致新鄉傳教區內的醫療照護無法配合預定進度。為確實掌握相關工作之進行，米幹只能多方聯絡不同女修會，派更多人手到新鄉傳教區各傳教站協助傳教事業；當時，米幹主要求助於兩個美國女修會，即主顧傳教修女會(Missionary Sisters of Providence)與聖方濟安貧小姊妹會(The Little Sisters of the Poor of St. Francis)，前者致力協助學校工作，後者則負責醫療事務；[46]米幹也希望能請到國籍女修會聖家獻女傳教會(Missionary Sisters Oblates of the Holy Family，簡稱 OHF、聖家會)修女之加入工作；[47]而

---

[42] Edward J. Wojniak, *Atomic Apostle: Thomas M. Megan, S.V.D.*, pp.93-97.

[43] 不論是萬德華或韓克理在數十年後回首自己的傳教生涯時，最難以忘懷的，仍是那段在「新鄉樂園」中的刻骨銘心歲月；參見：萬德華，〈我在河南傳教的經驗〉，頁49-51; Joseph Henkels, *My China Memoirs, 1928-1951*, pp.vi、73-103.

[44] 楊生於 1875 年在荷蘭史泰爾創立男修會聖言會，1889 年創立女修會聖神婢女傳教會。

[45] "Letter from Fr. Thomas Megan to Fr. Joseph Grendel," August 7, 1937.

[46] "Letter from Fr. Thomas Megan to Fr. Joseph Grendel," November 8, 1937.

[47] 當時聖家獻女傳教會在河南已建立出一間訓練國籍婦女及啟發其聖召之女修院和學校，並可與聖言會神父合作；見 Dominic Wittwer, "Catholic Women: China's Hope," p.229.

後來經由聖言會羅馬總會長的居間聯繫，願意加入新鄉傳教區新設立之醫療診所工作者，乃母院在美國伊利諾州春田(Springfield)市的聖方濟服務醫療會之醫療專業修女。[48]至於與各個女修會之實際合作模式：往往是男修會提供土地與房子，而學校、醫院財政則歸女修會自理；當然，神父也要為修女們提供信仰服務。[49]

第三節　經費供給

據目前所能掌握的檔案資料記載，新鄉傳教區前三年度(1936-1939)及第五年度(1940-1941)收支情形如下表：

表 6-5　新鄉傳教區收支經費表

項目/年度(年份)/經額(比例)	第一年度(1936-1937)	第二年度(1937-1938)	第三年度(1938-1939)	第五年度(1940-1941)
一、收入					
1.美國省會彌撒津貼	10,500.00 (15.49%)	12,620.00 (17.24%)	15,360.00 (13.91%)	2,916.00 (20.06%)
2.羅馬教廷補助	25,425.11 (37.52%)	13,692.79 (18.71%)	19,083.00 (17.28%)	4,714.02 (32.44%)
3.教徒奉獻	31,833.52 (46.98%)	41,870.10 (57.21%)	61,561.72 (55.75%)	4,401.17 (30.29%)
4.其他		5,000.00 (6.83%)	14,410.28 (13.05%)	2,500.00 (17.20%)
總額	67,758.63	73,182.89	110,415.00	14,531.19
二、支出					
1.教務支援	5,958.62 (13.78%)	6,000.00 (9.34%)	9,500.00 (8.76%)	1,800.00 (7.94%)
2.傳教站支援	16,250.53 (37.6%)	23,608.00 (36.78%)	27,300.00 (25.18%)	10,494.00 (46.28%)

---

[48] "Letter from Fr. Thomas Megan to Fr. Joseph Grendel," February 14, 1939, No.6706; "It's 'Paradise' for Sure Now!" *The Christian Family and Our Missions*, May 1939, p.170.

[49] "Letter from Fr. Thomas Megan to Fr. Joseph Grendel," August 7, 1937; "Letter from Fr. Thomas Megan to Fr. Joseph Grendel," February 14, 1939.

3.收購動產、不動產及建築物	20,289.85 (46.95%)	33,600.00 (52.35%)	700,15.00 (64.58%)	9,800.00 (43.22%)
4.其他	715.00 (1.65%)	975.00 (1.51%)	1,600.00 (1.47%)	577.70 (2.55%)
總額	43,214.00	64,183.00	108,415.00	22,671.70

說明：表中原始數據來自本書第七章表7-2，惟配合此處行文，另加上統計數字予以分析闡釋。

由上表可知，新鄉傳教區在收入方面主要有三個來源，即美國省會彌撒津貼、羅馬教廷補助及教徒奉獻；其中，以教徒奉獻比例占大多數，尤其是美國教友的貢獻，此實因新鄉傳教區係以美籍傳教士為主，且美籍傳教士為建設「新鄉樂園」之各項設施，亦往往求助故鄉親友之經費支助。米幹於新鄉傳教區成立的次年(1937)撰文提及傳教區首年建設情形時，曾言：

> 我們已投入不少金錢在工作上，家鄉親友們寄來了他們的捐獻為蓋聖堂、為傳教員、為學校、為窮人、為饑餓及受凍者。我們利用這些錢，每一分錢都用在指定工作項目上。如同任何一個良好組織必備的，在羅馬的傳信部要求我們作年度報告說明我們是如何使用經費的，而我們的年度摘要已寄至當局。這份報告書令所有人滿意，我們將要展開新的一年。[50]

米幹亦於 1939 年末撰文指出：「我們在這裡的許多工作需要家鄉教會朋友的協助，若沒有家鄉親友的持續支助，我們諸多努力將會失敗，而不論是在這裡或家鄉都有充份理由感覺到被鼓舞，因為我們在這裡得到了家鄉親友道義及財務上的支持」；也因此期許在新的一年(1940)，新鄉傳教區的各項工作得以繼續不斷地往前推進。[51]由此可知，美籍傳教士的家鄉親友對該

---

[50] Thomas Megan, "Progress in 'Paradise'," *The Christian Family and Our Missions*, March 1938, p.88.

[51] Thomas Megan, "Sinsiang Steps Forward!" p.207.

傳教區各項建設工作的支持與付出。

另據傳教區內教堂落成碑刻的文字記載，亦可見兩者間之關連性，如1938年建成之曲水教堂，本堂司鐸大海於落成碑刻上曾言，該堂「乃轉請美國牛伯爾女士，慷解義囊」完成的，而牛伯爾欲以此舉紀念已亡故之父母親(聖名若瑟、巴爾巴拉)。[52] 又1940年落成之李臺教堂，該地全體教友於落成碑刻上明載，該教堂係經由米幹而獲「美國比約團員，女士共十四位，款項盡數負擔」，故「聖堂取名比約，意係飲水思源」，並對「募款認捐恩人，祈主賜以永安」。[53]

此外，米幹曾於1939年派包德曼回美國募款，以籌建武陟喬廟的傳教站，[54] 亦於1940年委請已因病返美休養的楊森，在美期間進行非正式的募款工作，以籌措新鄉傳教區之建設經費。[55] 事實上，隨著傳教區內不時發生的天災致庶民百姓難以為生，米幹往往必須寫信回美國，尋求家鄉的各種支援，如1937年新鄉傳教區面臨長期大雨造成的饑荒與可能的疫病流行，米幹撰文說明原委，便於捐獻者瞭解詳細狀況：

> 我請求基金、現金、零錢的協助，不是為我自己，而是為我的教會與我的人群。坦白說，我們有需求，而我的人群則迫切需要，因為我們沒有辦法幫助他們與我們自己。大雨已持續一個月沒有中斷，……，由於從天而降的大量雨水，河川開始氾濫，溢出河道並淹沒農村，……，莊稼被毀了，接連一個多月的下雨，使本來該有好收成的小米、高粱和玉米腐敗而壞掉，……我們面臨嚴重的作物歉收問題，而這在中國是一件可怕的事。在美國，作物歉收意指資金將會缺乏，人們必須節約，但對我們而言，作物歉收意味著死亡生活。……為了

---

[52] 「新鄉總堂曲水分堂建堂紀念碑」。
[53] 「李臺建築比約聖堂紀念碑」。
[54] "Letter from Fr. Thomas Megan to Fr. Joseph Grendel," February 20, 1939.
[55] "Letter from Fr. Thomas Megan to Fr. Joseph Grendel," December 20, 1939; "Letter from Fr. Thomas Megan to Fr. Joseph Grendel," March 21, 1940.

這些作物歉收的災民,我向各界請求。……持續的雨天及雨水沖刷地基,令人們的房子全毀了,我的人群已完全一無所有,……這是為什麼我必須做這個請求。疾病與瘟疫會隨之而來,中國人是堅強的,但不可避免的是,死水與遭受污染的水塘會引發疾病,……。這是我的請求,為饑餓者、受凍者、生病者、貧窮者、受難者與無家可歸者。……。我請求你們在這個需要的時刻幫助我們,支援我們減輕中國人的一些痛苦。「基督的慈愛督促著我們」,我請求同樣的慈愛也督促著你們,幫助新鄉傳教區在面臨災難的時刻。[56]

又因長期戰亂影響,來自羅馬教廷的經費補助也往往會延遲或減少,致新鄉傳教區的各項工作更依賴美國方面的經費協助,如米幹曾於1940年12月及1941年7月,兩次寫信告知在羅馬的修會總會長 Joseph Grendel,他無法得到羅馬教廷的補助支援,只能以美國來的經費支付教區工作,[57]而總會長的答覆是,財務困難乃全世界各教區都面臨之問題,教廷傳信部已努力克服戰爭中的低匯率問題,且首任宗座駐華代表剛恆毅也協助處理相關問題。[58]

戰爭結束後,新鄉傳教區百廢待舉,經費問題更是困擾米幹,他曾致函新任的修會總會長 Aloysius Grosse Kappenberg(1890-1957)神父,說明新鄉傳教區的維持經費只能靠教廷傳信部及自己努力,而教廷提供的經費僅夠傳教區一年支出總額的部分,[59]其餘得由自己想方設法籌措,他已透過三種方式增加傳教區經費,即開新課程、教友負擔部分費用及作生意;其中,道理班

---

[56] Thomas Megan, "For Charity's Sake!" pp.9、34.

[57] "Letter from Fr. Thomas Megan to Fr. Joseph Grendel," December 17, 1940; "Letter from Fr. Thomas Megan to Fr. Joseph Grendel," July 9, 1941.

[58] "Letter from Fr. Thomas Megan to Fr. Joseph Grendel," February 1, 1941.

[59] 當時羅馬教廷一年提供新鄉傳教區九千元經費,此額度可以協助戰後新鄉傳教區的實際狀況難以完整瞭解,僅由米幹的兩次書信資料中得知,1947年此費用約占當年傳教區總支出的四分之一,而1948年則必須再籌措四千元才能維持傳教區運作;參見:"Letter from Fr. Thomas Megan to Fr. Aloysius Kappenberg," November 21, 1947; "Letter from Fr. Thomas Megan to Fr. Aloysius Kappenberg," March 16, 1948.

課程早於二戰前即由學生自己負擔相關費用,[60]也要求教友照顧自己教堂,[61]然經由作生意方式籌措經費在神職人員中有不同意見,因此,他希望修會總會長能提供每月固定經費給傳教區。[62]惟修會總會長未能正面回應,僅希望能加強教友對教會的獻儀,[63]可知米幹面對經費問題的苦惱。

其實,自新鄉傳教區正式建立後,前幾年的最大支出是購買土地與建築物作為教會未來發展之據點,而當時新鄉物價頗高,惟購地勢在必行,因此,米幹曾於1937年以八千元購置新鄉土地,又花費九千元買下沁陽土地,而後者購買時仍不足二千元,令米幹急著寫信找錢補缺額。[64]待1938年日軍占領新鄉後,初期經費及補給狀況仍平穩,因教會事先已購置必要物品,[65]然1939年開始,米幹必須與日軍交涉傳教區內四筆土地糾紛,[66]1940年日軍又侵犯教會財產,[67]後來雖因美國大使館出面處理,傳教區資產得以大致保住,[68]然至1941年,傳教區財產又被要求必須經由登記乃可獲得安全保障,實可見戰亂中教會資產之受覬覦及不斷遭受侵擾之狀況。[69]

又新鄉傳教區另一大宗開支是對傳教事業之支援,包括各個傳教站的日常支出及神職人員費用。而從米幹的書信資料中可知,此經費大部分用於前者,即因各傳教站有教堂、學校及醫院等設施,固定支出經費是必須及必要的,再加上1937年中國對日全面抗戰開始,1938年日軍占領新鄉城,米幹要求在傳教區內各傳教站設難民營或收容所救助需要幫助者,因此日常開支

---

[60] 有關道理班實施狀況及參與者負擔部分費用的說明,可參見:Joseph Jansen, "The Catechumenate in China," pp.189-190; Clifford King, "The Catechumenate in China," pp.228-229; Clifford King, "Go! It is Recess," p.25.

[61] "Letter from Fr. Thomas Megan to Fr. Joseph Grendel," February 20, 1939.

[62] "Letter from Fr. Thomas Megan to Fr. Aloysius Kappenberg," November 21, 1947.

[63] "Letter from Fr. Thomas Megan to Fr. Aloysius Kappenberg," March 27, 1948.

[64] "Letter from Fr. Thomas Megan to Fr. Joseph Grendel," August 7, 1937.

[65] "Letter from Fr. Thomas Megan to Fr. Joseph Grendel," May 3, 1938.

[66] "Letter from Fr. Thomas Megan to Fr. Joseph Grendel," December 19, 1939.

[67] "Letter from Fr. Thomas Megan to Fr. Joseph Grendel," February 14, 1940.

[68] "Letter from Fr. Thomas Megan to Fr. Joseph Grendel," July 6, 1940.

[69] "Letter from Fr. Thomas Megan to Fr. Joseph Grendel," September 29, 1941.

負擔更重,如楊森曾言,他負責的兩個收容所要照顧約 230 名婦女與兒童,提供他們每天兩碗玉米粥的口糧,然其中一個收容所的糧食只有兩個月存糧,另一個收容所的糧食,僅供兩星期之用,[70]其窘困情形可想而知。

至於神職人員個人,也編有一些經費供需要使用。[71]其實,當時新鄉傳教區的物質條件頗為有限,傳教士們在廣大傳教區內往來不同地方執行各項教會工作,普遍採用的交通工具是騎自行車,[72]也有騎馬的,[73]然兩種方式均速度有限、曠日廢時,且體力負荷甚大,連年輕神父也深感旅途辛勞又緩不濟急,[74]所以米幹認為最佳的交通工具應是騎機車,他屬意既耐用又省油的德國小驚奇(D.K.W)品牌,其他神父們也贊同,然整個傳教區只有三輛機車,最後,米幹期望能先提供給資深神父使用,等兩、三年後再允諾給新來神父此種性能較佳之傳教工具配備,[75]由此可知傳教區內各項經費確實供給困難、籌措不易。

結　語

1933 年 9 月,河南南部信陽傳教區監牧法來維派大海與林慎白兩人到河

---

[70] "News from 'Paradise'," p.231.
[71] 從米幹書信資料中可知大部分經費用於傳教站的日常支出,然神父也有個人經費,此個人經費在 1938 年是每人二百元;見"Letter from Fr. Thomas Megan to Fr. Joseph Grendel," October 3, 1938.
[72] Thomas Megan, "Traveling In China," *The Little Missionary*, September 1934, p.18.
[73] 如米幹從信陽時期即經常騎著他的「Old Ruski」,此乃一匹具俄羅斯血統的馬;見 Thomas Megan, "With Fire and Sword," p.151.
[74] 萬德華於 1938 年(時年廿九歲)到達新鄉傳教區服務,四十多年後他回憶當年在傳教區內行旅工作之深刻印象之一,即是沿路騎單車及因時間有限必須暫宿外地之情況;見萬德華,〈我在河南傳教的經驗〉,頁 50。米幹亦曾撰文提及,在中國農村裡有一種蔓藤植物,其荊棘足以刺破自行車輪胎,而荊棘遍佈任何地方,當然也生長在道路上,此乃「自行車騎士在中國遇見禍患之來源」,見 Thomas Megan, "Traveling In China," p.18.
[75] "Letter from Fr. Thomas Megan to Fr. Joseph Grendel," August 26, 1938.

南北部協助衛輝代牧林棟臣在新鄉地區工作時，曾對他們說：這塊地方就是「美國的樂園」(American Paradise)。[76]1936年7月，教廷正式任命時年卅七歲、在中國已有十年傳教經歷的米幹為新鄉傳教區首任監牧時，美籍聖言會士們聞訊開心不已；[77]當時第一位至中國傳教的美籍聖言會士王金鏡，[78]為參加當年9月在河南沁陽舉行的祝聖典禮，他從山東先騎自行車一百英里乃能順利搭上火車到達會場，[79]見證美籍聖言會士榮耀的歷史時刻。此後直到珍珠港事件發生為止，新鄉傳教區不論是在人力資源或經費供給均主要來自美國方面的大力支援，亦努力建立美國的「新鄉樂園」。[80]

然米幹就任後次年(1937)中國開始對日全面抗戰，再隔一年(1938)新鄉傳教區又被日軍占領，美日兩國在戰爭中的對立態勢，令以美籍傳教士為主力的新鄉傳教區在推動教會事業上實須面臨諸多挑戰。至 1941 年珍珠港事件爆發後，美國正式參戰，更令新鄉傳教區的美籍會士難以留在當地繼續傳教事業，十餘名美籍神職人員被關進拘留營內，米幹則逃離傳教區，待戰爭結束後重返「新鄉樂園」時已是滿目瘡痍，然米幹並未放棄，仍想方設法地重建樂園。

惟二戰後緊接著是內戰，國共對峙的內戰氛圍，令美籍背景的米幹與紅軍，不論是在宗教理念或敵我關係上實難和平共存，且長期被戰火破壞的新鄉傳教區，在戰後的財政狀況亦早已入不敷出地面臨破產危機；為徹底解決

---

[76] A Paradiser, "The Shepherd of 'Paradise'," *The Christian Family and Our Missions*, November 1936. pp.433-434.

[77] Fritz Bornemann and others, *A History of Our Society*, p.291；吳伯，《華夏遺蹤：聖言會甘肅、河南福傳史(1922-1953)》，頁 60。

[78] 最早派到中國傳教的美籍聖言會士是王金鏡與柯神父，兩人於 1920 年到達山東，並於當年 10 月同在兗州晉鐸，1923 年 3 月又一起被調到河南信陽，協助法來維在河南南部開拓聖言會新的傳教區工作，然柯神父因病於當年 7 月亡故；見吳伯，《華夏遺蹤：聖言會甘肅、河南福傳史(1922-1953)》，頁 45-46。

[79] Joseph Fontana, "'Paradise' Welcome Its First Prefect Apostolic," p.53.

[80] 當時在美國聖言會的刊物或出版品上只要提及中國的「Paradise」，就是專指河南新鄉傳教區而言。

相關問題，米幹於中國服務近廿二年(1926-1948)後，首度親自返回美國籌措經費，然此後未再有機會回到新鄉傳教區，最終於 1951 年病逝美國，葬於聖言會美國南方省會墓園中，(參見圖 6-11)享年五十二歲。

米幹擔任新鄉傳教區監牧不到十二年時間裡，真正停留在傳教區內時間約八年，其中，五年半時間在二戰前，兩年半時間在二戰後的內戰期間，而觀察新鄉傳教區的教徒人數，自米幹初任監牧時(1936)的 10,012 人，至五年後珍珠港事件發生時(1941)的 15,229 人，[81]實增加 5,200 多人，平均每年增加 1,000 多名教徒。1948 年 1 月米幹離開中國返回美國，1949 年河南九個傳教區的教徒人數統計如下：

表 6-6　河南各傳教區教徒人數統計表(1949)

教區	南陽	衛輝(安陽)	鄭州	開封	信陽	歸德(商邱)	洛陽	駐馬店	新鄉	總計
人數	22,659	46,000	20,176	18,018	13,093	11,245	9,828	15,375	15,671	172,065
比例	13.17	26.73	11.73	10.47	7.61	6.54	5.71	8.93	9.11	100
排序	二	一	三	四	七	八	九	六	五	

資料來源：劉志慶、尚海麗，《河南天主教編年史》，頁 295。

從表中可知，河南九個傳教區中最晚成立的新鄉傳教區，於其成立後十三年，教徒人數就比例而言已占河南天主教總人口近一成，[82]就排序而論已居九個傳教區的第五位。事實上，該傳教區自 1936 年成立後，僅第一年得倖免於戰火波及，然次年即開始陸續面對抗戰、二戰，乃至內戰之持續動亂，一個新傳教區在長期戰爭影響下能有如此成果，實可見米幹及其工作團隊之辛勞與努力。

---

[81] 新鄉傳教區教徒人數自 1936 至 1941 年度之數據，參見本書第七章表 7-1。
[82] 資料顯示，新鄉傳教區教徒人數發展至 1946、1947 年度時(即該傳教區成立的第十、十一年)，已達 15,671 人；見劉志慶、尚海麗，《河南天主教編年史》，頁 280、288。即二戰結束後的 1946 至 1949 年間，新鄉傳教區教徒人數均未再增長，但這也可能是因戰亂影響無法更新數據的結果。

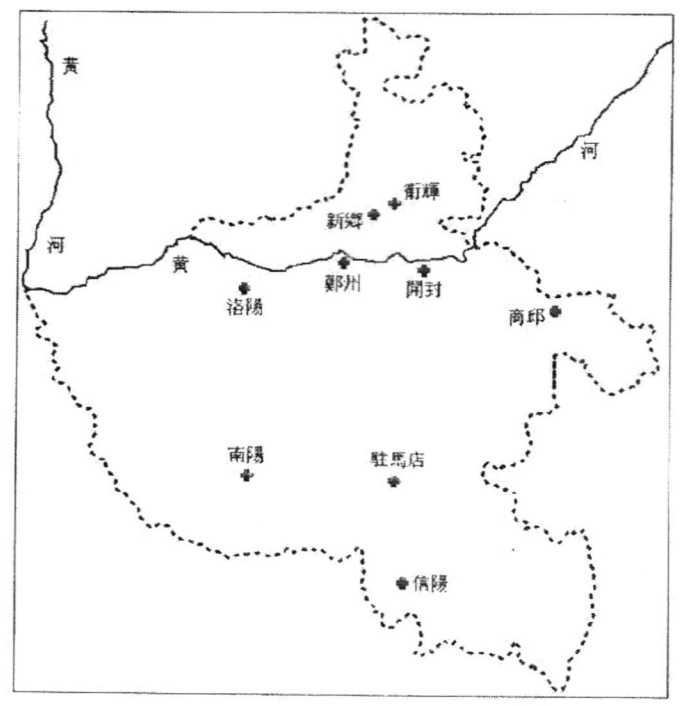

圖 6-1　河南九個天主教傳教區圖

資料來源：劉志慶、尚海麗編，《河南天主教資料輯注》，頁8。

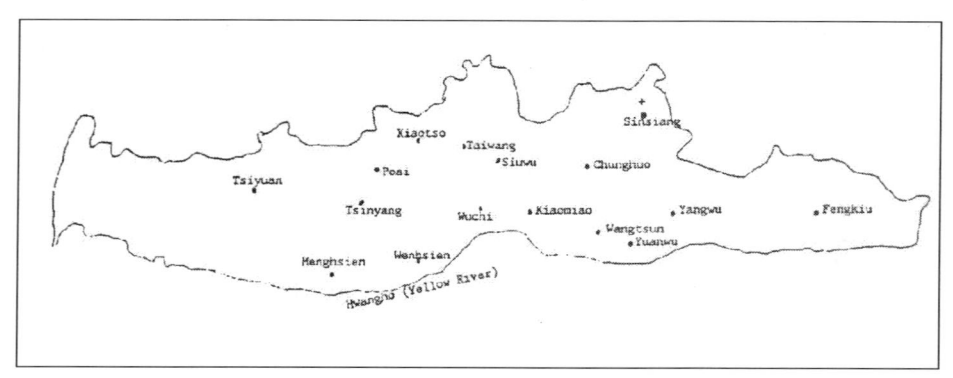

圖 6-2　新鄉傳教區行政範圍位置圖

資料來源：Joseph Henkels, *My China Memoirs, 1928-1951*, p.100.
說明：中和屬獲嘉縣，焦作、待王屬修武縣，王村屬原武縣，喬廟屬武陟縣。

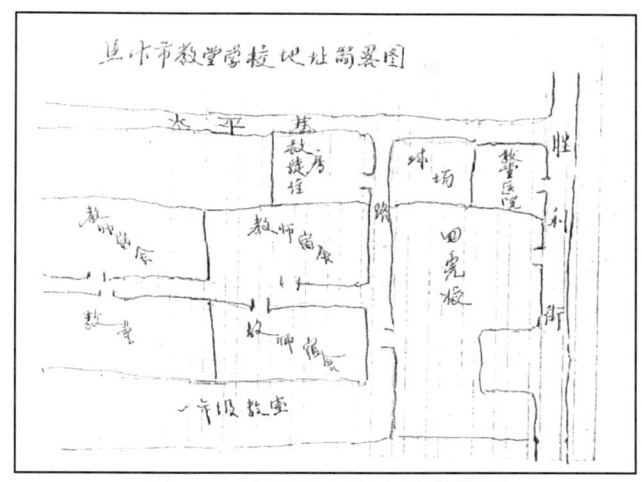

建立新鄉樂園：米幹神父在豫北的傳教事業　191

圖 6-3　焦作天主堂土地配置圖
資料來源：孫漢臣撰文及繪圖(2011.05.19，撰文時八十八歲)。

圖 6-4　原陽王村教堂
資料來源：作者拍攝(2017.07.18)。

圖 6-5　新鄉後河頭教堂
資料來源：作者拍攝(2017.07.17)。

圖 6-6　新鄉耿莊教堂
資料來源：作者拍攝(2017.07.17)。

圖 6-7　新鄉李臺教堂

資料來源：作者拍攝(2017.07.18)。

圖 6-8　武陟喬廟教堂

資料來源：Thomas Megan, "A New Church for Chiaomiao," p.135.

圖 6-9　武陟小馬營教堂
資料來源：作者拍攝(2017.07.26)

圖 6-10　米幹初訪新鄉與已在當地的五位會士合影(1934)
資料來源：昊伯，《華夏遺蹤：聖言會甘肅、河南福傳史(1922-1953)》，頁 276。
說明：前排左起為包德曼、米幹、大海，後排左起為甘維璽、傅相讓、林慎白。

圖 6-11　米幹墓碑
資料來源：聖言會美國南方省會(2016.08)。

第七章
重返新鄉樂園：
國共內戰時期的米幹神父

　　米幹為愛爾蘭裔美籍聖言會士，出生愛荷華州 Eldora 鎮之虔誠天主教家庭，手足十人中排行第四。1913 年經父親安排隨聖言會士 Peter Paunder 初至芝加哥，1919 年正式入聖言會芝加哥泰克尼會院接受陶成教育，1926 年晉鐸後被派往中國河南南部信陽傳教區工作，深受前後兩任監牧法來維、史培祿之器重，曾負責傳教員學校。

　　1933 年河南北部新鄉成為聖言會新的工作區，1936 年 7 月米幹被指派為首任監牧，惟次年(1937)中國開始對日抗戰，新鄉情勢不穩，1941 年底更因珍珠港事件爆發導致美國參戰，新鄉的美籍會士十餘人被日軍拘禁，米幹則逃往山區躲藏，1942 年 4 月再突破重圍到安全地帶，其於 1942 年 5 月至 1945 年 8 月間曾先後至洛陽、西安等國民政府統治區內，協助維持義籍傳教士在當地的教會事業。二戰結束後，米幹從西安乘飛機接回被輾轉拘禁於北平的美籍聖言會士們，重回新鄉繼續被迫中斷的傳教工作；惟 1948 年短暫離中返美後，卻被教廷禁止再回到中國，然米幹仍心懸新鄉傳教區事，最終於 1949 年答應接受新的安排，到美國南方密西西比(Mississippi)州 Hattiesburg 的非裔堂區服務，兩年後(1951)因病亡故，葬於聖言會美國南方省會之墓園。究竟米幹於 1945 年重返新鄉傳教區後有何作為?其作為之規劃基礎為何?執行成效又如何?曾遭遇何種挫折與困難?又如何面對難關與解決問題?本章欲透過相關之檔案、信件、報告、文章等一、二手史料釐清前述問題，以供學界之參考利用。

第一節　新鄉樂園的早期成果

　　1936年7月，來自美國愛荷華州、於河南南部信陽傳教區已有十年工作經歷的米幹被任命為新鄉傳教區的首任監牧。面對這個範圍廣達四千平方公里、包括十二個縣及二百萬人口的新傳教區，米幹並不陌生，因為早於1933年秋即有聖言會士來此地工作，到1934年該區已有五名聖言會士；而米幹亦於當年親臨此地，[1]並撰文分析當地主、客觀條件的利弊得失，如其認為該區地理位置適中、氣候溫和宜人，居民的個性強健堅忍，而兩條鐵路的交通運輸便利，附近的煤礦除可供鐵路運輸的動力來源，更促成麵粉廠、鋼鐵廠、製造廠等生產力量的成長；同時，經常困擾傳教士的地方盜匪問題，在此地雖未絕跡，卻不像河南南部的信陽傳教區如此頻繁，惟自然災害會嚴重影響傳教工作，尤其是1933年發生的水災及蝗災確實令人印象深刻；然即便如此，米幹仍對這個新傳教區充滿信心與期待，稱之為「樂園」。[2]

　　1936年9月，米幹在沁陽正式被祝聖為監牧，開始上任後即全心投入工作，短短四個月中，他不但雇用好本地傳教員及工作者，且為他們上了幾個月的教義課程；在城內購買土地及地上之建築物作為據點，並規劃訪視傳教站、熟悉教會長者與教友，並增購其他土地以陸續成立修院、學校等事項。[3]當然，這些事情的進行需要足夠人手，因此，他每每致函在羅馬的聖言會總會長Joseph Grendel時，請求派遣更多人手的支援，無論是神父或修士，也不管是美籍或歐洲籍；亦尋求可以合作的女修會，不論是與聖言會同樣由會祖楊生創立的聖神婢女會，或其他如主顧會、聖方濟安貧小姐妹會等團體

---

[1] 米幹於1934年的中國舊曆新年期間，與已在該地工作的五位神父共同進行退省之靈修活動，見Joseph Henkels, *My China Memoirs*, 1928-1951, p.74.
[2] Thomas Megan, "Our New Mission in China," pp.190-191.
[3] "Letter from Fr. Thomas Megan to Fr. Joseph Grendel," January 17, 1937.

之協助。⁴

其實，米幹負責新鄉傳教區一年後，中國開始對日抗戰，初期戰事並未影響到新鄉，然七個月後(1938年2月)，日軍正式進入新鄉城內，情況便大不相同，教會除固定工作外，必須另外照顧許多進入教會據點的無家可歸者；米幹的報告中曾提及，「我們的房子已超過容納的數量，還有數百人在院子裡」；⁵也在信件中對修會總會長表示，由於戰亂，學校與道理班很難繼續，而聯絡方式的中斷，讓他無法得知其他傳教據點的消息，更是令人掛心。⁶惟即便如此，他仍堅持傳教工作不能中斷，傳教士們應固守據點，在已規劃及進行的各項工作上或許無法快速成長，但至少要維持目前狀況，乃能於和平來臨時，在此基礎上持續往前推進。⁷

事實上，自1936年7月米幹被任命為新鄉監牧，到1941年12月珍珠港事件爆發，美國對日本宣戰，致傳教區內的美籍傳教士被日軍關入拘留營內，而米幹則逃往山區避難為止；約五年多的時間裡，新鄉傳教區在戰爭威脅下，仍有相當成果的進展，甚至被稱作是這個新傳教區的「繁榮時期」。⁸茲將新鄉早期發展的兩種統計數據表列如下：

表 7-1　新鄉傳教區工作成果統計表(1936-1941)

年度/項目	1936-1937	1937-1938	1938-1939	1939-1940	1940-1941	1941
一、概述							
地理範圍	4,000(平方公里)					
	12(縣)					
人口	2,000,000					

4　"Letter from Fr. Thomas Megan to Fr. Joseph Grendel," January 17,1937;"Letter from Fr. Thomas Megan to Fr. Joseph Grendel," August 7,1937; "Letter from Fr. Thomas Megan to Fr. Joseph Grendel," November 8,1937.

5　Thomas Megan, "Short Account of Recent Happenings in Sinsiang, Honan," February 20,1938, No.6696-6697.

6　"Letter from Fr. Thomas Megan to Fr. Joseph Grendel," February 20,1938.

7　"Letter from Fr. Thomas Megan to Fr. Joseph Grendel," March 23,1938.

8　劉志慶、尚海麗，《河南天主教編年史》，頁245。

天主教徒	10,012	10,444	11,350	13,077	14,804	15,229
慕道者	2,188	562	6,250	9,425	7,059	5,266
二、教會成員							
主教	1						
SVD 神父	9	12(A11/G1)	15(A12/G3)	17(A14/G3)	18(A15/G3)	20
中國神父				1	1	1
SVD 修士	1	2(A1/G1)	3(A1/G2)	3(G3)	3(A1/G2)	3
SSpS 修女	4	3(A1/G2)	3(G3)	3	4(G4)	8
OFM 修女				3	4	
中國修女	4	9	12			
修生				12	15	
三、輔助傳教之俗人							
男傳教員	39	43	50	77	67	94
女傳教員	32	33	34	25	16	36
貞女				28	28	
男教師	34	15	17	27	27	
女教師	9	6	5	5	10	
四、教育設備							
學校	15	12	14	59	60	60
小學生	679	594	300	1,838	1,991	2,900
道理班	20	14	12	23	25	
參與者	800	795	1,075	2,431	2,020	
祈禱學校	80	76	76	94	93	
參與者	1,103	1,076	1,175	1,632	1,497	
五、醫療設施							
診所	1	1	1	3	3	
醫療照護	31,317	28,131	36,214	42,827	47,742	
孤兒院		1	1	1	1	
六、傳教成果							
領洗	1,348	1,970	2,548	3,008	2,824	1,894
堅振	1,000	657	552	700	476	
告解	28,687	32,319	34,831	60,609	70,601	
聖餐	57,834	84,452	87,223	130,944	171,528	
婚配	110	88	104	137	141	

敷油	94	87	110	208	141	
佈道	1,364	2,124	1,934	2,357	2,779	
退省	5	5	7	7	7	

資料來源：1. 米幹寫給聖言會羅馬總會長的信件，"Letter from Fr. Thomas Megan to Fr. Joseph Grendel," August 7,1937; "Letter from Fr. Thomas Megan to Fr. Joseph Grendel," August 26,1938; "Letter from Fr. Thomas Megan to Fr. Joseph Grendel," February 20,1939; "Letter from Fr. Thomas Megan to Fr. Joseph Grendel," December 20,1939; "Letter from Fr. Thomas Megan to Fr. Joseph Grendel," July 9, 1941.

2. 米幹對羅馬教廷的報告，"Apostolica Praefectura de Sinsiang(Honan) Status Missionis-1 Julii,1937," No.6693; "Prospectus Status Missionis-28 Julii,1937," No.6689; "Prospectus Status Missionis-1 Augustii,1938," No.6701; "Prospectus Status Missionis-15 Augustii,1939," No.6710; "Prospectus Statue Missionis: Praefectura Apostolica-1 Julii,1940".

3. 米幹撰寫於美國省會期刊上的專文，Thomas Megan, "Progress in 'Paradise'," p.88; Thomas Megan, "Optimists by Choice," p.171; Thomas Megan, "War-Time Worries of a Mission Bishop," p.6.

說明：1. 各年度計算時間是自上一年7月開始至下一年6月截止，惟1941年12月珍珠港事件爆發後，行政系統無法正常運作，故1941至1942年的完整數據無法呈現，只能計算到資料所載的1942年1月。

2. 表中的「A」表美籍，「G」表德籍。

表7-2 新鄉傳教區資金及資產統計表(1936-1941)

項目/年度	1936-1937	1937-1938	1938-1939	1939-1940	1940-1941
一、收入					
美國省會彌撒津貼	10,500.00	12,620.00	15,360.00		2,916.00
羅馬教廷補助(教友)	20,643.11	13,692.79	16,500.00		3,662.02
羅馬教廷補助(神父)	4,782.00		307.00		72.00
羅馬教廷補助(孩童)			2,276.00		980.00
教徒奉獻(本地)		300.00	589.72		401.17
教徒奉獻(外地)	31,833.52	41,570.10	60,972.00		4,000.00
其他來源		5,000.00	14,410.28		2,500.00
總結	67,758.63	*72,183.89【73,182.89】	110,415.00		*14,532.39【14,531.19】

二、支出					
教務支援	5,958.62	6,000.00	9,500.00		1,800.00
行旅傳教					245.00
小修院	320.00	450.00	800.00		132.00
傳教站支援	16,250.53	23,608.00	27,300.00		10,494.00
禮儀	350.00	480.00	800.00		200.70
郵資	45.00	45.00			
收購不動產	10,158.85	21,800.00	5,000.00		1,000.00
收購動產	10,131.00	2,300.00	25,365.00		800.00
其他建築物		9,500.00	39,650.00		8,000.00
總結	43,214.00	*68,183.00【64,183.00】	108,415.00		22,671.70
收支結算(1-2)	24,544.63	*5,000.00【8,999.89】	2,000.00		*-8,139.31【-8,140.51】
三、資產					
不動產估價			100,000.00		
流動資金	24,544.63	19,000.00	10,000.00		2,000.00
總結	24,544.63	19,000.00	110,000.00		2,000.00
四、負債					
(尚未支付款項)	22,196.40	14,000.00	8,000.00	3,131.00	8,139.31
財產結算(3-4)	2,348.23	5,000.00	102,000.00	2,000.00	*-6,139.00【-6,139.31】

資料來源:"Prospectus Status Missionis-28 Julii,1937"; "Prospectus Status Missionis-1 Augustii, 1938"; "Prospectus Status Missionis-15 Augustii,1939"; "Prospectus Status Missionis: Praefectura Apostolica-1 Julii,1940"。

說明:1939 至 1940 年度的資料欠缺,只能在 1940 至 1941 年度資料中得見上一年度的「負債」及「財產結算」兩個數據。又數字前出現「*」表該數字之計算有誤,正確計算結果顯示於【】內。

　　從兩個統計表中可歸納出幾點觀察:首先,新鄉傳教區的教徒人數是穩定成長中,特別是日軍正式進入新鄉城後,混亂局勢反促成貧苦無助的庶民大眾紛紛進入傳教站內避難,並因此有機會接觸教會,故後來教徒人數之增加實超越以往。

　　其次,新鄉傳教區的工作成員,在教會人員方面是從最初的九位神父、一位修士及八位修女開始,經米幹不斷寫信請求修會總會長的支援,亦多方協調各個女修會的幫助,終得人力之不斷成長,且後來亦出現本地神父、修生的加入工作行列,實可見在地人才培育的成果。惟值得注意的是,新鄉傳教區一開始的神職人員實以美籍為大宗,因此有稱之為「美國的樂園」;後因戰爭關係,美籍傳教士無法在日軍占領區內工作,故後來再至新鄉傳教區的神職人員多以德籍為主;加上原本規劃要到甘肅、新疆工作的歐洲籍神父因戰亂之交通阻礙,紛紛改往河南新鄉服務,致新鄉傳教區神職人員之國籍比例發生變化。而協助教會的各種俗人團體(無論是傳教員、教師,甚至後來有貞女加入)之成長亦呈穩定局面,即教會工作可以有更多世俗力量的投入。

另外,新鄉傳教區的世俗工作成果中,不論是在教育學習或醫療救助方面,均有相當成長,尤其是後者,此主要是因為戰亂環境下,醫療照護等社會救助工作之需求甚於平日,故成長數字快速增加。[9]

最後,新鄉傳教區的資產,在收入方面,主要有三個來源,即美國省會彌撒津貼、羅馬教廷補助、教徒奉獻;其中,以外來資金比例占絕大多數,尤其是外地教徒奉獻,而因新鄉傳教區早期是以美籍神職人員為主,故來自美國的資金(無論是修會或教友)實居重要地位。在支出方面,傳教區大宗支出有二,一是傳教站支援與教務支援,另一為資產累積,即不動產、動產與其他建築物的購置,而後者比重尤大於前者,此實因教會初期發展需要建立據點以利後續工作的推進;惟這些累積的資產到日軍進城後陸續被覬覦,終為日軍侵占或強購,致傳教區財產受到影響,如1939年7月米幹必須與日軍交涉傳教區內四筆土地的糾紛,並將此事件之發展進度向修會總會長詳細報告,可見一斑。[10]

---

[9] Thomas Megan, "Honan in War-Time," pp.447、475.

[10] Thomas Megan, "Statement of the difficulties experienced by the Catholic Mission of Sinsiang with the Japanese Authorities, in regard to property of the Catholic Mission," December 19, 1939, in "Letter from Fr. Thomas Megan to Fr. Joseph Grendel," December 20,1939.

整體而言，新鄉傳教區發展的第一年是奠定基礎的正常運作，然次年對日抗戰開始後，工作環境愈為艱辛困難，特別是戰亂下需要服務之平民百姓人數眾多，然教會資源相對而言沒有足夠增長，後來又面臨日軍對傳教區內土地侵占等因素，均對教會資產造成相當影響，致後來出現負債現象。

第二節 二戰後期的全面規劃

1941年12月珍珠港事件爆發後，米幹與韓克禮、包德曼逃離新鄉。其中，包德曼直接轉往長江以南的國民政府統治區，[11]而米幹為就近瞭解其傳教區狀況，與韓克禮藏身河南與山西交界處，一個距新鄉不遠、行政上歸屬河南輝縣、名為范家嶺的太行山區村落裡避難；同時，透過私人信差的聯絡方式，與仍在傳教區內的德籍神父保持聯繫以掌握傳教區相關事。後來因教廷駐華代表蔡寧(Mario Zanin,1890-1958)主教希望他到國民政府統治區裡，接替義籍神父被拘禁後其轄區內之各項教會事業，因此，1942年4月米幹與韓克禮離開山區，透過變裝混入人群方式，順利通過日軍占領區到達國民政府統治區，故自1942年5月至1945年8月間，其先後在河南洛陽、陝西西安駐守，亦曾前往四川重慶、成都等地處理各項事務。

這段期間，米幹最為人知的重要大事有二：一是帶領美國《時代(Time)》周刊記者白修德(Theodore White,1915-1986)與英國《泰晤士報(The Times)》攝影記者福爾曼(Harrison Forman,1898-1978)兩人實地訪查河南大饑荒事，[12]並因此聲名遠播；另一則是接替雷鳴遠(Vincent Lebbe,1877-1940)神

---

[11] "War Front and Mission Front," *The Christian Family and Our Missions*, November 1942, p.417.

[12] 有關此事件的當事人說明載於 Theodore H. White and Annalee Jacoby, *Thunder Out of China* (New York: William Sloane Associates, Inc., 1946), Chapter 11"The Honan Famine". 又此書之中譯本可參見：王健康、康元非譯，《風暴遍中國》(北京：解放軍出版社，1985)，11章〈河南大災荒〉；端納(William H. Donald)譯，《外國人看中國抗戰：中國的驚雷》(北京：新華出版社，1988)，11章〈人吃人的河南災荒〉。

父病故後留下的「華北戰地督導民眾服務團」(簡稱「督導團」或「華戰團」)工作,及因河南大饑荒事為中國統帥蔣介石(1887-1975)任命為河南賑災委員會的負責人,甚至擔任「中國精神服務團(China's Morale Service Corps)」主任,被授予正式軍銜。[13]

但事實上,此時的米幹已考慮到戰爭結束後教會發展的各項事務。1944年3月,人在洛陽的米幹曾寫信給在美國省會負責財務的Anthony May (1902-1985)神父,信中提到他對未來新鄉傳教區工作的規劃,甚至擬定好負責各項工作的適當人選;如傅相讓要專注在醫院的行政與發展事務上,因為戰後新鄉將更全方面地進行醫療服務工作;羅詩曼要專注在教育事務上,因為戰後新鄉期望將教會立基於教育的新基礎上,因此,羅詩曼需要學習新的教育方法,也要好好思考新鄉未來的學校教育發展;而司文德要專注在道理班規劃與教學方法上,特別是利用圖像、照片等方式之教導;柯修士要專注在現代化書籍保存與辦公行政事務,規劃書籍、辦公室家具等相關事;至於楊森則要專注在農作物與農事,以及社會復原等相關工作上。米幹更提醒要蒐集所有的有用物資,包括書籍、衣服、各式機器、辦公家具、儲藏櫃、資料櫃、圖像、照片,及教會用具等,因為「我們將重新開始」,「我的計畫是讓我們的成員從北京回來,並讓每一個人立基其專長工作,這對戰後我們傳教區的發展是有幫助的」;他亦提到需要再有十二個新成員的加入,並期許新成員「當和平來臨時,他們能維持適當心情並快速來此」,他更提及新工作人員的投入,並非僅在河南,「如果可以有更多的話,所有在甘肅、山東的傳教站,都需要大量人員」。[14]

---

[13] 吳伯,《華夏遺蹤:聖言會甘肅河南福傳史(1922-1953)》,頁74-79。又雷鳴遠於1940年6月24日病逝四川重慶,督導團初由李敦宗(1906-1995)將軍以副主任身份暫行代理團務,至1943年6月才由米幹接任團主任,並將於當年7月赴陝視事,1944年7月抵達四川;相關說明參見:李敦宗,〈雷鳴遠神父與我〉,收入《雷鳴遠(1877-1977)》(未載出版地:天主教耀漢會、德來會,1977),頁160;〈華北督導團米幹主教繼任主任〉,《大公報》(重慶),1943.06.25,2版;〈米幹主教由豫境前線抵渝〉,《大公報》(桂林),1944.07.19,1版。

[14] "Letter from Fr. Thomas Megan to Fr. Anthony May," March 17, 1944.

1944 年 11 月，米幹已遷至陝西西安，又寫信給 Anthony May，這次將關注點聚焦聖言會位置更偏西，由德籍代牧濮登博(Theodor Buddenbrock, 1878-1959)負責的蘭州傳教區，欲協助該地區取得更多的人力支援，以利戰後的重建工作。他說：「這封信只是一個建議，但我確實認為這件事應該與泰克尼的 Provincial Michel〔即美國省會負責人 Charles Michel 神父〕討論，接著與羅馬總會的負責人討論，然後應該為這個長期被忽略的聖言會傳教區做些什麼事」，尤其，「現在很多難民也到了那裡，在他們之中有中國天主教徒在東邊，而沒有一個人願意去那裡照顧他們」，因此，他主張「應該召集美籍神父去那裡開始工作，並深耕這個久被忽略的傳教地區」，而「如果沒有可能派聖言會的美籍神父去那裡，其他的修會也應該派人到那裡，……，我不知道在這件事情上我們的修會誰能負責，但我知道一定要做些事情」，他甚至表示「如果美國人被派出，我想韓克禮神父與我是會被排除在外的，這有很多理由，最主要是因為我們目前無法離開自己繁重的工作，但是我很樂意作個調查，協助啟動工作，做大家期待我做的一般工作」。[15] 言辭間可知米幹關懷教徒、熱切服務並照顧需要者之心，已非限於自己負責的新鄉傳教區，而是擴及中國其他地區。[16]

　　1945 年 2 月，米幹在四川昆明時，更為聖言會在戰後中國傳教事業的整體發展，規劃了長達九頁、名為〈戰後聖言會在中國工作的基本規劃〉之報告書。全文首先說明教會新工作的必要性及重要性；他明白指出，隨著戰爭發展與影響，中國不再是以往樣貌，戰後的中國會在各方面出現新狀況，因此，「基督教會必須調整自己以適應發展的新階段，並因新發展而繁榮與成長；為此，傳教士必須第一個覺醒以瞭解新狀況；其次，準備好自己與教徒去面對這個情形」。米幹甚至認為，戰後情況可與利瑪竇時代相比，但機會與展望較那時候更好，而「現在開啟的工作，可持續到下個百年之後，若現

---

[15] "Letter from Fr. Thomas Megan to Fr. Anthony May," November 9, 1944.

[16] 事實上，早於 1943 年 3 月，米幹即曾撰文並附上照片發表在聖言會美國省會刊物上，希望大家幫助濮登博，在其飽受戰爭侵擾的蘭州傳教區內進行各項教會工作，見 Thomas Megan, "First Things First," p.111.

在忽略工作,將不可能再有如此長度的時間;簡言之,我們在戰後的工作應該要『及時作為』(carpe diem)」。

接著,他將戰後必須進行的工作分成「直接傳教」、「發展教育」、「社會救助」三大部分,各部分又以小項說明及補充;茲將相關內容說明如下:

一、直接傳教工作

米幹認為此工作實立基於教堂,因此,戰後的教堂數量需要增加;同時,要建立中式教堂,而這些教堂的規劃與風格必須由本地成員負責及照顧。又為配合傳教工作的進行,以下的傳教方式是要注意的:

(一)傳教員培育

戰後在中國教堂內要持續用本地傳教員,這些傳教員除具備堅定信仰與熱心工作條件外,亦要有中學以上的教育程度,及必須在傳教員學校中至少訓練一年;同時,傳教員要能維持一定的社會地位及生活水準,而為保障每位傳教員之生活,各個傳教站要有生活保險政策,尤其是在傳教員年紀大及生病時的需要,惟有如此,才能讓他們安心工作。除傳統的世俗傳教員(Lay Catechists)外,教會應規劃培育新式的傳教員──宗教傳教員(Religious Catechists),即女修會或男修會的傳教員,此種傳教員可肩負諸多工作並減輕教會經濟負擔。

(二)道理班進行

各傳教站每年應有至少一或兩次的密集道理班,該課程須將人們聚集並住在傳教站內六星期,如此才能讓參與者離開辛苦的日常生活環境,真正學習完整教義及其美好精髓。此外,也要進行傳教站外的道理班課程,即傳教士走入村莊進行相關課程。

(三)夜間學校發展

在有傳教士駐守的據點,應利用適合場地與優秀傳教士建立夜間學校,教授人生哲學與天主教宗教課程,透過解說使人們面對生活中難題;這種學習方式應被特別鼓勵,並成為傳教士工作中很活躍的部分。

當然,如果無法以上述方式教導教徒,則須另外設計不同課程,既為初學者，也可為更進一步者之需求。甚至還有「為基督徒的特別服務」，此乃專門為教徒帶領其朋友或新的改宗者來時所提供的服務，進行這種傳教方式時，要配合海報、宣傳單及會談之安排，令聽者印象深刻並獲致其信仰基督之心。

又教會亦應要求神職人員在傍晚進行彌撒，特別是主日及聖日時，此可鼓勵教徒在主日參加彌撒，且學習過基督式生活。

(四)建立社團推動教會工作

由於教會的未來奠基相當程度的自立——即不依靠外國的支助，因此，每個教堂應建立教友團體以推動相關工作。教友團體負責人可以照顧地方教堂，即使是很小地區的教堂；而規模較大的教堂亦須託付給一群信任者，教友團體負責人如同一個大教堂工作團體的主席，負責維持教堂的各項事務。該負責人一年至少到主要傳教站一次，負責指導為期二至四周的相關課程。

由於戰後聖言會的基本政策是要求教堂自給自足，而來自羅馬教廷的經費應用在福音傳播上。又為達教堂的自我維持，建議教堂可透過以下方式籌款：主日奉獻、土地收成或手工產品的經常奉獻、為主要傳教站及傳教區神父的奉獻、經由研習班認捐的奉獻，以及鼓勵教友們在領洗、結婚與其他經費寬鬆時的奉獻。[17]

二、發展教育工作

米幹認為，戰後必須繼續、擴大及加強過去的教育工作，不論是為神父、修女、教徒、孩童等，讓他們都要接受足夠的教育。為此，教會需要有個明確而具體的教育政策為未來的教育工作，而實際項目如下：

(一)小學校

每個堂區要有一所完全小學校(包含初級小學與高級小學)，學校要向政府立案並符合其教育標準，然須具備天主教精神，而天主教父母有責任並應

---

[17] Thomas Megan, "Basic Plan for SVD Mission Work in China Postwar Era," February 4, 1945, pp.1-5, No.6714.

儘可能地送孩子們來這個學校讀書。除完全小學外，在其他地區也可成立相當程度的學校，但要協調避免重覆，且須與地方長者保持聯繫，以利學校運作。課程方面，若無法在正式課程中傳授教理，可利用課後或其他自由時間進行；此時，父母實扮演重要角色，應鼓勵或教導孩子們學習。
(二)中學校

每個堂區至少要有一所初級中學校，而高級中學校，若無法獨自建立及維持，可與鄰近堂區聯合成立一所。如同小學校一樣，中學校必須向政府立案並保持聯繫，當然，天主教學生也應被鼓勵來校就讀。中學校的運作若進行適當，不僅不會對教會造成負擔，甚至可以協助自立。
(三)神學院

由於中國的傳教士將成為未來中國教會的領導人，因此需要獲得較高程度的教育，而神學院學生必須接受相當於高級中學教育之課程。在其中學期間，應先進入教會的初級中學，且要寄宿一季(四個月)，並學習三年的拉丁文課程。至高級中學階段，若無適當的學校就讀，也可進入國家的高級中學校，但仍要寄宿教會學校一季以學習特別課程，即持續學習拉丁文，及生活於神學院老師的指導與教誨之下。在完成高級中學教育後，他們還需要一年的時間接受屬較高程度的哲學與神學課程。又針對新傳教士的培育，米幹特別強調本地語文能力的掌握，除了在學校期間數年的學習外，更要有後續的加強複習；如果可能的話，新傳教士最好到學校教書，透過教學活動以熟悉本地語文的應用。
(四)女修院

女修院課程至少是初級中學程度，也有屬高級中學或大學的教育訓練，此由不同的女修會團體各自決定。如果她們要成為教師，必須進入師範學校學習；如果要成為護士，則要進入醫護訓練學校；如果要成為傳教員，也要接受特別的課程以適合她們日後的工作。此外，修女們在宣誓後，仍要持續教義學習，且暑假期間也需安排複習課程。總之，修女要具備較高的教育水準，令她們在工作上適任，並可成為中國婦女界的領導者；另應鼓勵修女們參加各種婦女活動，結識重要地方婦女代表，以利各式工作的進行。[18]

三、社會救助工作

米幹主張所有傳教士應在社會救助工作上居領導地位，雖然在數量及程度上因不同地方而有差異，但傳教士們必須努力從事此項工作，以展現天主教會的仁慈，並因仁慈而在地方上有聲望。其具體作為包括：

(一)孤兒院

在中國一定要設立孤兒院，其實際進行步驟，可先將孤兒交給天主教家庭照顧四、五年，待他們初步成長，再交還給教會。約在孤兒六歲時聚集教會中心，分成每十個成員組成的家庭中，各家庭由一年紀較長之孤兒扮演母親角色，孤兒們要學會獨立，並接受適合他們未來的教育。孤兒院也必須自給自足，如果所有成員都有適當工作且意志堅定，應該可以達到。

(二)醫院

每個堂區至少要有一間足以照顧病人且向政府立案的醫院，醫院要有非常完整的醫護人員及醫療設備，且主要醫生必須有適當的交通工具，以便訪視病人。而診所則設立於條件無法成立醫院的其他教會據點。醫院有幾點必須特別注意：第一、醫院的行政部門由教會負責；第二、醫院的實際運作交給修女，不論是本地或外籍修女，她們負責照護、醫藥部門，以及醫院的每天運作事務，但醫院的財政、藥品採購與醫院的主要開支，由醫院行政部門人員負責；第三、醫院採最高標準，不論是在建築、照護、醫藥及所有細節上，也不分是員工或 X 光機器、會客室等設備方面；第四、醫院要有一定數量的病床提供給免費病人，如果有贊助資金，這些病床是可以維持的；第五、醫院旁要設立一間免費診所，醫院服務是要付費的，但必須有提供醫藥的免費診所，即使是一天中僅維持幾個小時的免費服務。

此外，面對戰後的中國社會，教會需要更全力投入各項工作，且不僅是神職人員，教會有責任教導天主教徒在社會救助計畫上的角色扮演。而在重

---

[18] Thomas Megan, "Basic Plan for SVD Mission Work in China Postwar Era," February 4, 1945, pp.2-3、5-6、8.

建戰後社會工作上,應特別重視教會文化事業的發展,如成立大型出版機構、創辦流通量可達一萬份的天主教雜誌、鼓勵天主教作家及畫家經由文藝作品(尤其是圖像資料)發揮教會功能並產生信仰力量。

最後,米幹在總結中期許大家,「團結就是力量,……,如果修會的資源與力量在傳教區內可以聚集,且各方努力能夠整合,我們就可以全心投入這些工作,並使事情快速進步,為戰後中國的美好與神聖全力以赴」。[19]

第三節 內戰期間的實務工作:在中國的建設與阻礙

在米幹全面規劃的戰後教會三大部分工作計畫中,其特別指出「教育發展」與「社會救助」兩項是必須優先進行的。[20]而早於二戰結束前的1944年8月,在新鄉傳教區內、具北平輔仁中學任教經歷的舒德即在新鄉市西大街、原為教堂用之地創建輔豫中學,[21]該校與北平輔仁大學屬同一系統,由米幹、舒德等十三人組成董事會維持校務;此乃一所男子中學,剛開始僅招收初中部一、二年級三個班,共七十餘名學生;1945年暑假後,又在新鄉市東二條鐵路邊一小東院成立輔豫中學女生部,由美籍謝修女負責管理;1946年暑假後,輔豫中學開始招收高中部學生,採三、三學制(初中三年、高中三年),此後輔豫中學成為兼具初中部及高中部的完全中學。1947年春,學校因戰亂,一度南遷至鄭州郊崗天主教堂內,男、女生合併上課,當年暑假即在鄭州招生,9月底四個班遷回新鄉(校本部),五個班留在鄭州(分校),兩地學生約五百人;再至1948年初才將全部學生移回新鄉,在平原路上的日本儲備銀行舊址處上課。

---

[19] Thomas Megan, "Basic Plan for SVD Mission Work in China Postwar Era," February 4, 1945, pp.6-9.

[20] Thomas Megan, "Basic Plan for SVD Mission Work in China Postwar Era," February 4, 1945, p.1.

[21] 南肯堂,〈日偽統治時新鄉教育概況(一九四二——一九四五年間)〉,《紅旗區文史資料》,1輯(1989.09),頁45。

輔豫中學在當時是新鄉市內設備較好的中學校，有圖書館設施，雖然學生的學費較高，然教師的待遇也頗為優渥。[22]1946 年秋，輔豫中學又成立附屬小學，校址設在新開街路東之地，最初性質為幼兒經學班；1947 年正式更名為輔豫小學，經費由輔豫中學董事會提撥；1948 年秋，輔豫小學發展成一所完全小學，有初小部的一至四年級八個班，高小部的兩個年級四個班，全校共三百餘名學生，教職員工廿五人。[23]

在社會救助方面，1946 年 11 月，米幹在新開街天主堂南邊路，利用原日軍飼養馬匹的灰棚地創建新鄉公教醫院正式開診；初設時，僅醫護人員五名，勤雜人員九名，門診分為內、外、眼、婦四科，另有化驗室、注射室、手術室、藥房等均位於醫院北方，而位於醫院南方的是內、外、婦三科病房；醫院另附設一間平民診所，乃專為貧者提供藥物的門診處，惟重大病患仍要到醫院內治療。[24]1947 年公教醫院增建新的門診室、手術室、洗衣房、太平間等，醫護人員增至三十餘人，每天接診病患五十人左右。該醫院院長初為姚啟明，後因其調至七里營天主堂開辦公教醫院的分診所等相關事務，[25]故先後由楊森、楊善策接任。

據曾在新鄉公教醫院擔任三年(1946-1949)護理工作的趙連泰回憶：

1945 年日本投降後，新鄉周圍人民生活十分貧困，衛生條件很差，傷

---

[22] 王錫璋、蔡康志整理，〈解放前夕的新鄉〉，《新鄉文史資料》，3 輯(1989.10)，頁 115-116。

[23] 劉志慶、尚海麗，《河南天主教編年史》，頁 248-249、275-276、283；劉志慶、尚海麗編，《河南天主教資料輯注》，頁 389、394-395、400-402。

[24] 劉志慶、尚海麗，《河南天主教編年史》，頁 283。惟據 1946 年從洛陽公教醫院調至新鄉公教醫院服務的趙連泰言：新鄉公教醫院成立於 1945 年 11 月；見趙連泰，〈新鄉公教醫院的始末〉，《新鄉文史資料》，11 輯，頁 119、121；該資料亦載於《新鄉文史資料簡編(中卷)》(鄭州：中州古籍出版社，2012)，頁 136、137。

[25] 新鄉公教醫院在焦作、沁陽、武陟喬廟、原武王村、陽武、封邱、新鄉七里營，共有七個分診所，其中，焦作為安東醫院、原武王村為安民醫院、陽武為濟世醫院、新鄉七里營為耀東醫院，其餘均稱為公教醫院。

> 寒、霍亂、黑熱病等傳染病流行得很猖獗。由於該院的開業，吸引了四面八方的患者來醫院就醫，因而使不少患者得到解救和治癒。醫護人員經常到外邊出診，為孕婦檢查和接生；到傳染病的病發區進行預防注射，對控制傳染病疫情的蔓延，救死扶傷起了很大作用。……
> 公教醫院中附設有一所平民醫院，有一、二名護士專門負責貧民治療，免費施捨藥品，特別是對患黑熱病(即大肚皮)病人治療不收費。大部分患者經過半月注射，身體恢復正常，因此深受患者歡迎。[26]

可見公教醫院設立之貢獻及其重大影響。

此外，為配合公教醫院之實際需求，1947 年秋，由醫院出資創辦新鄉史上第一所護理學校──輔醫高級護士學校，男、女生兼收，初有教師七人，校長為馬樹林(1915-1979)，上海震旦大學畢業，亦為公教醫院的內科醫師。[27]該校採北平協和醫院高級護校教材施教，學制三年，行半工半讀方式學習，即學生一面在護理學校學習相關技術，一面到公教醫院見習。1947年招收學生三十餘人，其中部分為修女。[28]

據 1948 年進入該校就讀、1951 年畢業後即至公教醫院工作的趙誼林之回憶性文字，可見輔醫高級護士學校有以下特色：

> 一、有比較濃厚的宗教色彩。因是教會學校，其教育方法都以天主教教義為原則，其教規教義以「愛人如己」為核心。為他人疾苦，關心協助，多作善功。其任課教師多數是教父、修女、教友，他們都有較高的

---

[26] 趙連泰，〈新鄉公教醫院的始末〉，頁 119-120。
[27] 馬樹林為河北青縣人，自幼領洗，1942 年上海震旦大學畢業，曾任法國醫院醫師，1944 年任山東濟寧聖母醫院醫師，1947 年 4 月任新鄉公教醫院內科醫師；劉志慶、尚海麗編，《河南天主教資料輯注》，頁 411；劉志慶、尚海麗編，《河南天主教編年史》，頁 312。
[28] 劉志慶、尚海麗，《河南天主教編年史》，頁 247-248；劉志慶、尚海麗編，《河南天主教資料輯注》，頁 389、402-403。

學歷和教學經驗。學生的來源大多數是天主教教友，要有初中畢業以上文化程度，經考試體檢合格者錄取。學生實習醫院是公教醫院。
二、有嚴格的管理制度。對教師的要求很嚴格，一般教師必須有正規的學歷、優良的品德，若有不合格者，隨時解聘。對學生的管理也很嚴格。學生全部住校，每天不能隨便出校門，就是星期天出去也得請假。平時穿著要端莊，不能大聲說話。具體管理學生的人是三位德國修女。

該屆學生的實際課程規劃及學習情況是：語文及文史課程由輔豫中學的教師們擔任，醫療專業課程則請公教醫院的醫師、具醫護及醫藥背景之修女們負責，如馬樹林醫師教授內科學、田金鑄醫師教授外科學、賀粹夫醫師教授眼科學、費德邁(K. Feldmeier)修女教授護理學並帶學生在病房實習、馬爾大修女教授婦產科亦帶實習課、藥師步(Hildeburgis Christine Brüggemann, 1898-1971)修女教授藥房實習(三位修女均為德籍)；另英語課程由公教醫院院長楊善策教授。而三年課程安排是：一年級全天上課和見習，二年級半天上課、半天輪流到病房及門診各科實習，三年級整天實習，全面應用護理及醫療知識於醫院中，亦協助各科醫師查病房及寫病歷。令趙誼林印象深刻的是，當時該院各科開處方均用外文，然「三年級學生在門診各科和病房都能單獨操作，工作上獨當一面」，可見護理學校的教學標準與學生程度。[29]

由前述學校與醫院的發展內容可知，米幹對二戰結束後新鄉傳教區的各項建設，確實是依循其於二戰時期構思的整體規劃而來，如成立含初小部與高小部的完全小學校、含初中部與高中部的完全中學校、含免費診所且由修女負責日常事務的完整醫院、醫護人員須外出就診提供醫療服務等；且這些學校教育及醫療設施均採高標準之推動原則，教友亦鼓勵其子女入校就讀；而這些努力的最終目的實欲達到教會本地化——即培育本地人才並令其適當

---

[29] 趙誼林，〈回憶新鄉輔醫護士學校〉，《新鄉文史資料》，11輯，頁123-124；相關資料亦載於《新鄉文史資料簡編(中卷)》，頁138-139。

發揮,讓教會真正在中國能夠紮根與持續發展。

又為使戰後新鄉傳教區內各項建設得順利創立、重建及運作,尤其是醫院與學校,米幹不辭辛勞地持續向各方寫信說明傳教區狀況與困境,並請求資金、設備、醫藥,以及醫師、護士等工作人員,乃至祈禱、祝福,各式物質、精神方面之協助;如二戰結束後四個月(1945 年 12 月),他致函美國芝加哥泰克尼的 St. Paul 神學院團體,期望大家能集資認養輔豫中學及傳教區內其他傳教站的學校;信中並提及,教會中心的一棟大樓被日軍炮彈炸成碎片,所有物品均被毀壞,這個冬天既無煤炭取暖,也沒有足夠的衣物禦寒,環境十分艱辛;信末他有感而發地說,「新鄉或許不再是個『樂園』,但我們要全力以赴使它回復到以往『樂園』的樣子,這需要時間與許多的工作、思考及規劃」。[30]

米幹亦寫信給家鄉朋友們,提及他最想建的是醫院,而目前的醫院成員已有四名具實務經驗的醫師,其中一個來自鄰近傳教區的義籍修士是外科醫師,另外三個是具完整教育的國籍醫師,且醫院中的實驗室及眼科部頗負盛名,只是仍缺 X 光機器;而修女們實扮演重要角色,除必須負責實驗室及藥房,並要維持醫院的日常運作,惟仍缺藥品與相關設備,希望大家能協助,設若無法在物質上提供支援,也需要大家的祈禱。最後,他期待能將醫院儘快交由國籍修女接手,教會工作也將交棒給國籍神職人員。[31]

惟實際情況是,醫護人員的專業性較高,國籍成員很難在短時間內完全接替相關工作,尤其是護理人員;據米幹觀察,即使是開辦護理學校培育本地人才,「未來十年仍要依賴外籍修女」。所以,他寫信請美國的聖神婢女傳教會及其他女修會協助,也授權美國省會總管 Anthony May 代為尋找可長

---

[30] "Letter from Fr. Thomas Megan to the Missionary's St. Paul's Mission Club in Techny," November 1945, in Edward J. Wojniak, *Atomic Apostle: Thomas M. Megan, S.V.D.*, pp.180-181.

[31] "Letter from Fr. Thomas Megan to Mission Friends," in Edward J. Wojniak, *Atomic Apostle: Thomas M. Megan, S.V.D.*, pp.182-183.

期在中國、具護理專業背景的外籍修女們來華服務。³²此外，為解決醫院藥品的經常性不足，米幹除持續向美國天主教會求援外，³³亦決定建立一座藥廠以自給自足，日後更將發展成一個製藥公司，提供藥品給傳教區中所有醫院、診所及藥房的需求；³⁴而此一目標，透過購買一家瀕臨倒閉的製藥廠而於 1947 年初達成。

經由種種努力，新鄉傳教區確實在戰後獲得若干成果，然這些成果仍不敵軍事力量的侵襲與掠奪，即戰後各項建設的最大阻礙實來自紅軍，且隨著紅軍勢力的擴大，新鄉傳教區許多地方成為紅軍占領區，而紅軍對教會的觀念與態度，米幹有著親身經歷的深刻體會。

1945 年 10 月，當他回到新鄉時，已有數名德、奧籍神父在不同的傳教站被紅軍無故逮捕。³⁵1946 年，米幹未採納新鄉官員之安全考量建議，決定親自走訪被紅軍占領下的數個傳教站，視察回來後，他對這些地方的深刻印象是：物質環境極度匱乏、居民生活在充滿恐懼及不安的氛圍中，更困擾的是，紅軍未承諾教會「在傳教、辦學、創設醫院及其他慈善事業上的自由」。³⁶1947 年初，米幹已明白傳教士很難與紅軍合作，因為他們「不認為

---

[32] "Letter from Fr. Thomas Megan to Fr. Anthony May," August 19, 1946, in Edward J. Wojniak, *Atomic Apostle: Thomas M. Megan, S.V.D.*, pp.184-185.

[33] 如米幹曾獲總部位於紐約的天主教醫療傳教協會(Catholic Medical Mission Board, Inc. 簡稱 CMMB)提供之醫療設備與物資，故寫信致謝，見"Letter from Fr. Thomas Megan to Fr. Edward Garesche," in Edward J. Wojniak, *Atomic Apostle: Thomas M. Megan, S.V.D.*, pp.183-184.

[34] "Letter from Fr. Thomas Megan to Fr. Anthony May," February 5, 1947, in Edward J. Wojniak, *Atomic Apostle: Thomas M. Megan, S.V.D.*, pp.186-187.

[35] 紅軍是以「敵國」人士之名逮捕這些德、奧籍聖言會士，包括史慮德(Bernhard Schlüter,1912-2000)、邢范濟、康建德、扈伯爾和文直芳；而美籍的萬德華曾設法與紅軍交涉以營救這些神父。參見：Edward Wojniak, "Will Chinese Lose the Peace?" *The Christian Family and Our Missions*, January 1946, pp.10-11、30；昊伯，《華夏遺蹤：聖言會甘肅河南福傳史(1922-1953)》，頁 95。

[36] Thomas Megan, "In and Out of Red China," *The Christian Family and Our Missions*, August 1946, p.303; Thomas Megan, "Across the Red Border," *The Little Missionary*, November

天主教會是一個宗教組織,而視之為一個社會團體。教會被歸類為如工會、社團、農場或商業團體等地方組織,不被認知為一個精神王朝」;因此,紅軍的下一步將「去除教會的層級系統,教區由政府管轄,主教權力受限制,在羅馬教宗下的統合被分裂,教會變成沒有領袖與領導權的軀殼」。[37]

此段時間內,米幹也逐漸洞悉紅軍技倆,並明白指出「他們不會公開侵犯神父」,「但會恐嚇人們醜化天主教徒;更嚴重的是,他們會挑起與神父的爭執——如納粹一般——以充公方式增加他們的財富;所以,最後只有紅軍能夠留在當地,大聲地對沒有教會歸屬的人們宣告,這裡是一個新的宗教與信仰自由的地區」。[38]或許就是米幹對紅軍的此種深刻瞭解,影響到紅軍對他的表面支持態度,1947年4月26日,紅軍竟然在陽武及封邱兩傳教站間將米幹擄走,雖然在廿四小時後釋放他,然此舉不僅驚嚇到新鄉傳教區內的其他傳教士,[39]連聖言會美國省會人員也因此而為他憂心忡忡。[40]

最終,為保護教會資產且維持各項傳教事業的繼續發展,米幹決定將學校、孤兒院、醫院、藥廠等機構及其成員,不論是神父、修女、學生、孤兒、職員等均遷往安全地帶,[41]然搬遷經費及戰亂累積之財務問題,讓傳教區已捉襟見肘的經濟狀況更是雪上加霜;為此,他又再度寫信給省會總管Anthony May,請求包括交通費、薪資、生活支出等,總額高達六十億中國法幣的財政支援,米幹十分清楚這筆經費對任何人而言都是一個大數字,但他也明白表示:「整個情況已混亂到極點,傳教區接近破產了!」[42]

1946, pp.53-54.

[37] Thomas Megan, "Can the Missionaries Work With China's Red?" *The Christian Family and Our Missions*, March 1947, p.99.

[38] Thomas Megan, "Red," *Seminary, Bulletin, Christmas*, 1947, p.8.

[39] Edward J. Wojniak, *Atomic Apostle: Thomas M. Megan, S.V.D.*, pp.199-120.

[40] Anthony May, "Missionary Escapes From the Communists," *The Christian Family and Our Missions*, June 1947, p.229.

[41] "Letter from Fr. Thomas Megan to Fr. Anthony May," in Edward J. Wojniak, *Atomic Apostle: Thomas M. Megan, S.V.D.*, pp.194-195.

[42] "Letter from Fr. Thomas Megan to Fr. Anthony May," in Edward J. Wojniak, *Atomic Apostle:*

第四節　內戰期間的實務工作：在美國的努力與困境

　　為徹底解決新鄉傳教區財務困境及補充相關設備與物資，米幹決定親自回美國處理。1948 年 1 月，他離開連續服務長達二十年以上的中國，於 2 月抵達舊金山，3 月回到故鄉愛荷華州短暫探親後，再轉至長期培育他的聖言會芝加哥泰克尼會院。[43]這段期間，他忙於演講與大家分享在中國近廿二年的心得及觀察，尤其是他對中國共產黨的瞭解；也努力為新鄉傳教區的建設募款及購置未來將應用於傳教區內醫院、教堂的各式物品，並計畫至遲於 9 月回到新鄉重新投入工作。[44]

　　當時，最令米幹頭疼的問題就是傳教區的財務赤字。為此，他早於返美前兩個月即從新鄉致函在羅馬的修會總會長 Aloysius Grosse Kappenberg 報告相關事，[45]並於抵美後兩個月內又數次信件往返，提議以預支彌撒津貼及一至兩年期的低利貸款方式，先補足新鄉監牧區高達 24,500 美元之差額。[46]然財務問題尚未解決，米幹即收到修會總會長於 7 月發出的信函，告知羅馬教廷不允許他返回中國的消息，即米幹不僅無法成為正式主教，也不能再回到新鄉傳教區工作。

　　對於前者，米幹並不在意，也已有心理準備；因為，早在返回美國前的 1947 年 11 月，他即寫信給修會總會長言及新鄉在歷經十一年的監牧區地位後，理應考慮成為正式教區之重要意義，當時米幹在信中即明確表示：

Thomas M. Megan, S.V.D., pp.195-196.

[43] "Chronicle of St. Mary's Mission House," *The Christian Family and Our Missions*, March 1948, p.101.

[44] Thomas Megan, "Goodby China Hello USA," *The Christian Family and Our Missions*, May 1948, pp.184-185.

[45] "Letter from Fr. Thomas Megan to Fr. Aloysius Kappenberg," November 4,1947; "Letter from Fr. Thomas Megan to Fr. Aloysius Kappenberg," November 21, 1947.

[46] "Letter from Fr. Thomas Megan to Fr. Aloysius Kappenberg," February 25, 1948; "Letter from Fr. Thomas Megan to Fr. Aloysius Kappenberg," March 16, 1948; "Letter from Fr. Thomas Megan to Fr. Aloysius Kappenberg," April. 7, 1948.

我們希望在戰爭結束後,這個傳教區的地位能有所改變,但在此事件上的其中一個困難點在我身上,我很瞭解;我感覺只要我是這個傳教區的負責人,那麼這個傳教區就不會有變化,也不能有變化,但我不認為這是對的,將這個傳教區的進步放在一個人身上;因此,我願意在任何時間放棄我的位置,讓任何一個人當新鄉主教。[47]

又在寫這封信的前一個月(1947 年 10 月),米幹曾與舒德談論自己將有的返美行程時,說出個人的未來意願,即他寧可在新鄉傳教區內從事基層的傳教工作,也不願意到上海當個負責行政事務的蒙席;同時,他也清楚表示想在七里營這個傳教站當本堂神父。[48]未料最後結果竟是羅馬教廷不允許他返回中國,只能在美國工作,這對米幹而言,實始料未及之重大打擊。

有關米幹被禁止回到中國的原因,普遍說法是,他於二戰期間與政治、軍事關係過於密切,包括督導團的參與,接受中國最高統帥蔣介石的任命,具正式官階身份可指揮中國軍隊,又曾擔任美國空軍的隨軍司鐸,穿著軍裝為軍隊進行牧靈工作等。[49]而河南地方志書史料載及米幹時,亦往往聚焦其身著軍服、與軍政要員接觸交往等事。[50]對於這些說法的反駁,從米幹本人及與其經常接觸者的資料中,是可以找到若干解釋,如米幹曾言中國長期戰亂下的物資嚴重缺乏,影響結果之一是神職人員往往身著各式混雜衣服,即

---

[47] "Letter from Fr. Thomas Megan to Fr. Aloysius Kappenberg," November 21, 1947.
[48] 據萬德華記載:當時有消息傳出,教廷欲將新鄉監牧區提升為正式教區,而駐華公使黎培里(Antonio Riberi,1897-1967)主教提及米幹將調往上海負責中國天主教教務協進會(Catholic Central Bureau,簡稱 CCB)工作之事,見 Edward J. Wojniak, *Atomic Apostle: Thomas M. Megan, S.V.D.*, pp.202-203.又有關中國天主教教務協進會這個教會新機構之詳細說明可參見 Bibiana Yee-ying Wong, *The Short-lived Catholic Central Bureau: National Catalyst for Cultural Apostolate in China(1947-1951)* (Taipei: Taipei Ricci Institute, 2021).
[49] 吳伯,《華夏遺蹤:聖言會甘肅河南福傳史(1922-1953)》,頁 78-79、100-101。
[50] 劉志慶、尚海麗,《河南天主教編年史》,頁 241-242;劉志慶、尚海麗編,《河南天主教資料輯注》,頁 406。

使是主教也穿著舊軍服。[51]而曾與米幹同在新鄉傳教區工作的萬德華則指出，戰亂期間米幹發現，在軍隊基礎上之服務工作會比較容易進行，[52]因為「當米幹神父意圖護衛被自己同袍軍隊放棄或鄙視的病患及傷者時，會被中國軍隊嘲笑，中國軍人沒有想要臣服於一個外國神職人員，即使這個外國人會講中文，後來的結果是，米幹神父接受中國軍職得到上校官階，才能獲得士兵們的特別合作」。然站在教會立場，確實不允許，也難以認同傳教士與政治、軍事的關係過於接近，所以，萬德華在作上述解釋之餘，也必須承認「羅馬方面，經由黎胥留(Armand Jean du Plessis de Richelieu,1585-1642)及其他人的長期印象，認為傳教士扮演政治人物角色是不恰當的」，因此，米幹後來得到這個結果，也是可想而知的。[53]此外，聖言會本身對早期傳教士安治泰與政治相關的作為也有爭論，並認為米幹的情況似乎較安治泰涉入的更深。[54]

　　其實，米幹本人對於二戰時期參與之政治或軍事活動，在當時並不以為意，也從未掩飾或隱瞞。如與他一起逃亡的韓克禮就非常清楚米幹在雷鳴遠過世後，被請託擔任督導團負責人之工作；[55]米幹也在美國省會刊物上撰文提到自己的新工作，[56]而同屬天主教之不同修會刊物亦主動發布相關消息，[57]

---

[51] Thomas Megan, "The Missionary's Greatest Cross," *The Christian Family and Our Missions*, March 1947, p.111.

[52] Edward J. Wojniak, *Atomic Apostle: Thomas M. Megan, S.V.D.*, p.178.

[53] Edward J. Wojniak and others, "Father Thomas Megan SVD," p.3.該史料乃未載時間之打字稿。

[54] Fritz Bornemann and others, *A History of Our Society*, p.293.

[55] Joseph Henkels, *My China Memoirs, 1928-1951*, p.135.

[56] Thomas Megan, "Chinese Catholics Aim at National Unity," *The Christian Family and Our Missions*, May 1945, pp.146、151.

[57] 如載於聖言會刊物上者有"General Chiang Kai-Shek Names American Prelate Social Service Corps Head," *The Christian Family and Our Missions*, February 1944, p.43; "An interesting pen picture of Msgr. Megan was given by Father Charles Meeus, Chinese missionary, in 'The Shield'," *The Christian Family and Our Missions*, February 1945, p.38; 而載於美國天主教外方傳教會(Catholic Foreign Mission Society of America，亦稱瑪麗

甚至不只一次登載他身著軍裝的照片，[58]可見在參與這些事務的當下，米幹本人及修會均不認為這些行為是有待商榷的。

無論如何，面對後來無法回到中國新鄉傳教區工作之既定事實，米幹必須不斷自我調適，而從其後來與友人往來之書信中可知，他對此事難過不已；他曾對好友Robert Hunter(1906-1987)神父說：「我原來的構想是將我們夢想做的一些事投入新鄉傳教區內，但現在是完全不可能，而我不知道該怎麼辦？」[59]他也坦言，當收到修會總會長來信告知不得返回中國時，他整個人的感覺像是「飄浮著」，直到八個月後(1949年3月)，他還是在「黑暗中」，[60]「希望能搭乘下一班船回中國，因為我的心仍在那裡」、「我還是認為我應該回到中國」。[61]

惟即便未能如願返回中國，米幹仍竭盡心力地處理新鄉傳教區的財務問題；而為確保其在美國所能掌握之資金──不論是募款而來或私人財產──均可確實挹注到新鄉傳教區的需要，他往往將每筆經費的來源、如何處理及安排等事項完整交代，如母親留給他的美金一萬七千五百元，[62]他將其中的一萬美元先匯給Robert Hunter，並要求在經費上標明「天主教新鄉傳教區米幹神父」等字，這樣，「萬一我發生什麼事，這筆錢可確保為新鄉傳教區的財產」；[63]此外，他也運用利息累積與募款方式專門為新鄉傳教區的修女們籌募經費，其中有三千二百美元是特別給本地修女的款項。[64]事實上，直至

諾會 Maryknoll Missionaries，簡稱 MM)刊物上者有 "Monsignor Megan, S.V.D.," *Maryknoll Magazine*, June 1944, p.37.

[58] Thomas Megan, "Escape From the Invaders," *The Christian Family and Our Missions*, February 1945, p.38; Thomas Megan, "Chinese Catholics Aim at National Unity," p.146.

[59] "Letter from Fr. Thomas Megan to Fr. Robert Hunter".該信件未註明確切時間，然從信件內容中可推知，時間範圍在1948年7月以後至9月以前。

[60] "Letter from Fr. Thomas Megan to Fr. Robert Hunter," March 14, 1949.

[61] "Letter from Fr. Thomas Megan to Fr. Robert Hunter," March 17, 1949.

[62] "Letter from Fr. Thomas Megan to Fr. Robert Hunter," December 21, 1948.

[63] "Letter from Fr. Thomas Megan to Fr. Robert Hunter," November 1, 1949.

[64] "Letter from Fr. Thomas Megan to Fr. Robert Hunter," November 1, 1949; "Letter from Fr. Thomas Megan to Fr. Robert Hunter," January 1, 1949.

1949年6月，相關財務問題已接近處理完畢，米幹還打算為新鄉傳教區額外增加一千美元的經費額度，[65]甚至將自己所有財產透過正式文件程序，託付給當時已在賓夕法尼亞(Pennsylvania)州擔任修會庶務員工作的萬德華，並在該文件中註明：「為中國河南新鄉天主教傳教區的利益」，萬德華可以處理這些資產。[66]

1949年10月，在歷經一年多的個人調適與努力後，米幹答應接受被安排的新職務，到美國南方密西西比州Hattiesburg一個非裔堂區服務，這是一個先導型工作，從無開始；於是，他透過興建教堂及教導孩子著手以奠定基礎，並全心投入各項事務，然兩年後(1951)突然病故，[67]享年五十二歲，最終葬於聖言會美國南方省會的墓園中，再也沒有機會回到他最愛的「新鄉樂園」；當然，米幹也不會看到，因整體政治局勢的快速惡化，1952年聖言會被迫從中國大陸全面撤出，河南新鄉不但沒有成為正式教區，也不再是聖言會的傳教範圍了！

結　語

1936年，米幹接到被任命為新鄉監牧的正式通知時，他明瞭自己對這個擁有一萬多名天主教徒的新傳教區之責任，而他對這個新工作是有信心的，因為他知道有許多人會為他祈禱，也會協助他，更重要的是，他有「天主的眷顧(Divine Providence)」。[68]1937年，當米幹將新傳教區第一年的成果報告給省會時，他說：

---

[65] "Letter from Fr. Thomas Megan to Fr. Robert Hunter," June 20, 1949.

[66] "Last Will and Testament of Thomas Megan," June 21, 1949.該文件內容詳載米幹名下所有資產，包括現金、債券、保險等。

[67] 米幹於1951年3月在紐奧爾良(New Orleans)時突然倒下，住院數星期；於8月回到傳教區繼續工作，10月2日在完成日常活動後昏倒，被Weng神父發現並送醫，然未再清醒，於10月4日清晨亡故。見 Andrew Master, "AMERIKA: Provincia Meridionalis in Statibus Foederatis ad Sanctum Augustinum," *Arnoldus Nota*, January 1952, pp.23-24.

[68] Thomas Megan, "Reflections of a New Prefect Apostolic," p.54.

> 這些統計數字或許對世界而言無關緊要,但對我們而言卻是非常重要;他們重要是因為,這是我們完成的,每一個數字都代表艱辛、規劃與努力。每一次領洗意指數月的準備,每一次堅振是數天的專心投入,每一次告解與聖餐意指許多努力為維持教會的完整性,每一次婚配需要克服無法想像的困難,最後,每一次臨終敷油意指歷經無數里程的寒冷、酷熱及風雨之筋疲力竭旅途。在如此環境下,每一個數字對每一個人及每一位傳教士而言,都是非常重要的。[69]

字裡行間,可見他對新傳教區首年傳教成果之珍惜與倍感榮耀。

但是,報告後接踵而至的是中國對日全面抗戰,新鄉傳教區逐漸因戰亂而陷入始料未及的艱困環境,惟米幹從不放棄,他曾對美國外交部門主張傳教士離開日軍占領區,並慎重考慮返回母國之要求加以拒絕,也感謝所有關心者之建議,但他不願意離開這個辛勤耕耘下已出現果實的新傳教區。[70]直到珍珠港事件後,美籍傳教士確實無法留在日軍占領的傳教區內工作,米幹才與韓克禮藏身距新鄉不遠處的山區裡,以便就近掌握傳教區的情況發展。後來為協助國民政府占領區中義籍傳教士留下之各項工作,米幹離開山區,先後在河南洛陽、陝西西安等地駐守,亦於此段流離顛沛期間,他觀察時局、思考未來,並已規劃出戰後教會在中國發展之全面性工作,更期待開創戰後中國天主教會的新局面。

然二戰結束後的紅軍問題,嚴重阻礙米幹的計畫,令前景看好的教育建設與社會救助工作面臨困境,學校與醫療設施難以維持,連神職人員都無法安心投入各項工作,使得米幹費心不已;而長期戰亂影響下的傳教區財政赤字問題,已達必須由他親自返美才能尋求解決方案之地步。於是,自廿七歲到中國傳教、近廿二年不曾回家的米幹踏上了歸鄉之路;未料,這首次的返回故鄉行程,後來卻成為他終生的告別新鄉之旅。

---

[69] Thomas Megan, "Progress in 'Paradise,'" p.88.
[70] Thomas Megan, "War-Time Worries of a Mission Bishop," p.6.

從 1948 年 2 月回到美國，至 1949 年 10 月南下到密西西比州的非裔堂區服務為止，約一年八個月的時間裡，米幹盡全力解決新鄉傳教區的債務問題，即使其間已獲知不被允許再回到新鄉工作之結果，他仍心懸相關事項，甚至投入個人資產及透過法定程序以確保新鄉傳教區的建設經費，由此可知該傳教區在米幹心目中之獨一無二地位，及其對「新鄉樂園」始終無法忘懷之事實。

　　最後，本文將以一封信作為結尾。1951 年 5 月 29 日是米幹晉鐸廿五周年的日子——這個時間距他過世前約四個月，距他得知不能再回到新鄉後已近三年，而此時的中國亦早已為紅軍建立的新政權完全掌控。那天晚上，他在 Hattiesburg 提筆寫信給老友 August Loechte(1880-1969)神父，信中寫著：

> 我回想過去廿五年，只有一件事情非常懊悔，即我奉獻我的生命給中國人民，並試著用儉樸方式帶領他們走向基督，離開他們，我無法發現自己生命的價值。昨天，有一封信來自新鄉的同事，我感覺很難過，我不能分享他們的足跡與苦難。
>
> 今晚，如果我可以有「一個」願望，我希望能與仍在新鄉的八個英雄在一起，待在傳教區內分享他們的命運，經歷他們經歷的事；他們嚴重受苦，無法訴說事情，而我在這裡必須享受這個和平國家中相對擁有的舒適。這個願望不會被實現，但這是我今晚唯一希望的事；如果我在那裡，意謂著將會坐牢或發生任何事情，可是我希望自己在那裡像個使徒，願意為基督之名受苦。[71]

---

[71] "Letter from Fr. Thomas Megan to Fr. August Loechte," May 29, 1951, in Mario Di Cesare, "To the Whole World Kin," *The Christian Family and Our Missions*, March 1953, p.21. 又此時仍留在新鄉傳教區的八名會士為舒德、楊善策、包類思、吉思德、希祿迪、宰梯雲、司學藻、姚啟明，他們之後陸續離開中國，而最後一批離開的是住在新鄉市天主堂內的舒德、楊善策、包類思，三人於 1952 年 5 月 7 日被驅逐出境；相關資料參見：雷立柏編著，《聖言會在華 1879-1955 年：編年史、地方志、人物列傳》，頁 287、

這封信，或許足以顯示米幹深刻的信仰精神，及其與中國人民永遠的情感連結。

189、185、198、226、312、280、238；〈軍管會明令宣佈將帝國主義分子舒德楊善策包磊〔類〕思永遠驅逐出境〉，《平原日報》(新鄉)，1952.05.10，1版。

第八章
戰亂下的傳教士生活：
韓克禮神父回憶錄中的景象

　　2015 年為中國對日抗戰勝利七十周年紀念，也是二戰結束的七十周年紀念；而兩年後的 2017 年，則是中國對日全面抗戰的八十周年紀念，隨著這些歷史事件之紀念活動開展，又重啟身歷其境之當事者或當時人對戰爭的記憶與回顧，也再度引起學界對這段往事的研究與討論。其實，二戰史研究在西方學界早受關注且有相當成果，然屬二戰史範圍內之中國抗戰史似未受同等重視，有外國學者即明白指出：二戰史裡的中國，是一個「被遺忘的盟友(Forgotten Ally)」。[1]

　　惟不論西方學界是否確實忽略中國在二戰史裡的重要性，保留在各式史料中的相關紀錄，往往呈現諸多實況，尤其是親身經歷、親眼目睹者之個人記載，除見證昔日，更警惕未來，如 2014 年出版的《我們生命裡的「七七」：從蘆溝橋到中日八年抗戰》一書，將具學者、軍人、律師、僧侶等不同背景者之實際經歷刊出，即為一例；[2] 而本章則是藉由一位於 1920 至 1950

---

[1] Rana Mitter, *Forgotten Ally: China's World War II, 1937-1945* (New York: Haughton Mifflin Harcourt, 2013).本書中譯本見芮納・米德著，林添貴譯，《被遺忘的盟友》(臺北：遠見天下文化出版股份有限公司，2014)。

[2] 張作錦、王力行主編，《我們生命裡的「七七」：從蘆溝橋到中日八年抗戰》(臺北：遠見天下文化出版股份有限公司，2014)。該書的十二位作者依文章先後順序分別為：許倬雲、郝柏村、何兆武(口述，由文靖執筆)、齊邦媛、王鼎鈞、星雲大師、張作錦、張玉法、高希均、邵玉銘、陳長文、郭岱君。

年代、在中國傳教超過二十年資歷的美籍聖言會士韓克禮之個人經驗,觀察戰亂下的傳教士生活,及其對教會之影響與結果。

全文主要資料依據為韓克禮晚年撰寫之回憶錄 My China Memoirs, 1928-1951,該著作出版於 1988 年,然書籍撰寫源起 1978 年韓克禮於晉鐸金慶紀念周年退休後,因多人對其在中國傳教經歷很感興趣,[3]且聖言會美國芝加哥省會長 Francis Kamp 神父鼓勵他留下甚具價值之個人歷史,甚至願意提供省會定期出版刊物 The Christian Family and Our Missions,特別是 1930 至 1950 年代的相關部分,以協助其回顧往事;而韓克禮仍住在老家愛荷華州的姐姐 Dominca Henkels 亦保存其於 1928 至 1944 年間自中國寄給父母之信件;同時,韓克禮尋獲一本自己的日記簿,又得到當年同在北平輔仁大學與河南共事同僚的資料提供,如艾德華(Edward Edwards,1904-1995)神父及萬德華、傅相讓、小海等人,即在各方條件配合下,韓克禮決定提筆撰寫其傳教生涯的首愛(first love)——中國之回憶錄。

第一節　生平經歷

1901 年出生於美國愛荷華州 Luxemburg 的韓克禮曾言,他對赴國外宣揚基督福音之興趣始於在家鄉讀聖三堂區(Holy Trinity Parish)教會學校時。尤其是十五、十六歲那年,來自中國山東的德籍聖言會士顧思德(Joseph Gerhard Kösters,1870-1922)神父到學校作演講,敘述其在中國山東南部之教會工作,內容提到兩個同僚殉道者——韓理與能方濟——在二十年前被盜匪殺害之事;當時,一張幻燈片清楚顯示出兩位殉道傳教士被殺後,留下因紅槍刺出洞的外袍,令在場學生們印象深刻。

十七歲時,韓克禮已考慮到自己未來的神職生涯,並將此事告知老師 Albertine 修女與雙親,因此,於家鄉完成相關學習後,在教堂主任司鐸

---

[3] 韓克禮曾說:「我寫這本書是因為每個人都想要聽我經歷的故事」;見 Mark Nepper, "Today's religion: Priest recounts mission work in China," *Telegraph Herald*, July 15, 1988,p.1B.

William Oberbroeckling 神父建議下,轉赴 St. Joseph 學校(即 Loras Academy,亦 Loras 學院的高中分校)繼續中學課程,並於 1919 年 6 月完成學業,同年 9 月,再正式進入學院(Loras College)就讀。即是在學院期間,接觸到公教學生傳教十字軍運動(the Catholic Students' Mission Crusade,簡稱 CSMC)並加入該團體,[4]此後傳教之心願愈發強烈。在學院讀書的最後一年,眼見兩名高年級同學決定畢業後進入天主教瑪麗諾會初學,引起他的關注,經由與靈修導師 Michael Ambrosy 神父的懇談,決定成為歷史較瑪麗諾會悠久的天主教聖言會一員。[5]於是,1921 年 9 月,他進入聖言會學校就讀並接受修會規範,第一年先在威斯康辛州的 Spring Prairie 學習,次年(1922)再到聖言會的大本營——位於伊利諾州芝加哥的泰克尼;9 月 8 日首次宣誓後,開始為期四年的理論課程及兩年的哲學課程,終於 1928 年正式晉鐸並派赴中國傳教。[6]

其實,美籍聖言會士最早赴中國傳教者乃王金鏡與柯神父,兩人於 1920 年代即派赴中國協助信陽傳教區監牧法來維工作;以後陸續有來自泰克尼的美籍楊森、包德曼、大海、米幹及德籍何神父等人至該傳教區服務。[7]韓克禮於 1928 年晉鐸後,被修會詢問希望至何處傳教時,他的首選就是中國,因為早於學生時代他就認識中國,特別是在 St. Joseph 學校就讀時加入公教學生傳教十字軍運動後;而 1924 至 1926 年間他已成為聖言會的學生

---

[4] 該團體於 1918 年夏成立於泰克尼,美籍聖言會士王金鏡的角色甚為重要;相關說明參見 Clifford King, *I Remember* (Techny: Divine Word Publications, 1968), pp.48-57;〈美國學生傳教軍創始人王金鏡神父逝世在華傳教廿餘載〉,《教友生活週刊》(臺北),1969.09.18,1 版。

[5] 聖言會於 1875 年創於荷蘭,後發展至美國伊利諾州芝加哥泰克尼;有關聖言會發展至美國情形可參見 Ernest Brandewin, *In the Light of the Word: Divine Word Missionaries of North America* (Techny: The Society of the Divine Word, 2000), pp.3-82.

[6] Joseph Henkels, *My China Memoirs, 1928-1951*, pp.1-2.

[7] 何神父於 1900 年生於德國 München, Mühldorf,1913 年入聖言會,1923 年到美國芝加哥泰克尼,1927 年晉鐸,當年 9 月與波蘭籍魏神父一同離開美國,11 月到中國上海再轉往河南信陽傳教區,12 月因心臟病突然去世,擔任神職僅七個月;見雷立柏編著,《聖言會在華 1879-1955 年:編年史、地方志、人物列傳》,頁 230、310。

時，有四個親近朋友都被派到中國河南傳教，所以他說：「除了河南外，我沒有其他選擇」。[8]

1928年10月到達中國的韓克禮，經由上海、漢口等地，終於12月抵達河南信陽傳教區；第一年在信陽的重點是中文學習與文化瞭解，[9]次年(1929)則調至羅山協助王金鏡，1930年轉到駐馬店(確山)，1931年再至正陽協助楊森，到1932年派赴明港時，韓克禮已可獨當一面地負責該地傳教事務，同時能更深入地瞭解當地之風土民情與文化特色，因此，在他的回憶錄中有相當篇幅載及棄嬰(尤其是女嬰)、納妾、祖先崇拜等民間社會現象。[10]

1933年，韓克禮接獲至北平輔仁大學任教的新工作，此實因1925年由本篤會(Ordo Sancti Benedicti，簡稱OSB)創辦的輔仁大學，困於財政問題難以繼續經營，故羅馬教廷指派聖言會負責，[11]聖言會即調度來自歐洲與美國的多名會士擔負學校之各式工作。於是，自1933至1936年間，韓克禮即專注北平輔仁大學之教學及行政事務。

三年的學校任教經歷令他樂在其中，韓克禮曾說：他很享受在大學與輔仁中學的教學工作，尤其是語文教學，不論是教導學生發音或文法，都是一種樂趣，因此時的他，無論是對中文的掌握，或將兩種語文互相轉換運用以協助學生學習，對他來說都不是困難的事。惟1935年新學期開始，由於負責學校行政事務的艾先生離職，當時的校務長穆爾菲(Joseph Murphy,1895-1935)神父期望韓克禮接下此職，因此開始其在輔仁大學的行政工作。而次年更因穆爾菲的突然病逝，令經歷較其他美籍聖言會士資深的韓克禮必須接下代理校務長之重責大任，以完成穆爾菲三年任期(1933-1936)的校務長工作，直至1936年底新任命的校務長德籍雷冕(Rudolf Rahmann,1902-1985)神父從奧地利到北平任職，韓克禮才離開輔仁大學，轉至成立不久的新鄉傳教

---

[8] Joseph Henkels, *My China Memoirs, 1928-1951*, pp.8-9.
[9] Mark Nepper, "Today's religion: Priest recounts mission work in China," p.1B.
[10] Joseph Henkels, *My China Memoirs, 1928-1951*, pp.24-30.
[11] 有關聖言會應羅馬教廷要求接掌北平輔仁大學之詳細過程，可參見柯柏識著，袁小渭譯，《私立北京輔仁大學1925-1950：理念、歷程、教員》，第三章。

區工作。[12]

　　韓克禮所以樂意到 1936 年 7 月才正式成立的新鄉傳教區工作，是與米幹的深厚友誼密切相關；他早於 1921 年剛進入聖言會，就認識年長他兩歲的米幹，因此，他想要加入米幹在新鄉傳教區的工作團隊。[13]而韓克禮初到新鄉傳教區時，是接替孫士選在修武之工作，除興建教堂外，並在堂內成立上沽小學，學生人數發展到五百人左右。[14]惟其到新鄉傳教區僅七個月(1937 年 7 月)，中國便開始對日全面抗戰，再隔七個月(1938 年 2 月)，日軍即進占新鄉城；而 1941 年底的珍珠港事件，更迫使他與米幹逃離傳教區，先藏身於太行山區內，再渡過黃河到國民政府統治區內，日後則輾轉於河南南部、西部及陝西等地，以協助義籍傳教士各項教會工作之持續，直至 1945 年二戰結束才返回新鄉傳教區。

　　重返新鄉傳教區後的韓克禮，於 1946 年被米幹指派到上海採辦藥物補給品，為即將開辦的新鄉公教醫院作準備，並配合從聖言會美國省會泰克尼運到上海來之其他各式物資，經由卡車送回新鄉傳教區，[15]欲重建「新鄉樂園」。然 1948 年，韓克禮即被羅馬教廷派往香港，協助宗座外方傳教會的義籍恩理覺(Enrico Pascal Valtorta,1883-1951)主教於當地建立一所技術學校。[16]而在香港三年期間，韓克禮除前述工作外，亦負責接待陸續到達當地之傳教士，[17]並關注自中國各省逃至香港避難者之生活情形，[18]也觀察當地

---

[12] Joseph Henkels, *My China Memoirs, 1928-1951*, pp.50、56-57、70.

[13] Joseph Henkels, "Father Megan: an Atomic Missionary," p.9.

[14] 《修武縣誌》(鄭州：河南人民出版社，1986)，頁 688。又為成立此男子學校，韓克禮將當地房舍改築成教室與男子宿舍，見 Joseph Henkels, *My China Memoirs, 1928-1951*, p.78.

[15] Joseph Henkels, *My China Memoirs, 1928-1951*, p.167.

[16] Joseph Henkels, *My China Memoirs, 1928-1951*, p.179.

[17] "In Memoriam: Joseph Henkels, S.V.D., 1901-1997," March 1997.

[18] Joseph Henkels, "The Refugee Camp at Rennie's Mill," *The Christian Family and Our Missions*, December 1950, p.10.

漁民之信仰狀況。[19]

　　1951年因中國整體政治局勢變化，韓克禮返回美國。1952至1956年間服務於伊利諾州與愛荷華州兩地。1956年8月再轉至芝加哥Anselm的教堂，為非裔美人堂區工作。1976年任教於位在愛荷華州Epworth的聖言會學院(Divine Word Seminary)，兩年後(1978)值晉鐸金慶紀念後退休留居當地。1990年基於健康因素，搬到芝加哥泰克尼居住，直到1997年3月18日過逝，葬於泰克尼墓園。[20]

第二節　對日抗戰時期(1937-1941)

　　1937年7月7日蘆溝橋事件爆發，中國開始對日全面抗戰，然新鄉傳教區起初並無太大變化，在本地可觀察到的情形只有「日本照像飛機橫越該區域，為航空地圖作準備」，[21]惟眾人皆知戰爭勢不可免。尤其，當1937年9月，日軍占領河北保定府後，傳教士們明瞭日軍遲早會利用平漢鐵路進入河南占領傳教區，米幹亦有指示，一旦新鄉傳教區被日軍占領，便開放區內各傳教站成立難民收容所以協助需要者；而1938年2月，日軍確如預期進入並占領新鄉傳教區，國軍沒有堅持太久即退守太行山區內。[22]

　　當時人在修武的韓克禮，早於一個月前就與鎮裡耆老討論難民救助計畫，決定在城北與城南設立難民收容所，後來約有一千人受到教會援助；而住在收容所內之民眾，也因此會詢問有關參加教會設在收容所內道理班之事，令教會信仰得在此自然情況下傳播出去。如河南地方志書載：「民國二十七年(1938年)日本帝國主義侵佔修武，教會信徒劇增，教會學校學生也隨

---

[19] Joseph Henkels, "Blessing the Fishing Fleet," *The Christian Family and Our Missions*, November 1951, p.26.

[20] "In Memoriam: Joseph Henkels, S.V.D., 1901-1997".

[21] Joseph Henkels, *My China Memoirs, 1928-1951*, p.78.

[22] 有關日軍進占新鄉城之詳細過程，可參見 Thomas Megan, "Short Account of Recent Happenings in Sinsiang, Honan," February 20 1938.

之增加,據當年統計,天主堂小學男生達 110 餘人,女生達 80 餘人」;[23]亦有在此背景下,因該途徑而啟發聖召者,後來於 1980 年代擔任臺北教區總主教的狄剛(Joseph,1928-2022)神父即為一例。

狄剛是河南修武人,日軍占領當地後,他與母親、妹妹入教會收容所避難,因此接觸教會並為其後之神職生涯奠基。當時韓克禮親自為狄剛施洗,而狄剛在完成六年小學課程,於 1940 年進入聖言會在山東兗州府的聖奧斯丁修院初學。韓克禮在回憶錄中言,「狄剛是個非常聰明的學生,後來被送到歐洲繼續學業,並於 1953 年在羅馬晉鐸」,[24]狄剛則在近半世紀後的 1987 年,為韓克禮回憶錄撰寫序文時亦提及此事:

> 感謝韓克禮神父為我施洗,帶我進入基督教會;⋯⋯,在日本占領的第一個月,他冒著生命危險拯救許多中國民眾,他的生活方式是導引我走向神職生涯的重要原因之一;事實上,我可以這麼說,韓克禮神父開啟了我的旅程。他在傳教區內建立一所傳教員學校,而當時的我雖然只有十一歲,但他允許我坐在那裡聽課,我要感謝他,因為他提供機會給我,讓我在自己生命的早期便學習到許多信仰內容。[25]

文中言及之傳教員學校乃韓克禮至新鄉傳教區工作後負責的一所學校。由於一個訓練有素的傳教員對傳教士而言是很好的幫手,米幹當年在信陽傳教區協助前後兩任監牧時,就是負責傳教員學校,深知傳教員培育工作的重要性;[26]因此,在修武也設立此種學校並交由韓克禮負責,[27]即使日軍進占

---

[23] 《修武縣誌》,頁 541。
[24] Joseph Henkels, *My China Memoirs, 1928-1951*, p.80.
[25] Joseph Henkels, *My China Memoirs, 1928-1951*, p.VII.
[26] 米幹在信陽傳教區所屬的正陽負責傳教員學校共五年(1932-1936),其認為傳教員角色甚為重要,曾言:「如果傳教士是一隻手的話,那麼傳教員就是手指」;見 Andrzej Miotk, *The Missionary Endeavor of the Society of the Divine Word in Latin America and China: the founding and biographical approaches* (Romae: Apud Collegium Verbi Divini, 2023), pp.501-502.

該地,傳教員培育工作也持續不斷。

修武的男子傳教員學校始於 1938 年,第一年有十八人上課,學生無需繳交學費,但要分攤膳食費並支付個人課本費及其他教材費用,學校則負責教師薪資並安排學生住宿。傳教員學校第二年(1939)有九人入學,第三年(1940)有十六人入學,其學習內容包括屬世俗課程的數學、中國文學、歷史、作文與書法,此由中國教師講授,韓克禮則負責屬宗教課程的天主教教理、聖經註解、教會歷史等部分。該校於 1940 年 8 月,因中國游擊隊經常襲擊位於修武附近道清鐵路沿線的日本駐軍,影響學生學習及學校正常運作,只得將學校遷至沒有日軍駐守的獲嘉縣南方之中和。至 1941 年 6 月,傳教員學校首屆學生結業,共十五人完成三年的學習課程,他們全部派往傳教區各地工作,有人到教堂協助本堂神父傳教、有人到無神父駐守的村莊為教民服務,也有人在教會學校裡教書,[28] 這些傳教員實教會發展不可或缺之重要世俗力量。

韓克禮在修武除投入傳教員培育事務外,日常的禮儀與信仰活動,不論是在教堂內主持彌撒、出外訪視教民並為之進行禮儀服務等工作仍照舊進行,亦須支援其他傳教站之相關工作,如於周末時到范神父負責的待王、焦作兩地教堂主持彌撒,而傳教員學校遷至獲嘉縣中和時,他也會利用周末時間,到小海負責的當地教堂協助禮儀事務。[29]

同時,擅長無線電零件組裝,能利用舊盒子製成短波收音機,被其他傳教士稱為「新鄉樂園機械師」的韓克禮,更因其對無線電之專業知識受到日軍關注。當時日軍駐守修武的據點距天主教堂不遠,有次日軍一部無線電接收器在接裝時,不慎將真空管內的保險絲燒毀,他們訂購一套新的真空管,

---

[27] 吳伯,《華夏遺蹤:聖言會甘肅、河南福傳史(1922-1953)》,頁 114。又據米幹寫給聖言會羅馬總會長之信件可知,修武於 1937 年即成立專門培育婦女及孩子的傳教員學校,而 1938 年成立男子傳教員學校;見"Letter from Fr. Thomas Megan to Fr. Joseph Grendel," August 7, 1937.

[28] Joseph Henkels, *My China Memoirs, 1928-1951*, pp.89-90.

[29] Joseph Henkels, *My China Memoirs, 1928-1951*, p.90.

便要求韓克禮到總部去組裝。韓克禮戴著身上唯一工具——簡單的口袋型伏特計,將所有真空管檢查後拆除並換新,並用伏特計測試電極,當一切就緒打開開關後,機器正常運作,聲音響亮而清晰,圍繞其四周的士兵們都高興地拍手。後來日軍又訂購一組新設備,仍是由韓克禮負責安裝,然這次完成後,韓克禮詢問日軍可否將乾的各式電池給他,日軍答應了。於是,韓克禮利用這些廢棄材料供應手電筒之用,直到珍珠港事件發生,他離開傳教區為止,[30]這些廢棄電池實發揮極大效用。

事實上,韓克禮此項專業不僅運用於前述例子,亦提供給後來在太行山區避難時,工作於林縣小莊的國籍牛神父;[31]更重要的是,此一技術令其方便接受來自各地之新聞訊息、掌握世界脈動,且可因此作出較迅速之應變方案。一個令人難忘的經歷就是由此而來,即傳教員學校遷至獲嘉縣中和時,韓克禮便帶著自己組裝的小收音機到當地,約在同時,被任命為聖言會新鄉傳教區區長的甘維璽亦搬到離獲嘉縣不遠處的原武王村,當時王村乃聖言會於該地區的總部,甘維璽需要較迅速的本地消息與國際新聞,因此請韓克禮協助組裝收音機,由於零件足夠,韓克禮應允並在中和將收音機組裝完成,待有時間到王村時便可交付。

1941年的聖母無玷始胎節(The feast of the Immaculate Conception)在星期一(12月8日),韓克禮決定星期六(12月6日)到王村,利用足夠時間將之測試完成後交付,再於星期日(12月7日)在王村主持完彌撒,而於星期一返回中和。由於收音機測試工作順利完成,甘維璽可利用長波段收聽中國國內電臺,亦可利用短波段接收國際電臺,而當時國外報導已指出,美國和日本代表在華盛頓的談判仍在進行,星期日傳教士們即在收聽相關此事之報導,以瞭解事情進展狀況;至星期一早上6點,韓克禮如昔日般地再度收聽相關新聞時,竟聽到東京廣播電臺報導珍珠港遭到轟炸與摧毀,且日本已向美國宣

---

[30] Joseph Henkels, *My China Memoirs, 1928-1951*, pp.90-91.
[31] Joseph Henkels, *My China Memoirs, 1928-1951*, pp.107-108.

戰的最新消息。³²他立即通知甘維璽並儘快趕回中和，欲將消息帶給仍在該地的小海與司文德，同時，甘維璽派人將消息提供給已往另一傳教站去的包德曼，讓他不要再返回王村，而是儘快渡過黃河到國民政府掌控區，這個消息快速傳達到包德曼，他也成功地渡過黃河至安全地帶。然小海與司文德則沒有如此幸運，因韓克禮近午時趕回中和南方數英里的村莊，而日軍已到達中和接管當地。³³後來，得順利逃離新鄉傳教區者僅韓克禮與米幹兩人，其餘在傳教區各工作站的美籍傳教士十餘人，均先後被日軍拘禁在教會所屬的王大夫醫院內，至 1943 年 3 月，他們自河南新鄉遷至山東濰縣基督教長老會(Presbyterian Church)學校，8 月再移往北平天主教方濟會學校，待二戰結束後才能重返新鄉傳教區。³⁴

其實，珍珠港事件前兩年(亦抗戰開始後兩年)的 1939 年，因日軍占領華北諸多地區，令聖言會派赴甘肅等較西邊地區的歐洲籍傳教士受限交通，實難前進到指定地區，而派往河南信陽傳教區的歐洲籍傳教士，亦因該地屬國民政府統治區，與德、奧等國在政治上乃對立局面，不方便到當地進行教會工作，如應到甘肅的德籍邢范濟、舒德、文直芳與奧籍康建德，以及本來該派赴河南信陽的德籍吉思德、史廬德等人，均因前述狀況令部分歐洲籍會士轉進河南新鄉傳教區內工作，致本來以美籍會士為大宗的新鄉傳教區變成以

---

32 韓克禮晚年曾於受訪時表示，他有每天聽新聞的習慣，其言：「我是一個收音機修補匠，我能夠組裝無線電，每天早上我會打開收音機瞭解今天有什麼新聞」；見 Mark Nepper, "Today's religion: Priest recounts mission work in China," p.1B.
33 Joseph Henkels, *My China Memoirs, 1928-1951*, pp.91-93.
34 被日軍拘禁的美籍聖言會士有十二名，包括在武陟喬廟的大海，在獲嘉中和的小海、司文德，在原武王村的甘維璽、柯修士，在溫縣的萬德華，在沁陽的雷義華，另有范神父、傅相讓、孫士選、羅詩曼及艾神父。這些會士除於二戰結束後獲釋外，另有羅詩曼、傅相讓、司文德、科修士四人，於 1943 年 9 月即透過換俘方式獲釋回美。又二戰結束後，獲釋者有先回美國再返回中國者，也有由米幹從北平接他們返回新鄉傳教區者；詳細說明與相關史料參見：Joseph Henkels, *My China Memoirs, 1928-1951*, pp.97-99；吳伯，《華夏遺蹤：聖言會甘肅、河南福傳史(1922-1953)》，頁 75；《河南省志‧宗教志》(鄭州：河南人民出版社，1994)，頁 111-112。

歐洲籍,尤其是德籍傳教士為主力之情況;[35]此種變化,就新鄉傳教區當時之政治情勢而言是有利的,因德、奧籍傳教士在日軍占領的傳教區內,確可代替美籍傳教士處理相關事務,如同美籍傳教士在國民政府統治區內,亦較德、奧籍傳教士方便與當權者交涉。

惟即便如此,日軍占領下的傳教士生活,不論何種國籍仍不時受到干擾與限制,如當時日軍規定:任何人經過日本守衛時須停下來對皇軍鞠躬行禮,而在開封的日本守衛,更要求通過城門者必須以磕頭代替鞠躬。曾有義籍神父因年事已高,且身軀較為肥胖,實難跪地磕頭,請求以習慣之鞠躬方式行禮,日本守衛竟指著神父的大肚子,以中文加以嘲諷,此事在外籍傳教士間普遍流傳。而在新鄉傳教區的萬德華有次騎機車經過陽武的鐵路月臺,因未事先下車而惹怒日本守衛,被打好幾巴掌。另甘維璽有次騎機車沿著鐵路軌道往懷慶府(沁陽)去,在接近待王時,日本士兵突然朝他的方向射擊,他立刻躲到鐵路旁堤坊後面作為掩護,並將白色手帕綁在一根棍子上,乃能順利推著機車通過。

甘維璽被日本士兵突然開槍襲擊的危險經歷,韓克禮也曾遭遇,有次他往焦作去,突然城牆上有日兵朝他開火,幸好路邊有一被沖刷且低於田野之四輪車道,令其可藏身其間,不被牆上士兵看見乃倖免於難,等他到達焦作,將此事告知傳教員,傳教員提及前一天村子裡有人即是因此而喪命。然韓克禮另一次的親身經驗卻沒有如此幸運,因其莫名遭日兵攻擊而傷重住院三星期;事情起因於1941年3月18日,他到待王教堂慶祝聖若瑟節,由於從修武到待王間之道路均有日軍駐守,為免經過日軍崗哨站,他決定走一條與前述道路平行之另一小徑,當通過最後一個路口時,不巧被一名士兵看見並走向那條小徑,他只得下自行車往士兵前面經過,然士兵擋住不讓他通行,並欲取走自行車,韓克禮拒絕且試著讓士兵瞭解他要前往待王,但士兵仍阻止並拿起棍棒打他兩次,傷到其左邊肋骨及左側頭部;在遠處其他數名

---

[35] Joseph Henkels, *My China Memoirs, 1928-1951*, p.83;又相關說明可參見本書第六章第二節。

日兵叫囂下，打人士兵讓路，但抓起一把碎石往他臉上扔，碎石割傷額頭，韓克禮立即騎上自行車到待王的日本鐵路警局求助，他們為其包紮傷口並建議到醫院接受妥善治療。次日(3月19日)，韓克禮乘火車到位於新鄉的主教座堂向米幹報告此事，米幹陪他到當地由聖方濟服務醫療會修女負責的天主教醫院檢查傷勢，米幹亦到日本總部詢問此事；當天下午，一位日本憲兵來檢視韓克禮受傷情形，並要求發表聲明。3月22日，一名日本軍醫及一名來自日本憲兵隊的翻譯到醫院病房，對韓克禮進行徹底檢查並記錄此案件。後來，米幹將此事交由美國外交人員處理，並要韓克禮準備一份聲明稿提供給駐北平美國使館；當3月24日韓克禮撰寫正式聲明稿時，其仍住在醫院裡，且據日本醫生之建議，他還需要在醫院休養兩星期。[36]該事件後不久，韓克禮聽說有地方游擊隊成員為報復此事，殺了那個駐守站的日本士兵十餘人。[37]

　　被日軍開槍射擊與攔阻打傷兩事，應是韓克禮在中國對日全面抗戰後，於新鄉傳教區內面臨到最危險的經歷，因其日後不論是親自撰寫回憶錄，或被人問到在中國傳教面臨戰爭威脅之深刻印象時，他往往提到這兩件事，尤其是後者；韓克禮曾於事件發生後近半世紀的1980年代末，接受訪談時說：那時，自行車「幾乎是我傳教的唯一交通工具……，當我拒絕時，他(日本兵)開始用棍棒打我，他幾乎要殺了我」，[38]而那輛自行車是韓克禮姐姐Dorothy Henkels送的，[39]被他騎了超過三、四萬英里，直到離開中國時，自行車仍可使用。[40]

---

[36] Joseph Henkels, *My China Memoirs, 1928-1951*, pp.86-89.又本段文字敘述實將韓克禮之回憶記載(頁86-87)與當時之聲明稿內容(頁88-89)兩者整合後予以呈現。

[37] Joseph Henkels, *My China Memoirs, 1928-1951*, pp.86-89. Mark Davis, "Fr. Henkels writes of his dangerous past in China," *Word USA*, Vol.14, No.1 (December 1988-January 1989), p.8.

[38] Mark Davis, "Fr. Henkels writes of his dangerous past in China," p.8.

[39] 自行車是於1930年花費美金十八元買給韓克禮的；見Joseph Henkels, *My China Memoirs, 1928-1951*, p.154.

[40] Mark Nepper, "Today's religion: Priest recounts mission work in China," p.1B.也有資料說他騎該自行車超過四萬英里，見Mark Davis, "Fr. Henkels writes of his dangerous past in China," p.8.

第三節　二次大戰期間(1941-1942)：太行山區內

　　早於珍珠港事件發生前數月，米幹在與傳教區內神職人員的會議上，曾提及美日對峙下的教會處境與應變方針，當時討論三種情況，一是傳教士留在工作崗位上，希望日本人能讓教會繼續運作，二是傳教士留下來面對被拘禁的可能，三是傳教士離開傳教區並渡過黃河，到屬安全地帶的國民政府統治區內，或逃入太行山區中，因山區裡有數個天主教村落可提供傳教士棲身，或至少在山區裡避難是安全的。[41]而珍珠港事件發生後不久，米幹與韓克禮即逃往太行山區內屬輝縣的花木，並在該村落過夜，次日清晨進行彌撒禮後，兩人再轉往山區裡另一屬林縣、名為范家嶺的村落中藏身。[42]

　　這些村落均位於衛輝傳教區範圍內，由宗座外方傳教會的義籍主教林棟臣負責，而村民們早被主教通知：一旦美日戰爭爆發，則新鄉傳教區裡的美籍傳教士將會在此尋求保護；因此，12月11日天黑前，當米幹與韓克禮到達范家嶺時，村落中的天主教徒與范姓耆老們均張開雙臂迎接他們，此後直到次年(1942)復活節後，因宗座駐華代表蔡寧的要求，米幹與韓克禮才離開范家嶺，經由變裝方式順利渡過黃河，到河南南部的國民政府統治區內。

　　這段山區經歷，不僅是兩位避難神父的難忘經驗，亦范家嶺及其周圍地區教友難得的信仰生活歷程，因該地已多年未有神職人員與其一同生活及共度節日。由於林縣山區有三個教友村，地理位置由南往北依序為：范家嶺、田家井與小莊；其中，田家井教友傳說來自康熙年間(1662-1722)山西壺關縣教友的遷入，然該地起初並無神職人員及教堂，教友遇重要節日須渡過黃

---

[41] Joseph Henkels, *My China Memoirs, 1928-1951*, p.93.
[42] 此資料來自1941年12月底，韓克禮到達范家嶺後兩星期寫給母親的信，信中記載：珍珠港事件發生後，他待在鄉下小聖堂三天，接著米幹也來了，兩人決定變裝逃往山區；12月10日經長時間騎自行車行旅後到達花木，發現當地有彌撒用品，而他們身上帶著麵餅與彌撒用酒，於是，次日清晨兩點起床後進行彌撒，約三十名教徒參加，再於四點左右出發往另一教友村，並留下他們的自行車在花木，行走十二小時之山路才到達范家嶺；見"Two Letters of Joseph Henkels, SVD," *The Word in the World*, 1981, p.107.

河，到較早發展的南陽靳崗(靳家崗)教堂參加活動，後因宗座外方傳教會的義籍神父司德望(Stefano Scarella,1842-1902)與南陽之國籍神父，於道光年間(1840年代)至田家井主持教務而籌資建堂，光緒廿六年(1900)又在村落南方之山嶺上建聖母堂，吸引多人至此朝聖，田家井因而成為該區天主教發展之重要據點。[43]而范家嶺於1880年代初亦由司德望來此傳教，故該地教堂於光緒十年(1884)開始興築，次年落成，惟義和團事件時教堂遭毀壞，至光緒卅一年(1905)再予重建，至光緒卅三年(1907)乃告竣工。[44]至於小莊教友是因田家井教友申氏分遷而來，惟該地與田家井相較，「坡緩土沃，地勢遼闊，交通便利」，故天主教在此發展愈盛；光緒十八年(1892)，司德望等人深感田家井「被群山環繞，山高谷深，交通不便」，頗不利天主教大規模擴展，該地也與其他教會中心聯絡不易，故決定於小莊建一大型教堂，又將天主教總堂立於該地，林縣天主教中心便因此由以往的田家井轉至小莊。[45]惟這些十九世紀形成之山區教友村，隨著時間發展與人事變化，到二十世紀已不復昔日盛況，尤其是范家嶺，每逢重要節日，當地教友往往必需花費整日時間到田家井或小莊參加彌撒。

在范家嶺停留近五個月期間(1941.12-1942.04)，韓克禮深入觀察到山區裡的生活環境與教友們之信仰狀況。當時，他與米幹住在范家嶺教堂，該教

---

[43] 董永吉等，〈天主教在林縣的沿革〉，《林縣文史資料》，5 輯(1992.05)，頁 231-233；《河南省志・宗教志》，頁 108-110。又據地方志書記載：中共建政後的 1980 年代，林縣天主教徒主要分布於原康、茶店、小店等鄉，平時教徒都在自己家裡唸經，每逢大節日如聖誕節、復活節等，均集中於田家井村過瞻禮；見《林縣志》(鄭州：河南人民出版社，1989)，頁 592。

[44] 該段史料源自范家嶺教堂前之碑刻「銘石備考」(大清光緒三十三年七月初七日豎立、趙俊升撰文)，碑文中言，此地因黃河之隔，故教宗比約九世(Pius IX,1792-1878)將河南分為北境與南境兩區，分由宗座外方傳教會的兩位義籍神父司德望、安西滿(Simeone Volonteri,1831-1904)負責，而司德望初蒞此區即在范家嶺，故在該地首先建立教堂。

[45] 董永吉等，〈天主教在林縣的沿革〉，頁 234-235。另有云：河南北境傳教區(即今日河南九個傳教區中的衛輝傳教區，又名安陽傳教區)最早之主教座堂位於林縣田家井，後遷至小莊，再移到衛輝；見劉志慶、尚海麗，《河南天主教編年史》，頁8。

堂建造得頗為精良,內有裝備齊全的彌撒及禮儀必需物品,傳教士居所亦相當寬敞,並配有居住者及來訪者所需用品;而該地距最近之日軍駐守地雖僅十五英里,然整條山徑與道路狀況很差,令他們「覺得非常安全」。[46]然范家嶺一帶嚴重缺水,因附近沒有水井,離村子最近的手挖井在越過山脈數英里外,當地唯一可利用的水乃存於蓄水池中的雨水或雪水,「只要定期下雨,或山脈上的雪準時融化,蓄水池的水量就足夠大,可以滿足他們的生活所需」,[47]惟日常生活仍須節約用水。

又村落裡所有家庭均信奉天主教,神父們的到訪實可為其提供難得且適當的禮儀服務,據韓克禮的記載可知,當他於1941年12月到達范家嶺後,短短兩星期內,已服務四位生病教友,並為即將於聖誕節後進行的婚禮作準備。[48]其實,在兩位神父到達的當天晚上,便與村民們長時間交談,並規劃每日彌撒及各種禮儀進行之計畫與時間表,特別是為即將來臨的聖誕節。而1941年的聖誕節,范家嶺及其附近所有教友均參與一個由米幹主教親自主禮的子夜彌撒,大家同在村中共度一晚,並於次日舉行聖誕彌撒,再分享村民們共同準備之食物後乃打道回府。[49]事實上,當時透過本地教友的居間聯繫,兩位神父仍可與新鄉傳教區內的神職人員互通音訊,並帶來個人及禮儀需用之衣服物品,如仍在新鄉傳教區工作的舒德曾私下造訪范家嶺與米幹會面,親自報告被日軍控制下傳教區之最新狀況。[50]

那段期間,不僅范家嶺及其附近教友可參加由神父主持之禮儀活動,連在范家嶺北方的小西(小西溝)、田家井及小莊均有機會獲得神父之信仰服

---

[46] 米幹寫給美國省會的信中曾言,他們在山中與天主教徒在一起,該村落距新鄉北方只有三十英里,但日本人從未「進入到天主教徒把我們安置四個月的山中」;見"War Front and Mission Front," p.417.

[47] Joseph Henkels, *My China Memoirs, 1928-1951*, p.106.

[48] 韓克禮於1941年12月底寫給母親的信中曾提及:范家嶺約有一千個領洗教友在附近;見"Two Letters of Joseph Henkels, SVD," p.107.

[49] Joseph Henkels, *My China Memoirs, 1928-1951*, pp.105-107.

[50] Joseph Henkels, *My China Memoirs, 1928-1951*, pp.110-111; Edward J. Wojniak, *Atomic Apostle: Thomas M. Megan, S.V.D.*, pp.150-151.

務。因韓克禮發現：從范家嶺到小莊約廿五英里路，中間會經過距范家嶺約十英里的小西、距小西約五英里的田家井兩個村落，雖然這段路程並不完全平坦，但他能克服困難，因此，可利用各個主日騎自行車造訪不同村落，除主持彌撒外，亦有機會接觸山區教友的日常生活。在多年後撰寫回憶錄時，韓克禮描述了印象頗為深刻的田家井：

> 這個村落的五十個家庭全部是天主教徒，並已成為天主教徒超過三百年，且在這個過程中，有十二位村莊裡出生的男孩晉鐸為天主教神父。……，這個村莊的名字來自附近一個手挖井，該井為所有家庭提供乾淨的飲用水和烹飪用水。田家井的意思就是田家的井，這個家族的農地在村莊所在地的山谷平原北部。他們在此建造一座土壩，形成一個水塘，收集來自山脈和耕地的雨水，而池子裡的水通常用來供給他們的牲畜使用。[51]

此外，1942 年過中國舊曆新年時，山區教友均至范家嶺祝賀神父，小西的教友代表並送來自己種植的地瓜，此乃山裡頗為稀有之作物，因山裡大部分農民栽種的是成長於高海拔地區的馬鈴薯。韓克禮亦曾花費相當時間仔細而完整地觀察，甚至參與范家嶺農民之耕作工作，並認為「這真是讓我上了一堂實在的農耕課程」，其載曰：

> 河南北部的春天在慶祝農曆新年後不久到來，並在第一個滿月後結束，也就是陰曆第一個月的第十五日。一旦地面足夠乾燥後，農民便忙於耕種田地。范家嶺周圍大部分田地都屬於山麓之間的狹谷和深溝之間的梯田。其中一個農民忙著準備耕種他的梯田，我感興趣地看著他並幫助他工作。他首先在溝谷底部建造一個一至四、五英尺高的岩牆，然後刮掉溝渠兩側鬆散的土壤，直到牆後面的空間被填滿，並與

---

[51] Joseph Henkels, *My China Memoirs, 1928-1951*, pp.108-109.

其頂部齊高。完成這個部分後，他在這塊土地的另一邊建了第二道牆，並重覆相同過程，直到全部深溝都變成梯田，一道接著一道。在大部分情況下，一個溝渠中所有梯田的總面積只有五、六畝，但他只要用三或四個溝谷中的梯田，就能夠獲得足夠的玉米、小米或小麥來餵養整個家庭。每當下雨時，土地持有人會到田地裡，將過剩雨水從山坡和田地導入準備好的溝渠裡，並將雨水引進預先挖好的蓄水池，防止田地遭到侵蝕。[52]

惟韓克禮的山區農村生活至 1942 年 3 月中旬，米幹收到蔡寧來信後即將終止，因兩人於 4 月復活節結束後，便告別范家嶺之教友村民，經穿越已被日軍占領、屬新鄉傳教區範圍內之獲嘉、溫縣，再搭乘載有游擊隊軍火彈藥與補給品之渡輪，最後順利跨過黃河，到達國民政府統治區的河南鄭州，受到當地義籍賈師誼(Luigi Calza, SX, 1879-1944)主教的熱情歡迎。

第四節　二次大戰期間(1942-1945)：國民政府統治區內

米幹在鄭州除協助賈師誼處理與國民政府交涉之各項事務外，亦先後被陝西西安傳教區義籍萬九樓(Pacifico Giulio Vanni, OFM, 1893-1967)主教、河南洛陽傳教區義籍巴友仁(Assuero Teogano Bassi, SX, 1887-1970)主教請至當地幫忙，因這些地區均主要為義籍傳教士工作範圍，而國民政府與德、義、奧國在政治立場上的敵對，致諸多當地外籍傳教士往往以「保護性拘留」名義進入拘留營；而一旦傳教士離開工作崗位，教會資產及各項工作即無人負責而被政府徵用或強占，教會事業亦往往被迫中斷或停止；因此，米幹以其美籍身份背景實較方便代為與國民政府協商，如西安的情形是：國民黨黨部欲占領天主教會部分土地，後經多次會談，米幹允許其利用教會土地上的幾棟建築物印製黨報。而洛陽的狀況則是：國民政府軍隊事先已查看若干教會

---

[52] Joseph Henkels, *My China Memoirs, 1928-1951*, p.111.

建築物以便乘機占用,而米幹的解決方法是直接與軍隊指揮官聯繫,並告知現在當地天主教會由他負責,因此軍隊不能強占有主之地。

　　同一時間內,韓克禮也在鄭州當地,先後前往汝南、信陽、駐馬店、南陽等地支援各不同傳教區的類似事務;其中,汝南、信陽等地情況較好,傳教士們仍可留在當地維持教會各項工作,只是多少遭受麻煩。其他地區則各有不同問題,如鄭州有許多義籍神職人員被迫遷至內鄉拘留營,經交涉後,幸運地留下在當地教會醫院服務且擔任重要工作的數位神父、修士及修女們。而南陽是因位於靳家崗師範學院的義籍神父校長被送往內鄉拘留營,韓克禮須協調出新任校長人選,方便持續校務之正常運作,並停留當地兩星期以確認新方案之運作是否上軌道。處理這些事務的本身除花費時間外,亦有路程上的時間與體力耗損,因當時主要交通工具是自行車,而韓克禮從鄭州騎車至南陽約兩百英里,從南陽騎車到內鄉須三十英里(四個多小時),再從內鄉騎車到鄭州要二百五十英里,[53]由此可知其工作負荷量的實際情形。當然,為善用時間及安排行程中繼站以便休息,韓克禮往往騎自行車到不同傳教區察看,如從內鄉回鄭州路途上,他順道去鄢師、許昌等地,以瞭解當地狀況。

　　事實上,在這段期間內,韓克禮亦親自到拘留數十名傳教士的內鄉拘留營觀察實際情形,他發現被拘留的傳教士們分成幾處,如來自信陽傳教區的德、奧籍聖言會士居住在廢棄的郵局、來自南陽傳教區的義籍神父留在當地的天主教會據點,而來自洛陽傳教區的義籍神父則被分配到空的寺廟。其中,分配到舊郵局與空寺廟的傳教士們較為辛勞,必須自己清理出生活空間及籌措相關設備;然不論何處的傳教士們均保有相當自由度,舉凡個人的閱讀研究或語文學習,與同伴的定期宗教或神學討論課,乃至外出採買需要物品或瞭解民情風俗,[54]甚至教會之各式宗教儀式等活動均未遭禁止,[55]即使

---

[53] Joseph Henkels, *My China Memoirs, 1928-1951*, pp.116-118.

[54] Joseph Henkels, *My China Memoirs, 1928-1951*, p.119.

[55] 韓克禮於 1943 年寫給姐姐的信中曾言:在內鄉拘留營的傳教士們於 1942 年的聖母無玷始胎日節慶,舉行大禮彌撒(當時營裡有兩個主教),傳教士們組成一個合唱團,以

拘留營入口有衛兵看守，警衛也會一星期巡視一、兩回，以確定這些被拘禁者是否仍在拘留營內，然這些舉措對傳教士而言都不構成威脅；所以，韓克禮在實際觀察這些傳教士情形後表示：「他們確實沒有受苦，只是群體生活的不便與無聊度日」。[56]其實，真正令傳教士困擾的是，拘留營內的膳宿費用得由教會負責，而戰時物價頗高，雖然國際紅十字會有資金提供給拘留營內的傳教士，然其仍有一定經濟壓力。

1942年8月底，經與兩位主教蔡寧、于斌(Paul,1901-1978)會議後，米幹被派駐洛陽負責此一傳教區，並帶領當地三個相當年輕且較無經驗的國籍神父工作，其亦為南陽傳教區的主教代理人；韓克禮則派駐河南省政府新的所在地──魯山，將在當地成立一個天主教會中央辦公室，處理未來與當局交涉之各項事務，其亦為鄭州傳教區主教代理人。

即是在米幹駐守洛陽、韓克禮駐守魯山期間，發生了著名的河南大饑荒事。此次大饑荒主要導因1941年秋的乾旱氣候及1942年中的蝗蟲侵害，韓克禮曾詳細記載親眼目睹之事：

〔1942年〕六月末災難臨到了河南，三群不間斷的蝗蟲侵占大部分的河南。那個夏天，當我沿路騎著自行車往南陽去的一次拜訪中，聽到一個奇怪噪音穿過我的頭頂。我停下來瞭解是從哪裡來及如何造成的，看到那是來自東北方如鳥雲般的一群蝗蟲。其中一些蝗蟲已降下，落在一塊正準備要抽穗的玉米田裡；幾個星期後，當我沿著同一條路返回鄭州，經過相同的玉米田時，發現除了作物的殘株及根部

四部合音唱歌；見"Brief Mission: From China(Joseph Henkels)," *The Christian Family and Our Missions*, June 1943, p.218.此畫面與美籍神職人員、修女們在日軍拘留營情形頗為類似，據照片資料顯示，1943年聖誕節，被日軍關入北平拘留營的美籍傳教士們亦組成樂團慶祝節日，見吳伯，《華夏遺蹤：聖言會甘肅、河南福傳史(1922-1953)》，頁281。又當時在內鄉集中營裡的兩位主教，應是原在洛陽的巴友仁與在南陽的梅先春(Pietro Massa,PIME,1895-1978)。

[56] "Brief Mission: From China(Joseph Henkels)," p.218.

外,沒有留下任何東西。再行旅二十英里後,我看見前面平坦大道上,一群黑色新生蝗蟲正在穿過馬路;剛孵化不久的蝗蟲還不能飛行,它們毀了道路一側的田地後,又越過道路另一側的小米田。當靠近這個群體時,我試著剎車,然自行車前輪輾過這些小生物,幾乎令我跌倒,幸好我在跌倒前已站穩於道路上。我下了自行車開始走路,但發現走過它們幾乎如同走在一片冰上般地危險;這些蝗蟲此次入侵結果是玉米、高粱、小米作物完全沒有,然蝗蟲對大豆和地瓜的侵害較小。當冬天來臨時,人人預測將會造成大饑荒結果,因沒有足夠的穀物收成以餵養人們。[57]

其亦於寫給母親的家書中提及此次饑荒令許多人必須吃樹皮、樹根充飢,因此,「所有道路旁的樹木都被扒了皮,而如果有人記錄過去四個月這裡的人靠什麼維生,在美國的人不會相信,但這是事實」。[58]

待 1943 年韓克禮已移至河南西部魯山工作時,又再次親歷蝗災的恐怖狀況。當時大批蝗蟲自河南北部遷徙而來,為防止秋收作物被毀壞,農村不論男女老少均拿著竹耙打蝗蟲,連城裡的公務員、警察、商人、工人及老師、學生等人亦紛紛趕到鄉間加入滅蝗行動。魯山地方行政長官甚至發布命令,要大家均加入打蝗行列,並提供獎勵金。此次蝗災連續數天,數量多達三批,每批蝗蟲需費時一、兩天乃得清除,[59]由此可知當時蝗災情況之嚴重。

河南大饑荒的直接影響是糧價飆漲,且遍及全省各處,韓克禮曾聽到位於黃河以北的新鄉傳教區情形是:

---

[57] Joseph Henkels, *My China Memoirs, 1928-1951*, p.123.
[58] 此資料來自 1942 年 12 月底,韓克禮寫給母親的信;見"Two Letters of Joseph Henkels, SVD," p.107.
[59] 相關說明參見本書第三章第一節。又當時魯山本地人對此事亦有相關記載,見李玉震,〈魯山蝗災的片斷回憶〉,《河南文史資料》,25 輯(1988.02),頁 181-186。

> 現在小麥一磅要十三元,其他食物也非常昂貴,去年秋天農作物收成失敗,而日本人對仍存在的饑荒情況沒有協助救援,相反地,他們進入鄉村大部分地區,仍偷、搶、燒地如昔日作為。[60]

此消息令其憂心之程度甚於前述內鄉拘留營裡傳教士面臨之經濟壓力,卻也無法伸出援手協助仍留在新鄉傳教區的工作同僚與當地百姓。然韓克禮在國民政府統治區內則可有若干作為,因米幹聯絡到國際救濟團體的資金援助,並在河南洛陽、魯山、鄆師、汝南、潢川、南陽等地成立委員會進行相關工作。

當時在魯山的委員會有六位成員,分別由美國路德會、挪威路德會及天主教會三個單位各派兩人為代表組成;其中,挪威路德會代表被選為總負責人,美國路德會代表擔任秘書,而代表天主教會的韓克禮則掌出納事務。魯山天主教會經由本地中國國家銀行獲得三萬圓,[61]這筆錢再分交數個團體以不同方式,如開設流動廚房、提供糧食或直接發放家庭救助金等協助災民。而韓克禮的作法是提供城西山腳下居民一些金錢,並輔助他們利用金錢購買絲綢,再織成布料販售以增加收入。至於在臨汝的李神父則推動當地的棉紗、棉布及製襪等事業,此首先要栽種棉花,待棉花供應足夠,才由修女訓練數十位年輕女子紡成棉紗,再織成棉布及製作襪子。當然,這個生產活動必須購置紡車、織布機及襪子編織機等設備,他們即運用前述經費以利各項工作之進行。事實上,臨汝的救助計畫頗為成功,其生產之布料與襪子在市場上大有需求,而人們販售成品後的收入,實可購買所需糧食與生活用品。[62]而此種以工代賑,即經由手工業技術學習之改善生活方式,亦透過韓克禮之寫信轉達聖言會美國省會,尋求國外教友們之持續經費支援,便於長期運

---

[60] "Brief Mention: From China(Joseph Henkels)," p.218.
[61] 魯山天主教會經由本地中國國家銀行獲得三萬圓之援助款,其換算成美金之實際額度,有一萬元及一千元兩種不同說法;見 Joseph Henkels, *My China Memoirs, 1928-1951*, pp.124、154.
[62] Joseph Henkels, *My China Memoirs, 1928-1951*, pp.123-126.

作。[63]

　　1943 年 12 月間，韓克禮又陪同從重慶來的美國農業顧問 Drummond 先生，在河南進行農作物成長之調查工作，除魯山本地外，兩人還騎自行車赴方城、南陽等地，尤其是停留在南陽靳家崗的一座天主教大型農場，因當地種植許多農作物，供應師範學校、神學院及孤兒院裡的人們食用。[64]

　　1944 年 2 月，應曾任陝西漢中府(南鄭)傳教區的義籍祁濟眾(Mario Civelli,PIME,1890-1966)主教要求，韓克禮陪同米幹前往當地協助處理問題。事情導因於該地城外有一軍用機場，乃中美聯合戰鬥機大隊的基地，中國軍方在尋找讓美方駐守之據點及中國相關人員的住所，欲占用天主教會財產，當局要求祁濟眾與傳教士們搬離教會區域，此事連駐守漢中的國籍神父牛若望(John)也無法處理，只能求助米幹。而米幹到達後花費整個星期與中國當局、祈濟眾及其工作團隊召開會議，試圖讓雙方都能有所讓步，協調到最後的結果是：在機場工作的美方人員接管其中一個教會據點，祈濟眾及其他神職人員留在另一教會據點，以便持續昔日之傳教工作。此次任務除花費較多心力及時間協調雙方外，令人困擾的還有交通問題。

　　當時從河南洛陽到陝西寶雞有火車可坐，然從寶雞到漢中就只能搭乘定期卡車，此卡車要翻越高達一萬兩千英尺高的秦嶺山脈，山路呈 Z 字型地往上爬升到山區最高點，再往下駛入盆地，而從寶雞到漢中路程的直線距離是三百英里，然彎行山區的實際路線距離可達三百五十英里。更特別的是俄製卡車上先載重物，貨物頂端才是乘客座位，約可供二十至三十名乘坐。由於缺乏足夠汽油，車子主要運用煤氣轉換以產生動能，在整個車程中，有相當高頻率及非常多機會必須停車添加新的火炭並點燃火苗，而無論何時，只要煤氣無法提供足夠動能，司機就必須再停車改用置於駕駛間上方的汽油。這趟旅程自早上九時出發，天黑前必須到達借宿地並度過一夜，次日中午乃能真正到達目的地(漢中)，此行之艱困可想而知。又回程更令韓克禮進行了

---

[63] "The SVD: Only the Poorest," *The Christian Family and Our Missions*, April 1944, p.119.
[64] Joseph Henkels, *My China Memoirs, 1928-1951*, p.125.

「前所未有的認真祈禱，以請求守護天使在我們下山時保佑卡車司機」，因回程車上除照舊有貨物外，還載有三十多名乘客，當車子通過山脈，開始沿著 Z 字型山路下坡時即發生狀況，卡車前輪撞上道路邊護欄，此行之艱困與危險可想而知。

惟即便如此，韓克禮仍高興該行程的額外收穫，因其利用閒暇時間，在當地傳教士陪同下，騎自行車拜訪城內外諸多教會據點，甚至到距離較遠的農村巡視，瞭解該地生活型態、風土民情，甚至耕種方式，實與河南有某種程度之異同，如其發現

> 該區大部分土地是種植水稻，他們利用漢江及注入漢江之溪流進行灌溉作業。農耕方法採完全的有機式，如同中國每個地方一樣的作法，只要沒有自然災害襲擊，他們的收成是豐富的。稻作收成後，不論打穀、去殼都採用原始方法，但在過程中不會損失任何一顆穀粒。[65]

1944 年 5 月日軍欲大規模襲擊河南南部，韓克禮與米幹只得再往西逃。其中，米幹從河南洛陽出發，經澠池轉往西南方，再越過秦嶺山脈到達盧氏，最後經由陝西雒南抵達西安。[66]韓克禮則先自河南魯山騎自行車往西南方一百英里的內鄉，在該地教會據點停留一星期，再朝西行到陝西商縣，由於當地已長達半年無任何神職人員，僅五名方濟會修女留守修院及在診所照護病患，因此，韓克禮為當地修女及教友們提供信仰服務數月，之後再騎自行車七十五英里到達西安與米幹會合。[67]在西安期間(1944.07-1945.08)，韓克禮除固定為駐守當地的美國空軍官兵擔任隨軍司鐸提供牧靈服務外，亦因其流利的語文能力，經常協助無法掌握中文及當地民情風俗的美國士兵解決

---

[65] Joseph Henkels, *My China Memoirs, 1928-1951*, p.129.
[66] Joseph Henkels, *My China Memoirs, 1928-1951*, pp.144-145.
[67] Joseph Henkels, "Welcome to Shensi," *The Christian Family and Our Missions*, September 1944, p.263.

購物及換匯問題，[68]也到由修女負責的教會學校講授英語課程，[69]直至二戰結束後才重回新鄉傳教區。

結　語

返回美國二十多年後，退休的韓克禮提筆回顧自己年輕時在中國的傳教歲月，想必懷念萬分；當回憶錄於 1980 年代末正式出版時，他不只一次對訪問者言：「我仍然時常夢到中國」；[70]他夢到的中國，也是他回憶錄裡的中國，是「另一個中國」，不同於 1980 年代的中國，而是 1920 至 1950 年代的中國。[71]

在中國的這段期間，韓克禮親身經歷了對日抗戰與二次大戰的生活，在動亂中，他竭盡心力地救助因日軍侵擾而陷入困境的難民，及因河南大饑荒影響而無以為生的災民；亦努力克服各種困難為教民提供信仰服務，無論是本地百姓、山區農民，或外籍官兵、修女等人。而教會於戰亂時對小民百姓之伸出援手，自然令天主教信仰易於在中國民間社會普及與傳播；同時，中國民眾對避難神職人員的生活照顧，亦令韓克禮銘記在心。[72]

---

[68] Joseph Henkels, *My China Memoirs, 1928-1951*, pp.152-154.

[69] Joseph Henkels, *My China Memoirs, 1928-1951*, pp.148-149；"In Memoriam: Joseph Henkels, S.V.D., 1901-1997". 又當時韓克禮任教的教會學校為私立玫瑰中學，見李小東，〈抗日戰爭時期的西安私立中學教育〉，《陝西學前師範學院學報》，32 卷 5 期（西安，2016.05），頁 36。

[70] Mark Nepper, "Today's religion: Priest recounts mission work in China," P.1B; Mark Davis, "Fr. Henkels writes of his dangerous past in China," p.8.

[71] "Remembering another China," *Word USA*, Vol.13, No.2 (March-April 1988), p.2.

[72] 韓克禮在回憶錄中言，在范家嶺村的天主教徒將他們照料得很好，提供他們足夠飲食，並與他們分享所需物品；見 Joseph Henkels, *My China Memoirs, 1928-1951*, p.105；而曾親自到山區裡會見米幹的舒德亦言，他發現山區的天主教徒熱誠地接待米幹；見 Edward J. Wojniak, *Atomic Apostle: Thomas M. Megan, S.V.D.*, p.150. 又米幹寫給美國省會的信中亦曾言：村子裡的人們「照顧我們，並且將他們最好的給予我們」；見 "War Front and Mission Front," p.417.

當然，在戰亂中的韓克禮亦負有維持教會各項事業之責任，尤其，當在國民政府統治區內的義籍傳教士們無法繼續工作時，他即必須出面到各地協調諸事。處理這些事務本身除有心力及時間上之耗費及耗損外，更有極大的體力考驗與長途跋涉行旅之風險，然韓克禮雖在回憶錄中予以詳載，卻毫無怨言，且往往自得其樂，認為有機會接觸以往不曾深入瞭解之各地平民百姓生活，實很好的學習。其實，韓克禮曾言：傳教士的基本責任是要培育當地人，以領導本地教會，[73]即必須透過教會之各種工作，令天主教信仰得落實民間社會並達到本地化結果，[74]因此，即使在戰亂下，教會事業仍不能中斷。事實上，晚年的韓克禮被人問到，如果他現在回到年輕歲月，他會想再當傳教士嗎?韓克禮微笑地回答：「我會再作兩次」；[75]這個答案應可明白顯示：他對年輕時所作抉擇及曾經歷傳教歲月之永遠堅持與終生無悔。

---

[73] Mark Nepper, "Today's religion: Priest recount missions work in China," p.1B.

[74] Joseph Henkels, "Priorities & Policies in the New China Mission," *Divine Word Missionaries:100 Years Jubilee Issue*, p.8.

[75] Mark Davis, "Fr. Henkels writes of his dangerous past in China," p.8.

第三部　傳承臺灣

第九章
天主教聖言會的社會服務事業：
以新店大坪林德華女子公寓為例

　　聖言會為天主教傳教修會之一，由德國閔斯特(Münster)教區神父楊生於 1875 年創立於荷蘭史泰爾。該修會以向教外地區宣揚天主教信仰為主要目的，其首個工作區即為中國山東；1882年於陽穀縣坡里建立據點，日後逐漸擴及甘肅、河南、青海、新疆、河北等地。[1]1949 年中共建政後驅逐教會勢力，聖言會士紛紛從中國撤出，其曾於 1948、1949 年間短暫來臺觀察情況，[2]然修會於此時未能立下長久發展基礎，直至 1954 年，應嘉義教區牛會卿(Thomas,1895-1973)主教邀請，[3]三位聖言會士——賈德良、紀福泰、陶賀——來臺協助傳教工作，開啟聖言會在臺灣的傳教事業，更於1959年正式設立聖言會中華區會(China Region，1975 年改為中華省會 China Province)，派

---

[1] 有關聖言會在華傳教之早期歷史可參見：狄剛，〈聖言會在華傳教簡史〉，頁 16-20；〈聖言會在華傳教工作簡史〉，收入羅光主編，《天主教在華傳教史集》(臺南：徵祥出版社，1967)，頁 203-243。

[2] 聖言會於 1948、1949 年間曾派多名具中國華北傳教經歷的會士到臺灣，如光令才、康錫良(肯司魯，Franz Kissel,1902-1982)、柯沙深(Josef Kosa,1898-1968)、雷冕、林慎白、司文德、謝迪我(Johann Rüthers,1912-2000)、徐司本(Peter Hüngsberg,1909-1976)、朱廷榮(Paul Heyer,1895-1949)等神父及福光洽、科修士。

[3] 嘉義教區於 1952 年 8 月 7 日由教宗比約十二世(Pius XII,1876-1958)宣布成立監牧區，由牛會卿署理，直至 1962 年 8 月 7 日乃由教宗若望廿三世(John XXIII,1881-1963)發布教區升格；見楊傳亮主編，《嘉義教區成立廿週年紀念專刊(1953-1973)》(未載出版項)，頁 74。

遣諸多會士來臺拓展相關工作，持續該修會在華人社會之傳教活動迄今。[4]

學界有關聖言會在華傳教活動的探究，以空間而言可概分為中國、臺灣兩地，以時間劃分又區別為晚清、民國階段；其中，屬晚清時期的研究成果較多，[5]民國以後的著墨較少；而民國以後的關注重心是 1920 至 1950 年代在中國的發展狀況，如聖言會於甘肅與河南等傳教區的拓展、聖言會接手北平輔仁大學後的情形。[6]至於聖言會來臺後的相關研究，相對而言似頗為欠缺；其中，柯博識曾撰寫蔣百鍊對輔仁大學在臺復校之貢獻，[7]而本章則欲透過德華女子公寓之創建及發展歷程，說明聖言會於 1960 至 1980 年代在新店大坪林地區的社會服務工作，以為該修會在臺傳教事業之一實例。

第一節　美籍神父的中國情緣(1937-1947)

德華女子公寓的創建者為波蘭裔美籍的聖言會士萬德華。1909 年 9 月 28 日出生於芝加哥的他，在家中四兄弟裡排行最小，由於雙親均為虔誠天主教徒的家庭背景，奠定其深厚的宗教信仰基礎，而「七歲喪失母愛的不幸

---

[4] 溫安東，〈聖言會在臺灣的堂區工作〉，收入《聖言會來華傳教一百周年紀念特刊(1882-1982)》，頁 65-66；Anton Weber, "Across the Strait to Taiwan," *The Word in the World*, 1990/1991, pp.65-69；溫安東，〈聖言會在臺灣的過去與現在〉，收入《聖言會的軌跡：創會 125 周年紀念講座手冊》(臺北：財團法人天主教聖言會，2000)，頁 13-27。

[5] 參見本書第一章前言說明。

[6] 參見：吳伯，《華夏遺蹤：聖言會甘肅、河南福傳史(1922-1953)》；柯博識著，袁小涓譯，《私立北京輔仁大學 1925-1950：理念、歷程、教員》；袁小涓，〈1949-1950 年北京輔仁大學控制權的爭奪──以校務長芮歌尼為中心的討論〉，《輔仁歷史學報》，22 期(新莊，2009.01)，頁 307-331；施珮吟，〈試論芮歌尼主校初期(1946-1948)輔仁大學的發展〉，《史學研究》，23 期(新北，2010.05)頁 111-164。

[7] 柯博識，〈聖言會士蔣百鍊神父與輔仁大學在臺復校的關係〉，《輔仁歷史學報》，29 期(新北，2012.09)，頁 35-66。

遭遇，或許令其更全心朝向天主並投入聖母懷抱」。[8]1922年9月離家至聖言會芝加哥會院所在地的泰克尼開始初學階段，就讀小修院與神哲學院，經過數年養成教育，於1931年8月15日首次發願，1937年3月7日正式晉鐸。[9]

萬德華的首個傳教工作即在中國，1937年10月與何神父一同抵達上海與舊識米幹會面後不久，即前往山東兗州府的戴莊學習中文，1938年6月萬德華至河南新鄉開啟正式傳教生涯。當時新鄉傳教區由米幹領導，由於長期戰亂與頻繁天災的破壞，大量難民無所適從，米幹即要求所有會士在各自傳教據點開設救濟站提供保護與賑濟，因此天主教會獲得人們普遍的支持與信任。然1941年底珍珠港事件爆發後不久，河南新鄉的美籍聖言會士被日軍拘禁，1943年3月移居山東，同年8月再轉到北平，直至1945年8月日軍投降後，米幹才從西安到北平接這些美籍會士回到新鄉傳教區重啟教會事業。

惟1945年9月，由劉伯承(1892-1986)率領的共軍突襲新鄉傳教區西部的幾個堂口，並捉走若干聖言會士，為此，萬德華曾親自到修武與共軍談判，而據其自言與共軍直接交涉的心得是：若共軍掌握中國，則中國的和平沒有希望，狀況甚至會比在日本人手中更糟。[10]其後因國共雙方在美國協調

---

[8] 此言是據萬德華在芝加哥泰克尼求學時的同學施予仁之記載而來。1983年11月14日萬德華過世，小他九歲的施予仁於1984年5月31日撰寫專文悼念他，專文資料來源含施予仁親身經歷、萬德華著作及信件、韓克禮個人記憶等部分，該文後登載 *Missions Chronik*, 1985刊物上；相關資料及說明參見：Schmitz Bartley, "Father Edward Wojniak, S.V.D.," May 31, 1984, pp.1-2; "Letter from Fr. Joseph Henkels to Fr. Schmitz Bartley," February 27, 1984; "Letter from Fr. Schmitz Bartley to Fr. Joseph Henkels," February 29, 1984.

[9] 有關萬德華的早年經歷係據聖言會檔案紀錄而來，而臺灣報紙的相關刊載亦來自檔案資料的部分內容中譯文；參見："Society of the Divine Word News Service T-6630," 1969; "Society of the Divine Word News Service T-7303," January 16; "Fr. Edward Wojniak, S.V.D.," November 14, 1983；〈蔣夫人極關切改善女工生活特在美接見萬德華司鐸垂詢興建女工宿舍計畫〉，《中央日報》(臺北)，1966.08.25，2版。

[10] Edward Wojniak, "Will China Lose the Peace?" p.30.

下簽訂停戰協定，於 1946 年 1 月至 1947 年 3 月間實維持一相對平靜之局面，新鄉傳教區可持續在米幹領導下穩定發展；而亦在此時，萬德華被派往共軍占領的沁陽，期望尋找與共軍和平相處的有效方式，以維持教會在當地的工作，然努力數月終告失敗，只能協助當地的修女、護士及學校中的學生們儘快離開，而他個人又堅持了四個月才回到新鄉，最終在米幹建議下其於 1947 年返美，結束在中國歷時十年的傳教工作。[11]

綜觀萬德華在中國的首次傳教經歷，時間雖然只有十年，卻與中國人民、中國民間社會結下不解情緣，在往後歲月中其不時回顧這段經歷，據 Raymond Kunkel(1918-2003)神父觀察：「1947 年回到美國後的萬德華神父，會驕傲地告訴願意聽他說話的每一個人──他曾經在中國傳教，那是他有關認同與榮耀的來源，在此後的傳教工作中」。[12] 又 1957 年萬德華撰寫《原子彈使徒：米幹神父》(*Atomic Apostle: Thomas M. Megan, S.V.D.*)一書紀念 1951 年過世的米幹時，提及自己於 1937 年剛到中國上海，在前往山東濟南的路途上與中國普通百姓共乘一車之事，而他對這個與中國民眾接觸的初體驗記憶是美好的，因為他的文字記載是：「與我們共享車艙的中國人非常仁慈及周到，他們親切好客地堅持與我們分享他們的午餐」。[13] 此外，1982 年在聖言會紀念來華傳教百年之特刊中，萬德華亦親自撰寫〈我在河南傳教的經驗〉一文以追憶近半世紀前的陳年往事。

離開中國返回美國的萬德華服務於賓州匹茲堡教區的一間醫院，[14] 十一年後，因聖言會總會長舒德正式將臺灣納入聖言會的服務範圍，又燃起萬德華心中的中國情緣，他主動申請到臺灣來傳教，等待兩年終於獲准。於是，

---

[11] 吳伯，《華夏遺蹤：聖言會甘肅、河南福傳史(1922-1953)》，頁 96。

[12] Schmitz Bartley, "Father Edward Wojniak, S.V.D," p.5.

[13] Edward J. Wojniak, *Atomic Apostle: Thomas M. Megan, S.V.D.*, p.123；又有關萬德華撰寫該書的經過與相關說明參見 Andrzej Miotk, *The Missionary Endeavor of the Society of the Divine Word in Latin America and China: the founding and biographical approaches*, pp.490-494.

[14] "Society of the Divine Word News Service T-7303," January 16.

1961 年秋,在其傳教生涯邁向第廿五週年之際,亦將啟程出發接下新工作之時,他撰文說明自己的抉擇,該文除追憶他在中國傳教的過去,也展望他將到臺灣傳教的未來;關於前者,他說:「我傳教生涯與中國發生關係實始於 1926 年,當我仍是伊利諾州泰克尼的學生,那時,我與米幹神父已建立深厚的友誼」;至於後者,他宣稱:新的傳教工作是他的「首愛」,尤其,「來自中國大陸各省數百萬的難民,現在聚集在福爾摩莎這個相對小的區域內,……就某種程度而言,當傳教事業從中國被埋葬,現在中國又再度展現於傳教事業前」;同時,他確信「福爾摩莎是通往中國的大門」,而「透過每個在福爾摩莎的轉變,能夠令明日在中國大陸出現上百個或上千個的轉變」。[15]從文中可知,曾在中國傳教十年的萬德華,始終未忘懷與米幹的深厚情誼,及當年在河南共同開創傳教事業的刻骨銘心歲月;[16]且其將1949年以後的臺灣(Formosa 福爾摩莎)視為另一個中國(Free China 自由中國、Young China 年輕中國),[17]一個需要他幫助的中國,因為這塊土地上有來自原定居中國大陸各省的人民,當然,也包括他念念不忘的河南人民,所以,他決定到臺灣來接續當年他在中國被迫中斷的傳教工作,[18]此舉實繼續其對中國的

---

[15] Edward Wojniak, "Formosa Today China Tomorrow," *Divine Word Missionaries*, Vol.3, No.3 (Autumn 1961), pp.2-5.

[16] 任職於聖言會羅馬總會的 William Hunter 神父曾寫信給萬德華表示,到臺灣來傳教是萬德華的「第二春(Second Spring)」,且認為其在臺灣「的犧牲與成功會帶給你最大的安慰,如同你在新鄉曾體驗的年輕傳教歲月,如果米幹主教還活著,他仍會堅持與你同行」,由此亦可觀察出萬德華與米幹的莫逆之交情誼,及其對早年在中國河南新鄉傳教經歷的念念不忘;見"Letter from Fr. William Hunter to Fr. Edward Wojniak," January 9, 1962.

[17] 萬德華言及臺灣時往往以"Formosa"、"Free China"、"Young China"之名稱呼;參見:Edward Wojniak, "Formosa Today China Tomorrow," p.2; *Formosa Higt Lights*, December 8, 1965, p.1; Edward Wojniak, "New approach to evangelization in Taiwan," *Catholic Missions*, December, 1970, p.25.

[18] 當時在臺灣的傳教工作,往往被具有中國傳教經歷的外國傳教士視為是「在中國傳教的延續」,甚至認為,在臺灣的傳教工作實為一橋樑,或至少是個起步,最終可令傳教工作再度回到中國;見 Ray Kunkel, "Edward Wojniak, SVD Missionary in two Chinas,"

「舊情」，亦結下與臺灣的「新緣」。

1961年11月22日，萬德華抵達臺灣基隆港時，田耕莘樞機主教已到臺灣，擔任臺北教區總主教並定居大坪林，[19]兩人見面後，萬德華得到第一個任務是：將聖言會在大坪林成立的新堂區建築作出改善，[20]因當時土地上有數棟日式平房，分別規劃為聖言會根據地、樞機主教居所、聖堂，而萬德華即負責建出正式教堂以取代原來的聖堂。[21]

自1962年1月起，萬德華全心投入大坪林堂區的教堂建築工作，他請當年與他同在河南新鄉工作的林慎白協助設計可容納約三百至四百人的教堂，[22]自己則不斷想方設法地籌措各項經費。至1964年11月22日教堂由樞機主教祝聖而正式啟用為止，[23]不到三年時間裡，萬德華持續寫信向美國芝加哥會院報告財務吃緊狀況，或在其自創的教堂刊物 *Formosa High Lights* 上仔細說明相關事務；如1962年1月18日信中請求省會提供美金一千元，以協助聖堂的屋頂修繕，並提及教堂的建築經費估算至少需要美金兩萬元，另外新購置的兩塊土地則需美金七千五百元；其中，前者雖可以其晉鐸廿五周年的美國友人捐獻款支付，惟仍有相當差額待填補。[24]又如1963年8月26日信中則言及：由於教堂經費仍不足美金一萬元，因此無法支付其他物資的運送費

Word USA, Vol.9, No.1 (February-March 1984), p.5.

[19] "Letter from Fr. Alois Krieftewirth to Fr. General Superior," November 10, 1961.

[20] 該地初規劃於1961年12月16日成立一個培育中心，並於12月27日啟用；參見"Letter from Fr. General Superior to Fr. Alois Krieftewirth," December 27, 1961; "Letter from Fr. General Assistant to Fr. Alois Krieftewirth," December 2, 1963.

[21] 大坪林堂區原本供教友望彌撒之聖堂為一日式平房，並非具教堂形式之建築，真正出現教堂形式之建築即1964年落成之聖三堂，故聖三堂教友領洗簿登錄之受洗地點，自1962至1964年間均載為「聖言會」或「大坪林」，至1964年3月才正式載為「聖三堂」。

[22] *Formosa High Lights*, Easter, 1963; "Letter from Fr. Edward Wojniak to Fr. John Schütte," October, 1963.

[23] 聖三堂領洗簿上首次出現「聖三堂」之名稱始於1964年3月28日的新教友領洗紀錄，然聖三堂於1964年11月22日才被田耕莘樞機主教祝聖，此實為萬德華來臺三周年之紀念日；見 *Fromosa High Lights*, December 1, 1964.

[24] "Letter from Fr. Edward Wojniak to Fr. Francis Kamp," January 18, 1962.

用，有待省會支援。[25]而 1964 年 11 月底，教堂已正式啟用，然從當年 12 月出刊的 Formosa High Lights 刊物上可知，萬德華自德國訂製，將安置於教堂側邊的四大扇彩繪玻璃窗，及祭臺後方牆壁上的馬賽克聖三圖像、魚群圖像仍未抵達，且相關經費尚欠缺近美金一萬元。[26]事實上，直到 1965 年 9 月，即教堂已建成並使用至少十個月後，萬德華仍為無法付清的款項甚為煩惱。[27]

然即使教堂建築工作如此艱困，相關經費籌措如此令人費心，萬德華卻對堂區的傳教工作充滿信心與希望；早在來臺的第一個月(1961 年 12 月)，他即寫信給任職於義大利羅馬總會長秘書的好友 William Hunter 表示：「目前教會在福爾摩莎的未來是非常光明的，我會毫不猶豫地稱這兒為傳教工作的黃金時代(Golden Age)」；[28]又 1962 年 1 月 18 日寫信給美國省會芝加哥會院時，他明確向省會負責人 Francis Kamp(1920-2011)神父表示：「我希望你及全世界都知道，在我一生中從未感覺像現在及在這個地方工作得如此快樂」；[29]而觀察萬德華與人交往之書信資料，其每每在信紙書寫日期位置上方加註「Paradise Of Formosa」數字，[30]可知其對臺灣傳教事業前景之看好，

---

[25] "Letter from Fr. Edward Wojniak to Fr. Francis Kamp," August 26, 1963.又省會後來有支助美金五千元，萬德華甚為感激，惟要求儘快以支票付款，因為可以增加美金三百元的匯差收入；見"Letter from Fr. Edward Wojniak to Fr. Francis Kamp," March 21, 1965.

[26] Formosa High Lights, December 1, 1964.

[27] 萬德華寫給省會長秘書的信中曾提及：新教堂的彩繪玻璃窗價格超過他的預期；見"Letter from Fr. Edward Wojniak to Mr. Art Pape," September 2, 1965.

[28] "Letter from Fr. Edward Wojniak to Fr. William Hunter," December 10, 1961；後來在其他刊物中，萬德華亦提及臺灣的傳教工作實「黃金時代的開啟(Golden Age Opening)」，見"Far East Mission: Golden Age Opening," The Catholic Voice, July 20, 1966, p.12.

[29] "Letter from Fr. Edward Wojniak to Fr. Francis Kamp," January 18, 1962.同樣意思的文字內容亦見於萬德華寫給其他友人的信件中，見"Letter from Fr. Edward Wojniak to Fr. William Hunter," January 17, 1962.

[30] 此類書信可參見："Letter from Fr. Edward Wojniak to Fr. Francis Kamp," December 16, 1963; "Letter from Fr. Edward Wojniak to Fr. Francis Kamp," January 25, 1964; "Letter from Fr. Edward Wojniak to Mr. Art Pape," August 8, 1964; "Letter from Fr. Edward Wojniak to

及對新店大坪林堂區角色扮演之重視。

此外，這段期間，他因教友人數日益增加而開心不已，並不斷期許更高目標的達成，如其在 1962 年聖誕期出刊的 *Formosa High Lights* 上言：今年的聖誕節有二十多人領洗，令本堂的教友人數超過四十人；到 1965 年復活期出刊的 *Formosa High Lights* 上則說：目前有三十人參加慕道班，今年應該有五十人可以領洗。[31]其實，萬德華的確應該感到欣慰，因為1962年聖堂登記領洗者即有四十六人，累積至 1965 年底教堂領洗之新教友人數已多達一百五十二個，[32]即四年來，平均每年領洗人數近四十個。

同時，自 1961 年底開始，萬德華亦委請與聖言會早有合作關係之女修會——聖家獻女傳教修會的張素蘭、吳睿滿兩位修女協助兒童工作，[33]一開始因為沒有學校或幼稚園，只能以克難方式一家家地拜訪會晤。[34]事實上，至萬德華來臺後的第三年，即 1964 年的聖誕節——當時教堂已落成並使用，其便著手堂區中診所與小學的籌設事務；[35]再至1965年的復活節，他更為數年努力而在堂區中逐一出現的教堂、診所、圖書室、遊戲室、籃球場等設備而滿懷感恩，[36]惟前述各項規劃中的設立小學一事，後來卻因土地無法順利取得被迫擱置，改以興建女子公寓替代之。

Fr. Francis Kamp," March 21, 1965; "Letter from Fr. Edward Wojniak to Mr. Art Pape," September 2, 1965; "Letter from Fr. Edward Wojniak to Fr. Francis Kamp," November 3, 1965; "Letter from Fr. Edward Wojniak to Fr. Francis Kamp," February 11, 1968.

[31] *Formosa High Lights*, Christmas, 1962; *Formosa High Lights*, Easter, 1965.
[32] 《大坪林聖三堂聖洗錄》，第 1 冊；又有關聖三堂建堂半世紀以來的領洗人數統計表可參見吳蕙芳，〈第一部：回首來時路〉，收入金慶特刊編輯小組編，《結緣半世紀‧傳承‧出發(天主教新店大坪林聖三堂金慶特刊 1962-2012)》(新店：大坪林天主教聖三堂，2012)，頁 20。
[33] "Letter from Fr. Edward Wojniak to Fr. William Hunter," December 10, 1961.此外，當時協助萬德華工作的修女資料，可見聖三堂第一屆傳協會編，《新店大坪林聖三天主堂四十週年堂慶紀念專輯》(新店：大坪林天主教聖三堂，2002)，頁 4、23。
[34] *Formosa High Lights*, Christmas, 1962.
[35] *Formosa High Lights*, December 1, 1964.
[36] *Formosa High Lights*, Easter, 1965.

第二節　女子公寓的創建歷程(1960 年代)

　　萬德華有關女子公寓興建之構思早見於1965 年12 月8 日出刊的 *Formosa High Lights* 上，當時他已將堂區內一間原用來堆放物品的日式平房，改裝成上下舖式的簡單宿舍，配合適當的廁所、浴室及洗衣間設備，提供給在附近工廠工作的二十名女子租用，且委請負責診所工作的聖家會李貞德(Johanna,1921-2013)修女協助照顧這些女工，[37]其甚至更進一步地規劃，打算將其他兩間平房整理後，再出租給另外四十六名工廠女子居住。萬德華所以有此作為的原因在於：他觀察到堂區附近快速工業化帶來的社會轉變及新的生活需求，[38]特別是他的平房女子宿舍改裝完成後不久，立刻有八名女子來登記，且三天後馬上搬遷入住，[39]可見當地住宿問題的急迫性；也因此他覺得：解決住宿問題在目前而言是應該優先於建立小學的計畫，故其刻不容緩地促使當月底即將來臺、曾規劃聖三堂建築事務的林慎白，再次擔負起相關工作──設計出可容納五百人的全新樓房式女子公寓之藍圖。[40]

　　若將萬德華於 1960 年代觀察到的新店地區工廠林立，且大量雇用女工之現象，與四十多年後關注臺灣勞動力市場變化的學界研究成果互相對照，確可印證此一狀況之真實性；因據陳信行的研究可知，當時在新店地區最具代表性的工廠有四個，即臺灣第一家汽車工廠的裕隆汽車、第一家塑膠玩具

---

[37] 李貞德擁有護士資歷，未進修會前曾在婦產科服務多年，1960 年進入聖家會，1962 年發願後被派往高雄從事牧靈工作，1964 年調至大坪林診所服務，相關其生平經歷參見吳子清，〈悼念我們聖家會的李貞德修女〉，《天主教聖家善會會刊》，不分期（臺南，2013.03）。

[38] *Formosa High Lights*, December 8, 1965, pp.1-2.

[39] 萬德華最早改裝的平房式女子宿舍於 1965 年 11 月 28 日即有八名女子來登記，12 月 1 日這些女子搬遷入住後即正式開始營運。

[40] 女子公寓最早規劃之設計藍圖係由林慎白(亦名林昇博)負責，然後來亦有國籍設計師楊卓成(1914-2006)的參與；參見：〈興建婦女公寓定廿五日破土〉，《臺灣新生報》(臺北)，1967.02.22，3 版；〈職業婦女公寓昨行破土禮工程費一千二百萬〉，《徵信新聞報》(臺北)，1967.02.22，2 版；〈職業婦女公寓落成典禮邀請卡〉(1966.05.25)。

外銷工廠的卡林塑膠、屬紡織業工廠的正大尼龍，及第一家外資加工出口電子工廠的通用器材公司(General Instrument Company)。其中，透過政府招商方式進駐臺灣的美商通用器材公司(該公司於 1966 年改名臺灣通用器材公司，General Instrument of Taiwan，簡稱 GIT)之規模最為龐大，招募工人數目最多，尤其是大量來自臺灣各地之年輕女子；[41]而通用器材公司正式設廠營運始於 1964 年，[42]次年(1965)萬德華即注意到女工住宿問題之迫切性，並利用有限資源先行規劃若干空間以解燃眉之急，可見其在致力教堂本身事務、照顧教友團體外，亦未疏忽對堂區附近社會脈動之掌握，並關懷弱勢族群、非教友群體之需要。另據 1975、1977 年兩次親赴已完成並使用數年之德華女子公寓，對住宿女工展開調查研究的美籍艾琳達(Linda Arrigo)博士之口訪紀錄、[43]筆者對任職德華女子公寓管理員袁嬿嬿女士之訪談內容，以及當時報紙的相關報導，亦可得知這些住宿女子除部分在其他小型工廠(如位於德華女子公寓對面的毅志電子公司)工作外，絕大多數均為通用器材公司

---

[41] 該研究成果除對親歷其事者進行口訪外，主要利用當時報紙刊登之大量分類廣告，探討工廠招工之變化情形及其背後意涵；見陳信行，〈打造第一個全球裝配線：臺灣通用器材公司與城鄉移民 1964-1990〉，《政大勞動學報》，20 期(臺北，2006.07)，頁 1-48。

[42] 有關美商通用器材公司投資臺灣生產之相關報導可參見：〈美通用公司投資臺灣電子廠今開工生產〉，《中央日報》，1964.11.30，3 版；〈臺灣電子公司新工廠昨行開工典禮通用公司投資規模將再擴展〉，《中央日報》，1964.12.01，2 版。而該公司於 1964 年在臺設廠生產，初招募員工三百人，工廠面積四萬平方英尺，至 1968 年已雇用員工達六千人，廠房面積達廿四萬平方英尺，再至 1970 年代，員工人數更高達九千多人；相關報導參見：〈通用公司助我成電子業中心〉，《徵信新聞報》，1968.03.30，6 版；〈薩必錄返美〉，《經濟日報》(臺北)，1970.09.24，6 版；〈柯漢夫婦昨在新店歡宴通用公司員工〉，《經濟日報》，1971.09.28，6 版。

[43] 艾琳達於 1975、1977 年兩次至女子公寓作女工之調查研究，兩次均在 C 棟作訪談，又其曾於 1968 年公寓 A 棟落成時，擔任女子公寓落成典禮中的司儀及慈善餐會的節目主持人；相關資料參見：艾琳達口述，林佳瑩著，《美麗的探險：艾琳達的一生》(臺北：遠景出版事業有限公司，2011)，頁 97、102-103、107、117；艾琳達，《激盪!臺灣反對運動總批判》(臺北：前衛出版社，1998)，頁 292-296、〈序──天若有情天亦老〉頁 i、〈自序〉頁 1-2。

所雇用。[44]無怪乎萬德華曾言,他的平房式女子宿舍發展不到兩年,住宿的五十六名女子中,就有四十四名屬通用器材公司的員工,[45]此實占總額的78.6%,即三分之二以上人數。

　　大致而言,萬德華的樓房式女子公寓興築計畫以 1968 年為界可分前後兩期,第一期本規劃為容納五百人住宿的兩棟四層樓公寓及一座活動中心,分別是位於北方的 A 棟與位於南方的 B 棟,而兩棟公寓中間則是一座至少兩層樓高的活動中心,專門提供住宿女子於工作之餘從事休閒活動、才藝學習之用。然最早興建的 A 棟於 1967 年 2 月破土動工,至 1968 年 5 月完成後,出租情況甚佳,各界反應熱烈,顯見市場需求孔急,令萬德華決定擴增計畫到可供一千人以上住宿之容量,[46]即除已建好的一棟四層樓公寓(A 棟)外,另興築位於南方的 B 棟、C 棟──此二棟樓被萬德華稱之為「雙塔(Twin Tower)」,及建於 B、C 兩棟公寓中間的中棟,計有三棟五層樓公寓及一座單層的活動中心;第二期計畫之構思實於 1968 年 10 月成形,1969 年開始動工,而於 1970、1971 年陸續完成。[47](參見圖 9-1、9-2)

　　整個德華女子公寓計畫進行過程中,最令人困擾者為經費的籌措,按照第一期計畫的規模,萬德華估算總金額約為臺幣一千二百多萬元(美金約三十多萬元),當時他還樂觀地表示:類似計畫在美國要價美金一百五十萬元,而臺灣因物資及人力較為便宜,僅需美國費用的五分之一左右即可完

---

[44] 艾琳達提供的資料中有十四份為住在德華女子公寓者的口訪紀錄,均提及在通用器材公司或公寓附近的電子工廠工作,其中,編號第 6 者言及曾任職於毅志電子公司;至於筆者口訪袁孅孅的日期分別為 2014 年 6 月 3 日與 7 月 21 日兩次;而報紙報導可見〈通用工業城員工樂融融〉,《經濟日報》,1976.08.08,7 版。

[45] *Formosa High Lights*, Easter, 1967, p.3.

[46] 德華女子公寓 A 棟落成時,平房式的女子宿舍已多達八十四人居住,當時萬德華認為:同樣資產若可以照顧八十人,何不擴大到照顧八百人,因此決定將女子公寓的興築計畫予以擴大,嘉惠更多人;見"Express News Evening Edition: More Donations Urged," May 25, 1968.

[47] 德華女子公寓的 B 棟、C 棟及中棟約於 1970 年陸續完工,活動中心則於 1971 年 2 月落成。

成。⁴⁸然即便如此，上千萬元的募款工作進行起來仍甚為吃力，他的作法是：除將個人畢生積蓄全部奉獻外，⁴⁹亦積極地向內(修會、教會)外(世俗社會)各界尋求支持與援助。

　　就對內而言，1966 年 1 月，萬德華所屬的聖言會美國省會即率先支助美金六百元；⁵⁰1967 年 4 月，透過美國省會的積極聯絡與協助解決稅務問題，亦爭取到 Philco-Ford Corporation 的援助；⁵¹而 1967 年 5 月，位於義大利羅馬的聖言會總會也提供美金二千元；⁵²為此，萬德華曾於 1969 年 3 月致函聖言會中華區會長彭加德，請其代為轉達個人對聖言會總會前後兩任會長，長期以來支持女子公寓計畫事及提供相關協助之感謝。⁵³此外，1966 年 12 月，剛從羅馬返臺的羅光(Stanislaus,1911-2004)總主教，帶來教宗保祿六世(PaulusVI,1897-1978)認同並支持女子公寓興築計畫的消息，並經由教廷駐華大使高理耀(Giuseppe Caprio,1914-2005)主教捐款美金一萬六千元。⁵⁴當然，更多的募款是來自廣大的世俗社會，無論是個人或團體，教友或非教友；尤其，此一計畫乃臺灣首個專為職業婦女，特別是為工廠雇用的女工興建之出租公寓計畫，萬德華即以此為號召重點，再透過各式人際網絡及多樣的募款活動，令女子公寓興築計畫得到許多政商名流的參與及中外媒體的廣泛報導，也因而獲得社會大眾的普遍迴響。

　　當時，該計畫首先受到世俗社會之高度關注，實因 1966 年 2、3 月間獲

---

48 "Toward a Better World: Hostels for Factory Girls," *Free China Weekly*, September 4, 1966, p.2.
49 〈解決女工住宿問題的——職業婦女公寓〉，《中央日報》，1967.02.24，4 版。
50 "Letter from Fr. Francis Kamp to Fr. Edward Wojniak ," January 29, 1966.
51 "Letter from B. VanDenburg Hall to Fr. Francis Kamp," April 13, 1967; "Letter from Fr. Francis Kamp to B. VanDenburg Hall," April 18, 1967.
52 "Letter from Fr. Assistant General to Fr. Francis Kamp," May 22, 1967; "Letter from Fr. Edward Wojniak to Fr. Francis Kamp," June 8, 1967.
53 "Letter from Fr. Edward Wojniak to Fr. Ernst Böhm," March 7, 1969.
54 參見羅光總主教致萬德華之中英文信件(December 19, 1966)；"Pope VI Blesses Hostel Project," *The China News*, January 11, 1967, p.8.

得來自美國好萊塢(Hollywood)一筆高達美金二萬五千元的大額捐款。[55]該筆款項之捐助者為1965年11月來臺拍攝電影「聖保羅砲艇(The Sand Pebbles)」的美國廿世紀福斯公司(20th Century Fox Company)導演羅勃懷斯(Robert Wise,1914-2005)及該片男主角史提夫麥昆(Steve McQueen,1930-1980);[56]相關工作人員亦參與由萬德華主辦,結合輔仁大學學生及校內外各社團,於1966年2月20日在國際學舍舉行之義演活動,[57]為女子公寓計畫另外籌措到臺幣十二萬八千元的經費。羅勃懷斯與史提夫麥昆兩人聯合捐款一事於2月即告知萬德華,[58]惟正式的支票捐贈儀式至3月18日才在臺北萬華的拍片

---

[55] 此筆捐款令萬德華既詫異又興奮,他曾寫信給修會負責人說:我這輩子連作夢都沒想過要去好萊塢,不料好萊塢竟然主動來,並支援我的女子公寓計畫。見"Letter from Fr. Edward Wojniak to Fr. Francis Kamp," Feburary 5, 1966.

[56] 該片改編自同名原著小說,背景為1926年中國內戰時期,美國砲艇聖保羅號奉命由上海溯長江而上,赴長沙保護美僑撤離的故事;電影公司的劇組人員於1965年11月到達臺灣,取景臺北萬華、淡水及基隆等地,1966年3月離開臺灣。影片於1966年12月20日正式上映,曾獲第卅九屆奧斯卡金像獎提名八個獎項。相關報導參見:〈拍攝聖巴羅號砲艇史提夫麥昆廿二日來臺勞勃懷斯周五到〉,《聯合報》(臺北),1965.11.02,8版;〈聖片在北市圓環拍市場外景附近居民蜂擁圍觀〉,《聯合報》,1966.03.13,7版;〈「聖」片臺灣部分拍攝工作昨天全部結束全體演員今乘機赴港我部分技術人員將隨往〉,《聯合報》,1966.03.22,8版。

[57] 國際學舍義演活動由高理耀主持,票價從臺幣二十元至一百元不等,節目含演唱部分的「音樂之聲」(美國空軍子弟大衛李)、「在那遙遠的地方」(輔仁大學合唱團),舞蹈部分的「春燈舞」與「單鳳朝陽」(吳淑貞)、「笛女弄杯」與「霓裳羽衣舞」(陳芳美),短劇部分的「非買不可店」與「誰是導演」(輔仁大學);又屬電影團隊參與演出者有勞倫蓋斯(Loren Janes)、查理士羅賓遜(Charles Robinson)、西門奧克蘭(Simon Oakland)等人負責的魔術、小提琴等節目,而影片女主角甘迪絲柏根(Candice Bergen)、史提夫麥昆夫婦等人亦均坐在臺下當觀眾,支持義演活動。相關資料參見:「春節義演:協助女青年宿舍(Spring Festival Variety Show:Benefit Factory Girls Hostel)」中文邀請卡及英文節目表單(1966.02.20);〈籌建女青年宿舍天主教聖言會昨晚舉行義演〉,《中央日報》,1966.02.21,3版;〈募建女青年宿舍聖心堂昨晚義演〉,《聯合報》,1966.02.21,3版。

[58] 從1966年2月5日萬德華致函美國省會長即可得知此筆捐款,然從2月至3月間,萬德華、聖言會美國省會與捐助者三方均持續處理捐款之免稅事務;相關資料參見:

現場進行，萬德華並將裱好裝框的女子公寓建築藍圖回贈兩人作為紀念品。[59](參見圖9-3)

　　1966年3月底至12月間，萬德華更是風塵僕僕地遠赴歐美等地、進行長達九個月的巡迴募款工作；其中，4月時曾透過中華民國駐美大使周書楷(1913-1992)之安排，於美國華盛頓獲蔣夫人宋美齡(1897-2003)的親自接見，[60]蔣夫人並應萬德華之當面邀請，同意擔任女子公寓籌建委員會的名譽主席，[61]此舉實大為提升該計畫之國際知名度，並號召更多中外支援的挹注。而7月萬德華回到曾經服務過、工廠林立之美國著名工業城市匹茲堡時，更大聲呼籲美國企業對臺灣女工伸出援手。[62]此外，通用器材公司美國總部亦於8月間致函萬德華，表示願意提供未來五年、每年美金五千元，總額為二萬五千美元的捐款。[63]而該筆款項確於當年12月16日，由臺灣公司的常務董事鍾斯(David Jones)、副總經理李文斯頓(Risden)將軍代表美國總部董事長班尼迪克(Benedek)、副董事長柯恩(Cohen)、總經理薩必錄(Moses Shapiro)等人，將支票親自交給萬德華；當時鍾斯曾明白表示：美國通用公司此項捐款，旨在協助萬德華解決五百餘位職業婦女的住宿問題。[64]

"Letter from Fr. Edward Wojniak to Fr. Francis Kamp," Feburary 5, 1966; "Letter from Fr. Edward Wojniak to Fr. Francis Kamp," March 4, 1966; "Letter from Fr. Edward Wojniak to Fr. Francis Kamp," March 18, 1966; "Letter from Robert Schiller to Fr. Francis Kamp," March 30, 1966.

[59] "NT$1 Million Contributed To Fund For Building Factory Girls' Hostel," *China Post*, March 18, 1966, p.6.

[60] 此次會面本來僅安排十五分鐘，後來延長至四十五分鐘；見"Working Girls Hostel Is 'Godsend'," *The China News*, June 11, 1968.

[61] 參見：〈蔣夫人在美接見萬德華司鐸贊助在臺興建新式女工宿舍〉，《徵信新聞報》，1966.08.25，2版；"Toward a Better World: Hostels for Factory Girls," *Free China Weekly*, September 4, 1966, p.2. 又1966年9月發刊的144期《婦友》(臺北)雜誌即以兩人會面照片作為封面。

[62] "Formosan Factory Girls Aid Sought Here," *The Pittsburgh Press*, July 13, 1966, p.33.

[63] "Letter from Mr. M. Shapiro to Fr. Edward Wojniak," August 15, 1966.

[64] 〈美國通用公司、臺灣電子公司捐獻職業婦女公寓一百萬元鍾斯先生呼籲美國在臺公

總計至 1967 年 2 月止,即女子公寓首期計畫正式破土動工時,來自國內外各式捐贈,除水泥等建築材料外,[65]現金捐助額度已達臺幣七百多萬元,惟與實際需要的總經費相較仍不足臺幣近五百萬元。茲將萬德華規劃女子公寓首期計畫所需經費與實際募款所得金額表列如下:[66]

表 9-1　女子公寓規劃經費與實際募款經費表

(一)規劃所需經費		
右棟(北棟、A 棟)	臺幣　　5,000,000	(美金 124,300 元)
左棟(南棟、B 棟)	臺幣　　4,500,000	(美金 113,000 元)
社交中心(教室、診所、大禮堂)	臺幣　　2,800,000	(美金70,000 元)
總計	臺幣 12,300,000 元	(美金 307,000 元)[67]
(二)實際募款所得		
聖言會美國省會	臺幣　　24,000 元	(美金 600 元)
美國海軍副司令	臺幣　　　1,000 元	(美金 25 元)
羅勃懷斯與史提夫麥昆	臺幣　 1,000,000 元	(美金 25,000 元)
好萊塢演員參與之慈善義演	臺幣　　128,000 元	(美金3,200 元)
臺灣通用器材公司	臺幣　 1,000,000 元	(美金 25,000 元)
羅馬教廷	臺幣　　640,000 元	(美金 16,000 元)

　司慷慨捐獻協助神父實現理想〉,《臺灣新聞畫報》(臺北),總號 473 期(1967),頁 4。

[65]　〈蔣夫人極關切改善女工生活特在美接見萬德華司鐸垂詢興建女工宿舍計畫〉,《中央日報》,1966.08.25,2 版。

[66]　當時報紙曾載規劃經費及募款所得,參見:〈興建職業婦女公寓蔣夫人任名譽會長該公寓由萬德華神父募款已募七百餘萬現續勸募中〉,《臺灣新生報》,1966.12.14,3 版;《臺灣新聞畫報》,1966.12.16,4 版。惟報載募款所得未計入聖言會美國省會及美國海軍副司令的捐助,筆者根據書信資料補上此二筆款項;參見:"Letter from Fr. Francis Kamp to Fr. Edward Wojniak," January 29, 1966; "Letter from Mr. Jr. Wm. E. Gentner to Fr. Edward Wojniak," February 11, 1966. 又亞洲基金(Asia Foundation)曾答應支付教師費用,惟不明確切數字,見 Edward Wojniak, "Taiwan Hostels Inc." *The Word in the World*, 1967, p.57.

[67]　三個數據的美元總合應為 307,300,而非 307,000;原因或在於三個數據的美元與臺幣兌換時,不同時間各有不同匯率所致。

美國與歐洲數個婦女組織	臺幣	136,000 元	(美金 3,400 元)
萬德華	臺幣	452,000 元	(美金 11,300 元)
臺灣省議會(謝東閔)	臺幣	5,000 元	(美金 125 元)
其他各式現金捐款	臺幣	4,120,000 元	(美金 103,000 元)[68]
總計	臺幣	7,506,000 元	(美金 187,650 元)

　　至 1967 年 2 月 25 日止，雖然實際募得款項僅達首期計畫需要金額的六成而已，[69]惟秉持「先興建後付款」原則，並盡快為需要女子提供住宿協助之想法，萬德華仍如期舉行女子公寓的破土儀式，並邀請黨政要人及社會名流參與相關活動，此實大動國內外視聽，如《民族晚報》即載：

> 新店大坪林女青年宿舍新建工程，定廿五日下午四時舉行破土典禮，將由興建委員會名譽會長　總統夫人主持，各界人士均將應邀觀禮，臺北市長高玉樹亦應邀演講。
> 該女青年宿舍是係最新設計，除左右兩側各建四層大廈外，中間並有一座寬敞的育樂中心，總工程費概算一千二百卅萬元，二百十個工作天竣工。
> 該宿舍竣工後，可容納單身女青年五百餘人居住，是一項對社會貢獻甚大的福利。……
> 萬德華神父說：由於台灣經濟突飛猛進，職業婦女達百分之九十，而這些女子都是遠離家鄉從全省各地而來，由於工廠多未設宿舍，在台北房子租費昂貴，所以只好住茅屋，普通租一間房子就要花去月薪很多。

---

[68] 其他現金捐款包括：聖言會總會長舒德、美國及歐洲數個公司、德國慈善團體 (Misereor, Charitable organization in Germany)、代理與遊戲公司 (Proctor & Gamble Corporation)、美國 Philco Corporation 公司、亞特蘭斯化學公司 (Atlas Chemical Industries)、臺灣地區公司等單位。

[69] 通用器材公司之捐款非一次捐助總額美金二萬五千元，而是分五年給付，每年美金五千元，故累積募款總額至 1966 年 2 月雖帳目上有臺幣七百五十萬六千元，然實際收到金額不到臺幣七百萬元。

終身從事研究社會工作的萬神父在公餘之暇，或在傳道中看到和聽到女工們的困苦情況，就為之耽心，因為她們知識程度最多不過初中畢業，隻身在外，飲食起居乏人照料，所以，萬神父在兩年前就決定了要為在外工作的婦女籌建「女青年宿舍」。[70]

亦有報紙以評論方式加以分析說明，如《中央日報》的短評指出：

> 臺灣工業成長迅速，各縣市都有新興的工業區在形成或發展中。由於大部分工廠樂於雇用年青女工，因而大量的農村少女已被吸引到產業界來；但這些工廠卻很少能供給設備齊全的宿舍，以致女工們大多棲身於工廠附近的廉租房屋中，很多人擠在一堆，既談不到衛生和康樂，生活上也缺乏照料，極易導致不幸事故的發生。這顯然已成為一個新的社會問題。
>
> 天主教神父萬德華針對這個問題，曾作長期的努力，奔走海內外募款在新店大坪林興建一座現代化的女工宿舍。……，完工後，新店工業區內的單身年青女工們，便可以極低廉的租金而享有舒適而安靜的住所，並可在工餘時間接受補充教育與從事康樂活動。萬神父誠不愧為有眼光有魄力的社會工作者，他無疑已為解決這個新的社會問題，提供了一項最完善的方案。
>
> 我們認為類此的女工宿舍，有在全省工業區中普遍推廣的必要，希望社會有心人士能繼起努力，為女工們謀福利。[71]

《臺灣新生報》的觀察評論則是：

---

[70]〈新店大坪林女青年宿舍廿五日行破土禮恭請蔣夫人主持〉，《民族晚報》(臺北)，1967.02.22，3 版。類似內容亦見於：〈興建婦女公寓定廿五日破土〉，《臺灣新生報》，1967.02.22，3 版；〈職業婦女公寓昨舉行破土禮〉，《臺灣新生報》，1967.02.26，3 版。

[71]〈短評——女工宿舍〉，《中央日報》，1967.02.03，3 版。

在工業化的社會，女性就業機會增多，這本是社會進步的好現象，但如果她們住的地方不得解決，則身心難得適度的休息，業餘生活難得適當的安排，甚至因居處不寧，交遊不慎，往往造成悲劇。過去，許多自農村或外縣市來臺北謀職就業的少女，遭遇不幸，甚至為奸人誘迫，誤入歧途，其最初的原因，往往因為她找不到一個適當的住所，沒有一個可以信託的家。

一座新型的職業婦女公寓，已於前天在臺北近郊的大坪林破土興建，預計半年後可以落成。……真是單身職業婦女的一大福音。這座公寓由天主教的萬德華神父奔走募款，經數年辛勞才得動工。宗教家以出世的情懷，入世的態度，為社會、為婦女解決切身問題，精神實在可佩可敬。

當然，以今日婦女就業人數之多，這一座公寓是不夠解決全部需要的，希望社會各方有力量的團體和個人，再接再厲，能多多興建這一型的公寓，為婦女、為學生、為老年人。[72]

前述報導內容足以證明萬德華眼光之獨到、勇氣之可嘉，因此舉不僅代替工廠為女工解決住宿問題，且率先配合政府政策積極面對新的社會問題，並給予妥當及完善的處理方案，而萬德華亦往往稱其女子公寓興建計畫為一「導航型計畫(Pilot Project)」，希望能成為日後在其他地區推動相同工作者的學習模式及參考範例；[73]事實上，後來政府在高雄加工出口區興建女工宿舍，應可說是受到該計畫影響下之結果。[74]

又女子公寓開工後不到兩個月，蔣夫人曾於 4 月 18 日親臨工地現場，

---

[72] 〈新論衡──職業婦女公寓〉，《臺灣新生報》，1967.02.27，3 版。
[73] 〈解決女工住宿問題的──職業婦女公寓〉，《中央日報》，1967.02.24，4 版。
[74] 〈加工區管理處購地租予各工廠建宿舍並向省府洽撥土地建女工宿舍〉，《中央日報》，1968.02.07，7 版；〈加工區女工宿舍建地確定就可開工〉，《經濟日報》，1967.12.15，2 版；又萬德華亦提及政府相關部門曾派人到大坪林來參觀女子公寓情形，見 *Formosa High Lights*, August, 1970.

除參觀女子公寓首期計畫的施工情形,並訪視已經營一年多、高達五十多人居住的平房式女子宿舍之現有狀況,此亦造成新聞媒體的大幅關注,如《徵信新聞報》即刊出:

> 蔣總統夫人今天上午十一時半,到台北近郊新店鎮寶斗厝路,參觀正在興建中的台灣職業婦女公寓,對該公寓表示非常關懷。
> 蔣夫人今天上午是由籌建臺灣職業婦女公寓的天主教聖言會院長萬德華神父及中華婦女反共聯合會總幹事皮以書,副總幹事呂錦花等陪同,參觀了這一座公寓的興建情形,接著並參觀天主教聖言會現有容納五十多人居住的職業婦女宿舍。[75]

總之,萬德華自 1966 年初開始積極進行女子公寓興建計畫後,不論是個人向國內外各媒體說明該計畫之相關內容、[76]好萊塢影星捐款及義演活動,或親赴海外的巡迴籌募資金等舉措均引發各界極大關注,國內外中英文報紙如《中央日報》、[77]《聯合報》、[78]《徵信新聞報》、[79]*China Post*、[80]

---

[75] 〈新店建婦女公寓蔣夫人親臨視察〉,《徵信新聞報》,1967.04.19,2 版。

[76] 1966 年 2 月,萬德華曾假松江路外國記者俱樂部舉行記者招待會,向與會記者說明女子公寓興築計畫事;而 1966 年 12 月,萬德華亦假外國記者俱樂部招待中外記者,報告巡迴募款事,呼籲大家共襄盛舉;參見:"Invitation to Press Conference," December 13, 1966.

[77] 〈天主教聖三堂籌建女子宿舍史提夫麥昆允公演〉,《中央日報》,1966.01.20,7 版。

[78] 參見:〈聖三堂籌建女青年宿舍四層八棟可容納三千人每月收宿費一百元〉,《聯合報》,1966.02.15,2 版;〈史提夫麥昆夫婦將在臺公開表演〉,《聯合報》,1966.02.19,7 版;〈新店女工宿舍今年可望興工所需經費在美籌募中羅光總主教昨日透露〉,《聯合報》,1966.06.25,2 版。

[79] 參見:〈神父建宿舍嘉惠女青年籌募基金今義演麥昆夫婦來助陣〉,《徵信新聞報》,1966.02.20,3 版;〈興建女工宿舍神父全力以赴義演晚會好的開始還要環遊歐美募捐〉,《徵信新聞報》,1966.02.21,3 版。

[80] 參見:"Catholic Church In Hsintien To Raise NT$4 M. To Build House For Workers," *China Post*, January 22, 1966, p.2; "NT$4 M. Home For Factory Girls Community Support Sought

Chicago Sun-Times 等，[81]均刊載此一關懷社會之義行善舉；[82]而國內外之教會刊物如《教友生活週刊》、[83]《善導週刊》、[84]*Pittsburgh Catholic*、[85] *Sunday Examiner*、[86]*ARNOLDUS* 等，[87]亦多所報導；此種新聞媒體的普遍刊載，實令女子公寓興建計畫得持續為各界關注，既引發一般大眾對社會變遷下職業婦女住宿問題的重視，也有利於募款工作之順利進行。

又 1968 年 5 月女子公寓 A 棟正式完工，萬德華亦透過 5 月 25 日午後舉行的落成典禮、5 月 29 日晚間於豪華酒店(Hoover Theatre Restaurant)進行之慈善募款餐會及籌募基金彩券之抽獎活動，[88]邀請國內外諸多名流要人參與

For Trinity Church Project," *China Post*, February 13, 1966, p.6; "For Girls Dorms: Mrs. Steve McQueen Stars In Fund-Raising Show," *China Post*, February 16, 1966, p.3.

[81] "Hostel For Girls Inspired By Chicago-Bone Priest," *Chicago Sun-Times*, February 26, 1967, p.10.

[82] 《臺灣新聞畫報》曾規劃「臺灣職業婦女公寓籌建專輯」，將刊載女子公寓新聞之各家報紙合置於一照片內，而照片中的報紙除《臺灣新聞畫報》外，另有《大華晚報》、《自立晚報》、《民族晚報》、《臺灣新聞報》、《公論報》、《徵信新聞報》、《聯合報》、《中華日報》、《臺灣新生報》、《中央日報》、*China Post*、*The China News*；見《臺灣新聞畫報》，總號 473 期，頁 2。

[83] 參見：〈籌建女青年宿舍舉辦義演晚會大坪林萬神父創舉〉，《教友生活週刊》，1966.02.24，4 版；〈聖保羅砲艇影片導演慨捐巨款興建女工青年宿舍〉，《教友生活週刊》，1966.03.31，4 版。

[84] 〈聖言會籌建女青年宿舍四層八棟可容三千人每人月收宿費一百元〉，《善導週刊》(高雄)，1966.02.20。

[85] "Divine Word Missionary Reports Progress in Chinese Vernacular," *Pittsburgh Catholic*, July 20, 1966.

[86] "Working Girls' Hostel for Taipei," *Sunday Examiner*, February 11, 1966.

[87] "Formosa," *ARNOLDUS* 3, Vol.19, 1966; *ARNOLDUS* 4, Vol.20, 1967.

[88] 女子公寓 A 棟本規劃於 1968 年 4 月完工，故落成典禮與慈善募款餐會、摸彩活動分別定於 4 月 20 日、24 日舉行，惟工程後來因大雨耽擱，遲至 5 月才完成，相關活動亦因而延期；見"Rains Postpone Dedication Of Factory Girls' Hostel," *China Post*, April 14, 1968, p.4.又慈善餐會中的抽獎活動主持人為兩位中國小姐林靜宜(第一屆，1960 年獲選)、于儀(第四屆，1964 年獲選)，彩券每張臺幣二十元，提供獎項除特獎藍馬座車一部外，另有電冰箱、電視機、縫衣機、收音機、冰桶等；相關資料參見：〈職業

盛會,[89]再度吸引媒體注意,[90]亦有報紙再次提出對此一社會議題之看法,如《徵信新聞報》即言:

> 全省第一座為職業婦女所建築的公寓,昨日在新店大坪林工業區中心,舉行落成典禮。這其實不僅是一棟建築的落成,也是一個里程碑的樹立。它顯示在工業起飛聲中,社會的結構型態,也開始在變。
>
> 工業繁榮之後,婦女職業大量擴充,……,為了增加這些人的住宿便利,女子公寓的興起是必然的。
>
> 女子公寓,如果管理得法,如果供應充份,對自各縣市湧來台北的婦女將是一項福音。盡人皆知台北後車站是鄉下女子的陷阱。許多無知女孩子在此失身,在此沈淪。一座乾淨的女子公寓至少可以使這些無辜女子得到庇護。
>
> ……我們希望除了食宿便利之外,女子公寓能提供康樂、教育、和服務的機會,使寄寓的婦女有置身家庭之感。這樣,才能有助於工業社會健全的發展。我們為第一座女子公寓賀,更盼其能成為後來者的模範。[91]

字裡行間對女子公寓計畫充滿肯定及讚賞之餘,亦對其未來營運發展寄予厚

婦女公寓慈善宴(BENEFIT DINNER: Hsintien Hostel for Working Girls)請柬〉(May 29,1968);〈臺灣職業婦女公寓籌募基金彩券看版照片〉(1968);〈慈善獎券得獎號碼單〉(1968)。

[89] 當時智利大使夫婦因故無法參加曾致函萬德華,亦有來自印度新德里的祝賀公寓落成電報;相關資料參見:"Letter from Mr. Marcial Rivera Marambio to Fr. Edward Wojniak," May 23, 1968;〈交通部電信局電報(來自 New Delhi)〉,1968.05.24。

[90] 參見:"Another Bigger One Planned," *China Post*, March 25, 1968, p.4; "Hostel For Factory Girls To Be Dedicated May 25," *China Post*, May 17, 1968, p.4; "Working Girls' Hostel To Be Dedicated Today," *China Post*, May 25, 1968, p.8;〈在中外佳賓讚美聲中職業婦女公寓昨日落成啟用萬德華神父主持盛典〉,《中央日報》,1968.05.26,3版。

[91] 〈今日春秋——女子公寓〉,《徵信新聞報》,1968.05.26,3版。

望。

　　在媒體報導及新聞效應影響下，後續之大小捐助仍不時出現，如未能參與募款餐會的日本大使捐款臺幣三千五百元、[92]臺北市長高玉樹(1913-2005)則兩次捐款分別為臺幣二萬五千元及一萬元；[93]而聖言會羅馬總會長捐款美金二百五十元，[94]萬德華美國友人 Jr. James Cunningham 亦將愛子喪禮之部分經費以教育基金名義捐出。[95]此外，政府機構曾提供臺幣五萬元的低利貸款，[96]臺灣通用器材公司亦提供利息 3%、為期十二年、總額高達美金八萬元的貸款。[97]

　　惟即便如此，興築女子公寓的費用支出在首期計畫開工後便經常發生困難，尤其某些捐助款項並未如期到位；再進入第二期計畫時更是雪上加霜，因二期計畫較前期計畫更為龐大，因此經費需求較以往暴增臺幣五百多萬元(美金一萬三千多元)，令總額高達臺幣一千七百五十萬元(美金四十三萬七千五百元)，[98]且隨著物價逐年波動及高漲，整個女子公寓計畫總額至 1970 年已逼近臺幣二千萬元(美金五十萬元)。[99]

---

[92] "Letter from Mr. Tadao Inumaru to Fr. Edward Wojniak," May 2, 1968; "Letter from Mr. Tadao Inumaru to Fr. Edward Wojniak," May 23, 1968.

[93] 〈婦女公寓完成奉獻儀式接受進住申請〉，《聯合報》，1968.05.26，4 版；*Formosa High Lights*, August, 1970; Edward Wojniak, "New approach to evangelization in Taiwan," *Catholic Missions*, December, 1970, p.27.

[94] 萬德華於 1968 年 12 月獲得該筆款項，他在信中對總會長說此乃聖誕禮物，並希望這種禮物每個月都會收到；見"Letter from Fr. Edward Wojniak to Fr. John Musinsky," January 22, 1969.

[95] "Letter from Fr. Edward Wojniak to Fr. Francis Kamp," May 27, 1969.

[96] *Formosa High Lights*, August, 1970.

[97] "Letter from Fr. Edward Wojniak to Co-Missionary friends and relatives," November 10, 1968.

[98] "Architect's Sketch of Proposed Five-Story Addition to Present Building And New Social Center".該資料未載時間，然從內容中提及李貞德為公寓經理人可知時間應在 1970 年以前。

[99] *Formosa High Lights*, August, 1970.

為此，萬德華必須更努力地尋求援助，而據目前可掌握的書信資料，實可見其在經費籌措上之辛勞與經費支付上之窘境；如 1967 年 5 月，女子公寓剛開工不到三個月，萬德華即寫信給聖言會美國省會長，要求提供利息在 3-4%間、美金五萬元之貸款，以協助他解決美金六萬四千元的債務問題。[100]1968 年 2 月，即首期計畫 A 棟落成前三個月，萬德華又致函美國省會長，說他有「許多、許多帳單要支付」，在三月底前急需美金一萬五千元，因此，若有任何捐助款項，請儘快匯過來。[101]而 1968 年 11 月，當臺灣通用器材公司已允諾美金八萬元之長期低利貸款時，萬德華在給美國省會長的信函中言，「我知道你會為我得到這一大筆錢而高興，但如果我告訴你，我還需要美金七萬七千元時，你可以只是為我哭泣，或是貸款給我——省下你的眼淚！貸款給我」，[102]看似輕鬆幽默、軟硬兼施的語句背後，除顯示彼此間之長期深厚交情外，實隱含肩扛巨額金錢負擔之沈重壓力。又 1969 年 3 月，面臨女子公寓二期計畫已開工之迫切經費需求，萬德華寫信給中華區會長彭加德，希望能轉達羅馬總會，將其早年在河南新鄉傳教事業的相關經費美金一萬七千八百元提供給他目前正在進行的計畫。[103]而 1970 年 9 月，萬德華更直接寫信給羅馬總會長表示：聖言會價值五十萬美元的計畫即將完成，但「這快樂的一天，也可能變成悲劇的日子，只有你及你的委員會可以防止這種事情發生在我身上」，因為，「我的經費短缺美金一萬五千至兩萬元」，[104]期望羅馬總會能伸出援手協助度過難關。

尤其令萬德華始料未及的是，他本以為女子公寓營運後，租金收入可以抵付相關支出，所以他曾強調此一社會服務事業與教會其他慈善事業，如醫

---

[100] "Letter from Fr. Edward Wojniak to Fr. Francis Kamp," May 1, 1967.

[101] "Letter from Fr. Edward Wojniak to Fr. Francis Kamp," February 11, 1968.

[102] "Letter from Fr. Edward Wojniak to Fr. Francis Kamp," November 4, 1968.

[103] 萬德華於 1969 年復活節前收到該筆款項，開心地稱之為一個令人驚喜的復活節禮物；相關說明參見："Letter from Fr. Edward Wojniak to Fr. Ernst Böhm," March 7, 1969; "Letter from Fr. Edward Wojniak to Fr. John Musinsky," April 10, 1969.

[104] "Letter from Fr. Edward Wojniak to Fr. John Musinsky," September 4, 1970.

院及孤兒院是不同的，女子公寓在經濟上可以自給自足；[105]然 1968 年 5 月公寓開始營運後一年多，萬德華在 1969 年 8 月的 *Formosa High Lights* 上已明白指出女子公寓營運後的財務問題：即根據目前公寓提供之現代化物質居住條件，每位女子每月應繳美金 6 元(臺幣 240 元)的租金，然實際上每月收取的租金僅美金 3.75 元(臺幣 150 元)，中間有美金 2.25 元(臺幣 90 元)的差額，累積下來每人每年即有美金 27 元(臺幣 1,080 元)的缺口，[106]此問題最後仍須透過募款方式來解決，所以，為維持女子公寓營運差額的募款宣傳單因而產生。[107]事實上，直至 1971 年 6 月，即女子公寓所有建築物的最後一部分──活動中心完成後四個月，萬德華仍背負臺幣五百四十萬元雖然無需立即支付，但必須處理的債務，[108]因此，他於 1972 年再度出國十個月以募集資金，而 1973 年春天當他回國後，甚至賣掉使用十年的舊車，[109]改以公車代步。[110]

---

[105] Edward Wojniak, "Taiwan Hostels Inc.," p.57.又萬德華認為女子公寓一旦完成開始營運，90%是可以自給自足的；見"Hostel Is Self-Help Program," *The China News*, June 12, 1968, p.8.

[106] *Formosa High Lights*, August, 1969, pp.2-3.

[107] 此宣傳單上以斗大字體載 "Would You Please Help One or More Working Girls/$27.00 Per Year Will Give Her a Home/Opportunities for Education Development Personal Fulfilment/Help Her Reach Her Goals!"

[108] "Girls Hostel Needs Help," *The China News*, January 19, 1971, p.8.

[109] 萬德華的車子購自德國，在德國已使用六個月，他曾言選擇此品牌原因在於其堅固、省油且易修理，車子於 1963 年抵臺，當時除供堂區使用，亦為聖言會之需要以解決交通問題；見 *Formosa High Lights*, Easter, 1963.

[110] 當時萬德華曾幽默地表示：「我賣掉了我的舊車 Beetle VW，這輛車在過去十年間，光榮地載著我到各地去，是個教會的好朋友，……我在經驗中發現乘坐巴士有許多樂趣，我幾乎不可避免地會遇到某些我認識的人或認識我的人，彼此立即打破隔閡成為朋友，開心地交談對話，這樣增加了教會和我的社交關係；且此地的巴士價格是便宜的，任何一個人花費美金五分，可以從本教堂到臺北市各地旅行，而開一次車比較昂貴，當我發現可以省下我荷包中的八元時，此後，我決定用一杯咖啡的價格換得廿五公里的路程」，同時，他也認為「上千人的需要與便利是較一個人更為重要」；見 Edward Wojniak, "Eternity Won't Be 'Long Enough!'," *Divine Word Missionaries*, Spring

然即便如此，萬德華仍樂觀面對接踵而至的各式困難，並對女子公寓計畫的日漸完成充滿信心且感恩不已，他曾說興建女子公寓是一個「新的、具真實意義的適切計畫在上主的葡萄園中」，[111]是「天主賜與的禮物(Godsend gift)」，[112]而他「將不惜任何犧牲，不計時間長久」，[113]「利用有生之年，完成這件有意義的社會福利工作」。[114]又 1968 年 5 月女子公寓首期計畫的 A 棟落成時，他曾對媒體表示：

> 我很高興，但不滿足；我高興是因為人們現在知道這個計畫是理智的、可行的；但是除非需要住宿的每一個女子均能在此環境下，住得安全、快樂而沒有恐懼，否則我是不會滿足的。[115]

可見女子公寓計畫在萬德華心中的重要地位與深厚意義。

第三節　女子公寓的營運成果(1968-1988)

德華女子公寓從1968年5月，首期的 A 棟公寓落成後開始出租，至1988年 9 月 30 日正式結束為止，營運時間超過二十年。該公寓含蓋範圍廣達一千六百多坪，A、B、C、中四棟樓房完全租出可供千人使用，[116]而營運方式則分住宿與活動中心兩部分，前者是為外出就業或就學之婦女解決住宿問

　　1973, p.11.
[111] *Formosa High Lights*, August, 1969, p.2.
[112] "Working Girls Hostel is 'Godsent'," *The China News*, June 11, 1968.
[113] 〈籌建女青年宿舍舉辦義演晚會大坪林萬神父創舉〉，《教友生活週刊》，1966.02.24，4 版。
[114] 〈興建女工宿舍神父全力以赴義演晚會好的開始還要環遊歐美募捐〉，《徵信新聞報》，1966.02.21，3 版。
[115] "First Hostel For Working Girls Is Dedicated," *China Post*, June 1, 1968, p.5.
[116] 〈解決女工住宿問題的──職業婦女公寓〉，《中央日報》，1967.02.24，4 版。

題，並給予適當之生活照顧；後者則是提供其教育學習機會，以增進個人能力與拓展人際關係。

首就住宿方面而言，由於萬德華觀察到堂區附近女工們原先的租屋環境與品質甚為惡劣，其真實狀況往往是數個人

> 在農家的茅草房中租一個或兩個房間，房間是 7×9 英尺，有一個小窗，既無玻璃也無鏡子，有一個小桌子，上有一盞農民用的油燈。到了晚上，她們打開棉被，睡在骯髒的地板上。缺乏流動的水，意指廁所是不乾淨的，這些女子也不會有盥洗及衛浴設備。[117]

因此，在最早改裝的一間平房式女子宿舍裡，即有上下舖床及簡單的廁所、浴室及洗衣間等符合人道的基本設施；而其預備再改裝的兩間平房，除原有的上下舖床外，另配置桌椅合併之家具及桌燈，甚至加上有冰箱的廚房、有熱水器的浴室；為此，他曾利用聖誕節期間對外募款臺幣五千元，並打算將新購買的床及家具等物品運用到未來將興建的樓房式女子公寓內。[118]

除較為現代化的住居設施外，萬德華認為女子公寓的興建，不僅提供離家就業或就學婦女一個居住場所，更是給予一個「家」，因此必須擁有家庭的氣氛，為達此目的，女子公寓的空間規劃就不該如軍營般的宿舍模式，而是像家庭似的格局設計；茲以最早落成的 A 棟為例，其內部隔間如同八人一戶的住家，因八名住宿女子享有兩個具盥洗設備的房間及客廳、廚房、洗衣間等頗為寬敞之空間。(參見圖 9-4)事實上，萬德華在 1970 年代女子公寓住宿手冊之首頁，即將女子公寓的家庭特色與氛圍清楚呈現，其言：

---

[117] "If You Were a Girl of Seventeen—Would You Like to Live Here?" 1966.
[118] 當時萬德華曾仔細擬定經費如下：一、個別的上下舖床，每個美金三元，需要廿三個；二、桌椅合併家具及桌燈，一套美金十八元；三、廚房用具約美金一百元，冰箱美金二百五十元；四、兩間房的油漆與電線，及新浴室設備的完成，並有熱水器，共美金三千元。見 *Formosa High Lights*, December 8, 1965, p.2.

親愛的小姐：

在此我熱切的歡迎著你的光臨，⋯⋯

使我感到慶幸的是，我們的大家庭，將因著你的光臨更加的生氣蓬勃⋯⋯

首先讓我來為你介紹一下，現在你所置身的新環境⋯⋯。

這所聳立在東西交通孔道邊的宏偉建築物──德華女子公寓，他不是旅館也並非學校，而是一座充滿著家庭和樂氣息的好地方。⋯⋯

住滿了成千女青年的公寓，他們因生長在不同的生活環境裏，造成興趣與個性上的懸殊，但朝夕相處彼此都能互相關懷，和睦相處，這是很好的現象，希望彼此言行之間都要有「愛」，因為你關心別人，世界才會變得更和諧更可愛。[119]

而女子公寓招租宣傳單上也載明其創建目的在於，「使離鄉的──您，有一個安全舒適的『家』」；[120]且當時在公寓裡協助服務的韓修女曾對記者補充說：「這幢公寓不是旅館也非學校，而是一座充滿家庭和樂氣氛的地方，小姐們有心理上或其他切身的問題，都可以請神父或管理人員協助輔導解決」。[121]再至 1980 年代後期，任職女子公寓的伍修女亦對來訪記者表示：「我們不是房客與房東的關係，她們都是需要幫助的女孩，而我們也當她們如自己的子女般照顧」；[122]由此可見女子公寓長期以來雖提供出租使用，卻與一般出租房屋在性質上有顯著差距；同時，為維護這個「家」的安全，德華女子公寓入住者必須填寫詳細個人資料及介紹人之申請單，覓妥保

---

[119] 〈德華女子公寓手冊〉，該手冊未載時間，然從內容提及 A、B、C、中棟樓及活動中心，可知其乃 1971 年 2 月以後之資料。

[120] 〈德華女子公寓招租宣傳單〉，該資料未載時間，然從刊載之活動中心照片，可知其應為 1971 年 2 月以後之資料。

[121] 〈女子公寓充滿青春氣息〉，《通用之聲雜誌》(臺北)，1975.07.15，3 版。

[122] 〈修女的愛女孩的家德華公寓即將拆除感感溯往依依離情〉，《聯合報》，1988.09.02，14 版。

證人(負責人)，再附上服務單位證明書及家長或監護人之同意書，經核可後乃得入住；[123]而 1970 年代女子公寓甚至與管區警察局合作，以定時、例行性之巡邏方式，保障女子公寓夜間周邊環境之安全。[124]

　　當然，數個或十餘個毫無血緣關係者同居一室，上百個彼此陌生之人共處一樓，為公寓內部之秩序穩定及氣氛和諧，自有必要擬出管理系統與訂定居住規範。大致而言，女子公寓出現管理組織方案始於 1968 年 10 月，當時僅完成女子公寓的 A 棟建築，而萬德華已構思好完整之組織系統如下：

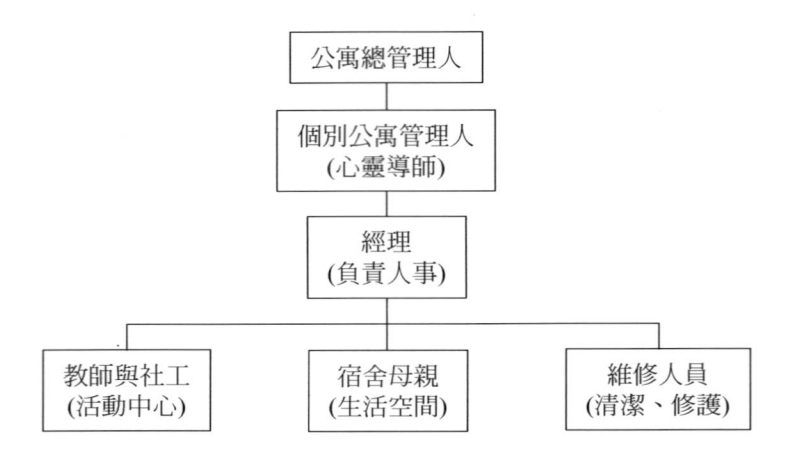

```
                  公寓總管理人
                        │
                  個別公寓管理人
                   (心靈導師)
                        │
                      經理
                   (負責人事)
                        │
        ┌───────────────┼───────────────┐
     教師與社工        宿舍母親         維修人員
    (活動中心)       (生活空間)      (清潔、修護)
```

　　其中，總管理人的角色最為重要，其主要工作有四，即：指導與監督其他宿舍的負責人、在能力範圍內規劃聯繫與提供建言給教會高層、盡可能將新店宿舍系統推廣至其他區域、[125]維持宿舍財政。此外，心靈導師由神職人員擔任，主要功能是提供宿舍母親及教師的指導與諮詢；教師與社工是在公寓總管理人指導下，負責活動中心的教育學習課程；宿舍母親則是提供住

---

[123] 〈今日舉行落成典禮後婦女公寓接受申請〉，《聯合報》，1968.05.25，4 版；〈婦女公寓開始出租單身女教師及工讀女生均可申請〉，《經濟日報》，1968.05.26，5 版；〈臺灣省天主教新店職業婦女福利會附設德華婦女公寓申請住宿登記單〉。

[124] 〈德華女子公寓充滿青春氣息〉，《通用之聲雜誌》，1975.07.15，3 版。

[125] 萬德華認為女子公寓計畫應擴展至臺灣其他工業化地區中，該計畫並非只是內部教區性質，應變成全島擴展性質。

宿女子生活上的協助與需要；又教師與社工最好是天主教徒，或至少是喜愛教會的人，而宿舍母親除具天主教徒身份外，最好是對社交及家事有經驗的已婚婦女，且年紀在卅五至五十歲間較為適宜。[126]

惟女子公寓全部建成後的實際營運情形目前所見資料僅知，女子公寓總管理人為萬德華，1975 年萬德華因病回美就醫後，由柯博識接手；而自平房女子宿舍時期即負責照顧住宿女子的李貞德為公寓經理，以後陸續有瑪麗諾會修女 Pauline Sticka、自教職退休的教友張陳麗玉(Mary Chang)、聖家會翁修女及伍修女先後擔任此一工作，[127]女子公寓另聘有各棟管理員(即宿舍母親、舍監)、維修員及活動中心管理員等人，以共同維持整個女子公寓的運作，[128]而這些隸屬管理組織之雇用人員均具教友背景。

又據 1981 年聖言會內部報告可知，德華女子公寓後來有新的經營方式，係由聖言會與聖家會合作組成一董事會(亦稱委員會)，董事會代表分財產與管理兩部分，成員含聖言會會長、會士及聖家會會長、修女；其中，女子公寓的財產歸屬聖言會，而女子公寓的實際管理工作則全部交由聖家會，包括行政、人事、普通保養及各樣活動，[129]亦即後期的女子公寓營運方式中，聖家會修女們的角色扮演愈為重要。

至於居住公寓必須遵守之相關規範，則可見於女子公寓的住宿手冊中，最早由萬德華具名的手冊裡曾明列九條規定，內容如下：

> 內務經常保持整潔，每天每人盡好自己的本份工作，使用水電一切設備均應特別愛惜，不可浪費或故意損害。

---

[126] "Letter from Fr. Edward Wojniak to Fr. John Musinsky," January 22, 1969.
[127] 李貞德於 1970 年調職嘉義後，萬德華請來自美國北達克他州、已來臺十五年的 Pauline Sticka 負責此工作，然數月後換成教友張陳麗玉，1979 年聖家會的翁修女接手此工作，1985 年再由同為聖家會的伍修女負責。見 *Formosa High Lights*, August, 1970.
[128] 女子公寓活動中心負責人為袁嬿嬿(任期1970-1988)，她後來也兼任 C 棟管理員工作，而 A、B、中棟各有不同管理員負責；這些管理員均須接受輔導之專業訓練課程，且在各棟樓層中有其專屬房間以方便進行相關工作。
[129] "Tehua Working Girls' Hostel," May 13, 1981.

會客宜在會客室內，必要時先經管理員同意帶往參觀各處，不能擅自留宿親友。
每天晚上十一時半以後，嚴守禁默，不要有擾同伴的安寧，十二時正關大門，趕不及回來請打電話通知管理員或事前登記外宿。
每間寢室選派室長一人協助領導各位。
教友應在日常生活中充分表現基督化的精神，樹立好榜樣，守本份，彼此之間要有愛德，好讓別人能在我們身上找到天主的肖像。
來訪客人，請先至傳達室登記。
退宿者應向每棟管理員領取「放行條」方可離去。
三次未請假外宿者或不按規定清掃者，予以退宿。
每月一次慶生會，由各棟小姐彼此慶祝。[130]

　　此種規約以後又細分為住宿資格、住宿手續、退宿手續、住宿須知與寢室要點等部分，其中住宿資格有四，即：一、在臺北有正當職業(若失去工作，必須在一個月內找到新職業)；二、未婚、單身女性；三、身心健康、合群；四、打算長期居住(至少住到月底)。而住宿須知則為：

要合群合作宛若一家人。
新來者請與所住該棟的管理員會見相互認識使她便於協助你，解決各種困難。
晚上十一時半關大門；若須外宿請盡可能事前通知管理員。
晚上十二時關燈後請保持安靜。
愛惜公家的設備，不擅自取用別人的東西。
公寓內外保持整潔美觀，不要浪費水電。
不可隨意調換寢室，如有特殊理由必須徵得管理員許可，並以一次為限。

---

[130] 〈德華女子公寓手冊〉。

會客請利用大門會客室，沒有管理員許可，親友不得帶進宿舍。
每月一至十日繳宿費，請準時繳付。

寢室要點包括：

每一寢室選一室長負責領導與聯繫。
請多關照新來的小姐。
經常輪流打掃房間，早晨把自己的東西整理妥當。
不可占用空床及空櫃。
貴重的東西，大額款項(300元以上)不宜存放寢室中。
外出時要鎖門，並把鎖匙存放總機處。
為了公眾安全，寢室內不可點燃臘〔蠟〕燭。
寢室，客廳內不可煮食(請利用自炊廚房)。
不可擅自用電。
寢室裡不可使用電視機(客廳可放一台)。[131]

再至1978年5月，女子公寓已產生經由公寓管理人員會議通過的〈德華女子公寓住宿守則〉，並以單張明載諸條文方式公佈實施，其內容如下：[132]

表9-2 女子公寓住宿守則

守則	違者處分
01. 凡住宿者必須符合下列資格： (1)有正當職業。 (2)未婚、單身。	喪失住宿資格時，則失去住宿權利。

---

[131] 該資料未載時間，然其規約與1978年報紙報導之內容一致，可知其應通行於1970年代；見〈她們的生活：單身女子公寓風光同一屋簷下總算結個緣〉，《民生報》(臺北)，1978.03.23，7版。

[132] 〈德華女子公寓住宿守則〉(1978.05.01 公佈實施)；該守則上注明：「為維護本公寓公眾權益，特制定下列守則，請住宿者切實遵守，並由管理人員嚴格執行，本守則由公寓管理人員會議通過實施，修正時同」。

(3)身心健康。 (4)未受過刑事處分。	
02. 遵守公寓之規定；聽從管理人員合理之約束並接受勸導。	不能配合公寓之規定時，其住宿權利即被取消。
03. 照規定辦法辦理住宿與退宿手續。	
04. 照實填寫個人資料表件；如有任何更改，必須通知管理人員予以更改。	
05. 依分配寢室居住；如有特殊理由必須調換，須先徵得管理人員之許可，並以一次為限。	
06. 須以本公寓為主要居所；若非獲得管理人員許可，每月外宿時間不得超過十天。	
07. 每月1至10日繳納宿費。憑繳費收據住宿。	逾期繳費，每天罰款五元。未繳者，迄至押金不足扣繳時即當退宿論。
08. 不得酗酒、吸毒、賭博、毆鬥、偷竊、或傷害他人身體。	取消住宿權利。
09. 不得造謠生事、損害他人名譽或誘惑別人參加非法組織及不良職業。	
10. 不可帶男賓進入宿舍。	
11. 不可帶客人進宿舍。不可留親友住宿。若母姊自遠方來，亦必須徵得管理人員許可，並繳納宿費每人每天廿五元。	未經許可擅自留宿者雙倍罰款；客人罰款未清付時，由帶客人進來之小姐押金中扣繳。
12. 愛護公物和設備；節約水電，用後順手把開關關閉。	如有破壞照價賠償。無人承認之損壞由公物所在範圍內住宿者共同賠償。
13. 不可擅自用電；熨衣服及吹頭髮須到熨衣室。	電器、爐臺、炊具、衣物等由管理人員收去，俟退宿時方可發還；退宿後兩周內未來領回者，由公寓自行處理。
14. 除自炊廚房外，公寓內其他地方均不可煮食；暫時不用的爐臺須存於倉庫，不可放置寢室內。	
15. 個人衣物，包括皮箱、衣櫥、縫紉機等等，均不可占放公用地方或空床空櫃必要時可存於倉庫。	
16. 辦妥退宿手續即須帶走個人全部衣物。	
17. 走廊、欄杆、風扇、電話臺、窗口、門口等地方均不得晾晒衣物。	衣物由管理人員收去，每件罰款五元方可領回；兩天內未來領回者，由公寓自行處理。
18. 晚上十一時三十分以前回公寓。	逾十二時才回來，取消住宿權利。

19. 早上六時前，晚上十二時熄燈後，均須保持安靜。	無法與多數人合作之小姐請自動退宿，同寢室的小姐亦可聯合向管理人員投訴。經審查屬實，即取消其住宿權利。
20. 搬進與遷出，均以早晚室友在寢室時間為宜。	
21. 寢室內不可吸煙或點燃蠟燭。	
22. 保持個人及環境整潔衛生，輪流值日。	
23. 遵守寢室內多數人通過之合理規定。	

　　由數個不同版本之住宿規範可知，女子公寓有如學校宿舍般之嚴格規定，包括門禁、宵禁、愛惜公物、維護個人整潔與公共環境，以及團體生活必要之各式約束等；惟除此外，女子公寓亦存有相當程度之家庭氛圍，因其明言住宿者之生活「要合群合作宛若一家人」，並規劃每月一次的慶生會以增進眾人感情，甚至後來有每月一次的宿舍清潔比賽，[133]以維持如家居般的衛生環境；其亦頗為強調室友間、室友與管理人員間應彼此照顧、互相幫忙之情感聯繫，甚至期望具教友身份之住宿者能率先示範具典範性之行為模式，此實可與前述韓修女、伍修女受訪之相關內容刊載互相呼應以為印證。

　　又從數個不同版本之住宿守則中，亦可察覺女子公寓相關規定之愈趨嚴格，此或反映公寓住宿者之日漸增加、人數眾多下必須加強管理之必然結果，然亦可能是住宿者已明顯產生若干管理上之問題，迫使公寓管理部門必須以更嚴格之規定，甚至列出違反規定之明確處罰方式，以維持女子公寓之永續經營與發展；如艾琳達提供的口訪資料中曾載住宿女子有吸煙、喝酒，及外宿超過一星期、熄燈後於寢室內點蠟燭等行為，[134]另有已婚女子亦住在宿舍中。[135]

　　惟即使住宿規範頗多，德華女子公寓自落成後的風評甚佳、反應熱烈，如 1971 年 5 月，即女子公寓全部建築完工後三個月，已有來自全臺灣十九

---

[133] 據柯博識言，當時每月至各宿舍打分數，並對優勝者發放獎品；見吳蕙芳，〈第一部：回首來時路〉，頁 32。

[134] 見艾琳達口訪資料：編號 10、編號 13。

[135] 艾琳達，《激盪！臺灣反對運動總批判》，頁 326-327。

個地區，分屬廿四個不同省籍的四百多名女子入住；[136]再隔一個月，又增至六百多人住宿；[137]另據 1980 年代報紙刊載，女子公寓最高紀錄曾超過一千兩百人住宿。[138]分析該公寓所以如此搶手之因，除具備人道、現代化生活設施之物質條件，及如家庭般之氛圍、管理完善及安全無虞等因素外，平價租金亦是吸引人的重要關鍵。

德華女子公寓的房租在規劃之初及首期工程興建期間，均清楚表明為嘉惠附近工廠就業之女工，租金定為臺幣百元左右，[139]然首期工程 A 棟落成後的實收租金為每人臺幣一百五十元。[140]值得注意的是，整個德華女子公寓共有四棟，其不同空間規劃，實應對不同租金及不同背景之住宿者。大致而言，A 棟屬四人或八人房之床位，平均每人享有之空間較為寬敞，租金亦較高，入住者的職業也較為多樣化，除工廠女工外，另有大專學生、教員、護士、銀行職員等社經地位較高者；[141]而 B、C、中棟則屬十二人房之床位，平均每人享有的空間頗為狹窄，故租金低廉，投宿者幾乎全為女工或半工半讀之夜校生，特別是臺灣通用器材公司雇用者，當時屬該公司女工入住

---

[136] 〈職業婦女公寓〉，《中央日報》，1971.05.10，3 版。

[137] "Girls Hostel Needs Help," *The China News*, January 19, 1971, p.8.

[138] 〈公寓易主苦了員工住戶心內恐慌擔憂失業失所〉，《青年日報》(臺北)，1988.06.08，7 版。

[139] 當時報載租金數字有臺幣一百元、百餘元等不同紀錄；相關資料參見：〈聖三堂籌建女青年宿舍四層八棟可容三千人每人月收宿費一百元〉，《聯合報》，1966.02.15，2 版；〈天主教在新店興建女工公寓工費預算千三百萬可供五百女工寄宿〉，《聯合報》，1966.12.14，2 版；〈蔣夫人昨赴新店參觀業餘婦女公寓工程〉，《聯合報》，1967.04.19，2 版。

[140] 當時報載租金數字有臺幣一百一十元至一百五十元、一百六十元以下等不同紀錄；相關資料參見：〈婦女公寓開始出租單身女教師及工讀女生均可申請〉，《經濟日報》，1968.05.26，5 版；〈婦女公寓完成奉獻儀式接受進住申請〉，《聯合報》，1968.05.26，4 版。

[141] 〈大城市需要女子公寓〉，《經濟日報》，1970.04.02，8 版；又當時報紙曾刊出兩名就讀淡江英語專科學校之住宿女子照片，見 *China Post*, June 1, 1968, p.5.

者之租金往往是由公司代為支付的。[142] 又隨著時間變化，物價波動，女子公寓租金亦不斷調整，如 1974 年 3 月，四人房、八人房及十二人房之租金分別為二百八十元、二百三十元及一百八十元；1978 年八人房、十二人房之租金各為三百三十元、二百七十元；若配上筆者所能掌握之女工月薪資料，即 1964 年約八百元，1977 年約二千七百至三千元左右，[143] 再以年代最接近時間內之最低租金及月薪計算，可知德華女子公寓月租費約占女工薪資的一成左右，此種價格確令住宿者較無太大之經濟負擔，實可安心、放心地生活其間。

事實上，德華女子公寓除舒適、安全及平價之住宿部外，另有活動中心之設置，提供住宿女子在工作之餘從事休閒活動以舒緩身心，亦可經由才藝學習課程提升個人能力，並藉此機會改變社會地位。[144] 此活動中心之設置在當時為一創新規劃，兼具心靈教育、娛樂與精神培育三方面目的，[145] 整個區域含室外與室內兩部分，前者有籃球場，亦可充作排球場、羽球場之用，後者包括乒乓球室、圖書室、自習室及各類教室。

由於萬德華特別重視這些離家年輕女子辛勞工作後的休閒活動及教育學習機會，因此活動中心常利用各種時機舉辦土風舞晚會、慶生會、電影會等活動以增加生活樂趣；亦運用各式空間規劃種種課程，如服裝設計、室內佈置、美容美髮、手工藝(中國結)、插花、烹飪(西點、麵食)、英語會話、中

---

[142] 據艾琳達於 1977 年訪問住宿女工之紀錄可知，德華女子公寓十二人房之月租為二百七十元，若屬臺灣通用器材公司雇用女工，則由公司支付二百四十五元，另廿五元由女工自己負擔，且此一福利不含住家在公司附近之女工，即住家在公司附近仍住宿德華女子公寓者，須全額自費月租金二百七十元；參見艾琳達口訪資料：編號 3。

[143] 大致而言，1977 年時的女工底薪為二千元，工作兩星期後底薪增加為二千一百至二千三百元，加津貼為六百六十元，若有加班或獎金則薪水可再往上增加；相關資料參見：〈她們的生活：單身女子公寓風光同一屋簷下總算結個緣〉，《民生報》，1978.03.23，7 版；〈家庭單身女子公寓〉，《聯合報》，1974.03.04，6 版；艾琳達口訪資料：編號 1、編號 4、編號 5、編號 14。

[144] "Girls Hostel Needs Help," The China News, January 19, 1971, p.8.

[145] 〈德華女子公寓手冊〉。

英文打字班等,這些課程費用低廉且不限德華女子公寓住戶均可報名參加,[146]即附近居民亦可享受此一學習資源,且藉此方式增進住宿女子與社會大眾之接觸機會,以拓展人際網絡。而萬德華亦透過個人關係聘請專人教授相關課程,如畢業於美國天主教德保爾大學(DePaul University)、雙親均為萬德華朋友的羅萍(Adrienne Ropa)小姐,及因萬德華赴美募款深獲感動、原居美國匹茲堡的瑪蓮馬史(Marion Marsh)女士,均曾自費來臺負責教授英語課程。[147]

1970年代有記者參訪女子公寓並專文介紹內部情形,特別提及該公寓「並不為了營利,最主要目的,是想使離鄉的女孩們有個安全舒適的居所,讓她們有『家』的感覺」,而「『婦女活動中心』是促使這個公寓家庭化的一大因素。走進去的第一個印象便是舒適,雖然,住宿的女性並不限定宗教信仰,但在氣氛上,卻自然有一種和諧和肅穆」,[148]活動中心功能之重要由此可見。

當然,萬德華如此竭盡心力地創建德華女子公寓,除立基其社會服務之崇高理念外,不可否認亦有一定程度的傳教目的。1965年底,當他決定放棄原先的小學計畫改為創建女子公寓時,曾撰文提及此一改變對傳教工作之重要意義,因為

> 這個宿舍的主要想法是提供一個「家」給這些女子,並在我們好修女們的指導與監督下,試著提供一個基督教氣氛,我們很確定這些貧窮的好女孩中,許多會不自主地被影響而朝教會來,並最終加入教會,

---

[146] 〈家庭單身女子公寓〉,《聯合報》,1974.03.04,6版。又這些研習班廣告亦載於〈GIT育樂活動〉,《通用之聲雜誌》,1975.06.20,4版;〈德華活動中心教育活動簡章〉。

[147] 〈新店女工公寓大樓一棟完成昨日竣工五一啟用可供兩百婦女安身〉,《臺灣新生報》,1968.04.09,4版;《臺北扶輪社週刊》(臺北),Vol.14, No.45(May 23, 1968); "Life is a White Paper, Her Courage Colors It," *China Post*, September 2, 1967, p.7; *Formosa High Lights*, Christmas, 1967, p.2.

[148] 〈家庭單身女子公寓〉,《聯合報》,1974.03.04,6版。

這意謂著這些女子們將來是個基督徒母親，並建立基督教家庭。可以明顯看出成立宿舍對我們堂區而言是好的，可以在本島上創造出很大的行動朝向基督教化，最終並影響到所有中國民眾，對未來的可能性是豐富及不可限量的。我無法想出其他更好的人道方法去幫助這些女子，及令這些人可以直接接觸教會並最終讓她們成為基督徒。[149]

　　1967 年他又明白地指出，成功傳教的一個重要原則在於「根基人們的需求並回應他們的需求」，「這些需求有時是物質性的，……但是協助人們解決物質需求，是可以令其接觸教會的，因此應將福音用更有活力的方式傳送出去」，而女子公寓計畫就是一個可以嘗試的作法。[150]

　　再至 1968 年 10 月，萬德華更進一步地闡述女子公寓計畫與當前傳教工作的密切關係與重要性，因為「在快速發展與變化的國家中，社會接觸是僅賸下的一條傳播福音的康莊大道」，而在新店大坪林堂區附近，因工廠林立促成來自臺灣各地之大量年輕女子被雇用，

她們離開家庭及父母的指導，被丟到一個工業化複雜及大城市的環境中，這些年輕沒有經驗的女孩，生活在不同道德與精神之危險及氛圍中，她們需要的，不僅是好的、健康的環境以替代如同家庭的居住條件，同時要有特別的指導及監督以協助她們適應新的生活，於工業化及完全世界化的環境中，……就此神聖任務而言，教會是合格且足以擔當這些年輕女子的督導責任，……如果教會不願意擔負此一工作，則其他不合格的機構會接手，於是，提供上千人願意轉變信仰，以進入教堂之大好黃金機會將會喪失。[151]

　　從前述數則史料可知，德華女子公寓兼具社會服務目的與教會傳教性質

---

[149] *Formosa High Light*, December 8, 1965, p.2.
[150] Edward Wojniak, "Taiwan Hostels Inc.," p.57.
[151] "Letter from Fr. Edward Wojniak to Fr. John Musinsky," January 22, 1969.

之雙重意義；然萬德華也明言，他「期望」這些住宿女子最終能成為基督徒，但她們並不「被要求」成為基督徒，[152]即其並不強調傳教成果之重要性是必須超越社會服務之目的，此可從女子公寓入宿者並不限於教友，活動中心資源享用者不限住宿成員等實際狀況中得到證明。

然或許就是因為不刻意及特別強調傳教目的而只是形塑相關精神氛圍，且住宿女子普遍忙於世俗生活中的工作與讀書，女子公寓最終真正接受洗禮者其實是有限的。據萬德華自云：1965 年 12 月開始的平房式女子宿舍入住之數十名女工中，第一個領洗者是在兩年後(1967)；[153]又 1968 年 5 月德華女子公寓 A 棟落成後，陸續搬入住宿者 287 人裡有 61 人具教友身份，約占五分之一比例；在如此潛移默化環境下，萬德華觀察到「她們接受信仰的歷程很慢，但穩定進行中」，至 1969 年 3 月，「有兩人即將領洗，另有一些人將跟進」。[154]此外，1973 年當萬德華再度自美募款回國，綜述其來臺後參與諸多事務時，曾言「在我最近十個月不在期間，超過四十個新的天主教家庭移入此區，而有更多的人搬進公寓居住，但是與我們公寓女子的成長人數相較，我們堂區的成長是相對緩慢的」，[155]即堂區內領洗人數似難如女子公寓住宿人數增加幅度之大；若將此觀察結果配合聖三堂領洗簿之記載，亦可發現女子公寓的傳教效果或許不如預期，因領洗簿上登記受洗者住居地址明白載為女子公寓者僅五人；[156]當然，受洗者在領洗簿上登錄的有可能是戶籍地址而非現居地址，[157]但即使擴大採計範圍，將 1965 至 1988 年間聖三堂領洗者登錄地址為外縣市的四十一人全部計入，則約占此段時間內所有領

---

[152] *Formosa High Lights*, August, 1970.
[153] *Formosa High Lights*, Christmas, 1967, p.3；該女子於 1967 年 8 月 15 日由萬德華施洗。
[154] "Letter from Fr. Edward Wojniak to Fr. Ernst Böhm," March 7, 1969.
[155] Edward Wojniak, "Eternity Won't Be 'Long Enough!'," p.9.
[156] 此五人中的一人於1967年12月由萬德華施洗，其餘四人分別於1970年12月、1971年12月由柯博識施洗；見《大坪林聖三堂聖洗錄》，第1-2冊。又屬平房式女子宿舍時期之入住者，其在領洗簿上登載地址為「本堂宿舍」，因當時樓房式女子公寓尚未興建。
[157] 如住在平房式女子宿舍的其中一人於領洗簿上登載的是花蓮住家；而住在女子公寓的其中一人於領洗簿上登載的地址並非女子公寓而是屏東住家。

洗者的 9.6%，[158]比例仍然有限。

惟即便如此，萬德華仍樂觀地表示：

> 教會希望能打下基礎工作，創造一個適當氣氛與環境，為她們最終成為基督徒作好準備工作，即使並非所有的人都會成為天主教徒，但可以保證說，上千個年輕好女孩將會被安置於信仰上的好環境，在她們最理想及最被影響的年紀時。[159]

且其自 1965 年 12 月開始的平房式女子宿舍時期，即與住宿者建立起情同父女之深厚感情，實令萬德華自認應擔負起照顧這些離家年輕女子的重責大任，其曾於 1967 年聖誕期出刊的 *Formosa High Lights* 上說：我忙著找地方安置這些女工，為她們找一個適當的居所，就好像是若瑟與瑪利亞忙著為即將誕生的小耶穌找適當的地方一樣。[160]而住宿女子的貼心回饋也總是令其感動不已，如 1969 年萬德華六十一歲生日時，女子公寓二百四十位婦女組成祝壽委員會，共同為他籌劃一個中式生日宴——讓他身穿長大掛，頭戴瓜皮帽，肩被大紅彩帶，置身插滿鮮花的小壽堂，接受眾人祝福；[161]而 1972 年 9 月萬德華六十四歲生日時，因其人在國外，女子公寓住宿者仍為他舉辦一個缺席壽星的生日宴會(party)，並請別人扮演壽星，最後將照片送給他以為留念；[162]住宿女子們甚至戲稱萬德華為「Wonderful」神父。面對住宿女子如此溫馨舉措，萬德華亦往往細心安排與她們的戶外旅行，協助其舒緩長

---

[158] 聖三堂自 1965 至 1988 年間共有四百九十人領洗，其中有八人不明地址，四人登錄地址為外國，其餘地址記載為東部的宜蘭、花蓮，北部的基隆、永和、三重、土城、蘆洲、板橋、深坑、桃園、中壢、新竹、苗栗，南部的嘉義、臺南、高雄、屏東者共四十一人。

[159] Edward Wojniak, "New approach to evangelization in Taiwan," p.27.

[160] *Formosa High Lights*, Christmas, 1967, p.1.

[161] 〈神父中國化生日樂大啦〉，《中國時報》(臺北)，1969.09.26，3 版；〈請柬〉(職業婦女公寓祝壽委員會，1969)。

[162] *Life in the Missions*, 1972, p.22.

期工作與讀書之辛勞，[163]可見萬德華與住宿女子彼此間之互相關懷與體諒，實宛如家人般之深厚情誼。

　　1975 年萬德華因心臟病回美醫治，五年後(1980)曾短暫回臺，受到女子公寓住宿者之盛大歡迎，然返美後數年，即於 1983 年 11 月 14 日因癌症病逝於美國加州洛杉磯。消息傳回臺灣，公寓住宿者於其逝世百日在聖三堂舉行追思會悼念，三年後(1987)的聖三節，又在聖三堂內立碑紀念萬德華創建女子公寓的義行善舉。[164]

　　惟 1988 年 6 月，聖言會決定將長達二十年的德華女子公寓結束營運，並公告住宿者於 9 月底搬離公寓，即明白宣示德華女子公寓將正式走入歷史。針對此一結果，曾有住宿女子投書報紙，表達不滿；[165]而當時報紙刊載之世俗輿論認為女子公寓無法維持之原因在於：「經營不善，入不敷出」；[166]亦有教友向教會陳情，指出「該公寓非為營利事業，若干年來，未有富於經營豐富之專門人員妥善經營」，[167]乃導致如此結果。而教會所持理由可見於 1988 年 6 月 9 日張貼在女子公寓大門口之公告，內容如下：

　　各位親愛的小姐：

---

[163] Edward Wojniak, "New approach to evangelization in Taiwan," p.28.

[164] 該碑刻位於聖三堂進堂處，內容如下：「永懷德澤：天主教聖言會士美籍萬德華神父(Rev. Edward J. Wojniak, S.V.D.)，1909 年 9 月 28 日出生，1937 年 3 月晉鐸即來我國，在山東、河南傳教十餘年，大陸淪陷後返回美國，復於 1961 年來臺，在新店大坪林興建聖三天主堂及德華女子公寓，造福本教區教友及各地來臺北謀職之未婚女青年，畢生榮主愛人，其精神氣度，言行修養均足為我輩典範。新店大坪林聖三天主堂、德華女子公寓謹誌，民國七十六年六月十四日聖三節」(標點符號為筆者加注)。

[165] 〈讀者投書：德華女子公寓不宜停租勿違創建德澤方為上策〉，《民生報》，1988.09.16，13 版。

[166] 〈德華女子公寓紅顏已老？經營不善傳要出售五百餘單身女郎何去何從〉，《中國時報》，1988.06.08，11 版；〈德華女子公寓傳將轉售房客員工不知何去何從〉，《青年日報》，1988.06.08，7 版。

[167] 〈傳德華女子公寓經營不善將予出售謀利應請查明制止〉(教友蘇拯靈致函狄剛總主教，1988.07.07)。

德華女子公寓本著服務社會的宗旨，已達 20 年之久，在這期間，我們一直在努力改進、修理。但由於時代的變遷，20 年前的設備，已不符合現代人的需求，為了達到現代化的標準，唯一的辦法就是拆除重建，使德華的面貌重新改觀，以達到服務人群的目的。因此，我們呼籲，請現住德華的每位小姐，最遲於 77 年 9 月 30 日以前搬離德華，並向愛護德華的諸位小姐，致上十二萬分的歉意。願天主降福各位都能找到理想的住處，並祝福各位平安！[168]

即教會認為：二十年前興建完成之德華女子公寓，相關設備等物質條件已因時間因素，無法再經由修理方式予以改善，實難符合二十年後的現代化居住水準與品質，應予拆除改建才是。

其實，世俗輿論、教友陳情與教會考量均有其立論依據，且彼此間相當程度是互為因果的。因德華女子公寓營運至後期，住宿女子人數確實大幅降低，其中原因或與 1984 年臺灣通用器材公司大規模機械化、自動化生產，雇用女工人數因而大量減少有關；[169]亦有報紙分析指出：「近年來因為新店市的住宅公寓林立，德華女子公寓的出租狀況開始走下坡」，[170]可見德華女子公寓確實面臨主客觀環境之變化。惟可容納千人租用的女子公寓，至結束營運前僅賸五百多人居住，如此營運之收支狀況自難維持一定水準之居住品質，尤其是老舊公寓必須面臨的龐大維修經費支出。[171]又據 1988 年記

---

[168]〈重要消息〉(德華女子公寓，1988.06.09)。

[169]陳信行，〈打造第一個全球裝配線：臺灣通用器材公司與城鄉移民 1964-1990〉，頁37-40；又當時報紙早已刊載通用公司逐漸自動化之消息，參見：〈臺灣通用器材公司啟用 IBM 電腦〉，《經濟日報》，1981.09.12，9 版；〈致力自動化並創新產品通用公司斐然有成經長訪問後表嘉許〉，《中央日報》，1983.04.26，8 版。

[170]〈德華女子公寓決改建醫院拆除未事先通知損及一住戶財物〉，《中國時報》，1991.02.03，14 版。

[171]據 1982 年聖言會內部的評估報告可知，當時因住宿人數大幅減少，公寓內每人平均空間已擴大，不像以往般擁擠，然女子公寓的住宿人數必須達七成以上乃有盈餘，而活動中心收入只能提供授課教師的薪資，見〝'Tehua' Working Girls' Hostel: Dormitories

者觀察的報導明言：

> 德華女子公寓開辦初期，庭院花木扶疏，內部設備齊全，工作人員均為清一色的教友，所以都具有高度的服務熱忱，公寓裡面都打掃得乾乾淨淨，堪稱窗明几淨，一塵不染，不像現在，原先的花圃不見了，水泥地、人行道，到處坑洞，一副破瓦殘垣的景氣，置身其間令人不勝惆悵。[172]

可見女子公寓經營二十年後的殘舊景象已不復當年美好盛況。

結　語

　　或許是個巧合，萬德華出生之時，正是聖言會會祖楊生過世那年，而萬德華之生日又恰為臺灣的教師節。[173]若將此配合其一生作為，他確實傳承並實踐會祖所強調的——積極向教外地區宣揚天主信仰之理念，亦如同導師般地率先並竭盡心力照顧需要幫助的廣大群眾——不論是教友或非教友。

　　事實上，立基於1930至1940年代在中國河南傳教的十年豐富經驗，而於1960年代初自願來臺傳教的萬德華，早已細心地觀察到：天主教會面對快速工業發展及環境變遷的臺灣社會，必須以更主動、更世俗化的傳教方式深入人群，給予社會大眾實質有效的幫助，乃能有所作為並產生影響力。因

And Social Center—A Report," February 1982. 另據柯博識口述可知，女子公寓營運至後期，因時代變遷，觀念改變，住宿女子不願意太多人住在一間宿舍內，因此十二人房之宿舍不易租出。

[172] 〈公寓易主苦了員工住戶心內恐慌擔憂失業失所〉，《青年日報》，1988.06.08，7版。

[173] 萬德華不只一次對外國友人提及自己的生日乃臺灣之教師節，並解釋教師節是紀念至聖先師孔子的節日；參見："Letter from Fr. Edward Wojniak to Fr. Francis Kamp," February 10, 1969; "Letter from Fr. Edward Wojniak to Fr. John Musinsky," September 4, 1970.

此,他以不到三年時間完成聖三堂的興築工程後,即全力投入規模更大的女子公寓創建計畫,以嘉惠全臺各地許多離家就學或就業之年輕女子,特別是任職工廠之女工,令這些女子能有安定的生活環境,並因此開展未來的美好人生。而從構思、規劃到付諸行動、全部完工的德華女子公寓耗時約六年,女子公寓從開始營業到正式結束亦超過二十年,其間經歷之困難與艱辛,萬德華欣然接受且甘之如飴,其總以樂觀心情、幽默態度應對,並衷心向天主賜福感恩,對教內、教外之協助者致上謝意。

若將萬德華當時之社會服務作為與日後學界之研究成果互相對照,亦可印證其觀察之細緻、眼光之宏遠,因 1980 至 1990 年代,學界曾對 1949 年以來天主教會遷至臺灣的發展情況予以探究,認為四十年間天主教的發展是逐漸衰退的,此可分為三個階段,即 1949 至 1963 年的快速成長時期、1964 至 1969 年的停滯時期,以及 1970 年以後的衰退時期;其中,快速成長時期每年教友成長率都在 10%以上,1963 年以後教友人數明顯下降,普遍低於一般人口的成長率,再至 1970 年以後則呈現負成長局面。[174]也有學者明白指出:1952 至 1969 年間,天主教在臺灣的發展可說是「突飛猛進」,教友人數多達三十萬以上,然此後即走下坡,自 1984 至 1989 年間,教友人數不會超過三十萬人。[175]這些學者曾對天主教教友人數大量流失的情形提出分析與個人見解,綜觀其論述及說明或有相當差異,然重點均強調社會快速變遷下的世俗化問題,故天主教會如何面對世俗化社會並提出因應之道就成為重要課題。而萬德華早於 1960 年代中即已關注此一現象,並身先士卒地積極走入社會,透過對亟需關照的離家年輕婦女,提供人道及安全住居之實質協助以取得信任與支持,並延續教會精神於其世俗生活中,此一前瞻性作

---

[174] 瞿海源,〈臺灣地區天主教發展趨勢之研究〉,《中央研究院民族學研究所集刊》,51期(臺北,1981.春季),頁 129-149;瞿海源、姚麗香,〈臺灣地區宗教變遷之探討〉,收入《臺灣社會與文化變遷(下冊)》(臺北:中央研究院民族學研究所,1986),頁 670-674。

[175] 宋光宇,〈試論四十年來臺灣宗教的發展〉,收入《臺灣經驗(二):社會文化篇》(臺北:東大圖書股份有限公司,1994),頁 191-192。

為，實可成為教會相關社會服務工作之重要參考範例。[176]

最後，本文將以萬德華於其生命終點，致函溫安東神父的一段內容作為結尾，即他認為：應持續將教會的財產安置於社會服務事業中，以聯繫與天主及耶穌基督的心靈。[177]這句話，或許足以代表萬德華創建德華女子公寓的最重要理念與終生服膺之信條。

圖 9-1　女子公寓正面圖
資料來源：袁嬿嬿女士。
說明：左前方半圓形屋頂之建築為活動中心，後方兩棟樓房自左至右分別為中棟、C棟。

---

[176] 廿一世紀曾有學者對天主教會的社會服務事業予以考察，指出其發展特色包括：由尊重生命到豐富生命；縝密的層級體系；積極預防工作，具有前瞻性；服務內容與型態隨著社會需求有所調整；關注社會正義的實現；修會的社會關懷服務等；見張培新，〈天主教在臺灣社會服務的一般性考察〉，《臺灣文獻》，55卷1期(南投，2004.03)，頁 154-159。

[177] Schmitz Bartley, "Father Edward Wojniak, S.V.D.," p.1.

圖 9-2　女子公寓背面圖
資料來源：袁嬿嬿女士。
說明：自左至右分別為 C 棟、中棟、B 棟。

圖 9-3　萬德華將女子公寓建築藍圖致贈羅勃懷斯與史提夫麥昆
資料來源：袁嬿嬿女士。

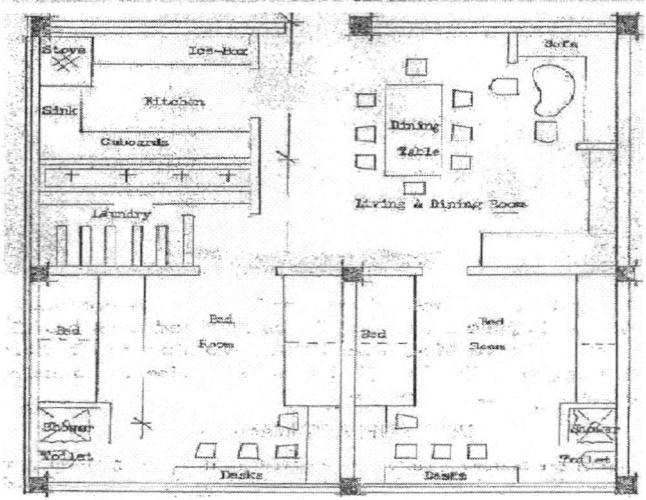

圖 9-4　女子公寓 A 棟室內空間規劃圖

資料來源："Floor-Plan of a Four-Room Apartment For Eight Girls," 1966.

第十章
萬德華神父筆下的傳教經歷：
海峽兩岸的觀察紀錄

　　萬德華為波蘭裔美籍聖言會士，1909年生於芝加哥，1922年(十三歲)就讀小修院與神哲學院，1931年(廿二歲)首次發願，1937年(廿八歲)正式晉鐸後，即於當年10月前往中國傳教。那時，他在米幹領導之河南新鄉傳教區從事各項教會工作，珍珠港事件後曾被日軍拘禁數年，二戰結束又重回新鄉傳教區繼續被中斷的教會事業；惟1940年代後期中共勢力在該地不斷擴增，致其於1947年離華返美，結束在中國十年的傳教生涯。[1]

　　回到美國後的萬德華服務於賓州匹茲堡教區的醫院並擔任修會庶務員工作，往來各地佈道及募款，[2]後因聖言會於1959年正式在臺灣設立聖言會中華區會，故其申請自願來臺服務，並於1961年底(五十二歲)抵達臺灣基隆，再落腳新店大坪林擔任聖三堂的主任司鐸；此後直到1975年(六十六歲)因心臟病返美就醫，1980年(七十一歲)曾回臺探視，終於1983年(七十四歲)病逝美國，葬於泰克尼墓園，總計在臺灣有十四年的傳教歷程。

　　綜觀萬德華四十六年的神職生涯中，曾兩次與華人社會結緣，分別為中國的十年與臺灣的十四年，而在長達廿四年的華人社會服務經歷中，他往往

---

[1] 萬德華於1947年9月21日回到美國芝加哥泰克尼，距其於1937年10月到達中國上海開始其傳教生涯，總計有十年時間在中國；"Red Peril," *Techny Chime*, 1947, p.2.

[2] "Society of the Divine Word News Service T-7303," January 16; Edward Wojniak, "Mission Scenerama at Rochester," *St. Augustin's Messenger*, 1956, p.19.

於當時及事後以文字記錄所見、所聞及相應之工作成果,[3]如1930至1940年代在中國傳教期間,數次將山東、河南的親身經歷與觀察內容撰文發表於 The Christian Family and Our Missions 刊物上;1947年回美後至1950年代間陸續投稿 The Little Missionary、The Christian Family 刊物,回顧自己在中國的傳教經歷、陳述擔任修會庶務員的工作成果及心得感觸,並為1951年因病驟逝的米幹立傳,於1957年出版專書 Atomic Apostle: Thomas M. Megan, S.V.D.,追憶當年跟隨其在河南新鄉傳教區艱困環境中努力進行及維持的教會事業。1960年代萬德華自願來臺傳教後,更自創集撰寫、編輯及發行工作於一身之新刊物 Formosa High Lights,每年固定於復活期、8月及聖誕期三次出刊,記載大坪林堂區各項工作及參與之相關事務,並不時投稿 The Word in the World, Divine Word Missionaries, Catholic Missions 等刊物,陳述在臺灣進行之諸多教會事業;甚至於1980年代,聖言會為歡慶至華傳教一百周年而出版的紀念專輯中撰寫回憶性專文,呈現聖言會當年在河南新鄉傳教區的工作實況;而本章即欲透過前述萬德華親自撰寫的各式文字內容,配合其他一、二手史料,呈現一個外籍傳教士對華人社會的觀察結果及其傳教歷程。

第一節　對中國的記載(1930至1940年代)

一、傳教典範學習

　　萬德華於1937年3月晉鐸後不久,即前往中國開始其傳教生涯;1937年10月與何神父一同抵達上海與在泰克尼的舊識米幹會面,接著轉往山東兗州的戴莊學習中文;在不到一年的語言學習期間,他結識了聖言會至華傳教的第一代傳教士,當時已高齡八十歲的文安多與七十五歲的韓寧鎬。其中,文

---

[3] 學生時代的萬德華即喜歡閱讀與書寫,曾於十八歲時撰文感謝學校設置圖書館並持續擴增圖書館收藏以嘉惠學子學習,見 Edward Wojniak, "The Library," *The Towers*, 1927, p.40.

安多於1882年5月到達山東,是繼安治泰與福若瑟於1879年到達香港、1882年到達山東後,屬聖言會派至中國傳教的第二批神職人員,也是最早協助安治泰、福若瑟兩人拓展修會在魯南傳教工作的得力助手;[4]而韓寧鎬則於四年後的1886年至山東,屬聖言會派遣赴華傳教的第五批神職人員。[5]

然或許是與韓寧鎬的接觸時間非常有限,萬德華對其相關記載並不多,但對於文安多則萬德華印象甚為深刻,除平日之接觸互動外,其曾在文安多過世前數日親自陪伴照顧,並於其過世後第八天,撰文推崇這位來到山東五十六年、全心投入工作且從未休假、未再回到家鄉德國的先驅者。

該文中明白指出文安多對修會規範及各項細節的遵從,尤其是對長上的尊敬,如他雖然年紀甚大,然與長上同行至門邊時,仍會堅持讓長上先進門;當主教蒞臨時,他必定努力屈膝跪下親吻主教聖戒。而文安多對傳教工作的竭盡心力及持續引導年輕傳教士的投入傳教事業,更令萬德華提筆載曰:

> 文安多神父的熱忱是眾所周知的,即使在他晚年,他也盡其所能地努力服務並幫助他人,……,他不逃避任何責任,反而做得比大家預期的更多。他佈道、聽告解及發送聖體,如同他早年的傳教士生活。當他不進行教會事務時,文安多神父會將時間分配給經由他施洗的人們

---

[4] 有關文安多協助安治泰與福若瑟在魯南進行傳教工作的說明,參見韓寧鎬著,陳曉春、柯雅格譯,《聖言會福若瑟神父——其生平和影響及兼論山東南部傳教史》,頁31、38、53-54、70、72。

[5] 這些早期到達山東傳教(1882至1886年的五年間),屬第一代聖言會傳教士者包括:1882年第一批到達的安治泰、福若瑟,同年第二批到達的文安多、李天安,1883年第三批到達的白明德、布恩溥、陵博約、郎明山、維天爵、岳崑崙,1885年第四批到達的能方濟、李神父,1886年第五批到達的恩博仁、德天恩、盧國祥、丘文成、隋德明、韓寧鎬。十八人中有十一名神父、七名修士,這些修士中四人後來晉升為神父,而安治泰、韓寧鎬兩人則分別於1886年、1904年晉升為主教。相關資料參見:本書第一章表1-4;雷立柏編著,《聖言會在華1879-1955年:編年史、地方志、人物列傳》,頁181、227。

身上,為他們祈禱及工作,⋯⋯,他很少在晚上十一點以前休息,卻總是在清晨四點半以前結束休息。當文安多神父於 1882 年到達山東時,我們在魯南地區只有約一百六十個教徒,現在,在他過世時,該地被分成五個教區,擁有教徒近十六萬人,可見他播下的一個教會小種子,如今已發展成一株茂盛的大樹。⋯⋯

他喜歡告訴我們他年輕時曾經歷的傳教故事,並從不遺漏幽默細節,這總是可以娛樂我們。他是一個令人非常愉快的聊天對象,而且是一個精力旺盛、充滿經驗的寶庫,只要人們有時間聽他說話。當他如講故事般地開始說「四十或五十年以前」時,我們這些年輕人就知道老文安多神父要與我們說話了。⋯⋯我們發現他對任何事情都感興趣、有幽默感且準備好去參與,而我們總是會聽他說話到開心地大笑。我們這些年輕傳教士往往如聽眾般,快樂地向一個老傳教士的舊經驗去學習,但我們沒有一個人認為文安多神父是在對我們說教,他從不對我們說不該做什麼或該怎麼做,他講道理多憑藉著個人經驗而來,且總是贏得我們的愛戴與尊敬。[6]

　　字裡行間隨處可見一個三十歲不到、晉鐸僅一年半的年輕會士,對年長其半世紀以上、神職生涯亦超過半世紀的第一代會士的觀察學習與仰慕崇敬。而相較於在山東時期領受如父祖輩般的文安多之教導,1938 年中轉至河南傳教的萬德華,協助年紀差距僅十歲的米幹在新鄉傳教區內進行各項教會工作,則屬兄弟般的平輩學習,然米幹亦被萬德華推崇備至並視為學習楷模。

　　米幹於 1926 年至河南南部的信陽傳教區,屬聖言會美籍會士的代表人物。1933 年聖言會於河南北部的新鄉傳教區開展新工作,三年後(1936)教廷將該地提升為獨立的監牧區,而首任監牧即為時年卅七歲、在中國傳教已有

---

[6] Edward Wojniak, "Anthony Wewel, S.V.D., A Pioneer Missionary," *The Christian Family and Our Missions*, March 1939, p.113.該文撰寫於 1938 年 8 月 17 日(即文安多於 8 月 9 日過世後的第八天),然文章正式刊出時間為 1939 年 3 月。

十年經驗的米幹。

萬德華於 1937 年 10 月 6 日與何神父初至上海,即由米幹帶領往山東去,次日(10 月 7 日)三人共赴青島,第三日(10 月 8 日)到濟南,終於 10 月 13 日抵達目的地兗州府;惟 10 月 14 日米幹即獨自騎機車回河南新鄉,留下兩位年輕會士在山東兗州府學習中文,至 1938 年 6 月,米幹才又回到山東接兩人到河南,此後萬德華即在新鄉傳教區工作,直至 1941 年 12 月發生珍珠港事件,萬德華等美籍神職人員被日軍拘禁,米幹與韓克禮則逃往他處避難,彼此未再見面,最終於 1945 年 8 月戰爭結束後,米幹親自到北平接回他的工作伙伴重啟新鄉傳教區事業,乃恢復兩人的合作關係,再隔兩年(1947)萬德華返美,結束在中國的傳教工作,總計兩人於新鄉傳教區合作時間約五年多。

此段跟隨米幹的學習經歷讓萬德華終生難忘,他曾於米幹過世後為之著書立傳,[7]並於書內扉頁明載:「米幹神父是我此生最偉大及最好的朋友,經由那幾年艱困的傳教生涯,我被啟發及引導,且在十年的快樂與悲傷歲月中,我能夠深層地瞭解中國」。[8]他同時撰文回憶當年初到上海,與何神父、米幹一路同行至山東兗州府之深刻印象,其言:

> 米幹神父雖然是我們的新主管,但他從不說教,也不倚仗他的權勢。他是體力充沛與理性效率的混合體,具備大無畏精神與高度宗教熱忱。他知道如何放輕鬆,但絕不對他屬下的利益放輕鬆,他其實可以派一個他傳教區的下屬與我們在上海見面,但是因為瞭解到中國內陸行旅的危險性,他寧可自己來接我們到兗州府。[9]

而到達河南新鄉傳教區後,萬德華觀察到米幹認真嚴謹的工作態度與自

---

[7] 相關此書的介紹說明可見 Edward Wojniak, "Books," *The Christian Family*, January 1959, p.5.

[8] Edward J. Wojniak, *Atomic Apostle: Thomas M. Megan, S.V.D.*, "Acknowledgments".

[9] Edward Wojniak, "A Great Missionary at First Hand," pp.21-22.

律精神。首先是對語文能力的要求，早在 1937 年 10 月抵達上海的當天下午，米幹帶著兩位年輕會士上街購物，即以中文與車夫議價，展露其流利的中文能力，並堅定地對兩位初來乍到的年輕神父說，「這些街道商標現在對你們而言是困難的，但過不了多久時間，你們要能夠閱讀廣告上的每一個中文字」。迨 1938 年 7 月兩位年輕會士抵達河南新鄉傳教區的當天下午，即在無預警情況下立刻被米幹測試中文的讀寫能力。據萬德華事後回憶，那個下午的考試，是他這輩子最難過的經驗。同時，萬德華也被要求在新鄉傳教區工作的第一年重心就是儘快學好中文，必須能夠熟練到隔周就輪值用中文佈道，必須做到時間不要長，但是內容要好的程度。而米幹也為道理班學生親自講解教義，萬德華的實際經驗是，有次他為學生複習第十誡內容三十分鐘後，米幹接著又講述一個小時，而學生們竟無人對他的解說感到厭煩。

其次，萬德華也發現米幹總是儀容整潔，一趟長程旅途後，他立即徹底清洗，先洗機車各部分及自己的靴子、手套、皮夾克，再清洗自己身體後才穿上乾淨衣服，不論他外出回來時有多麼灰頭土臉，總能在一小時內讓自己恢復整潔，也因此影響到其他傳教士的注意外觀整潔。

此外，米幹關注所有的人，他記得在新鄉傳教區每個成員的姓名，包括廚師、門房等人；事實上，萬德華紀錄中言，早於 1937 年 10 月，他與何神父、米幹從山東青島往濟南去時，在車廂內米幹即四處走動，利用各種機會與中國百姓閒話家常，[10]可見其親民態度與隨和個性，凡此種種均對萬德華產生相當影響。

二、生存環境挑戰

據萬德華於過世前一年撰文追憶四十年前在河南新鄉傳教區之經歷，曾言：

> 我們碰到許許多多必須面對的障礙，其中之一就是道路的落伍。我們

---

[10] Edward Wojniak, "A Great Missionary at First Hand," pp.20、22-24.

只能夠騎腳踏車出去傳教,頂著強風,路旁的荊棘刺得我們滿腳是傷。我們常在牛棚裏過夜,跟豬、牛睡在一起。慷慨的教友只有最粗淡的飯菜招待我們。在那些梵蒂岡二次大會之前的日子,我們需從半夜就得禁食,不吃不喝一直到作完第二天最後一台彌撒,通常都是第二天的下午了。甚至在彌撒完畢,用來洗聖爵的水都要裝在瓶子裏保存起來,一直到做完最後一台彌撒。這在當時是令人頭痛的麻煩。到處流傳的瘧蚊、傷寒病更是大威脅。在有些地區,傳教人手就是因為這些可怕的疾病而告不足的。除此外,四處又有盜匪橫行,目無法紀的游擊隊任所欲為,這一切再加上中國的內戰,給傳教士及他們的教友帶來無限可怕的惡夢。[11]

由此可知當時傳教活動面臨自然環境與人為因素形成之交通不便、疫疾、盜匪、戰亂等問題。其中,交通不便早於 1938 年 6 月,萬德華與何神父、米幹三人,自山東兗州府同赴河南新鄉傳教區之長達一百五十英里的旅程中即已體會,因當時三人身上各負五十至六十磅重物,騎自行車三天才到達目的地。[12]

而戰亂問題更令萬德華難以忘懷,他曾撰文描述,抗戰期間因日軍侵襲造成大規模破壞,致教會據點擠進數千個難民,當時他是首批被日軍允許進入傳教站者之一,看到的情形是:

北邊及西邊的城牆濺滿血跡,可憐的人們在房子的東南角落,⋯⋯,中國人在任何地方安頓自己,他們主要依靠城牆以獲得安全保障,他們不擔心休息,他們逐漸蜂擁在一起,當然,女人與小孩尤其如此;他們填滿在有空隙的教堂與學校——教室、走廊,所有東西都是擁擠的,許多人是睡在門外臨時搭建的稻草房,其他人則睡在任何角落或

---

[11] 萬德華,〈我在河南傳教的經驗〉,頁 50-51。
[12] Edward Wojniak, "A Great Missionary at First Hand," p.22.

矮樹內,任何地方只要他們可以棲身且不受冷風的侵襲。幸運的是,這裡沒有雪,否則會導致無法忍受的痛苦,對那些在門外搭鋪者而言。在學校操場還有許多空地上,人們在外面煮飯,這完全是野外的露營生活。[13]

面對如此惡劣之生存環境,傳教士們除盡力提供難民生活資源外,亦經由宗教信仰撫慰其心靈及精神,

> 當時我們在淪陷區傳教,是當地人民的朋友及保護者,當地百姓需要我們,也明悉我們工作的意義。共產黨與國軍間的內戰在鄉間蔓延,給各地帶來痛苦及恐懼,天主教堂便成了人民希望的避難所。教會建立了難民中心,使大批的百姓不論情願與否,都直接接觸了天主的福音。……
> 在鄉下醫療設備是非常落伍且簡陋的。在這種情況下,傳教士所帶來有限的藥品,諸如抗生素、阿司匹靈之類的簡單藥品,卻解救了不少人的病痛與不適。當然,更多人也因此接觸了福音。老百姓的反應非常熱烈,他們開始思想,經常有人問我:「你為何千里迢迢來到中國,離開你的家鄉、親友、自己的文化,到這裡來吃苦受罪,你為的是什麼?」這些百姓聽到我們的理由,一般都很能夠了解。[14]

也因此,萬德華認為當時河南新鄉傳教區的「土地雖然貧瘠,牧靈工作卻收成甚豐。一般傳教士一年總可以給一百五十到兩百五十位成人付洗,這是傳教士夢寐以求的夢,……,在中國河南省正如主耶穌所說的:『工人少,莊稼多』」。[15]

---

[13] Edward Wojniak, "Havoc in Honan," *The Christian Family and Our Missions*, July 1938, p.251.
[14] 萬德華,〈我在河南傳教的經驗〉,頁49-50。
[15] 萬德華,〈我在河南傳教的經驗〉,頁49。

事實上，當時擔任河南新鄉傳教區監牧的米幹即指出，由於長期戰亂的嚴重破壞生存資源，令小民百姓無以為生，大量群眾避難於教堂或傳教站內，自然地接觸到天主教會與聆聽教會義理，[16]也令傳教工作易於發展與成長。

三、傳教事業持續

對於天主教會如何在中國得以長久維持及繼續發展，特別是在二戰及內戰後的中國，萬德華認為最重要的方式就是本地化，即大量培育本地教友與本地神職人員，為此，教會的道理班安排即為重要工作之一。萬德華的記載明白指出：「道理班是領洗與進入教會及為教會接受的途徑」，且當時為避免出現「麵粉教友」，望教友領洗前的道理班是必須經過「入教訓練班」與「受洗道理班」兩階段的學習過程，即在「入教訓練班」期間，

> 望教友要有一年的考驗，每個主日按時進堂參與彌撒及其他節慶禮儀，還有早禱與晚禱，每週有一至兩次教義課。傳教士、整個村莊的教友都會注意從旁提攜新進的教友。最後望教友能不能領洗入教，每一位教友都有發言權，幾乎就是民主的過程。
> 經過一年的預備教導之後，望教友就開始上正式的「受洗道理班」。這個道理班大約有五十到七十位學生，來自好幾個村莊。他們住在修院一棟宿舍裏，他們參加修院的生活，用餐、常進堂、每日望彌撒、早晚禱等等。經過四週密集訓練後，望教友便可以領洗了。之後，新進教友還要上兩個星期的道理複習，以加深他們對信仰的領悟。[17]

由於此種循序漸進式的道理班歷程，使新鄉傳教區教徒人數從 1936 年的 10,012 名，激增到 1941 年的 15,229 人，[18]即五年內成長 1.5 倍以上。

---

[16] Thomas Megan, "Forward!—Mission Work!" p.296.
[17] 萬德華，〈我在河南傳教的經驗〉，頁 50。
[18] 參見本書第七章表 7-1。

事實上，當時望教友進入「受洗道理班」階段，必須離開自己日常生活空間住到教會修院一棟宿舍裡專心學習，實依循 1924 年第一屆上海教務會議相關事項之條文規範，[19]如「在受洗之前，慕道者應該在一定的時期內接受基督徒生活的訓練」，至於時間長短要根據不同對象和情況來決定(635 條)，教導內容也要視對象和條件作調整，「為無文化和老人可以是簡短的。但除了迫切需要外，所有的要受洗的人必須受過良好的教導，必須辨別迷信的虛假，必須知道信仰的幾條奧蹟、天主經、十誡、教規、聖洗的效果、諸神學美德的經文，並且能正當地承認自己的罪」，如此才能允許參與彌撒及領聖體(634 條)；而「一些專門給慕道者教育設計的樓房是很有用的，主教們應該盡力建立這樣的樓房，如果條件允許」，然「如果根據當地的情況無法『建立慕道班大樓』，至少應該指定某一個樓房，使慕道者在那裡聚會，尤其是在晚禱的時候，並可以受教導」(637 條)。

此外，為讓望教友的學習產生良好效果，「慕道者要受認真的教導和考試，這樣他們的自然動機盡量要轉化為超自然的動機。如果不能確認某人的正當意向，他就不應該受洗」，因為「教會尋找的不僅僅是『受過洗者』而是真正並正當皈依的人」(639 條)。又道理班推動需要傳教員的協助，基於在許多傳教區已形成之良好模式，能被允許聚集到樓房中學習的望教友，只有那些在家裡已經當地傳教員指導下學會通用祈禱文的人，如此，才能讓傳教士有較充裕時間，於樓房中進一步地教導這些人。惟即便有傳教員協助傳教士進行望教友的學習過程，然進入樓房學習階段時，傳教士應該在現場，並親自向望教友們傳授基督信仰要理且教導他們，此事不應該委託給傳教員，且「要明確規定每天的課程安排和內部的紀律，而所有人應該遵守它」(640 條)。

---

[19] 第一屆上海教務會議對天主教會在中國的本地化拓展、傳教士工作的推動及教友生活的規範及影響甚為重要，相關說明可參見：劉國鵬，《剛恆毅與中國天主教的本地化》(北京：社會科學文獻出版社，2010)，頁 158-166；顧衛民，〈剛恆毅與 1924 年第一屆中國教務會議〉，《上海大學學報》，12 卷 3 期(上海，2005.05)。

又領洗後的「新教友應該受到特殊的照顧，因為他們仍然是信仰中的小孩子。他們應該被歸入最近的信徒團體」，當傳教士到傳教區巡視各據點時，新教友的要理知識應該再次被檢視，而如果需要時，「他們應該再次獲得教育，尤其是當他們領受堅振聖事時」(636 條)；他們也應該要進一步地準備學習「修好聖事(懺悔聖事)和聖體聖事，並且盡量強化他的信仰和聖潔中的生活」(641 條)。[20]由此可知循序漸進、按步就班的道理班課程對教會本地化的必要性及重要影響。

教會本地化的另一重要工作在鄉村學校的設立與維持，此乃教育普及民間社會的紮根工作，萬德華認為這項工作需要國外長期的資金支援，為此，他即使於 1947 年離華返美後仍將此事放在心上，並付諸行動。他首先撰文描述中國鄉村學校物質條件的簡陋與不足，然中國孩童的天真與知足，(參見圖 10-1)實令人們有許多不同的學習面相與反省，

> 在中國鄉村的學校生活與美國各地情形類似，只是他們必須面對較少的資源問題，這對我們而言是好的──看到別人的沒有，而感恩我們所擁有的，但這並非要證明我們在中國鄉村學校的孩子是沒有許多快樂的，事實上，今日我想呈現給大家的是：我們的孩子有多快樂，他們非常快樂的原因，並非他們擁有的比較多，而是因為他們擁有的比較少，且他們知道如何充分利用他們的少資源。……大部分鄉村學校沒有大的可以看到外面風景的窗戶，取而代之的是泥土茅屋允許的一扇或最多兩扇小窗，且靠著窗子最多只有可供兩人使用的桌子。其次，學校桌椅是許多孩童未曾見過的(即根本沒有桌椅)，所以他們不在乎坐在硬板凳上，並利用任何舊板子當成桌子。[21]

閒暇時候，中國孩童會寫毛筆字、種花、以小石頭當成棋子遊戲玩、唱

---

[20] 雷立柏編譯，〈1924 年上海主教會議拉丁語文獻漢譯〉(未出版打字本，2022)，頁 214-217。

[21] Edward Wojniak, "Village Schools in China," *The Little Missionary*, 1947, p.102.

歌或將空錫罐當成樂器演奏等，用他們的方式得到樂趣，而萬德華觀察後的心得是：

> 中國孩子確實給我們上了重要的一課，我們易於希望有更多的孩子娛樂，對我們而言，有許多選擇才能滿足我們，當你被不滿足的感覺侵入時，只要想想我們的中國孩子，他們幾乎不擁有什麼，但有快樂時光，而我們擁有許多但不滿足，中國孩子的實例顯示給我們的是：許多東西與我們的快樂基本上無關，甚至與我們的快樂生活無關，滿足於目前所有的，你就會因為有它而快樂，因為快樂並不那麼依靠你所擁有的，而在於你心中對這些東西的態度，透過我們在中國的男孩與女孩們的例子思考一下，你會發現我的看法是對的！[22]

惟即便中國孩童的物質欲望不高，萬德華仍認為應將中國孩童的教育環境擴展，特別是當他返回美國，「參觀了一些教區學校後，忍不住希望我們在中國的孩子可以有相同的機會」，[23]於是，他提出一個在腦中思考很久的計畫，並期望透過宣傳與完整說明能付諸實現：

> 你以前有認養過小孩嗎？這通常是經由某個個人、團體或銀行的貢獻完成的，現在，何不讓你的學校──你整個學校收養一些沒有學校的小村莊，或是窮困的地方，這並不困難，方法是聚集足夠力量去支持一個(最多兩個)老師，且提供課本、鉛筆和紙張給窮人，不需要太龐大，……假設你的學校有三百個男孩與女孩，如果每人每月願意奉獻五分錢，或平均奉獻五分錢，你便可以協助一個學校並給孩子們一個生活的機會。……我建議你與自己領養的學校保持聯繫，寫信給他們，要求他們寫報告說明他們的進步，如果他們沒有做得太好，你有

---

[22] Edward Wojniak, "Village Schools in China," pp.102-103.
[23] Edward Wojniak, "Hey! Here's The Big Idea!" *The Little Missionary*, 1947, p.89.

權利告訴他們要努力,否則你將收回支助。同時,你也可以回報並告訴他們最近你學校的活動、遊戲與比賽,而如果可以得到支助者或學校建築物的照片,中國孩子會很開心。[24]

事實上,1947 年返美後的萬德華除負責賓州匹茲堡教區的醫院牧靈事務,亦擔任修會庶務員工作,而後者即是透過募款方式協助修會從事國內外各項救助工作。他於任職該工作數年後的 1954 年,撰文說明庶務員角色扮演的重要性及該工作的深遠意義,強調的重點在於:庶務員經由交談過程籌措資金的可能性,實立基於捐贈者的自我犧牲與無私奉獻,否則難以獲得成果。[25]而身為一個修會庶務員,他必須想方設法、竭盡心力募得足夠資金,以有效提供各項教會工作的財政需求並令其得以持續進行,也因此,他於1955 年決定將一些構想付諸實踐:

> 幾個月前,我的秘書 John Arent 先生───他是個中堅份子,也是我辦公室成員的活力與精神來源(辦公室成員不超過兩人)───他有個想法建議我,如果有足夠的人有興趣每月捐兩毛五分錢給我們的教會辦公室,許多我們的問題便可以解決。每月捐獻兩毛五分錢,總額便足以在新幾內亞或菲律賓建立一個現代的教會聖堂,而且可以作海外救助。

接著,萬德華在一個教友聚會上提出這個計畫,立刻獲得熱烈迴響,但教友們有修正方案:首先,他們決定將此計畫的團體名稱從「一個月兩毛五分錢俱樂部(Quarter a Month Club)」改為「廿五俱樂部(25 Club)」,因為前者聽起來太商業性;其次,針對此一建議,教友們認為每人至少聯絡十個朋友,這十個朋友都要加入俱樂部,且每人每月均捐獻兩毛五分錢;亦有人主

---

[24] Edward Wojniak, "Hey! Here's The Big Idea!" pp.89、93.
[25] Edward Wojniak, "From the Desk of the Mission Procurator," *The Christian Family*, November 1954, p.24.

張,加入「廿五俱樂部」的成員,每人都要在自己的辦公室或公司內聯絡到廿五個人加入,且這些人每月均要奉獻兩毛五分錢。[26]如此發展情況實令萬德華雀躍不已,認為「廿五俱樂部」足以支撐修會的海外傳教需要,不論是興建教會聖堂、痲瘋者之家、開刀房設備等,他樂觀地認為要召集到慷慨的五千人共同參與此計畫,其實並不困難,甚至想更擴大規模到一萬人;[27]於是,他動員辦公室可支援的人力,要大家從自己身邊的家人、親戚開始,到朋友、同事等不同人際網絡的加入,最終形成修會傳教工作中財政支援的重要團體。

第二節 對臺灣的觀察(1960 至 1970 年代)

一、生活環境感受

1961年底乘船來到臺灣的萬德華,於次年(1962)8月出刊之 *Formosa High Lights* 上即呈現出他對臺灣此一新傳教地區的生活環境感受,然內容與在中國的情況有所不同;當年在河南新鄉傳教區令萬德華印象深刻的是戰爭動亂造成之嚴重破壞,而臺灣則是炙熱天氣及颱風、地震等大自然的威脅。其曾言,有關臺灣氣候之炙熱可以讓他花費一整張紙來說明,且他親身經歷後可以理解「這種炙熱足以促成颱風在任何時候形成」。[28]而在間隔僅四個月時間出刊的8月與12月兩期 *Formosa High Lights* 中,他就提到兩個不同颱風,分別是娜拉(Nora)及歐珀(Opal),特別是後者的影響,因其言:「歐珀重創我們,但我們已恢復,且重新粉刷後令人看起來像是新的一樣」,[29]可見此一颱風對教會的影響。

---

[26] Edward Wojniak, "From the Desk of the Mission Procurator," *The Christian Family*, April 1955, p.23.

[27] Edward Wojniak, "From the Desk of the Mission Procurator: 25 Club News," *The Christian Family*, October 1955, p.31.

[28] *Formosa High Lights*, August 1, 1962, p.6.

[29] *Formosa High Lights*, Christmas, 1962.

颱風之外，臺灣不定期的地震亦令他頗有感觸，尤其是1963年2月13日發生的大地震(蘇澳大地震)，規模之大令人餘悸猶存，且經過一個多月後仍餘波盪漾，餘震不斷，即使萬德華撰稿該期刊的當下，仍感覺震動環繞，但他表示：「除非搖晃情況嚴重，否則我不會離開我的打字機」。

事實上，為讓閱讀者詳細瞭解該次大地震的嚴重情形及對臺灣造成的災難，萬德華引用好幾則臺灣本地英文報紙 *The China News* 之報導內容，且是逐字摘錄，如：「頭條：臨時地震，……高速公路有山崩。地震開始於下午四點五十一分，……嚴重到氣象局的地震儀器在第一波震動時即被破壞，……最早的報告載死亡人數是三人，有十五人受傷，六間房屋全倒，超過六戶部分毀損」、「此乃臺北過去十二年來最嚴重的地震……，臺灣煙酒公賣局在宜蘭的釀造所損失超過十萬瓶的酒自酒庫中翻倒。短暫的震動在臺北製造出許多奇怪現象，半裸者自公共浴室裡逃出，拿著未穿上的衣服；女子與其同伴逃到街上沒有穿鞋子，那些在剪頭髮的人也從理髮店逃出仍有泡沫在臉上。兩個罪犯趁著混亂自警局逃跑，但不久即被捉回去」；[30]此種生活化的描述方式確可令讀者有身歷其境之感。

至於在日常生活中的人為部分，令萬德華深刻體會到的是臺灣混亂的交通與自行開車費用負擔之沈重。就前者而言，他首先注意到臺灣街道上有許多二輪車與三輪車，其中，屬二輪車之一的機車在南臺灣很普遍，北臺灣則否，而三輪車夫多為退役士兵，此種車子可供兩個外國人或四個本地人乘坐；至於各式車輛駕駛者之行車態度，似令在中國及美國有騎機車及開車經驗的萬德華頗不以為然，因為他說：機車騎士往往以相當快的速度行駛，三輪車夫則會在任何地方突然來個"U"型迴轉，或在單行道上走錯方向，甚至直接開到你的前面；總之，他們會做出你無法想像的事情。而其舉出的一件實際例證是，萬德華來自菲律賓的年輕助手杜誼華騎機車時發生車禍——與出租汽車相撞，因出租汽車在沒有任何預警情況下突然停車，結果車子還好人卻有事，造成杜誼華在臺北兩個月的時間裡有六星期躺在床上，並由當

---

[30] *Formosa High Lights*, Easter, 1963.

時聖言會中華區會長紀福泰帶往醫院治療；[31]惟後來因傷勢嚴重必須返美醫治，最終因此傷惡化亡故，令修會痛失年輕優秀人才。

　　至於自行開車問題，亦讓萬德華產生相當程度的困擾。由於一輛汽車對聖言會之會務推展是必須的，因此他決定自德國購買一輛 Volkswagen 的二手車，所以選擇該品牌是因為它堅固耐用且省油，特別是後者。萬德華注意到臺灣的石油必須仰賴進口，一加侖要美金四十五分，再加上稅則要價美金六十一分，非常昂貴，所以必須購買不耗油的車。然該車透過德籍潘國樑修士買下後，[32]運送到臺灣來的關稅卻令萬德華大吃一驚，因為這輛在德國已使用六個月，里程數達一萬英里的汽車，臺灣政府課徵的關稅竟要八百七十五美元，不亞於購買的價格，最後解決辦法是靠其友人陳彼得神父之協助支付關稅，才讓他如願獲得。萬德華對此事的質疑是：「我們通常認為關稅乃保護『本國生產品』及本地市場的一種方式，但這裡並非如此，……，在本島沒有一個汽車工廠，只有一個組裝工廠在我的教堂附近，從日本進口許多重要零件，其製造的車體為公車及小型日本車」，因此，他認為如此課關稅是不大合理的。[33]

二、傳教事業拓展

　　1959 年申請自願來臺傳教的萬德華，於 1961 年抵達目的地後，立即投入實際的教會工作，[34]其規劃內容包括：尋求協助傳教之伙伴、組織教友團體及興建正式教堂。

　　首先在尋求協助傳教之伙伴方面，聖家會三位國籍修女張素蘭、吳睿滿

---

[31] *Formosa High Lights*, August 1, 1962, pp.3-4.
[32] *Formosa High Lights*, August 1, 1962, p.5.
[33] *Formosa High Lights*, Easter, 1963.
[34] 萬德華到達臺灣十八天，即寫信給朋友告知其已尋獲四個人力(含兩個聖家會修女、一個雇用女士及一個男傳教員)協助工作；見"Letter from Fr. Edward Wojniak to Fr. William Hunter," December 10,1961.

及李貞德是最早與萬德華合作者,主要負責兒童主日學與診所照料。[35]事實上,聖家會於 1950 年代初自中國來臺時僅有七位修女,且受到聖言會較早來臺傳教的紀福泰之協助才得以持續發展;十年後的 1960 年代,修女人數已增至七十位左右,其母院在南臺灣的高雄,後規劃在北臺灣建立第二據點,因此有不到十位修女住在北部,其中,萬德華的教堂可容納四至五人,惟仍需要外來資金支援乃可維持生活。因此,萬德華在 1962 年聖誕期出刊的 *Formosa High Lights* 上呼籲大家捐助整個傳教工作團隊共六人(含神父、修女、道理師等)的生活經費每月二百五十元美金,且表示因為臺灣的物價較低及美金匯率較高才使這個數字成為可能,但由於他沒有固定收入,全賴本地人的支助才能繼續工作;所以萬德華提出個人建議及期待夢想是:希望有人願意承諾這個資助,不論是一個月或數個月都可以,這樣他就可以忘掉經濟問題,專注在心靈與精神上的工作。[36]

其次在組織教友團體方面,此可分為兒童、青年及成人三部分,其中,兒童團請修女協助,青年團由在菲律賓已具相當經驗的杜誼華負責,萬德華則綜理所有事務。據其記載可知,當時堂區並沒有教會小學或幼稚園的設立,所以他與修女們一家家地拜訪,邀請七至十八歲的兒童及青年,不論具教友背景與否,都歡迎參加教堂舉辦的暑期課程(Summer School),而為配合所有學生的實際需求,此課程第一年(1962 年暑假)即規劃的頗具機動性,上課期間自 7 月 2 日起至 8 月 15 日止,共六星期的課程(萬德華後來打算延長到 8 月 30 日,即規劃成整整兩個月的課程),每天分三個時段上課,分別為:早上九點至十一點有第一批約六十名兒童,進行教理、祈禱及詩歌課程,到十一點食用準備好的簡單午餐——此乃美國天主教與慈善團體提供的,接著他們玩到中午才回家。下午二點半左右開始有第二批學生,課程從下午三點至五點,這個時段的學生主要是上午不能來的兒童及中學生,仍進

---

[35] 有關聖家會與三位修女之相關史料及說明參見:吳子清,〈悼念我們聖家會的李貞德修女〉;聖三堂第一屆傳協會編,《新店大坪林聖三天主堂四十週年堂慶紀念專輯》,頁 4、23。

[36] *Formosa High Lights*, Christmas, 1962; *Formosa High Lights*, Easter, 1965.

行早上的課程,另外加上萬德華教授的英文會話課及發音課內容。再到下午五點至六點是遊戲時間,結束後才回家。由於萬德華發現臺灣學校教育頗不重視課外活動,所以他的暑期課就著重此內容,並特別規劃一個空地為遊樂區。該年度暑期課程結束,他的心得紀錄是:雖然很忙,但很快樂,尤其是對結果感到滿意。

至於杜誼華負責的青年團約三十人參與,規劃內容有課外活動、社會接觸與宗教學習;[37]對於這些青年團成員,萬德華透過與其他國內外教堂的密切聯繫方式,以增進來自不同國家或地區青年間的接觸與交流,甚至規劃運動比賽活動,令中外同年齡層的青年可經由互動而彼此拓展新的社交關係與人際網絡。[38]

又為更吸引堂區附近人們的注意及參與,1962 年聖誕節,萬德華特別舉辦一個兒童宴會在星期日下午,而接續的黃昏時段則為成人宴會;其中,兒童宴會除安排聖誕歌曲、基督誕生故事詩歌誦讀,以及禮物與糖果分送外,每個兒童還可獲得各自的聖誕木桶,以便裝載個人的聖誕禮物及飾物,關於此一活動的設計,萬德華在 *Formosa High Lights* 上回憶說:我仍記得自己還是孩童時,總有屬於自己的小木桶,那是哥哥幫我做的。至於成人聖誕宴會則參與者不僅是堂區附近的鄰居,連其親朋好友均被邀請,萬德華希望藉此機會認識更多的人,並期望日後能夠進行適當的家庭拜訪活動。[39]

在興建正式教堂方面,此乃萬德華來臺後被同屬聖言會士的田耕莘樞機主教賦予之重要任務。由於新店大坪林堂區原來供教友進行宗教活動的空間,只是一間平房式木造屋的聖堂,並非真正的教堂,此間聖堂不僅供教友使用,亦為聖言會士們利用。樞機主教對新教堂的建設表現出極大興趣,曾在四個月內巡視大坪林堂區五次,雖然萬德華認為該地區的天主教徒人數並不多,對此,樞機主教的回應是:建出教堂,信仰者就會來。

事實上,1962 年的聖誕節──即萬德華來臺後次年,他就對二十個成

---

[37] *Formosa High Lights*, August 1, 1962, pp.2-3.
[38] *Formosa High Lights*, Easter, 1965.
[39] *Formosa High Lights*, Easter, 1963.

人施洗，使領洗人數累積約五十人，他也清楚地知道：傳教工作剛開始是緩慢的，必須花時間讓人們領悟，並要建立相當的人際關係，才可能令人們對宗教產生興趣，於是他計畫 1963 年春天著手興建一個可容納約三百至四百人的教堂，[40]並邀請曾在河南共事、具專業建築師背景的林慎白負責新教堂的設計工作。[41]為此，萬德華曾在 *Formosa High Lights* 上詳細列出新教堂需要的設備及其美金價格，如主祭臺一千二百元、聖體櫃七百元、大燭臺一百元、聖像一百三十元、大窗四百元、小窗一百七十五元、領洗臺主燈二百元、十字架三十元、長椅七十五元等，並在旁邊注明：捐贈者若有喜歡奉獻的任何項目請提早告知，他可以預先保留，若捐贈者想要分期付款，他也可以安排。[42]

1964 年新教堂正式落成，取名聖三堂，11 月 22 日舉行新教堂的首次彌撒，是由樞機主教主禮，當日亦是萬德華來臺的三周年紀念日，他在開心慶祝並與大家分享這個喜悅時，亦不免擔憂後續經費問題，因為，新教堂的主要經費雖來自其晉鐸廿五周年美國友人慷慨捐贈的美金二萬五千元，及聖言會美國省會的部分支援，但仍有相當程度的不足額，經計算後，他驚訝地發現自己尚欠缺近美金一萬元，包括處理門、窗、水管等部分的四千元，及彩繪玻璃窗、祭臺上方馬賽克圖像等部分的六千元，而且，此一數字所以沒有更高的原因在於臺灣本地的原料與勞工均較便宜，且美金相對於臺幣而言是較為值錢的，同樣建築在美國實須花費百萬元才能完成，因此，他亟盼教友們能慷慨解囊以協助解決財政問題。[43]

又隨著堂區內正式教堂、診所、圖書室、教室、娛樂廳與遊樂區等物質規劃陸續完成，萬德華決定花費更多心力於人們的精神生活上，他認為：這

---

[40] *Formosa High Lights*, Christmas, 1962.

[41] 林慎白為臺灣設計的教堂另有位於嘉義縣番路鄉觸口村的露德聖母堂；相關說明參見于禮本，〈從德國到阿里山：聖言會林慎白神父的觸口村露德聖母堂設計〉，《南藝學報》，16 期(臺南，2018.06)。

[42] *Formosa High Lights*, Easter, 1963.

[43] *Formosa High Lights*, December 1, 1964.

些物質享受不僅為教友,也為非教友,且這些都只是達到目的之手段,真正目的在拯救靈魂,因此,他下一步要更積極地引導目前慕道班裡的三十名成員進入教理內容中。當時萬德華的樂觀估計是:班上有八個婦女,她們的孩子加起來共三十一人,一旦這些婦女領洗,則這些孩子都有可能領洗。[44]若將此一期望與聖三堂領洗簿的正式登錄加以比對,可知教堂的領洗人口確實持續增加,因統計結果顯示:自萬德華來臺後的 1962 年起,至教堂正式落成後的 1965 年止,四年裡聖堂共有一百五十二人領洗,平均每年有近四十人進入「上主的葡萄園」,其中,1965 年的領洗人數即多達四十七人,[45]實居四年中之冠。

此外,聖三堂自落成後,因特殊美觀的外部造形與內部裝飾,不僅吸引一般人目光,亦受到學界關注,如教堂內外整體設計與規劃、堂內來自德國的大面積鑲嵌彩繪玻璃窗,均成為建築、藝術文化學門的研究課題,[46]甚至躍上大螢幕,成為電影拍攝的取景地點,因 1971 年 5 月至 6 月間上映的國片《最短的婚禮》即是在聖三堂拍攝,[47](參見圖 10-2)令教堂聲名廣為傳播,亦可使天主信仰較易為社會大眾所知。

三、社會變遷掌握

1960 年代的北臺灣因經濟發展開始工業化,新興工廠林立帶來人口流

---

[44] *Formosa High Lights*, Easter, 1965.

[45] 相關數據見《大坪林聖三堂聖洗錄》,第 1 冊;又有關聖三堂半世紀來的領洗人數統計表及相關說明可見吳蕙芳,〈回首來時路〉,頁 20。

[46] 參見:張政章,〈一九四五年以後台灣西部平原地區天主教教堂建築之研究〉(臺中:東海大學建築工程研究所碩士論文,1991.06);薛惠瑩,〈新店大坪林聖三天主堂及其鑲嵌玻璃之研究〉(新北:國立臺北大學民俗藝術與文化資產研究所碩士論文,2022.08)。

[47] 該片導演為李至善,男、女主角分別為岳陽、甄珍(當時她已獲亞洲影后榮銜),同片參與演員有雷鳴、蔣光超、張冰玉、韓甦、傅碧輝等人,另有歌星吳靜嫻的客串演出;相關說明參見吳蕙芳,〈萬德華神父與聖三堂〉,《聖三堂訊(2017年堂慶專刊)》(新店),430 期(2017.06),頁 19。

動與社會變遷現象,亦引起萬德華的關心與注意。其於 1965 年聖誕期出刊的 *Formosa High Lights* 上,記載不同於以往的觀察及準備進行的新工作,即他發現:在堂區附近有許多工廠雇用大量離家的年輕女性(尤其是來自臺灣中南部),這些出外就業或就學的女子往往沒有安全住所可以落腳,令他甚為擔心及關切,於是他決定先將自己現有空間挪出部分改裝成宿舍供女子們租用,協助這些婦女解決實際的生活問題。他的詳細說明如下:

> 年輕中國的工業化非常快,工廠如蘑菇般地到處都是,經由如此成長的痛苦我們注意到嚴重的社會、經濟和道德本質問題。這三個問題都是教會關注的,因為其乃關乎到所有人的事情。在我堂區的附近超過一千三百個工廠女子被一打的工廠雇用,有些工廠是屬於美國的資金。大量的工廠工作者移入這個地區造成嚴重的房屋短缺,一千三百人中大部分女子被雇用在座落於嚴重擁擠及不衛生環境的工廠裡,她們約十人到十二人分享一個榻榻米(日本式家庭用的床),如果一個女子感冒,或者更糟,染上肺結核或其他疾病,可以想像可能的風險。廁所和洗澡設備是很原始及幾乎是不存在的,這些女子大部分沒有能力擔負個人的床位及其他「舒適的家」,她們一周工作六天,月薪美金十二至十五元,此一刺激令我想到,也許我可以有些作為去填補這個哭泣的需要。
>
> 經由修女們的協助,我們將其中一間用來當作置物所的平房加以利用,將房間隔成宿舍,可以讓二十個女子居住,如此每個女子有一張個人的床,雖然床是上下鋪式的,房間也有適當的廁所和洗澡設備,甚至有一個空間可作為她們的洗衣間使用。

事實上,這間宿舍整修完成不久,11 月 28 日立刻有八名女子來登記租用,並於 12 月 1 日搬進來正式定居。這刺激了萬德華打算再整修兩個房間,提供給四十六名女子租用,如此三個房間共可解決六十六名女子的居住問題。為此,他又努力募款美金五千元,以增添這些宿舍內之新裝備,包括上下舖式睡床、桌椅合併家具、桌燈、廚房用具、冰箱、熱水器，及油漆、電線、浴室裝修等，令宿舍符合人道及現代化之生活水準。更重要的是，經由這個觀察及實際過程發展，萬德華強烈感受到此地區有關住宿問題的嚴重性，因此，他聯絡上他最為倚重、且於本月終即將來臺的建築師老友林慎白，負責規劃一個可容納五百人的樓房式女子公寓(即「德華女子公寓」)，[48]準備將有限土地予以最大效益之運用。[49](參見圖10-3)

　　1966年開始，萬德華加快腳步募款以利相關工作的進行，由於林慎白規劃的兩棟四層樓公寓(北棟、南棟)及位於兩棟公寓中至少樓高兩層之活動中心，總經費高達美金三十萬元(臺幣一千兩百萬元)，迫使其必須透過新聞及廣播在國內積極勸募外，更需要長途拔涉到歐美等地巡迴募款九個月，才能籌措約六成經費以便於1967年2月順利破土動工。又因萬德華種種舉措，令國內外諸多中英文報紙均刊載此一關懷社會之義行善舉；而國內外之教會刊物亦多所報導；此種新聞媒體的普遍刊載，實令女子公寓興建計畫得持續為各界關注，既引發一般大眾對社會變遷下職業婦女住宿問題的重視，也有利於募款工作之順利進行。

　　1967年2月25日舉行的女子公寓破土動工典禮，萬德華在 *Formosa High Lights* 上有詳細記載，當時親臨會場者含黨政軍等要人：如代表蔣夫人出席的中華婦女反共聯合會總幹事皮以書(1904-1974)、教廷駐華大使高理耀、樞機主教于斌、臺北教區總主教羅光、美國駐華大使馬康衛(Walter Patrick McConaughy,1908-2000)、美國駐臺協防司令官耿特納(William E. Genter, 1907-1989)中將、臺北市長高玉樹、國際經濟合作發展委員會秘書長陶聲洋(1919-1969)、中國國民黨中央婦女工作會主任錢劍秋(1904-1996)、中華婦女反共聯合會副總幹事呂錦花(1909-1981)等人，此實大動國內外視聽。[50]

---

[48] 該女子公寓所以被稱為「德華女子公寓」，一般認為原因在於創建該公寓者為萬德華，故以其名命之；然事實上，萬德華認為該公寓創建過程中，許多資金實來自德國，故「德華」之名稱實含德國與中華民國之意。

[49] *Formosa High Lights*, December 8, 1965, pp.1-2.

[50] *Formosa High Lights*, Easter, 1967, pp.1-2; Ray Kunkel, "Edward Wojniak, SVD Missionary

然萬德華在欣慰之餘，亦擔心其他事項，因目前進行之計畫僅能容納五百人，仍有許多女子無法入住。

於是，當 1968 年 5 月首棟四層樓公寓(A 棟)落成後，他決定將計畫擴大為可提供一千名以上女子居住的建築群，包括一棟四層樓公寓(A 棟)、三棟五層樓公寓(B 棟、中棟、C 棟)，及一棟單層的活動中心，使得全部工程總額暴增至美金五十萬元(臺幣二千萬元)；其中，規劃將來要進行各式學習課程(如烹飪、手藝、語文、會計及商業課程等)的活動中心，已確定由德國慈善團體 Misereor 提供經費，萬德華亦覓得義務協助相關工作的人員，如來自美國北達克他州的瑪麗諾會修女 Pauline Sticka、匹茲堡的 Marion Marsh、[51] 伊利諾州 Arlington Heights 的 Adrienne Ropa 等人。

又隨著女子公寓的正式開始營運，財政問題持續惡化，尤其是為減輕住宿女子的經濟負擔，住宿者每人每月僅需支付租金 3.75 美元，然宿舍實際支出需要美金 6 元，因此出現每月每人不足美金 2.25 元之狀況，即每人一年出現美金 27 元的缺口，此一問題最後仍需靠募款解決，因此，萬德華在 *Formosa High Lights* 上不斷呼籲大眾踴躍捐款，幫忙這些需要協助的女工們。[52]

雖然女子公寓的興築與營運如此艱辛，但萬德華仍全力以赴，他曾於 1967 年在聖言會刊物 *The Word in the World* 上撰文，重申他全心投入此一工作的緣起與重要意義：

> 過去數年來，新店地區快速地工業化在臺灣這個島上，十五至廿五歲的年輕女子被大量的工作吸引而聚集在這個區域──一個尚未準備好面對人口擴張需求的地方。由於無法發現空的宿舍，許多工廠女子必

---

in two Chinas," p.5.

[51] Marsh 女士於 1966 年 9 月聽到萬德華在美國為女子公寓募款之演講後深受感動，於 1967 年到臺灣協助工作，負責教導住宿女子學習英文，也令自己學習中文，見 "Building a New Life," *The Word in the World*, 1968, p.141.

[52] *Formosa High Lights*, Christmas, 1967, pp.1-2; *Formosa High Lights*, August, 1969, pp.1-3.

須睡在附近農村骯髒及原始的房子裡，通常是八個或十個女子擠在一個約十英尺長寬的小房子內，為提供空間，所有家具如床、桌子均被移開。到了晚上，這些女子將她們的棉被打開睡在骯髒的地板上，通常只有一個小窗子供日光照射與通風，沒有流動的水意指她們的廁所必須與農家及其家人合用，這是可悲且不衛生的，女子們也沒有衛浴及盥洗設備。生活在如此環境下的結果，很明顯會導致嚴重的社會問題，而此時教會可以提供關心且確實需要關心她們。……

我們新建的這些宿舍，不限宗教為何，也立基於非營利性質基礎，……宿舍想要創造出一個家的氣氛，一間宿舍住八人包括一個廚房、組合起居室及二張床、盥洗室及衛浴設備。由於十至十二小時待在聚居房間內會很無聊，因此必須設計室內與戶外之相關活動。又許多女子乃中學的輟學生，因此教育設施應提供高中與大專程度的課程，教室內要規劃開設藝術、語言、家政及其他科目等課程。……

在本質上，我們的宿舍並非只是停留在具社會性或博愛性的計畫上。雖然沒有直接的意圖讓這些女子對教堂有興趣，但很快地她們在生活中會對教會好奇，邀請她們參加聖誕節宴會，第一次聽到聖誕歌頌——乃至加入合唱團。只要時間持續，她們會參與這些堂區活動如土風舞及唱歌等，一段時間後，會吸引她們進入固定的堂區生活中。一旦進入堂區的社會生活，許多人會顯出興趣於她們需要的精神生活。此計畫開始的八個月內，我們就會有相當的女子受教，當新的女子公寓建成，這些女孩獲得物質上的幫助，宗教福音可以立於一較佳位置協助這些女子更深層地解決個人問題。

基督，第一個傳福音者，運用「漸進」方式。我們可以運用物質方式讓人們更接近天父，傳教工作應兼顧物質與精神兩方面，如此乃可達到「全人」，也只有如此，傳教者可以被視為一個真正的基督見證人，也是基督的使者及傳播者。[53]

---

[53] Edward Wojniak, "Taiwan Hostels Inc.," pp.56-57.

文中可見其對快速變遷社會下教會角色扮演及承擔責任之期許，亦反映出其無可推卸必須努力完成的神聖使命。

事實上，萬德華曾指出，建立女工廠舍乃工廠必須承擔的社會責任，如今卻由教會首先完成以帶領工廠朝此方向邁進，[54]由此可知教會此項社會服務工作的重要價值與時代義意。

結　語

1954 年冬，人在美國的萬德華曾撰文抒發他神職生涯的感觸與心得；這一年，距他離開中國河南新鄉傳教區的昔日「樂園」已有七年；這一年，也正是他後來到達臺灣新店大坪林新「樂園」的前七年。文中他特別指出：傳教士的生活就是要面對「新生」，

> 因為他重新開始生活，如同一個新生嬰兒，他必須學習不同語言的發音與識字，這種語言是他的父母不會說的，他必須要在新人群中適應這個地方與習俗，……，他必須忘記他過去留下的，向他的新目標邁進，如同聖保祿一樣，他「在猶太是猶太人，在希臘是希臘人」，傳教士必須在中國是中國人，在日本是日本人，在新幾內亞是新幾內亞人。……這意謂著傳教士要離開父親與母親、兄弟與姊妹、家鄉與國家，以及所有靠近與親近他的人，……，我們可以說，他的生活是一種持續的棄絕(renunciation)以放空(emptying)自己，傳教士們要毫不困難地接受。[55]

而透過萬德華的各式文字紀錄可知，他在海峽兩岸華人社會的廿四年傳教生涯，就是一個面對新生活必須不斷學習與奉獻之歷程。

54　Ray Kunkel, "Edward Wojniak, SVD Missionary in two Chinas," p.5.
55　Edward Wojniak, "Bearers of the word," *The Christian Family*, December 1954, pp.8-9.

無論是在中國或臺灣進行傳教工作，對萬德華而言，儘速掌握周遭生活狀況及生存條件以便定居傳教是首要項目；於是，他既注意到 1930 至 1940 年代中國的交通往來不便及天災人禍影響，特別是長期戰亂造成的生活困境與生存危機；也觀察到 1960 年代臺灣的交通秩序混亂及颱風、地震的肆虐威脅。而一旦生活得以安頓及穩定，傳教事業的拓展與持續是最重要工作，於是，他回顧了 1930 至 1940 年代，在中國河南新鄉傳教區的傳教方式、教友學習過程、教會本地化情形，甚至 1950 年代外國資金致力支持海外教會事業狀況；也說明了 1960 年代，在臺灣新店大坪林地區尋求協助傳教之伙伴、組織教友團體、建立正式教堂、興築女子公寓等各式工作之種種過程。

　　更值得注意的是，萬德華的文字記載，足以顯示一個聖言會士的成長歷程。從其年輕時期在中國的努力學習當地語言，以便快速融入傳教對象之人群社會與文化氛圍裡；自父祖輩、兄長輩等資深神職人員的身教行為中，體會傳教工作的使命意義與重要性，亦經由協助監牧進行教會各項實際工作，累積服務社會大眾之具體能力與培養不畏艱難之精神。迨中年時期的自願來臺服務，落腳新店大坪林地區，獨當一面地負責聖三堂主任司鐸事務，甚至觀察視野跨越堂區範圍，超出教會領域，注意到 1960 年代以來新店大坪林地區快速工業化下的社會變遷，及因之而來的嚴重社會問題；為此，他摒除萬難、竭盡心力地建造出四棟樓高四、五層，價值千萬元以上的德華女子公寓，極力協助離家至外地就業或就學的年輕女性(特別是在工廠工作的女工)解決住宿問題，並提供這些女子持續學習之機會以增強能力，日後可有機會改善個人經濟狀況及提升社會地位。綜觀萬德華此種高難度、大範圍的社會服務工作之完成，實奠基其年輕以來的學習積累，終於日後得奉獻出如此規模的社會服務事業。

圖 10-1　萬德華與新鄉傳教區孩童

資料來源：Edward J. Wojniak, *Atomic Apostle: Thomas M. Megan, S.V.D.*, p.184.

圖 10-2　電影場景中的聖三堂

資料來源："Society of the Divine Word News Service T-7132".
說明：萬德華在電影中飾演神父，為新人主持婚禮於教堂內。

圖 10-3　萬德華與住宿女子
資料來源：袁嬾嬾女士。

第十一章
從 *Formosa High Lights* 到《聖三堂訊》：天主教會在臺灣本地化發展的案例

　　位於新店大坪林堂區的天主教聖三堂於 2022 年歡慶六十周年堂區堂慶，該堂區的創建與天主教聖言會關係密切，而聖三堂自 1962 年規劃興建，至 1964 年正式落成為止，迄今超過一甲子，歷經十位不同國籍的主任司鐸，然在職最久者有兩位，即第一任的美籍萬德華(任期 1962.01-1975.07)與第三任的國籍楊世豪(任期 1976.08-1995.12)，兩人在聖三堂的服務時間合計約卅三年，占聖三堂歷史的一半以上，對該堂造成之影響不可忽視。

　　本章即是透過萬德華在任時創刊的 *Formosa High Lights*，與楊世豪任內發行之《聖三堂訊》兩種刊物，將其編印者、閱讀者、發行背景、刊載內容等部分予以分析說明，藉此觀察聖三堂的歷史發展與演變過程，並可供作天主教會在戰後北臺灣發展的一個實例說明。

第一節　萬德華神父與 *Formosa High Lights* 的創刊

　　萬德華為聖三堂首位主任司鐸，亦聖三堂之創建者，其於 1961 年底抵達基隆，隨即轉往新店大坪林地區服務，至 1975 年因心臟病，必須回美長期治療休養而離開聖三堂，終於 1983 年病逝美國，葬於芝加哥泰克尼墓園，總計在聖三堂區任職長達十四年。

　　萬德華抵臺後次年(1962)便自行編印性質如「通訊(newsletter)」之英文

刊物 *Formosa High Lights*，[1]記載其在臺灣的日常生活情形及教務發展狀況，故 *Formosa High Lights* 實為掌握該堂區早期發展歷程之重要史料；惟該刊物每期發行量不明，發行總期數亦難確認，茲將目前所見 *Formosa High Lights* 各期之外觀統計，表列於下以為說明：

表 11-1　*Formosa High Lights* 刊行表

出刊時間		內容	篇幅	其他
1962	08.01	文字	六頁(附頁碼)	
	聖誕期	文字、圖像一、插畫一、照片六	四頁	載私人訊息
1963	復活期	文字、圖像一	三頁	載私人訊息
1964	復活期	文字、圖像二、照片八	四頁	載私人訊息
	12.01	文字、圖像一、照片一	二頁	載私人訊息
1965	復活期	文字、照片十	四頁	
	09.01	文字、照片八	四頁	
	12.08	文字、插畫二	三頁(附頁碼)	載私人訊息
1967	復活期	文字	四頁(附頁碼)	
	聖誕期	文字、照片八	三頁(附頁碼)	
1969	08	文字、照片六	四頁(附頁碼)	載私人訊息
1970	08	文字、照片五	五頁	

　　由上表所列僅見之十二期、含蓋時間範圍為九年的 *Formosa High Lights*，可知其最早出刊於 1962 年 8 月，最晚印行於 1970 年 8 月，然該刊物其實已於 1962 年復活期發行(即萬德華抵臺不到五個月)，[2]而從各期出版時間推知，此刊物應規劃於每年至少出刊三次，即復活期(4 月)、年中(8 或 9 月)、聖誕期(12 月)，[3]惟目前所見之 *Formosa High Lights*，有整年未曾出刊

---

[1]　萬德華自己對 *Formosa High Lights* 此一刊物之定位說明，可參見 *Formosa High Lights*, September 1, 1965.

[2]　此可由 1962 年 8 月出刊者之內容得證，因該期開頭即言：上一期出刊於 4 月 1 日；見 *Formosa High Lights*, August 1, 1962, p.1.

[3]　此種出刊時間或許是受到美國聖言會泰克尼聖瑪麗修院(St. Mary Mission)出版之學生

或一年出刊不滿三期者，究其原由，或因該期確曾出刊但史料亡佚或不知藏於何處者，如前述之 1962 年復活期外，另該出刊的 1970 年復活期、1969 年聖誕期也可能是此原因下的結果。[4]然也有可能是萬德華本身時間安排問題而無法出刊者，如 1969 年復活期即因其忙於處理複雜的法律事務致無暇顧及出版事，[5]而為持續解決堂區長期之財務問題，萬德華曾於 1966 年 3 月至 12 月間赴歐、美等地募款，1972 年再次出國募款十個月，至次年(1973)春才回臺；此外，1971 年其休假回美，[6]1974 年又因心臟病必須返美開刀，1975 年更被修會安排結束臺灣的傳教工作，回到美國長期治病與休養，在數種變動因素影響下，完全由萬德華集撰稿、編印、郵寄諸事於一身的 *Formosa High Lights* 自然難以定期出刊，甚至 1970 年後未能再見到此一刊物，亦不足為奇之事。

事實上，*Formosa High Lights* 均以英文打字撰寫於 A4 大小紙張，部分刊物甚至載有若干手寫之私人訊息，可知此刊物設定之主要閱讀對象並非聖三堂教友或臺灣本地人士，而是萬德華的外國親友、教友、修會長及其他需要者；[7]而刊物篇幅、格式的不固定，如篇幅二至六頁不等、頁碼時有時無

刊物 The Seminary Bulletin 的影響，因該刊物由聖保祿傳教團體(St. Paul Mission Club)支助，每年出刊三、四次不等，出刊時間多定於復活期、聖誕期及春天或秋天，而萬德華當年即就讀於該修院。

[4] 此可由 1970 年 8 月出刊者之內容得證，因萬德華於該期開頭即言：在經歷整整六個月後，很高興再問候大家好，故知前一期應出刊於 1970 年復活期或 1969 年聖誕期，見 *Formosa High Lights*, August,1970.

[5] 此可由 1969 年 8 月出刊者之內容得證，因萬德華於該期開頭即向大家致歉，並解釋自去年聖誕節後即未與大家聯絡的原因，見 *Formosa High Lights*, August,1969, p.1.

[6] 萬德華將於1971年回美休較長假期之事，見 *Formosa High Lights*, August,1970.

[7] 此可從萬德華在數期的 *Formosa High Lights* 上親筆寫字致意或打字問候內容中觀察出來：如 1962 年聖誕期出刊者，印刷文字中提醒那些尚不清楚他已到臺灣傳教的朋友們：任何人若有需要此刊物，可直接寫信給神父本人告知即可獲得；1969 年 8 月出刊者，有萬德華寫給美國省會長 Francis Kamp 的若干文字內容；而1964年復活期、1967年聖誕期出刊者，更是明確寫出數個他要問候的朋友名字。相關史料參見：*Formosa High Lights*, Christmas,1962; August,1969, p.3; Easter, 1964; Christmas, 1967.

或置上置下不一，及應景之插圖、圖像，如復活期出版者有耶穌在世人面前復活圖像，聖誕期出版者有聖嬰在馬槽出生圖像或聖誕燭光、鈴聲插圖，[8]再配合撰文模式如書信般地以朋友稱呼開始、以神父手寫之親筆簽名及感謝用語作結尾，[9]亦顯示此刊物並非一般之定期出版品，而是載有生活經歷與工作成果之季節性問候信件或定期報告。

若再觀察 *Formosa High Lights* 所刊文字內容及附載之相關圖像、照片，可知此刊物除為萬德華向其外國親友、長上等人問候致意及報告說明外，更重要的是透過其在臺灣之生活經歷與工作成果的各式圖文呈現，冀望住在國外之友人──無論認識與否，均能在精神或物質方面為臺灣的教會事業提供協助。[10]因此，刊物中較多內容是持續說明萬德華正在進行、已經進行或打算進行之各項工作，並配合該工作刊出各式照片，供閱讀者瞭解實際狀況，同時，萬德華亦忠實地告知閱讀者其面臨之困境並請求協助；如 1962 年乃堂區發展的首年，萬德華於年終作年度經費結算與未來規劃時，驚訝地發現，在無個人固定收入，僅靠來自海外的善心人士捐贈與堂區幾個熱心教友之支援，堂區工作仍有機會進行，故其樂觀地認為：若有持續之固定經費協助，實可令堂區牧靈工作有更多發展，因此，他於年末聖誕期出刊的 *Formosa High Lights* 上，請大家能幫助他完成這個「夢想(dream)」，而非僅將之停留在「建議(suggestion)」階段，該期亦載協助他進行堂區工作的修女

---

[8] 參見：*Formosa High Lights*, Christmas,1962; Easter, 1963; Easter, 1964; December 8, 1965, p.1.

[9] 萬德華往往在全文開始時，稱呼該刊物的閱讀者為「Dear Friends」、「My dear Friends」、「Dear relatives and friends」、「My dear Co-missionaries」、「Dear Friends and Co-missionaries」；至於文末的親筆簽名上方，則特別注明自己是「your faithful and grateful missionary in Formosa」、「Your very grateful missionary」、「Your very grateful」。

[10] 萬德華曾提及，由於郵資負擔頗重，有時他只能選擇性地寄出 *Formosa High Lights* 刊物，而「我的選擇，當然是我認為可以依靠的較好心與慷慨者，所以收到此刊物的人，希望不會令我失望，並儘快讓我收到你的回覆」；由此可知，*Formosa High Lights* 期刊的閱讀者應仍以其熟識者為主。見 *Formosa High Lights*, Easter, 1964.

們與堂區孩童們之照片。[11]

而當堂區新教堂與相關建築規劃好並開始建設時,萬德華亦依進度報告工作成果與各式遭遇;如1964年復活期的 *Formosa High Lights* 上刊出新教堂與神父居所的設計完成外觀圖,萬德華並告知大家:他希望提供新建築物進度的即時訊息,但這次被迫延遲兩個月才完成報告的原因在於,地方政府有關部門拖延兩個月才核准該計畫案,因此,破土動工儀式遲至2月23日才舉行。又幾星期前發生大地震,雖然地點在堂區南方一百五十里外,但導致臺灣當地數百人受傷,上千人無家可歸,[12]而此事帶給他的經驗及教訓是,應要加強新建築物的防震能力,注意「所有的四面牆與屋頂要建得更堅固」,「在打建築物地基上要花費更多更好的水泥與鋼鐵」,乃可避免日後災難的嚴重損失;該文字旁刊有兩張照片,呈現的分別是神父在室內進行的祝福彌撒、在室外舉行的破土儀式。又萬德華於該段文字後,向慷慨捐資建設堂區的朋友們致謝,惟提醒大家:新建築物內部仍有許多設備需要額外經費支出,而新建築物預定在一百八十天後完工,即六個月後就必須付出各項費用,因此,有意捐貨者「仍有機會以此來紀念或榮耀亡者或生者」。[13]

再至1964年聖誕期的 *Formosa High Lights* 刊物上,萬德華開頭即獻上誠摯祝福與滿心謝意,並言:

> 對我而言,這次聖誕節肯定是非常快樂的一個節日,而這是因為你們造成的,「你們真的完成了」!這個「1964年的夢想」真的付諸實現!我們美麗的新教堂終於完成了,現在,我要以此「聖誕禮物」作為我的感謝。……我好希望你們都能來到此地,親眼目睹我們的新教堂!當然,這對你們大部分人而言是不大可能的,所以,我要將新教堂圖

---

[11] *Formosa High Lights*, Christmas, 1962.

[12] 該期 *Formosa High Lights* 刊物上,還刊載大地震對嘉義地區造成的破壞情形及引發火災狀況的兩張照片,此或許是因為萬德華所屬修會在臺灣的會院所在地即位於嘉義,而此乃少數在 *Formosa High Lights* 刊物上出現的非直接屬於聖三堂區之內容。

[13] *Formosa High Lights*, Easter, 1964.

片刊印在 *Formosa High Lights* 上，作為我給你們的聖誕禮物。11 月 22 日是我到達福爾摩莎的三周年，我計畫當天在這個新教堂舉行首次彌撒，我請田樞機來祝聖啟用該教堂，他答應來，並親自給新教堂「一個小祝福」。[14]

字裡行間，可見他對該教會工作成果之欣慰與感恩。而次年(1965)出版的 *Formosa High Lights* 上即不斷刊載在新教堂舉行的首次活動訊息與照片，如 2 月 27 日舉行聖三堂的首次婚禮，新娘、新郎分別來自菲律賓、尼加拉瓜的華人家庭；[15] 6 月的聖三節舉行聖三堂首次主保聖人的盛宴，由萬德華、司文德、薛保倫三位神父同在祭臺前主持彌撒；[16] 而基督聖體節則與臨近兩個教堂的教友們，舉行共融彌撒在聖三堂等。[17]

此外，堂區除教堂、神父住所等建築物外，另設有不提供病人住院之診所、[18] 出租女子公寓等部分，亦均需要經費維持，故萬德華仍持續在 *Formosa High Lights* 刊物上報導相關訊息及附上照片說明，如堂區內診所由聖家會的 Eulalia 修女負責，她也掌管女修院，並在診所內擔任配藥員工作，而診所經驗豐富的陳醫師則來自臺灣省立醫院，每周往返兩地行醫，甚受病人歡迎。惟因診所藥品均須付現，致蓋新教堂之工作不可避免地影響到診所的經費支出，故萬德華只能列出最需要的藥品項目，並期望價格平穩以便維持需求。[19]

---

[14] *Formosa High Lights*, December 1, 1964.

[15] *Formosa High Lights*, Easter, 1965.

[16] 三位神父實代表 1900、1910、1920 三個不同出生年代，具世代相承之歷史意涵；相關說明與圖像參見，吳蕙芳，〈一個世代的消逝——悼念薛保綸神父〉，《天主教周報》(臺北)，678 期(臺北，2022.02.20)，頁 21。

[17] *Formosa High Lights*, September 1, 1965.

[18] *Formosa High Lights*, December 8, 1965.

[19] *Formosa High Lights*, Easter, 1964. 該期附有修女在診間藥局配藥、病人在診所掛號候診，及醫師在診間對婦女、孩童病患進行醫療行為，共四張照片的當時畫面。又據資深教友回憶，當時教堂診所藥品也有美國捐贈者；見聖三堂第一屆傳協會編，《新店

至於出租女子公寓(即一般習稱之「德華女子公寓」)的興築與經營,更是萬德華在堂區工作中經費負擔最沈重者。該項教會服務工作實嘉惠來自全臺各地北上工作或就學之年輕婦女,令其有符合便利與安全條件之住所定居及成長,以免日後產生嚴重之社會問題,此乃一「導航型計畫」。惟女子公寓規模含一棟四層樓公寓、三棟五層樓公寓及一座活動中心,建築經費總額高達二千萬臺幣,且營運後的租金價格難以自給自足,致萬德華必須不斷募款以持續該事業。而 Formosa High Lights 中有關德華女子公寓之報導,自1965年聖誕期開始,直到1970年8月期均不間斷地刊載,且幾乎獨占所有版面,如1965年聖誕期內說明此計畫產生之背景,並規劃自1966年開始進行,希望大家不僅是自己支持,亦向其他個人或各種婦女團體推薦來援助該計畫。[20]而1967年復活期載女子公寓計畫於2月正式破土動工,諸多政界人士、社會名流,甚至影藝人士之參與活動並大力號召,實有助該計畫之推動進行;值得注意的是,萬德華因女子公寓之嘉惠諸多婦女,而於該年婦女節當日(3月8日)獲新店婦女會贈送之緞質紀念證書,又此年適逢萬德華晉鐸三十周年,令其更期許自己努力朝目標邁進。[21]此外,Formosa High Lights 各期刊載諸多與德華女子公寓相關之照片,包括蔣夫人親臨堂區參觀女子公寓、計畫各階段之施工與完工狀況、女子公寓設施內容、服務女子公寓之工作人員、女子公寓租用者及其慕道後領洗情形等,[22]可知該教會事業在萬德華心中之地位與重要性。

　　又隨著堂區各項硬體設施之陸續完成,萬德華更將心力關注於堂區之牧靈工作,其曾言:

> 當堂區內的物質部分完成,我們現在要專注堂區精神層面的發展。過

大坪林聖三天主堂四十週年堂慶紀念專輯》,頁45。
[20] *Formosa High Lights*, December 8, 1965.
[21] *Formosa High Lights*, Easter, 1967.
[22] 各照片參見:*Formosa High Lights*, Christmas, 1967, pp.2-3; August, 1969, pp.1、4; August, 1970.

> 去三年在物質方面的進步成果是非常鼓舞人的,新教堂與住所、我們的天主教中心及附屬之診所、圖書館、運動場與遊戲室,以及聯合教室,都是偉大的恩賜,不只是來自教友,也來自非教友們的奉獻;然而,所有這些都是朝向目的之「手段」,我們的目的在「拯救靈魂」,要達到此並非經由建築物,無論它們有多美麗,靈魂獲救需要來自天主聖言。[23]

而據 *Formosa High Lights* 之內容,可知當時已發展出來之教堂團體或活動主要對象有三種,分別是兒童、青年與成人。

首先是兒童團體,其成員年齡介於七至十八歲間,人數估計達百名,由萬德華與兩位修女共同帶領;此團體因平時學校上課期間的主日學時間有限,因此堂區兒童們的教會課程主要在暑假期間進行。第一年的學習時間有六周,課程含教理、祈禱與詩歌課,另有英文會話、發音課及遊戲課,本年課程結束後,萬德華欲將兒童暑期課程規劃成兩個月的完整學習。[24]另據資深教友楊碧梅回憶,當時她的四個孩子「參與兒童道理班,表現不錯,還得到萬神父的獎勵」。[25]

事實上,聖三堂的暑假課程發展至 1965 年時盛況空前,超過一百六十個學生參加,包括幼稚園、小學生、中學生(含初中生與高中生),以及首次加入的大專生;萬德華請國籍修女照顧小孩,他本人則花費較多時間在中學生及大專生,即其一天有五至七個班要上課,主要提供宗教指導課程,並有特別的英文會話課給各個團體。如此炎熱氣候下的繁重課程,工作之辛苦可想而知,然萬德華認為,這種方式可使教會增加許多新朋友,也希望日後他

---

[23] *Formosa High Lights*, Easter, 1965.萬德華也曾說:現在最重要的工作是專注於新的皈依者,也許近來有許多領洗者的原因在於此一事實,不再擔心建築,我該對皈依工作有更多關注,在未來我會繼續努力;見 *Formosa High Lights*, September 1, 1965.

[24] *Formosa High Lights*, August 1, 1962, pp.2-3.

[25] 聖三堂第一屆傳協會編,《新店大坪林聖三天主堂四十週年堂慶紀念專輯》,頁46。

們會成為天主教徒。[26]

　　其次是青年團體,約有三十人參與,萬德華將此工作交由在菲律賓具相當經驗、當時住在聖三堂的年輕會士杜誼華負責,規劃之課程內容有課外活動、社會接觸與宗教學習。[27]又為青年團體有活動空間,萬德華亦利用部分舊堂區域整建成舞臺供青年們利用,尤其讓他們可以唱歌跳舞盡情歡樂。[28]杜誼華之後,有菲律賓籍德(Alois Fodriguez)神父負責青年團體,再至1969年,改由荷蘭籍柯博識掌該團體並參與相關活動。[29]

　　最後是成人團體,即讀經班或慕道班,這些由神父親自拜訪並成功召集而出現的成人團體,或許是當時聖三堂新教友產生之最重要來源,因萬德華認為:透過成人讀經班或慕道班的直接影響,班上婦女的孩子們亦可因此接觸教會,終將接受洗禮而成為教徒。

第二節　楊世豪神父與《聖三堂訊》的印行

　　楊世豪是繼萬德華、艾文(任期 1975.07-1976.08)後,[30]擔任聖三堂主任司鐸的第三位,為聖三堂在任時間最久的本堂神父,亦聖三堂首位在任內過世之本堂神父。

　　楊世豪於 1922 年出生山東東明縣橋良屯,曾就讀荷澤小學,接著進克

---

[26] *Formosa High Lights*, September 1, 1965.
[27] *Formosa High Lights*, August 1, 1962, pp.2-3.
[28] *Formosa High Lights*, Easter, 1965.
[29] 據柯博識言,其於 1969 年初次到新店大坪林,經由當時的副主任司鐸認識青年會成員,而第一個參與的活動就是去一家游泳池游泳;見金慶特刊編輯小組編,《結緣半世紀:傳承‧出發(天主教新店大坪林聖三堂金慶特刊 1962-2012)》,頁 42。
[30] 有關萬德華與艾文交接時間,據巴拉圭籍費倫景(Luis Gilberto Viera)神父於 1996 年回顧聖三堂歷史時曾言:萬德華於 1974 年 7 月返美休養,聖三堂職務由艾文接掌,然艾文後來罹患癌症,勉強支撐到 1976 年 8 月離職,此其間大多數工作由副本堂柯博識擔任。惟萬德華正式結束臺灣傳教工作回美長期醫病休養是在 1975 年,因此,艾文接掌聖三堂工作之前期或屬代理職。相關資料參見〈牧者的心聲〉,《聖三堂訊》,186 期(1996.06.02),1 版。

州聖奧斯丁小修院學習，1945 年(廿三歲)入聖言會，屬聖言會培育之首批國籍會士之一。1949 年(廿七歲)因中國政治動亂，當時仍為修生的他跟隨修會撤至菲律賓，1952 年(三十歲)在馬尼拉基督君王堂(Christ the King Church)，由杜塞可(Wilhelm Joseph Duschak,1903-1997)主教祝聖為司鐸，1953 至 1955 年(卅一至卅三歲)間赴羅馬進修，獲碩士學位，1956 至 1957 年(卅四至卅五歲)間在菲律賓基督君王修院任教，1958 至 1962 年(卅六至四十歲)間轉至新成立的達古邦(Dagupan)市聖德蘭中國學校教書。1962年嘉義輔仁中學成立，楊世豪自菲律賓來到臺灣至該校任教，亦先後兼職教務主任、訓導主任、輔導主任等工作達十四年之久，1976 年(五十四歲)北上新店大坪林接下聖三堂主任司鐸職，[31]其間亦兼任輔仁大學教職，講授「人生哲學」課程並編譯外文著作，[32]1995 年(七十三歲)病逝新店耕莘醫院。

楊世豪擔任聖三堂主任司鐸不到五年，即開始印行由其執筆、校對、發刊的《聖三堂訊》，該刊物每月發行一期，[33]從 1981 年初創刊，至其病逝的

---

[31] 有關楊世豪之生平經歷可參見：雷立柏編著，《聖言會在華 1879-1955 年：編年史、地方志、人物列傳》，頁 311；金慶特刊編輯小組編，《結緣半世紀：傳承‧出發(天主教新店大坪林聖三堂金慶特刊 1962-2012)》，頁 15。

[32] 楊世豪之翻譯外文著作始於學生時期，曾於 1940 年代在魯南神哲學院翻譯陶德(Tihamér Tóth)博士名著《我們的信仰》、《我們的宗教》二書，其中，後者於 1954 年已發行至第三版；又 1960 年代楊世豪到臺灣後，於 1980 年代翻譯《玄義玫瑰聖母顯現記》、《教友的時代》，1990 年代再翻譯《真福福若瑟行傳》，並編著《人生三大問題探討》一書；此外，楊世豪亦參與《田耕莘樞機》一書之翻譯工作。以上相關資料參見：Tihamér Tóth 著，楊類斯(楊世豪)譯，《我們的宗教》(兗州：山東兗州保祿印書館，1948)，〈譯者自序〉，頁 3；Tihamér Tóth 著，楊世豪譯，《我們的宗教》(兗州：保祿印書館，1954，3 版)；A. M. Weigl(魏格)著，楊世豪編譯，《玄義玫瑰聖母顯現記》(臺北：安道社會學社，1984)；汪德明(Berna, Jesus S.)著，楊世豪譯，《教友的時代》(臺北：光啟出版社，1986)；方類思著，楊世豪譯，《真福福若瑟行傳》(新竹：天主教互愛傳播服務中心，1990)；楊世豪編著，《人生三大問題探討》(臺北：安道社會學出版社，1994)；施予仁(Schmitz, B.)，《田耕莘樞機》(臺北：天主聖言會中國省會，1990)。

[33] 蘇拯靈，〈讚美天主——追思最可敬愛的楊世豪神父〉，收入聖三堂第一屆傳協會編，《新店大坪林聖三天主堂四十週年堂慶紀念專輯》，頁 34。

1995 年 12 月初,總計出刊十五年共一百八十期。[34]由於楊世豪任內發行之《聖三堂訊》目前難以得見,今日可見最早之《聖三堂訊》為 1996 年 2 月出版的 182 期,該期距其過世僅兩個月,或可由此僅存資料略窺《聖三堂訊》的若干原貌。

182 期的《聖三堂訊》為一張兩頁無頁碼標示之 A4 大小印刷品,其版面設計及內容刊載可分四方面說明:

第一、首頁上層框欄內載教堂主日敬禮、平日敬禮及各類型宗教教室之時間、地點與相關訊息。當時主日彌撒在周六晚間、周日晨間及下午,平日彌撒則安排於晨間或晚間,而宗教教室類型含固定之兒童主日學、宗徒團主日學、成人讀經班、成人慕道班,及視需要而個別安排的婚前輔導班,可知此時聖三堂已有數個教友團體發展,且定期聚會以聯繫彼此。

第二、首頁下層載標題為〈牧者的心聲〉文,即神職人員的文字分享。此期因楊世豪於前一年(1995)12 月初剛過世,新上任的主任司鐸為費倫景,其於新年度的《聖三堂訊》中追念逝者,並期勉大家同心合力邁向未來。值得注意的是,該文最後署名者,除本堂神父、副本堂神父外,有傳協會會長與秘書,即此時聖三堂已有本地教友形成的傳協會組織,協助神職人員共同推動堂區事務進行,然此時的傳協會組織非選舉產生,乃本堂神父邀請而來幫忙處理相關工作。

---

[34] 《聖三堂訊》之創刊時間可能有兩種情形:第一是 1981 年 1 月,因該刊物屬月刊性質,一年出版十二期。楊世豪亡於 1995 年 12 月 5 日,至其過世時,《聖三堂訊》應出刊至 180 期,而目前可見最早之《聖三堂訊》為 1996 年 2 月出版的 182 期,由此推論《聖三堂訊》創刊時間為 1981 年 1 月。第二是 1981 年 2 月,因據筆者目前所能掌握的二百多期《聖三堂訊》可知,自 1996 至 2006 年間出版者均無 1 月期,但 12 月有兩期,一為 12 月初即出版的當月期,一為 12 月底才出版的聖誕專刊;唯一例外者為 2004 年出現 1 月期,而其前一年(2003)的 12 月,既有當月期,亦出版聖誕專刊,但兩期的編號相同(均 277 期)。此外,《聖三堂訊》自 2007 年開始又不時出現 1 月期,但此時的 1 月期為聖誕專刊,如 2007、2008 兩年即是如此,而 2008 年 12 月亦有聖誕專刊,然 2009 年 1 月則未出刊。因此,若楊世豪時期的《聖三堂訊》,出版情況是 12 月出版當月與聖誕專刊共兩期的話,則《聖三堂訊》的創刊時間就應該是 1981 年 2 月。

第三、次頁上層載標題為〈我們期待的事：與我們較有關係節日〉之近期內教會重要節日、相應之各式活動與相關訊息。如當時正值中國舊曆春節期間，尤其除夕當天為主日，《聖三堂訊》特別公告該主日彌撒正常舉行，而次日的平日彌撒因逢大年初一，改為上午九時進行的敬天祭祖彌撒，至於大年初二的平日彌撒則回復昔日般於晨間七時進行。又本年四旬期仍在舊曆春節期間，原應遵守的大、小齋也可因此獲教會寬免，另四旬期避靜之主題、講授神師及時間、地點均明確刊載，以方便參與者作時間安排。

第四、次頁下層框欄內載應景之新年祝詞賀語，如「新春如意」、「花開春富貴，竹報歲平安」、「風引奇春入，祥雲景福來」等。[35]

由前述說明可知，《聖三堂訊》的主要閱讀者為該堂教友，刊物篇幅不大，有固定版面設計，主要文字內容是置於首頁的神父分享與置於次頁的堂區公告兩部分。特別的是，緊接在 182 期後、於 1996 年 3 月出刊的 183 期與前期有頗大差異。183 期《聖三堂訊》已改版為兩張四頁附版次之印刷品，[36]版面設計與前期一致，然增加許多教友的文字分享，茲以本期「徵稿啟事」說明刊物之變革情形：

一、本刊自本期開始擴大為四個版面，除第一版「牧者心聲」保留給本堂神父執筆外，其於〔餘〕各版皆開放給各位教友自由投稿，每月第一主日出刊，每月最後一週主日截稿。

二、第二版將陸續介紹本堂現有的各種善會組織與團體，也希望這些團體的負責人和成員能夠親自執筆報導自己團體的宗旨、目標、成員與活動特色。我們希望透過這個版面，加強各個團體與個別教友之間的了解，達到交流的目的。

三、第三版主要為堂區公告或動態報告，剩餘版面則作本堂人物或教

---

[35] 《聖三堂訊》，182 期(1996.02)。

[36] 《聖三堂訊》自 1996 年 3 月出刊的 183 期開始，刊載順序以版次計算，然至 1997 年 6 月出刊的 198 期開始，改成以頁碼計算；又改版後的《聖三堂訊》自 184 期開始不僅載出版月份，亦明確刊登出版日期。

會活動之報導或特寫。

四、第四版則以登載靈修或信仰生活心得的小品文為主。

五、歡迎主內弟兄姐妹踴躍賜稿，稿長以五百字至一千字為宜。來稿請郵寄或面交本堂費神父。[37]

由此可知，楊世豪過世後的《聖三堂訊》，將昔日以神父分享、堂區公告各占二分之一篇幅的設計，縮減為兩者合占最多二分之一版面的安排，而新增者乃教堂團體介紹、教友分享或教堂人物特寫、教會活動報導等，與教友相關或以教友為主之各式內容，且至少占二分之一個版面。

又從當年《聖三堂訊》之刊載，可知楊世豪時期的聖三堂已形成之教堂團體及組織，有持續昔日而更加發展者，亦有在其任內新開創者。前者如兒童團體，蓋萬德華時期與修女們合作帶領兒童團體模式，至艾文時期仍持續之，當時是由修女蔡秀琴負責，成員均屬國小學生，並配合新世代兒童的認同需要，將兒童團體定名為「聖體軍」。聖體軍成立於 1975 年，兩年後(1977)的堂慶時，已成為聖三堂主任司鐸的楊世豪，特別請臺北教區賈彥文(Matthew，1925-2017) 總主教蒞臨聖三堂，為聖體軍兒童舉行傅堅振與開聖體禮。[38]1981年蔡秀琴離開後，兒童團體改由其他修女帶領，發展至1990年代已由教友張愛齡負責主日學工作。[39]

而此時期的青年團體，亦配合不同世代年輕人的認同需要而發展出年紀較長、成立於 1970 年代的青年會，與年紀較輕、最早成立於 1980 年代、特別定名為「宗徒團」者。前者的實際情形，可見於 1996 年屬青年會成員之一的沈安成之描述：

---

[37] 〈徵稿啟事〉，《聖三堂訊》，183 期(1996.03)，3 版。

[38] 有關聖體軍發展之詳細內容與相關活動可參考蔡秀琴之說明，見金慶特刊編輯小組主編，《結緣半世紀：傳承‧出發(天主教新店大坪林聖三堂金慶特刊 1962-2012)》，頁 38-40。

[39] 〈聖三堂教友組織暨團體簡介(上)〉，《聖三堂訊》，183 期，2 版。

> 本屆的青年會是由堂區二十歲到三十五歲不等的青年人組成，包括有大專青年、在職青年以及已婚夫婦。……我們這個溫暖的小團體，除負責週日上午彌撒禮儀工作、編採每月出刊的聖三堂訊外，還固定在彌撒後舉行聚會，有時讀經、避靜、生活分享，討論時事，有時打球、爬山、郊遊、烤肉，有時練唱、慶生……，每年還會到宜蘭聖母山莊朝聖。去年七月轟動全球的「歌劇魅影」在香港上演，青年會立即組成十二人小團體共遊香江，大家的有志一同，由此可見一斑。……
> 更值得一提的是，歷年來青年會有不少志同道合的伙伴在愛苗滋長下結為夫婦，……而今，青年會成員也多半自組家庭，也有了可愛的第二代，……
> 二十多年來，青年會從不曾有過「大江東去浪淘盡，千古風流人物」之歎，因為隨著成員來去，我們之間的感情種籽只會更加向外擴散，在每一落腳處生根發芽，……最主要的是，我們的心是靠著基督的愛緊密相連。[40]

　　至於宗徒團成員則是來自兒童主日學成長後的青少年，他們已傳堅振及開聖體，年齡介於十六至二十歲間(即國中三年級至大學一年級)，在這個信仰團體中，他們「希望自己能如同基督的十二門徒般，跟隨基督，為祂，為天主教會出一分心力，更期盼基督能常降臨我們中間，照顧這個團體裡的每一位」，這也是他們將自己團體定名為「宗徒團」的主要原因。[41]

　　此外，楊世豪時期新成立之聖三堂團體或組織有聖母軍與教友傳教協進會。聖母軍正式成立於1981年9月，全名為「聖母軍天主寵愛之母支團」，

---

[40] 沈安行、張蕙燕，〈聖三堂青年會──基督的愛縈繞洋溢〉，《聖三堂訊》，185期(1996.05.05)，2版。另有關青年會之簡略介紹亦見於〈聖三堂教友組織暨團體簡介(上)〉，2版。

[41] 參見：〈聖三堂教友組織暨團體簡介(上)〉，2版；文馨，〈聖三中的快樂天堂──宗徒團〉，《聖三堂訊》，187期(1996.07.01)，2版；adela，〈宗徒團──聖三堂的青年團體〉，《聖三堂訊》，246期(2001.06.01)，頁3。

屬天主教臺北區團的支團,該團體雖名為聖母軍,然成員不限女性,惟年齡屬中年以上的長者團體,如首批聖母軍成員最年長者七十歲,最年輕者四十五歲,全部成員的平均年齡約五十七歲。[42]聖母軍「以服務堂區、拜訪教友、探望病患、參加婚喪彌撒、為人祈禱、陪同神父巡訪為職志」,成員各有自己負責之堂區範圍,定期與教友們電話聯絡或登門拜訪;[43]又該團體發展至 1990 年代,由教友束魯新負責帶領,每周固定聚會以定期向神父報告服務成果。[44]

而教友傳教協進會(簡稱傳協會)「是一個協助本堂神父傳揚天主教義理,及推廣堂區教務的組織。一個堂區有許多例行庶務處理,有許多教友或望教友要照顧,光靠神父一個人是忙不過來的。傳協會成立的目的就在於凝聚堂區的人力、物力、財力資源,予以妥善的運用與分配」。此時期的傳協會成員乃本堂神父請熱心教友參與而來,其組織內容、成員人數均不甚清楚,僅知聖三堂首任傳協會會長為蘇拯靈,至楊世豪過世時已發展至第三任傳協會會長程振懷,另有秘書張象文(1938-2023)。[45]

又配合前述各團體亦有不同的讀經班,包括為已開聖體而預備領堅振者的讀經班、為已領過堅振的國中生讀經班、為三十至四十歲左右婦女的讀經班、為新領洗在職教友的讀經班、聖母軍的讀經班等,這些讀經班除神父親自授課外,亦已由教友負責帶領。

值得注意的是,楊世豪時期的聖三堂亦出現跨堂區或跨地區的教友團體,前者為同心園家庭聚會,後者則是基督活力運動文山支會。同心圓家庭

---

[42] 有關聖母軍發展較詳細之內容可參見金慶特刊編輯小組編,《結緣半世紀:傳承・出發(天主教新店大坪林聖三堂金慶特刊 1962-2012)》,頁 47-49。又當時最年輕的成員楊碧梅於 1970 年代即開始參與聖三堂活動,1983 年加入聖母軍,參見:黃守清,〈以歌聲頌主的吳楊碧梅女士〉,《聖三堂訊》,188 期(1996.08.04),3 版;聖三堂第一屆傳協會編,《新店大坪林聖三天主堂四十週年堂慶紀念專輯》,頁 34。

[43] 林雅萍,〈信守承諾的張玉葉女士〉,《聖三堂訊》,189 期(1996.09.01),3 版。

[44] 〈聖三堂教友組織暨團體簡介(上)〉,2 版。

[45] 參見:〈牧者的心聲〉,《聖三堂訊》,182 期;〈聖三堂教友組織暨團體簡介(上)〉,2 版。

聚會主要是由一群年齡約卅五至五十歲中生代家庭夫婦組成，目的在分享信仰心得、夫妻相處之道。該團體是一個跨堂區的教友組織，雖然成員仍以聖三堂教友為主，卻已超出聖三堂堂區範圍。參與者每月固定在景美聖家修女會聚會一次，聚會時常邀請神父或修女帶領主題分享，也有邀請專家進行專題演講，經費由團員自由捐獻。[46]

基督活力運動文山支會是「一群默默為堂區奉獻、服務的教友們組成，為一跨地區團體，主要由本堂與新店、木柵、景美地區教友共同運作」。此團體在聖三堂得以出現，實導因於楊世豪之倡導，因其本身即為基督活力運動成員，任職聖三堂期間的 1980 年代便推薦諸多教友參與此團體，而這些參與者後來也成為聖三堂忠實教友，長期負責教堂諸多事務。[47]基督活力運動文山支會成員平日除為教堂服務外，亦經常陪同神父拜訪教友，每周還固定到主教公署守聖時，該團體每月由各堂區輪流召開一次勵志會，彼此分享經驗。[48]

由前述說明可知，楊世豪時期的聖三堂教友團體與組織已頗具規模，堂區教友力量的凝聚及整合，除可協助本堂神父維持教堂各項事務之運作外，亦已跨越堂區範圍與其他地區教友聯合，奉獻心力於更多不同層面之教會工作，令天主教會在地方上之影響力更為廣闊深遠。

第三節 《聖三堂訊》的演變

楊世豪過世後，《聖三堂訊》持續印行，茲將該刊物於各本堂神父任期

---

[46] 〈聖三堂教友組織暨團體簡介(下)〉，《聖三堂訊》，184 期(1996.04)，2 版。
[47] 這些成員包括沈曹娥、張白霞、張李杏娣、李世瓊、張象文等人；相關資料參見：彭倩倩，〈熱心助人的沈曹娥女士〉，《聖三堂訊》，185 期，3 版；小滑輪，〈全心事主的張白霞女士〉，《聖三堂訊》，187 期，3 版；小滑輪，〈知足常樂的張李杏娣女士〉，《聖三堂訊》，195 期(1997.03.02)，4 版；小雅，〈默默事主的李世瓊女士〉，《聖三堂訊》，196 期(1997.03.30)，2 版；張象文，〈獻給聖三天主堂的生日禮物——基督活力運動在本堂薪火相傳〉，《聖三堂訊》，430 期，頁 9。
[48] 〈聖三堂教友組織暨團體簡介(下)〉，2 版。

內發行情形表列如下以為說明：

表 11-2　《聖三堂訊》刊行表

期數	主任司鐸	國籍/出生年代	任期(時間/年[49])		說明
001-180	楊世豪(Aloisius)	中華民國/1920	1976.08-1995.12	19.5	1981《聖三堂訊》創刊
181-222	費倫景(Luis Gilberto Viera)	巴拉圭/1950	1995.12-1999.06	3.5	
223-236	柯博識(Jac Kuepers)	荷蘭/1930	1999.06-2000.08	1	
237-258[50]	張日亮(John)	中華民國/1960	2000.08-2002.06	2	2002 出版四十週年堂慶專輯
259-318	許達士(Tarsisius Sigho)	印尼/1960	2002.06-2007.06	5[51]	
319-388[52]	楊應望(Dennis	菲律賓/	2007.06-2013.10	6.5	2012 出版五十週年

---

[49] 表中任期取整年或半年方式呈現，故有約略計算情形，如柯博識的確實任期應為一年兩個月(故其任職期間有十四期的《聖三堂訊》出刊)，而張日亮的確實任期應為一年十個月(故其任職期間有廿二期的《聖三堂訊》出刊)；又柯博識當時是以聖言會中華省會長身份兼職聖三堂本堂神父工作，而其聖言會中華省會長職始於 1993 年(至 2002 年結束)，在此之前，柯博識曾長期擔任聖三堂副主任司鐸職，先後協助萬德華、艾文、楊世豪三位本堂神父工作。

[50] 此段期間內，2002 年 6 月刊行《聖三堂訊》258 期，亦出版四十週年堂慶專輯，然後者不編入《聖三堂訊》期數中，故至 2002 年 6 月止，《聖三堂訊》總數為 258 期而非 259 期。

[51] 許達士五年任期中的前一年屬代理主任司鐸身份，在《聖三堂訊》資料中，自 259 期(2002.07.01)至 271 期(2003.07.01)均載其乃「代理主任」，至 272 期(2003.08.01)開始則載其為「主任」。又許達士早於 1999 年 7 月即至聖三堂服務，當時是執事身份，2000 年 4 月於聖三堂晉鐸為神父，9 月已擔負起聖三堂副主任司鐸職，協助張日亮工作；相關說明見：黃守清，〈我們的新朋友——許達士執事〉，《聖三堂訊》，224 期(1999.08.01)，頁 4；主南，〈天主的新人——慶賀晉鐸的許達士執事〉，《聖三堂訊》，233 期(2000.04.30)，頁 3；〈牧者的心聲〉，《聖三堂訊》，237 期(2000.09.03)，頁 1。

[52] 此段期間內，2009 年 1 至 4 月間的《聖三堂訊》有一期編號重複或缺期(由於原始資料不存，無法確認原因究竟為何)；又 2012 年 6 月出版聖三堂五十週年堂慶專輯，但

	Manzana)	1970		堂慶專輯
389-436	滿思定(Abdon Gustin)	印尼/1960	2013.10-2020.08	7
437[53]	柏克偉(Piotr Budkiewicz)	波蘭/1970	2020.08-	2020《聖三堂訊》停刊、2021 創刊《共融》季刊

　　從表中可知，楊世豪任內創刊的《聖三堂訊》持續四十年，而自其過世後，聖三堂歷經數個本堂神父，他們的國籍不一、年齡層有差、任期也長短不等，但均不影響《聖三堂訊》的定期出刊，即使本堂神父因故數月不在堂內亦照常印行，[54]且《聖三堂訊》在不同時期有新的變化與發展，如自費倫景時期開始改版擴大篇幅，每期固定為四個版面，僅聖誕期出版者屬特刊性質，篇幅可達六頁或八頁；[55]然發展至許達士時期，非屬聖誕專刊的《聖三堂訊》也會出現六頁或八頁篇幅，[56]而聖誕專刊則達十二頁或十六頁

未刊印《聖三堂訊》，至 12 月出聖誕專刊，然該期未編入期號；而 2013 年 1 月、5 月、6 月有缺期，故至 2013 年 10 月止，《聖三堂訊》總數為 388 期而非 394 期。

[53] 《聖三堂訊》發行至 2018 年 4 月的 435 期後，即不再以月刊形式出版，改以每年出版兩期的專刊模式，即年中(5 或 6 月)出版的堂慶專刊與年末(12 月)出版的聖誕專刊。滿思定時期的《聖三堂訊》到 2019 年末出版聖誕專刊(即 436 期)止，2020 年中本該出版的堂慶專刊因新冠肺炎(COVID-19)疫情影響，教會各項活動停止而未能出刊。又柏克偉時期的《聖三堂訊》於 2020 年 12 月出版 437 期(即聖誕專刊)後即停刊，至 2021 年開始改為季刊形式出版的《共融》，首期刊於 2021 年 4 月。

[54] 如費倫景於 1999 年 6 月離開聖三堂，新任本堂神父無法立刻接下職務，直至 9 月才正式上任，但此期間《聖三堂訊》並未停刊，僅無〈牧者的心聲〉內容；參見：《聖三堂訊》，223 期(1999.07.01)、224 期、225 期(1999.09.01)。

[55] 如屬費倫景時期的 1996 年聖誕專刊有六頁，1997 年與 1998 年聖誕專刊均有八頁；屬柯博識時期的1999年聖誕專刊有八頁；屬張日亮時期的2000年聖誕專刊有六頁、2001 年聖誕專刊有八頁；參見：《聖三堂訊》，193 期(1996.12.25)、205 期(1997.12.24)、217 期(1998.12.25)、229 期(1999.12.25)、241 期(2000.12.25)、253 期(2001.12.25)。

[56] 如出刊於 2002 年 10 月、2003 年 4 月、2003 年 9 月、2003 年 11 月、2004 年 4 月者均有六頁，而出刊於 2003 年 5 月者有八頁；參見：《聖三堂訊》，262 期(2002.12.01)、268 期(2003.04.01)、273 期(2003.09.01)、275 期(2003.11.01)、280 期(2004.04.01)、269 期(2003.05.01)。

不等；⁵⁷再到楊應望時期已出現二十頁篇幅的聖誕專刊。⁵⁸《聖三堂訊》篇幅的擴充代表稿件增加與內容豐富，亦即聖三堂教友們參與教堂活動與相關事務愈為頻繁，亦樂於將個人感受以文字或圖像方式表達，並與眾人分享。

此外，張日亮時期適逢聖三堂創立四十周年，聖三堂首次出版由第一屆傳協會成員編纂的紀念專輯，篇幅近八十頁，內容含前任本堂神父、現任本堂神父及副本堂神父之親筆撰文，資深教友的口述過往歲月，以及老、中、青不同世代教友的活動感言與靈修分享。至許達士時期的 2005 年堂慶月份，《聖三堂訊》首次出版堂慶專刊，不同於以往堂慶時的《聖三堂訊》仍屬平常月份規模，僅在當期首頁刊載本堂神父追憶教堂歷史、年長教友的經歷回顧，或公告教友們彌撒結束後的聚餐共榮等訊息，此次的《聖三堂訊》是以十二頁篇幅的圖文並茂內容慶祝四十三周年堂慶，且該期首頁上方即以粗體大字標明「大坪林聖三堂2005年堂慶專刊」。⁵⁹再到楊應望時期值聖三堂五十周年堂慶，亦由當年傳協會成員負責編纂篇幅達百頁的紀念專輯，並同步發行影音光碟版。而透過這些集體記憶的文字、影像之不斷追溯與回顧，實可喚起聖三堂教友們的共同意識並更加凝聚教友力量。

事實上，楊世豪過世後的聖三堂已逐漸轉型成以教友本身力量為主，且足以自傳、自養、自治，即具相當程度獨立性之教堂，此可由《聖三堂訊》刊載之各種教友團體與組織、教堂整建工程，以及傳協會制度化等事項中得到證明。

首先，在教友團體與組織方面，費倫景曾於 1997 年初、即就職滿周年的《聖三堂訊》中對堂區每位教友一年來的支持表達個人誠摯謝意，並特別提及在堂區服務的團體與個人，包括傳協會會長程振懷與秘書張象文(亦教導青年宗徒團)、負責主日兒童道理班的張愛齡、職司平日彌撒準備工作的

---

57 如 2003 年聖誕專刊有十二頁，2004 年、2006 年聖誕專刊均有十六頁；參見：《聖三堂訊》，277 期(2003.12.15)、289 期(2004.12.15)、313 期(2007.01.01)。
58 如 2008 年、2009 年聖誕專刊均有二十頁，而 2007 年聖誕專刊為十六頁；參見：《聖三堂訊》，336 期(2008.12.25)、347 期(2009.12)、325 期(2008.01.01)。
59 《聖三堂訊》，294 期(2005.05.22)，頁 1。

束魯新、幫忙堂訊編輯事務的黃蘆、輪流負責堂訊排版與寫稿或邀稿的青年會(亦擔任主日上午彌撒禮儀工作)、負責主日下午彌撒禮儀工作的宗徒團、堅振班與主日班兒童們的參與教堂活動，以及各個讀經班(含主日上午與周一、主日晚上的讀經班)、基督活力運動等團體；[60]其實，這些團體及個人多於楊世豪時期即已職司相關工作，至費倫景時期仍如昔日般地各就其位，協助新任的年輕外籍神父推動堂區各項工作，尤其是召募新教友、培育教堂年輕世代之重要傳承工作，確已交由資深教友、熱心教友擔負重責大任。

其次，在教堂整建工程方面，1998 年底，聖三堂在歷經三十多年的風吹日曬及頻繁使用後，必須大規模整修，而此事涉及工程與募款兩方面工作之考驗，最後，堂區教友與神職人員密切合作乃得順利完成。當時，先由堂區各團體籌組修繕委員會協助推動此事；接著，堂區分別成立「工程財務委員會」與「工程執行委員會」，以分頭進行募款與招標工作。又財務委員會由本堂主任司鐸擔任召集人，堂區各團體均推派一名代表參加，專責募款及經費保管、核支等工作；工程執行委員會則由傳協會會長擔任召集人，並請熟諳工程事項的德籍會士萬廉(Martin Welling)為顧問，[61]堂區各團體亦推派代表一名參加，負責工程施作方法細目、規格、工期之計畫，及建商評選、訂約等事項。[62]

聖三堂的整修經費當時估價近三百萬元，包括教堂屋頂更新、窗帷屋頂作 PU 防水、重換教堂外牆馬賽克、更新彩繪玻璃之保護設施，以及新裝照明投射系統，此部分約二百多萬元；此外，祭臺後方更衣室、二樓神父住所與辦公室，均需重新規劃、改建及利用，此部分亦需七十至八十萬元。為達到需要經費，傳協會會長自 1998 年 12 月底即在《聖三堂訊》上撰文邀請堂

---

[60] 〈牧者的心聲〉，《聖三堂訊》，194 期(1997.02.02)，頁 1。
[61] 萬廉當時擔任修會總務主任，亦負責嘉義吳鳳南路天主堂，其曾於費倫景返鄉兩個月期間協助聖三堂事務，與聖三堂教友頗為熟悉。參見筱雅，〈推己及人的萬廉神父〉，《聖三堂訊》，214 期(1998.10.01)，頁 4。
[62] 《聖三堂訊》，217 期，頁 2。

區教友們共襄盛舉,並率先奉獻五萬元以拋磚引玉。[63]之後的數個月,《聖三堂訊》每期均刊出累積募款額度,短時間內即有超過二百萬的奉獻;[64]1999 年 4 月的《聖三堂訊》載:

> 從去年聖誕節子夜彌撒,本堂正式宣佈修繕工程募款開始,迄今已三個月,共募集了 201 萬 6110 元。誠如傳協會主席程振懷弟兄於聖枝主日(三月二十八日)報告的,這真是本堂教友向心力的表現,因為即使如台北聖家堂這樣具知名又大的聖堂,修繕工程也僅募集了幾十萬元。費神父與萬神父感謝教友們的慷慨解囊。堂訊編輯願在此欣喜地與大家分享這份榮譽。[65]

文字裡充滿欣慰之情。而整建工程自 1999 年 7 月開始動工,歷經五個月完成,聖三堂於當年 12 月 5 日重新啟用。[66]

事實上,隨著教堂整建工作的進行與發展,更有教友提出教堂當有固定經費以長期維持教堂需要,即教堂自養問題,其言:

> 這次整修教堂,由於大家的熱心奉獻,三個月內已經募到了兩百多萬元。……一間教堂建得再好,如果平時沒有妥善保養,整修起來一定事倍功半。比方說這次進行整修時,我們教堂外面的馬賽克將得全部重貼,如果我們平時有找清潔公司定期清洗,或許馬賽克就不至於要

---

[63] 程振懷,〈讓我們獻給耶穌聖心一份厚禮──修復我們的聖堂〉,《聖三堂訊》,217 期,頁 2。

[64] 當時,《聖三堂訊》連續數期刊載各月累積募款數字,如 1999 年 1 月 929,650 元、2 月 1,598,910 元、3 月 2,016,110 元、4 月 2,026,110 元、5 月 2,092,690 元,到 12 月時總計有 225 萬元;參見:〈牧者的心聲〉,《聖三堂訊》,218 期(1999.02.01)至 222 期(1999.06.01),頁 1;228 期(1999.12.01),頁 1。

[65] 〈讓我們的聖堂「軟硬兼備」〉,《聖三堂訊》,220 期(1999.04.01),頁 4。

[66] 阿祖,〈回顧一九九九年:聖三堂大家庭值得紀念的事〉,《聖三堂訊》,229 期,頁 6。

重貼了。這次重新貼好後,真的要開始注意平時的保養了。

至於平時的保養經費要如何得來呢?⋯⋯我認為我們可以發起教友自願性的固定奉獻,大家各自視本身能力如何,每個月奉獻五百、一千、兩千不等。假設平均一人一千元,如果有五十個人願意這麼做,那麼一個月就有額外五萬元的收入,要是每個星期彌撒的奉獻已足夠支付原有的支出,這額外的五萬元在一年後將累積至六十萬元。我們可將這每年的六十萬元編列預算,用來定期清洗教堂、修繕教堂設施,也可以運用在教堂的社區服務、慈善救助等之上。

在四〇年代的開教時期曾有外援支助,不過現在台灣富裕了,我們應該設法自給自足,可能的話,還要以援外為目標來努力。不管怎麼說,教友才是教堂的主角,沒有教友的熱心奉獻,就算有再好的神父,也是巧婦難為無米之炊。[67]

由此可知,聖三堂在此時已朝自養目標邁進。

最後,在傳協會的制度化方面,1999 年 9 月刊出的《聖三堂訊》,以兩頁篇幅登載〈台北總教區文山總鐸區新店聖三天主堂教友傳教協進會組織章程草案〉,[68]此乃該堂傳協會朝制度化方向推進的開始。蓋聖三堂傳協會組織雖於楊世豪時期已產生,然當時傳協會並非堂區教友選舉而來,乃本堂神父邀請資深教友或熱心教友協助工作組成之團體。1999 年 9 月正式接任聖三堂主任司鐸職的柯博識關心傳協會制度化問題,將之列為其就任後首先要完成的四件事情之一,[69]並在《聖三堂訊》上表示:

---

67 黃守清,〈教堂的自養〉,《聖三堂訊》,220 期,頁 4。
68 若翰・強納生,〈讓我們擁有一個健全的堂區傳協會〉,《聖三堂訊》,225 期,頁 3-4。
69 柯博識走馬上任後曾言:「首先要做的,就是完成教堂的整修和布置!第二,要準備改選本堂的傳協會!第三,要準備慶祝聖誕節(新店地區性的)!第四,幫忙天下一家共融廣場的開幕和推展!」見〈牧者的心聲〉,《聖三堂訊》,226 期(1999.10.01),頁 1。

> 關於傳協會改選，我們必須及時開始準備。九月號聖三堂訊中已刊載傳協會章程草案，基本上是根據台北總教區的規定。雖然，可能有一些細節需要討論，但是在教友大會上，才會做最後的決定。所以，我們下個禮拜天開始準備改選相關事宜。大家可以根據個人興趣，報名參與某個工作小組服務：福傳組、禮儀組、教育組、文宣組、事務組以及財務組。報名以後，就比較知道我們有哪些候選人，另外再繼續找一些其他的人選，最後就可以召開教友大會。……
> 事情很多，但最重要的是，我們組織結構要先弄清楚才能做事。讓我們共同為21世紀福傳建立良好基礎。[70]

由此可知，聖三堂傳協會組織的制度化乃立基全體教友共同參與下之結果，本堂神父也期許新的傳協會組織能有更多熱心教友之參與，令新世紀的傳教工作有更完善之基礎，乃能獲得更多更好成果。而配合本堂神父的期望，《聖三堂訊》編者也呼籲大家為「有效率地發揮團隊分工合作的組織力」，「希望我們的堂區傳協會能儘速成立。有熱忱與能力的教友們，歡迎您加入傳協會這個『聖三堂堂務團隊』的工作挑戰吧！」[71]

即在此規劃下，10月17日主日完成理事候選人推薦，24日主日公告候選人名單，至31日主日的投票作業快速完成，然「監票、唱票、計票比較費時，因有一百廿九張有效票，而每一選票可多到十個名字被圈選」，故負責此工作的宗徒團團員花費約一小時才能公布結果，並於次期《聖三堂訊》上刊載所有候選人所獲票數及當選人名單，正式組成了聖三堂首屆教友選舉產生的傳協會。11月5日新制傳協會首次開會推選主席、副主席及秘書。[72]而12月底出刊的《聖三堂訊》登載新任傳協會主席張模舜的期許與展望：

---

[70] 〈牧者的心聲〉，《聖三堂訊》，226期，頁1。
[71] 〈編者的話〉，《聖三堂訊》，226期，頁3。
[72] 〈牧者的心聲〉、〈風起雲湧——再創聖三堂歷史新猷〉，《聖三堂訊》，227期（1999.11.01），頁1、4。

> 一年來最讓人們耳熟的「千禧年」即將來臨，聖三堂自去年聖誕節起，歷經半年餘，在教友們熱心捐款與全力支持下，終於在今年將臨期第二主日，十二月五日重啟用全台灣少見如此規模的聖堂，……，大坪林聖三堂如今已換成嶄新的面貌，四周環境、硬體設備，讓周邊其他堂區弟兄姐妹們稱羨，傳協會也經教友們重新改選，新的世代，也就是教友們的世代到了，我們在今年已表現出自養的能力，……傳協會接受各位教友委託處理堂區各項工作，……但要能夠推動工作，就得仰賴全體共同的參與，……
>
> 今年我們已有具體的獻禮給耶穌基督，在未來我們祈望有更好的獻禮即是堂區教友們大家共同攜手幫助牧靈福傳工作。[73]

事實上，1999 年 12 月 5 日的主日不僅是聖三堂整修完畢重新啟用的日子，這天亦是聖三堂首屆新制傳協會與最後一屆舊制傳協會交接的日子；聖三堂發展至此，確已達到新世代教友的理想目標——自傳、自養與自治。[74]

結　語

據長期擔任聖三堂副主任司鐸，並曾以聖言會中華省會長兼職聖三堂主任司鐸一年多的柯博識，於聖三堂四十周年堂慶專輯中撰文回顧該堂歷史時，曾明白指出聖三堂發展四十年來的三個重要階段，分別為：1962-1975、1975-1995、1995-2002。[75]柯博識立基親身經歷的觀察結果，與筆者根據 *Formosa High Lights* 與《聖三堂訊》兩種原始資料的分析說明實可互相印證，因其區分的三個階段，主要應對的時間範圍即是萬德華時期的十四年、

---

[73] 張模舜，〈主席的話〉，《聖三堂訊》，229 期，頁 2。

[74] 〈牧者的心聲〉，《聖三堂訊》，228 期，頁 1。

[75] 柯博識，〈聖三堂發展史〉，收入聖三堂第一屆傳協會編，《新店大坪林聖三天主堂四十週年堂慶紀念專輯》，頁 23-25；此一觀察內容亦可見於柯博識，〈大坪林聖三堂 43 週年回顧〉，《聖三堂訊》，294 期，頁 2。

楊世豪時期的十九年，以及楊世豪過世後的數年。

　　1960 年代初，萬德華抵達新店大坪林時，堂區百廢待舉，物質條件非常有限，一切必須從頭做起；於是，竭盡心力募款，尤其是向海外友人的持續募款，以便購買土地、興築房舍，並籌建各項硬體設施乃當務之急，亦花費萬德華大量的時間與體力。隨著聖三堂正式教堂之落成，萬德華得投入較多時間於牧靈工作，為堂區兒童、青年、成人等團體的發展奠定基礎，惟此時主要及多數工作仍由神職人員、修女們帶領進行，教友本身力量的凝聚與影響是有限的。

　　1970 年代中，楊世豪接手聖三堂時，實立足前人基礎，全心投入傳教工作；致 1980 年代的聖三堂已出現相當數量之熱心教友積極參與教會活動，並協助本堂神父進行各項工作。而此時的聖三堂亦發展出更多團體與組織，除以往兒童、青年、成人團體的持續並可開枝散葉，如屬兒童團體中的聖體軍、青年組織裡的宗徒團；亦有新創立者，如聖母軍、傳協會等；同時，堂區內各類型讀經班數量繁多，且已可由具能力之資深教友帶領。又此時甚至出現跨堂區或跨地區的教友團體，如同心圓家庭聚會、基督活力運動文山支會，可知聖三堂教友的參與活動及影響力已擴至堂區以外的其他地區。

　　1990 年代中，楊世豪過世時，聖三堂教友力量已成形，因此，其後接任聖三堂之本堂神父無論屬何種國籍、年齡層或任期，均可在資深、熱心教友們如昔日般、各司其職地協助下推動教堂各項工作，堂區各團體亦可自行運作。尤其值得注意的是，發展至世紀之交(1999 年底)的聖三堂，經由當年度教堂大規模整修之自籌經費，及傳協會由教友選舉產生之制度化成果，實可證明創立不到四十年的聖三堂，確已邁向新世代教友之理想目標──自傳、自養與自治，亦即教會本地化之方向邁進。

第十二章
溯源：劉維和神父的尋根之旅

劉維和是天主教聖言會於 1882 年在中國山東奠基發展後，首批培育出來的本地(國籍)聖召之一。其出生於1922年山東省沂水縣王莊瓦屋河村的天主教家庭裡，[1]為三兄弟中的老么，本名常厚，聖名若瑟(Joseph，堅振聖名多默 Thomas)。1933 年(十一歲)入村中唯一小學、亦天主教聖言會開辦的若瑟小學；[2] 1936 年(十四歲)離家，由長兄勤厚(聖名伯多祿 Peter)陪同下，徒步一星期、長途跋涉五百華里到高密聖德蘭小修院就讀。1941 年(十九歲)轉至兗州府的公教神哲學院持續進修，然 1947 年(廿五歲)共軍陷城，修院師生在院長彭加德安排下，分批離開山東，輾轉於徐州、上海、福州、馬尾等地兩年，最後從香港搭乘荷蘭貨輪抵達菲律賓馬尼拉。[3]

劉維和於1949年(廿七歲)在馬尼拉基督君王堂入聖言會，開始初學，1955年(卅三歲)於聖十字架堂(Santa Cruz Church)，經魏思高(又名茅中砥，Juan

---

[1] 劉維和的生日有三種不同紀錄：1923 年 10 月 5 日、1922 年 10 月 11 日、1922 年 11 月 11 日，分見於 1948 年中華民國國民身份證、1975 年中華民國護照、英文自傳等資料，筆者認為第一種紀錄時間較早且屬官方記載，真實性較高；見《劉維和神父資料集》(以下簡稱《資料集》)，5 組 4 冊。惟文中提及年歲時，劉維和往往以 1922 年為其出生年份計算，此或因涉及國曆、農曆的不同時間，或習以傳統方式將孕期階段納入，故出生即算一歲，為免混淆不清，本文統一採用 1922 年份計算相關歲數。

[2] 據劉維和載，當時「若瑟小學，也是備小修院」；見《資料集》，1 組 4 冊。

[3] 據劉維和載，「彭加德神父千辛萬苦冒著生死關頭，把兗州修院師生 58 名從戰火線上救出」；見《資料集》，1 組 4 冊。又載「跨越長江、黃河，南下上海、香港、福建，……，搭上荷蘭貨輪，到達馬尼拉」；見《資料集》，1 組 3 冊。

BautistaVelasco Díaz,1911-1985)主教祝聖晉鐸。[4]1956 年(卅四歲)開始傳教實習，首先派赴民多樂(Mindoro)，1958 年(卅六歲)轉赴彭加朋(Bongabong)服務，均擔任副本堂工作；至 1960 年正式被杜塞可主教派往東民多樂邦舒德(又名班樹德，Bansud)建立新堂區(St. Niña Church)，擔任本堂神父六年。[5]1967 年(四十五歲)離開菲律賓到臺灣工作，歷經嘉義、臺南等教區，十多個市區與鄉區教堂的代理、臨時、正式本堂神父等職，於 1995 年 1 月 1 日(七十三歲)展開退休生活，終於 2022 年中亡故，享壽百歲。

劉維和晚年長期定居嘉義聖言會會院後，開始回顧自己的過往歲月，甚至啟動尋根之旅——重返昔日服務堂區懷舊、回到故鄉探親，亦不斷閱讀與修會及教會相關之各式著作，並留下個人文字與圖像資料。本章即是根據劉維和親筆載記的數十冊一手史料，[6]追溯其輾轉各地的漂流歲月及心路歷程，亦由此觀察聖言會在中國山東、臺灣嘉義兩地拓展的早期狀況。

第一節　奠基開拓的新土

劉維和自 1967 年 9 月從嘉義教區開啟其在臺灣的傳教事業，至 1994 年 12 月底結束於臺南教區的本堂工作，前後超過廿七年的傳教生涯，歷任之堂區如下表：

---

[4] 據劉維和載，當時在菲律賓馬尼拉是與艾文同時入聖言會，而晉鐸於 1955 年 4 月 17 日，則是與艾文、薛保綸同時；見《資料集》，1 組 3 冊，目錄。又相關內容亦可見於，〈薛保綸神父口述史〉，收入《全人使命與社會療癒：聖言會與聖神婢女傳教會在台灣的經驗》(新北：天主教輔仁大學出版社，2023)，頁 246-247。
[5]《資料集》，3 組 5 冊。
[6] 該《資料集》內容繁雜，含札記、證件、成績單、證書、新舊照片、手抄及剪貼資料等，甚至有許多歌單，因劉維和自言：「『沈默寡言』是我生來的缺點，又不善於祈禱」，「致以歌唱代替我的祈禱」，「雖然音樂常識我只是一知半解」，但相信「聖奧斯定的名言：真誠的歌頌便是雙重的祈禱」；見《資料集》，3 組 5 冊。

表 12-1　劉維和工作堂區表

教區	行政區	堂區	地址	時間	說明
嘉義	嘉義縣竹崎鄉	天主之母堂	竹崎村民生路 6 號	1967.09-12	代理
		*山智崙天主堂			
		內埔小德蘭堂(小德蘭朝聖地)	內埔村元興路 134 號	1968.01-03	臨時
		*山仔頂天主堂			
	嘉義市	聖神堂	博愛路 1 段 315 號	1968.03-1970.03	臨時
	嘉義縣大埔鄉	聖若瑟堂	和平村雙溪 28 號	1970.03-1972.06	本堂
	嘉義縣中埔鄉	耶穌君王堂	中埔村中正路 80 號	1972.07-1976.10	本堂
		*水仔尾天主堂			
		*同仁天主堂(聖安多尼堂)			
		*柚仔宅天主堂	同仁村柚仔宅 70 號		
	雲林縣斗南鎮	△聖三堂	新興街 42 號	1976.10-1982.10	本堂
		*柳樹腳天主堂(玫瑰堂)			
	嘉義縣竹崎鄉	天主之母堂	竹崎村民生路 6 號	1982.10-1987.06[7]	本堂
		*山智崙天主堂			
	嘉義縣阿里山鄉	特富野法蒂瑪聖母堂	達邦村 8 鄰特富野 211 號	1984.02-1987.07	兼管活動中心
臺南	臺南市	△聖彌格爾堂	永康區復國路 30 號	1987.07-1994.12.31	本堂
臺中	南投縣	△中原耶穌聖心堂	仁愛鄉互助村中華路 48-1 號	2002.07-10、2003-2004(不定時)	退休後協助

說明：「*」屬分堂性質，「△」屬教區教堂性質。

---

[7] 劉維和在各堂工作時間以其記載為準，惟其任職竹崎天主之母堂的時間與教區紀念特刊記載不同，後者記錄是始於 1982 年 10 月至 1983 年 2 月。相關資料參見：《資料集》，5 組 4、6 冊；《天主教嘉義教區成立五十週年紀念特刊(1952-2002)》(嘉義：天主教嘉義教區，2004)，頁 126。

綜觀劉維和曾服務的各個堂區，可知其主要工作於嘉義教區的市區與鄉區，後者含竹崎、大埔、中埔、阿里山鄉，此實因聖言會乃最早進入該教區協助傳教的修會，而所以如此是源於嘉義教區牛會卿主教與聖言會的長期關係。

         由於牛會卿曾於 1923 年擔任山東陽穀代牧區副主教、1943 年晉升為主教，待1946年陽穀代牧區升格為正式教區，他成為陽穀教區首任主教；1948年起亦兼任福建福寧教區署理主教，故與長期在山東傳教的聖言會關係密切，且當時教區培育的神職人員亦在聖言會於兗州開辦的修院中學習。[8]又國共內戰時期，山東兗州失守後，聖言會所屬修院師生往菲律賓流亡時曾短暫落腳福州，即是牛會卿的協助安排。[9]而 1952 年教廷正式任命牛會卿為嘉義教區主教，新教區需要諸多人力協助推動各項工作，於是在其邀請下，國籍教區神父首先進入嘉義教區，接著聖言會神父陸續到達教區協助；茲將相關神職人員表列如下：[10]

---

[8]　山東兗州修道院是聖言會辦的總修院，凡甘肅、青海、河南信陽與新鄉，及山東青島、陽穀、曹州等屬聖言會負責教區的修生們都在此讀書，通常有一百三十至一百五十人之多；見〈薛保綸神父口述史〉，頁 238。

[9]　據劉維和載，「1949 年 4 月 20 日，在逃難的路上，牛會卿主教在福州福安縣羅家巷小修道院祝聖兗州聖心修院 10 位司鐸」、「死裡逃生，1947.07.18，槍林彈雨之下」；見《資料集》，4 組 6 冊。相關說明另見：李西滿，〈病房中的牛主教〉，《閒居隨筆(一)生活篇》(臺中：天主教互愛傳播服務中心，1994)，頁 7；李西滿，〈懷念牛會卿主教〉，《閒居隨筆(二)追悼篇》(臺中：天主教互愛傳播服務中心，1994)，頁 3-4。

[10]　楊傳亮主編，《嘉義教區成立廿週年紀念專刊(1953-1973)》，頁 54-58、175-177；雷耀漢編，《魯南公教人物考(1879-1949 年)》；《資料集》，5 組 1 冊；李西滿，〈最先來嘉義教區的神父名單〉，《靜居隨筆》(未載出版項，2004)，頁 94-95。

表 12-2　嘉義教區神職人員表(1952-1967)

時間	姓名
1952	涂敏正、[11]牛會卿
1953	*劉道全、*高樹人、*臧祥明、*孫繼善、*趙仲魯、*田彬、*楊傳亮、莊懷淵、*石汝昌、*張興華、*方懷正、*張傑、苗懷竹、*王道(進)明、[12]劉守傑
1954	◎賈德良、◎紀福泰、◎陶賀+ 游再浮、黃敬祥、林少蒼、徐明、郭韶景、王導
1955	孫化宇
1957	申克恭、江珠京、吳友梅
1958	尹墨林
1959	◎龐德、◎光令才、◎傅禮士+ 崔從周、劉安仁
1960	*呂文健 ◎台義施、◎倪體仁、◎朱秉文、◎陳錫洵
1961	*張懷顏、薄守安、*李榮堂、林平華、陳宣光 ◎吳恩理+
1962	閻永年、翁吉先 ◎楊世豪
1963	劉愚夫 ◎英由義+
1964	◎衛伯安
1965	劉廣惠 ◎彭加德
1966	◎德樂之(Jesus del Rosario,1936-2015)
1967	*郭儒文 ◎溫安東、◎劉維和

說明：「*」是曾於山東兗州聖言會開辦的修院中就讀之教區神父，「◎」是修會神父、聖言會士，「+」是外籍聖言會士亡故後葬於臺灣者。

---

[11] 在牛會卿被任命為嘉義教區主教前，出生臺灣本地的涂敏正(Raymundus,1906-1982)神父已於日治時期即在當地服務，待嘉義教區正式成立後，其仍繼續在該地工作。據劉維和的看法：嘉義教區最早的三位神父應該是涂敏正、李天一(1920-1958)、李惟添(1920-1992)；見《資料集》，2 組 2 冊。事實上，這三人均為日治時期培育出來的本地(臺籍)神父。

[12] 最早從外地到嘉義教區協助傳教的神父是1953年6月來自菲律賓的高樹人、趙仲魯、劉道全、田彬、臧祥明、孫繼善六人；見《劉道全神父逝世二十週年紀念文集》(未載出版項，2020)，頁 6。另有關孫繼善、王道(進)明兩人之說明可見於李西滿，〈孫繼善神父〉、〈王道明神父〉，《閒居隨筆(二)追悼篇》，頁 48-50、9-14。

由表中可知，嘉義教區於 1953 年即有國籍教區神父進入以協助工作，而聖言會神父最早於 1954 年到達者乃賈德良、紀福泰與陶賀，三人均屬外籍傳教士且曾在中國傳教多年。其中，賈德良留在嘉義擔任副主教，紀福泰前往高雄、臺南發展，陶賀則工作於北港，[13]而紀福泰、陶賀二人之先行成果，實奠定後來聖言會在嘉義以外的南臺灣地區傳教之基礎。又因三人向聖言會羅馬總會的建議，故 1958 年聖言會總會決定在臺灣延續該修會於華人社會的傳教事業，自 1959 年起派出更多會士到嘉義教區工作，甚至將聖言會培育出的首批國籍神父，即在菲律賓學習及晉鐸的這些山東籍的年輕會士們派至臺灣協助教務，劉維和便是在此背景下來到嘉義。

　　1960 年牛會卿與聖言會簽訂長期合約，將嘉義市兩個堂區及嘉義縣竹崎、大埔、中埔、觸口、阿里山鄉(即阿里山牧靈區，又名聖言會牧靈區)的全部堂區委託聖言會負責(參見圖 12-1)，故聖言會士紛赴轄區各地拓展教務；茲將聖言會所屬堂區開拓情形表列如下：[14]

表 12-3　嘉義教區屬聖言會負責之堂區開拓表

行政區	名稱、地理位置	相關說明
嘉義市	聖神堂 博愛路 1 段 315 號	1959 龐德、紀福泰租屋傳教，龐德首任本堂 1962 吳恩理接掌，兼管四個分堂，即灣橋(1960 設)、內埔(1961 設)、菜公店(1962 設)、山仔頂(1966 設) 1963-1964 教堂興建及落成於現址、小德蘭幼稚

---

[13] 有關紀福泰、陶賀往嘉義外地區發展情形，可參見：溫安東，〈聖言會在台灣的堂區工作〉，頁 66-67、69-70；柯博識，〈陶賀 Fr. Alois Tauch, SVD 神父小傳〉，頁 XVI。
[14] 參見：《資料集》，2 組 2 冊，〈山仔頂天主堂〉、〈山智崙天主堂〉、〈中埔天主堂——耶穌君王堂〉、〈中埔堂兼管三個分堂：水仔尾、同仁和柚仔宅〉、〈中埔耶穌君王堂歷史沿革〉、〈內埔天主堂〉、〈吳鳳鄉(阿里山鄉)達邦、達德安、特富野總堂(本堂)〉、〈客莊天主堂〉、〈頂六聖母無玷聖心堂簡史〉、〈菜公店天主堂〉、〈嘉義教區竹崎天主之母堂〉、〈嘉義縣大埔鄉聖若瑟天主堂〉、〈憶竹崎：1967 年 9 月-1968 年 1 月 1 日〉、〈奮起湖天主堂〉、〈觸口天主堂〉、〈灣橋天主堂〉；楊傳亮主編，《嘉義教區成立廿週年紀念專刊(1953-1973)》，頁 57-59、62-63、119-124；《天主教嘉義教區成立五十週年紀念特刊(1952-2002)》，頁 122-139。

			園成立 ◎1968.03-1970.03 劉維和臨時本堂(吳恩理休假)
		聖若瑟模範勞工堂 吳鳳南路 268 號	1972 陳錫洵建堂、擔任首任本堂 1974.11 聖堂、輔仁幼稚園及神父宿舍落成
嘉義縣	中埔鄉	耶穌君王堂 中埔村中正路 80 號	1960 以前由嘉義市民生路聖母七苦堂兼管 1960 龐德(於 1961 擔任頂六天主堂本堂)兼管 1962.01.31 陳錫洵首任本堂租房暫住、向鄉公所申請購山嶺地建堂 1963.03.01 新堂落成，宿舍、幼稚園成立 1966 建女修院供聖家會修女居住 ◎1972.07.01-1976.10 劉維和擔任本堂
		*水仔尾天主堂	1959 龐德開教 1961 龐德建堂 1981 重新修建
		*同仁天主堂	1963.05.10 陳錫洵向彭瑞廷購地、建築經費來自美國教友齊美滿奉獻 1964 教堂落成(聖安多尼堂)
		*柚仔宅天主堂 同仁村柚仔宅 70 號	1965 陳錫洵建堂、土地由教外人士張大吉提供
		頂六聖母無玷聖心堂 富牧村頂中下街 33 號	原屬嘉義市民生路聖母七苦堂 1956 楊傳亮、賈德良決定開教 1958 楊傳亮租屋傳教並買土地 1959 龐德首任本堂、購地建臨時教堂 1961 倪體仁接任，開始募款建堂，曾獲西德女教友捐獻建堂經費 1962 新堂落成 1963 倪體仁返鄉省親，英由義接任本堂 1964 興辦頂六、義仁村、平實乙村幼稚園三所
	大埔鄉	聖若瑟堂 和平村雙溪 28 號	原屬番路鄉觸口天主堂分堂 1960 陶賀租屋傳教(開道理班)，訓練傳教員協助工作 1964 傅禮士、倪體仁決定在林務局管理站左邊購地一百四十餘坪建堂 1966.01.17 教堂落成、倪體仁命名、成立若瑟幼稚園 ◎1970.03-1972.06 劉維和任本堂，聘曾美玉為幼稚園園長

	番路鄉	觸口露德聖母堂	1960 光令才建堂，有神父宿舍、幼稚園等 1965 光令才回國、倪體仁接任
		菜公店天主堂	1962 陶賀成立(自博愛路堂分出、聖保祿歸化堂)
		客莊天主堂	1962 倪體仁成立(自菜公店堂分出)
	竹崎鄉	天主之母堂 竹崎村民生路6號	1959 龐德、光令才開教 1960 台義施購地建堂、時有廿四大小村莊屬此本堂 1961 教堂落成、台義施在此傳教十五年派孫學順、蘇炳勳到灣橋開教、涂崇聖往內埔開教 1963 派羅逢春租住龍山村(水道)開教 1964 派洪山川到緞孺林村開教、後改在松腳 ◎1967.09-12 劉維和臨時本堂(台義施生病) ◎1982.10-1987.06 劉維和本堂(兼阿里山活動中心經理)
		*山智崙天主堂	1971 台義施成立(屬竹崎分堂)、教堂及聖母亭落成
		內埔小德蘭堂 (小德蘭朝聖地) 內埔村元興路134號	初歸博愛路聖神堂負責 1961 台義施到內埔開教、建堂 1964 教堂落成，吳恩理任本堂 ◎1968.01-03 劉維和臨時本堂
		*山仔頂天主堂	1966 吳恩理建堂(由竹崎內埔小德蘭堂分出)、林老太太提供土地
		灣橋天主堂	初歸博愛路聖神堂負責 1960 台義施建堂
		奮起湖天使堂 (守護天神堂) 中和村26號	1960 龐德租屋設堂開教 1961 建教堂、露德診所、天使幼稚園
	阿里山鄉	特富野法蒂瑪聖母堂(阿里山聯合堂區總堂) 達邦村8鄰特富野211號	1955 主教決定派人在此開教 1960 浦昭好、浦一世盼傳天主教入山 1960.02 龐德入山開教、08.浦家捐地建教堂於特富野 1961.06.11 法蒂瑪總堂落成、11 浦昭好捐地蓋女修院、幼稚園 1962.02 傅禮士首任本堂、08.女修院與幼稚園落成、09 開辦幼稚園，各村陸續興辦幼稚園，名法蒂瑪天使幼稚園 1963 傅禮士送首批學生到輔仁中學讀書、建原

			住民中心
			1964 衛伯安任副本堂協助傳教，幼稚園興盛
			1967 傅禮士獲好人好事代表接受省政府表揚
			1970 首批義務使徒受訓
			1971 成立儲蓄互助社，第二、三批義務使徒受訓
			1976 首位原住民聖言會士高英輝晉鐸
			1981 傅禮士派教友使徒赴各村傳教
			1983 高英輝接本堂職
			1984 阿里山活動中心(即聖福若瑟靈修中心)落成
			◎1984.02-1987.07 劉維和負責活動中心
		*達邦天主堂 達邦村 2 鄰 30 號	1961.05 至鄉公所申請各村建堂事宜，獲准後即刻籌畫建各堂
		*達德安天主堂	1961-1970 各村聖堂陸續落成
		*里佳天主堂 里佳村 2 鄰 28 號	
		*樂野天主堂 樂野村 2 鄰樂野 62 號	
		*山美天主堂 山美村 3 鄰山美 48 號	
		*新美天主堂	
		*來吉天主堂 來吉村 4 鄰 100 號	

說明：「*」乃分堂性質，附屬於本堂，由本堂神父綜理教務事；「◎」乃劉維和工作的堂區。

　　從上表可知，自 1950 年代中至 1980 年代中的三十年間，聖言會士在其負責工作區域內奠定各個堂區的基礎及規模，從硬體建設到軟體資源，不論是租房或購地建屋作為傳教據點，尋找男、女傳教員協助推動各項工作，包括幼稚園、道理班、診所等，劉維和亦屬這個階段的成員之一，參與相關工作。

　　惟劉維和於 1960 年代後期才開始在嘉義教區工作，與其他 1950 年代即投身嘉義教區工作的聖言會士們相對而言時間較晚，故其參與的工作一開始僅暫時代理或臨時協助本堂,如 1967 年 9 月在嘉義縣竹崎鄉天主之母堂工作三個月,是暫代因病住院的台義施,而 1968 年 3 月在嘉義市博愛路聖神堂工作兩年,則是協助休假回德國家鄉的吳恩理。自 1970 年 3 月起,劉維和開始首個正式本堂職,從嘉義縣大埔鄉的聖若瑟堂(兩年三個月),歷經中埔鄉的耶穌君王堂(四年四個月),乃至竹崎鄉的天主之母堂(兼管位於阿里山鄉的活動中心,四年十個月),由於這些堂區的開教及硬體設施早於 1970 年代前大致完成,故劉維和接手後的主要工作是維持教務發展,即與傳教員、教師、教友們合作,持續堅定教友信仰、增加教友人數,並繼續幼稚園教育等工作。其中,幼稚園的設立及持續尤為重要,[15]因當時逢 1950、1960 年代的戰後嬰兒潮世代,教會開辦幼稚園除可分擔父母因謀生未能全心照顧幼兒之責任,亦讓偏鄉地區的下一代獲得應有的基本教育,更為臺灣日後的幼教發展奠基。[16]

　　值得注意的是,劉維和工作的堂區,除本堂外,還要負責位置較為偏僻、交通不甚便利的諸多分堂,如天主之母堂有分堂在山智崙,小德蘭堂有分堂在山仔頂,耶穌君王堂有分堂在水仔尾、同仁及柚仔宅三地,故劉維和必須長途跋涉往來於本堂與分堂間為教友服務,其曾言:1968 年,每每與傳教員涂崇聖到山仔頂主持彌撒,拜訪教友;涂崇聖「是臺灣第一位神父涂敏正神父的侄子,出自熱心教友家庭,傳教認真」。[17]而 1976 年他常去柚仔宅主持彌撒,「下午步行去,彌撒完再走回來已是晚上十二點鐘」,辛苦情況,可想而知;惟其謙遜地對人說,此實「因自己笨拙,不會騎腳踏車,都是依靠走路才能到分堂舉行晚上的主日彌撒」所致。[18]又當時所以出現此種

---

[15] 如大埔聖若瑟堂的幼稚園是倪體仁時應曾新賀鄉長之請而開設,首任幼教老師是張汝梅,三個月後何燕燕接手;劉維和繼任本堂神父時,何燕燕因父親身體健康欠佳求去,換曾美玉負責。又早期大埔教友廿七人,幼稚園小朋友有六十位;相關內容見《資料集》,2 組 2 冊,〈嘉義縣大埔鄉聖若瑟堂〉。

[16] 如陶賀在南臺灣創建的女子傳教學校,即培育出諸多幼稚園教師;見陳淑鋑、李美紗,《傳教士的夥伴:陶賀神父和聖神女子傳教學校(1955-1978)》,頁 64-74。

[17] 《資料集》,2 組 2 冊,〈山仔頂天主堂〉。

[18] 此語出自劉維和殯葬彌撒中的同僚講道內容;見孫淑寬,〈緬懷良善心謙的牧者:聖

分堂，實因 1950 至 1970 年代乃臺灣天主教發展的興盛時期，教友人數眾多，[19]在信仰生活上確有各式需求，故教會相關設施隨之增加，神職人員及傳教員工作亦頗為辛勞。

又這些鄉間教堂外觀，不論是本堂或分堂，均屬簡單的平房式聖堂，絕非高大宏偉的樓房式教堂，占地面積有限，如柚仔宅天主堂占地約四十坪；同仁天主堂面積較大，且是鋼筋水泥建的，「1974年，為了傳教員一家人，以近三萬元台幣補強地基和建廚房與廁所」。[20]同時，空間亦配合需要採多樣化使用，如大埔聖若瑟堂為「兩棟平房，一南一北，中間尚有空地為幼稚園小朋友活動場地，南棟為神父宿舍和客廳，北棟為三房間：小聖堂、教堂同用，更衣室、幼教老師兩小間，東邊有簡單廚房和洗澡間」。[21]

惟即便物質條件如此艱困，劉維和卻對這些傳教經歷懷念不已；其退休後曾於 2005 年重返中埔水仔尾天主堂時，以文字回顧當年情形：「教友很熱心，每主日、慶節扶老攜幼徒步前往中埔望彌撒」。[22]又於2010年竹崎天主之母堂慶祝建堂五十周年金慶，獲教友贈與之老照片時，仍能記憶猶新地道出四十多年前照片中的人物及往事：

> 1967 年 9 月 3 日，初次到嘉義，溫安東神父安排我暫住竹崎，代理在桃園聖保祿醫院的本堂台義施神父。11 月終本堂神父病癒，教友代表和傳教員以及幼稚園老師，歡迎台神父康復歸來合影留念。……，孫學順和陳西河傳教員住灣橋天主堂，蘇炳勳和羅峰〔逢〕春先生兩家庭住本堂宿舍，黃澄〔登〕標先生和家人在竹崎租屋住，吳清課先

言會劉維和神父榮歸天鄉〉，《天主教周報》，699 期(臺北，2022.07.17)，頁 4。

[19] 有關此時期天主教會發展興盛的說明，可參見：張傳聖撰，梁潔芬譯，〈台灣天主教會內部發展(1950-1970)〉，收入《台灣天主教研究(卷二：挑戰與展望)》(臺北：光啟文化事業，2020)，頁 34-71。

[20] 《資料集》，2組2冊，〈中埔本堂兼管三個分堂：水仔尾、同仁和柚仔宅〉。

[21] 《資料集》，2組2冊，〈嘉義縣大埔鄉聖若瑟堂〉。

[22] 《資料集》，2組2冊，〈中埔本堂兼管三個分堂：水仔尾、同仁和柚仔宅〉。

生在松腳租屋住，涂崇聖先生家庭住內埔天主堂。蘇伯伯住本堂守門和清理環境，幼稚園園長陳金桂住嘉義市，蔡林珠老師住灣橋，趙玉英老師住舊東站，王小姐傳教員和父母住竹崎街，何小姐傳教員住竹崎，兩位早期修女，不相識，薛大將軍之弟和家人住竹崎。其他數位住鹿滿、灣橋和酒店，分別是蔡先生和蔡小姐和邱先生。[23]

文中提及的蘇炳勳、羅逢春、黃登標、吳清課、涂崇聖五人，屬具中學、傳教員學校學歷的資深傳教員，分別服務於竹崎、內埔教堂。[24]

又由記載可知，當時有多位男女傳教員、幼稚園教師及工作人員協助教堂事務，且以教堂或教堂宿舍為家，也有租屋或定居附近地區者。即以教堂為核心，配合人力、物力等資源，將之發展成重要據點，再經由教會各式工作的持續推動，漸向堂區外的社區群眾拓展，[25]以增加信眾人數、擴大堂區影響力，一如聖言會於 1880 年代在中國魯南傳教區內建立教友村的奠基模式。[26]

除聖言會所屬堂區外，劉維和傳教歷程中也有與非聖言會負責範圍的教區合作，此包括屬嘉義教區的雲林斗南鎮聖三堂(六年多)、[27]屬臺南教區的

---

[23] 《資料集》，2 組 2 冊，〈憶竹崎：1967 年 9 月-1968 年 1 月 1 日〉。

[24] 蘇炳勳於 1938 年出生臺南市，初中畢，服務於竹崎堂，資歷十四年；羅逢春於 1935 年出生嘉義縣，傳教學校畢，服務於竹崎堂，資歷十一年；黃登標於 1933 年出生新竹縣，臺東若翰傳教學校畢，服務於竹崎堂，資歷六年；吳清課於 1925 年出生嘉義縣，臺灣傳教學校畢，服務於竹崎堂，資歷十六年；涂崇聖於 1932 年出生彰化縣，羅厝傳教學校畢，服務於內埔堂，資歷十八年。以上年資均計至 1973 年止，相關資料見楊傳亮主編，《嘉義教區成立廿週年紀念專刊(1953-1973)》，頁 189。

[25] 天主教會有關教區、堂區與社區的關聯性，可參見柯博識，《堂區福傳：與耶穌一起走入人群》(臺南：聞道出版社，2023)。

[26] 聖言會在中國魯南傳教區的奠基及發展模式之說明，參見本書第一章第三節；而聖言會在魯南傳教區最早的據點——山東陽穀縣坡里的發展情形，可見雷立柏編著，《聖言會在華 1879-1955 年：編年史、地方志、人物列傳》，頁 128-131。

[27] 在劉維和之前，擔任斗南聖三堂本堂神父者屬教區神父，依序及任期如下：李天一(1952-1954)、石汝昌(1954.01-07)、臧祥明(1954-1957)、張傑(1957-1958)、李少蒼

永康聖彌格爾堂(七年多)，以及退休後不定時地協助屬臺中教區的南投縣仁愛鄉中原耶穌聖心堂。其中，聖三堂是 1954 年首批到嘉義教區的會士紀福泰、陶賀兩人的住處；數個月後，紀福泰南下高雄、臺南拓展，1956 年倪體仁曾代理聖彌格爾堂工作，然 1966 年起紀福泰正式擔任聖彌格爾堂的本堂職達十五年之久，1981 年繼任者亦屬聖言會的施予仁，再至 1987 年劉維和接手此工作，直到 1994 年 12 月底退休為止，故劉維和實為聖言會國籍神父中，在非屬聖言會負責教區、堂區內擔任本堂職的第一位。

事實上，劉維和在臺灣超過廿七年的傳教生涯中，一半時間在屬聖言會負責範圍內的堂區工作，另一半時間則在專屬教區負責範圍內的堂區服務，且就擔任各個本堂職務時間計算，其在斗南聖三堂、臺南聖彌格爾堂的時間均超過五年以上，然在嘉義市及嘉義縣各個堂的工作時間均不到五年，亦即就流動性而言，其在專屬教區負責的堂區工作實較為穩定。

第二節　魂牽夢縈的故鄉

1947 年 7 月 18 日，共軍攻陷山東兗州，時年廿五歲的劉維和被迫離開故鄉，長期流亡異地，這個人生鉅變，令他晚年仿東北人因九一八事變被迫流亡他處而產生的思鄉曲〈我的家在東北松花江上〉，[28] 寫成自己的思鄉曲〈我的家在山東黃河邊上〉：

(1958-1976)；見《天主教嘉義教區成立五十週年紀念特刊(1952-2002)》，頁 83。而劉維和曾言，其乃聖言會「第一位神父被派到教區，和教區神父稱兄弟，共同服務學習經驗」，因為 1976 年 10 月 15 日，他即從中埔調往斗南工作；見《資料集》，2 組 2 冊。

[28] 該思鄉曲的歌詞如下：「我的家在東北松花江上，那裡有森林煤礦，還有那滿山遍野的大豆高粱。我的家在東北松花江上，那裡有我的同胞，還有那衰老的爹娘。九一八，九一八，從那個悲慘的時候；九一八，九一八，從那個悲慘的時候。脫離了我的家鄉，拋棄那無盡的寶藏，流浪，流浪，整日價在關內；流浪，流浪，哪年，哪月，才能夠回到我那可愛的家鄉？爹娘啊，爹娘啊，什麼時候，才能歡聚在一堂」。

> 我的家在山東黃河邊上，那裡有豐盛煤礦，還有那滿山遍野的五穀雜糧。
> 我的家在山東黃河邊上，那裡有我的同胞，還有那衰老的爹娘。
> 七一八，七一八，從那個悲慘的時候；七一八，七一八，從那個悲慘的時候。
> 脫離了我的家鄉，拋棄那無盡的寶藏，流浪，流浪，終日流浪在關內；
> 流浪，流浪，哪年，哪月，才能夠收回我那無盡的故鄉？
> 爹娘啊，爹娘啊，什麼時候，才能歡聚在一堂。[29]

字裡行間可見他對家園故鄉的思念。

然 2013 年 10 月 30 日，高齡九十一歲的劉維和首次有機會返抵闊別七十多年的家園、六十多年的故鄉；在此之前，他曾於 1993 年參加臺南教友組成的朝聖團到上海、香港[30]——這兩個當年他隨大修院師生倉促離開兗州，流亡至菲律賓途中的短暫停留地。但再隔二十年後，他終於回到他出生的地方——山東省沂水縣王莊瓦屋河村。

十二天的時間，扣除海峽兩岸的交通往返，他主要行程有二，即前五天祭祖、掃墓、認親，後五天拜訪老友、探視故居與舊地。[31] 就前者而言，父母親及兩個兄長早已離世，其乃家族現存一百多人中最年長者是可想而知的；未料到的是：在劉家族譜中，他竟然有一個兒子、四個孫子，及一個曾孫、一個曾孫女。原來，父親在世時，因久未得知他的訊息，執意將長兄次子過繼給他，且將他最後一次寄回老家的照片，於 1975 年過世前，親手交給繼長孫，並再三叮嚀要妥善保存。當看到繼長孫拿出保存多年的泛黃照片，才讓劉維和想起：1960 年 3 月初，他在菲律賓擔任本堂職，意外收到一封歷經歐洲數國、時隔一年多的家書，信中確為父親口吻，惟考量當時整體

---

[29] 《資料集》，2 組 2 冊、3 組 5 冊。
[30] 《資料集》，5 組 4 冊。
[31] 《資料集》，3 組 5 冊，〈劉維和常厚返鄉省親(返鄉探親雜記)〉。

情勢，他不便詳細回覆，故於11月底，寄上賀卡及照片一張，並在背面寫著：「藉此小照，順祝全家老幼聖誕愉快，新年大吉」。[32]一樁沈寂半世紀的往事，真相大白。

就後者而言，劉維和拜訪了年長他兩歲的學長郭福德(Joseph)神父，然另一位學長鍾偉傑(Andreas,1913-1992)神父及小學老師李春芳(Joseph,1913-2004)神父就只能在墓碑前祭拜。此外，他重回童年故居、兒時舊地，尤其是已為著名景點的朝聖地——聖母山時，更令他思及諸多往事。

1875年聖言會由楊生正式創立於史泰爾；四年後(1879)派出首批傳教士安治泰、福若瑟往香港行；1882年初兩人先後進入魯南陽穀縣坡里奠定傳教基礎，年底便往沂水王莊拓教。據1886年到達魯南的韓寧鎬記載：

〔1882年〕11月6日，安治泰神父終於來到了王莊，它坐落在一處山谷裡，風景優美，是沂水縣最大的集市之一，也是整個地區最大的商業中心。……但沒人理會他，小客棧的店主甚至不願給這位傳教士和他的隨行者準備飯食。所以安治泰神父只能在一片嘲笑聲中離去。兩里外的村莊裡，有一位善良的異教徒十分同情他，同意神父把馬車停在他的院子裡。

後來發現，沂水王莊附近願意接納天主教的只有三戶人家，分別位於樊峪、跨棒峪及瓦屋河，[33]而瓦屋河正是劉維和的出生地。

2013年劉維和返鄉行程結束後，手寫一份多達十餘頁的回顧文稿，提到王莊教會據點的規模、設施，及他所認識的數位神父、友人。據其記載，王莊坐落在一個四面環山的盆地間，堪稱教會的自給自養堂區，與教會最早據點坡里同步，擁有各項硬體設備及軟體資源。其大致規模如下：

---

[32] 《資料集》，3組5冊，〈劉長維手書信函(2013.11.02)〉；又劉維和於2013年11月4日親筆載：「劉長維親口陳述又寫下這宗實情」。

[33] 韓寧鎬著，陳曉春、柯雅格譯，《聖言會福若瑟神父——其生平和影響及兼論山東南部傳教史》，頁43。

整個堂區有高大廣闊的教堂居中，這座教堂最早是由 1884 年來到王莊的布恩溥策劃興建，落成於 1893 年，呈東西座向，屬哥德式大教堂，名為耶穌聖心君王堂。總鐸神父亭院內有前、後花園，潔井一座，還有神父涼亭、宿舍，及餐廳廚房、儲藏室、武器保藏室，四周有圍牆是為防禦土匪來襲，且建有炮樓約六座，惟經常開放者僅北方和東方二處，均有守衛值班。另有男女嬰孩院、男女老人院、診所，及若瑟小學(分男女校)。堂區設有農耕隊，並隔出果園與牧園，後者又設有牛柵、豬舍、馬欄。

　　另據地方志書記載，王莊教堂曾於 1921 年重修，至 1940 年代，即劉維和離開山東時，整個堂區含

> 禮堂 24 間，修女院、女子學校共 16 間，孤兒院 3 間，男、女養老院各 3 間，男生教學樓二層共 24 間，學生飯廳二層樓共 10 間，倉庫 12 間，大、小伙房共 8 間，單間二層樓藥房 1 座，宿舍共 30 餘間，牲口圈、草棚 60 餘間，其他房屋 30 餘間。此外，該堂四周除東面設大門外，其他各面均有單間樓 1 座(其中西南面為三層樓，其餘兩面均係二層樓)。共占地 40 餘畝。[34]

兩種資料互相印證，可知該堂區規模寬廣宏偉及內部規劃狀況。

　　又王莊四周環山，往東山有田地，劉維和的五姑家即在此；往南山有果樹、田地，而北山則是著名的朝聖地──聖母山。聖母山距王莊本堂約二公里路程，沿途有相思樹林、十四處苦路；每主日一次，神父會去主持彌撒。聖母山占地廣大，山頂平臺即有三十畝，山下果園更達百畝，山園內有建築，含神父祈禱室、客房、園丁家庭居所等。[35]教堂在外圍，該堂主保是諸

---

[34] 《沂水縣志》(濟南：齊魯書社，1997)，頁 737。
[35] 據地方志書載：至 1940 年前，聖母山天主堂有房七間，會客廳三間，其他房屋數間，山頂的三個角上均有草房一間。由於聖母山遠近聞名，每逢 8 月 15 日聖母升天節時，到山上參加瞻禮的教友，除沂水外，另有來自沂源、蒙陰和臨沂等地的信眾，最多時達一千餘人；見《沂水縣志》，頁 737。

天神之后,堂內聖母無原罪態像立於祭臺上,頂上則是諸天神敬拜聖母畫像。劉維和讀小學時,每周三到聖母山朝聖,

> 來此朝聖者男女分組,有神父、傳教員或傳教姑娘帶隊領唱歌,沿路有十四處,平時不拜苦路,上下山我們都參加賽跑競賽。聖堂內沒有跪凳,皆就地而跪,腰要挺直,雙手合拾而且唱經。[36]

王莊堂區工作人員有男女傳教員、學校老師、神職人員等。其中,周泰(Albert Schote,1877-1965)神父是總鐸、宰梯凌(Wilhelm Zeitler,1906-1988)神父是若瑟小學校長,包嘉德(Benignus Karl Baumgartner,1898-1985)修士教學生繪畫、費希孟(Melanius Wiechmann,1902-1977)修士司琴、杜寗立(Daniel Johann Dürr,1903-1992)修士是勞工總管。學校老師有晚年加入聖言會的李春芳、彭老師是資深國文教師、教經學的劉迷糊(外號)老師、還有梁老師。其他成員包括：張姑娘是女嬰孩院院長；有兩個聰明兒子(名大冬、小冬)的梁媽媽管理男、女嬰孩院；廚師張守經,亦負責部分祭臺服務事；勞工主管余士傑,是劉維和的堅振代父,乃教會代表,亦負責總務事；住街上的孫先生是團體領導；財務處理是王守恩,亦工人領袖。此外,有製作肥料的殘障(無腿跪行)壯丁、專職以馬磨坊的低能老人來德先生。

前述總管女嬰孩院的張姑娘家很可能是王莊第一個接受天主教的家庭,[37]其父乃中醫師張頂魁,夫婦育有三女一男,「他們擔任傳教助手,不怕鄰人敵視,勇敢地幫助神父解決問題,故安神父回到坡里,請福神父到王莊開教」。張家三個女兒的聖名分別是瑪利亞、瑪爾達、瑪達利納,三人為協助傳教均未婚,負責育幼院保母工作,尤其是瑪利亞終身照顧被棄嬰兒,是當地知名的老張姑娘,於 1931 年離世。[38]

---

[36] 《資料集》,1 組 6 冊。

[37] 據廿世紀九〇年代當地方志記載,整個王莊的張姓均為教友,可知張姓與當地天主教發展的密切關係；見《沂水縣志》,頁 736。

[38] 《資料集》,1 組 6 冊,〈1882 張先生之家〉。

對於教區或堂區相關神職人員，劉維和亦有個別說明；如王莊天主堂於 1924 至 1937 年間隸屬青島教區，當時主教是維昌祿(Georg Weig,1883-1941)神父，劉維和說：他「曾數次到訪王莊和偏遠的西北鄉，攀山越嶺探訪我的家鄉瓦屋河莊」。曾於 1917 至 1928 年在王莊擔任院長的竇思德(Johann Dostert,1872-1956)神父則是為他施洗者(據家人告知)，但劉維和從未見過他。而 1929 至 1939 年在王莊任總鐸職的周泰，劉維和對他的印象甚佳，認為「他很像福若瑟神父，熱心謙誠像聖人」。至於宰梯凌則是劉維和讀小學時的校長，由於宰梯凌當時剛到王莊不久，亦跟著劉迷糊老師學中文。事實上，王莊若瑟小學(含嬰孩院)早於 1894 年即由羅賽開辦，然次年(1895)其便轉往蒙陰傳教，劉維和是在兗州讀書時才認識羅賽，那時「他已退休，坐輪椅，專人照顧」。至於在王莊亦僅停留一年(1935)即轉往蒙陰工作的香亞山(Karl Haase,1904-1973)神父，劉維和也曾在王莊見過，後來於高密小修院讀書時再次見面。

在涉及王莊神職人員的記憶中，令劉維和印象較為深刻的是李嘉士(Stephan Richarz,1874-1934)、衛志屏(Wilhelm Sondermann,1894-1939)和于淑靈(Joseph Wehner,1895-1976)三位神父。主要原因是他曾親自參加李嘉士的喪禮，而衛志屏和于淑靈曾負責屬王莊分堂的東裏店河南天主堂，該村落是他母親娘家所在地。

李嘉士是著名地質學者，獲維也納和慕尼黑大學博士學位，曾在維也納進行古生物學研究，並任教於波蘭、奧地利、美國；1933 年至北平輔仁大學擔任理學院院長，講授地質學、礦石學、岩相學(petrography)課程。惟 1934 年，傳說蒙陰地區發現恐龍化石，李嘉士即於 7 月 13 日從泰安往蒙陰行，在當地與于淑靈會合後，堅持不休息地繼續朝目的地前進，結果因天氣炎熱在路途中暑，於 15 日夜裡過世。[39]當時劉維和就在王莊，親眼目睹此事，並回憶說：

---

[39] 雷立柏編著，《聖言會在華 1879-1955 年：編年史、地方志、人物列傳》，頁 274-275。

勤厚在家鄉，曾幫忙在黃草頂上拾石頭數次，担著挑子滿載而歸，準備運到王莊送給李神父。有時跟大哥去山上，幫忙尋找化石和隕石，自己保存起來當玩具。1936 年間，[40]我正在王莊讀小學，眼見有人在清理一間教室，裝飾鮮花，當天就有神父和多人排隊，接著抬進一口棺材，聽說是一位神父在路上死了，原來就是那位 SVD 的科學家李神父，我參加了他的喪禮彌撒，和送他到聖林，王莊神職人員的墓園。

至於東裏店位於王莊北方，河南天主堂是從王莊分出的新據點，曾有三位神父在該堂工作，即蕭禮格(Heinrich Striethorst,1898-1971)、衛志屏和于淑靈。劉維和的母親是教友，雖然他從沒見過外祖父母，亦未探訪過東裏店，但曾在高密見過衛志屏、在蒙陰見過于淑靈，而與後者見面時，正是國共對峙的混亂期間，當時學校放暑假，劉維和在蒙陰城，于淑靈被逐出東裏店河南天主堂也到了蒙陰，「八路軍把我堂姐，要入聖家會的，騙回家，強迫結婚，並以同樣手段，騙我回家，我堅持不回家，未受騙」，這個幾乎讓劉維和與聖召之路分道揚鑣的經驗，實令他記憶深刻、難以忘懷。又 1975 年，劉維和因參加在羅馬梵蒂岡舉行的聖言會會祖楊生與會士福若瑟真福品大典而有歐洲行，本想利用此機會到維也納拜訪于淑靈，「但他已失智，作罷」！[41]

---

[40] 此恐為時間誤差，因劉維和於 1936 年離開家鄉到高密讀小修院，而 1933 至 1936 年間在王莊讀若瑟小學；見〈沂水王莊，初期傳教情形〉，《資料集》，1 組 2 冊，載曰：「瓦屋河莊東嶺，我老家，我出〔生〕地，1936 年初秋，14 歲那年，辭別了家鄉，父老兄姊，踏出我第一步，進了高密修院」。又劉維和亦曾於 2013 年 11 月 14 日手書：「1934 年 7 月 13 日李神父中暑去世那年，我 12 載。李神父的遺體入棺後從蒙陰運到王莊，停放在一間教室，第二天我參加了李神父的葬禮彌撒，然後遊行出北門，李神父遺體下葬放聖林，其靈魂安息主懷。劉勤厚我大哥，兩年前，我 10 歲那年受托登我家東山黃草頂，尋找隕石的故事，就是送給李神父作研究的隕石」；見《資料集》，3 組 4 冊。

[41] 《資料集》，1 組 4 冊，〈沂水王莊，我啟蒙之地，所認識幾位神父和友人〉；1 組 5 冊。

返鄉行程中，另一讓劉維和懷念的地方是位於濟寧的戴莊。戴莊不屬於教區而是聖言會的修會據點，1898年楊生批准購買該地並予建設，面積約七十公頃，1901年正式簽訂合同，從此，聖言會團體擁有一個專屬修會的中心。

戴莊自1901至1945年是聖言會的地區會院，可提供會士培育、避靜、聚會、語言學習、休息或養病等用途。又為配合各項活動需要，戴莊硬體規劃與軟體資源不斷充實，如1909年陸續完成的辦公樓、學校教室、宿舍、教師學院、小醫院，及供農場用之屋舍、作坊，1910年開始興建教堂，1912年教堂、避靜院均落成；又當時戴莊農場可自給自足，除飼養豬、牛，亦生產穀糧，惟菜蔬仍需向外採購；而培育人才的各式課程如語言學校、冬季兒童道理班、小學、中學、初學院等亦順利進行。

此外，1917年開始，與聖言會屬同一會祖，惟創建於1889年，並自1905年起至魯南協助聖言工作的聖神婢女傳教會，亦將修院進駐戴莊，直到1945年止，故戴莊亦為該女修會的地區會院所在地，且1920至1930年代，屬女修會的小學、望會生院、初學院、診所、門診部也先後開辦。[42]

戴莊亦有墓園區(聖林)規劃，乃1903年由馬天嘉(Festus Wilhelm Mahlberg,1866-1940)修士興建，1904年的諸聖節落成，並經剛升上主教不久的韓寧鎬祝聖。墓園中最早的被安葬者是鉅野教案中殉道的韓理與能方濟，兩位是遷葬於此，[43]然聖林中更令人矚目的被安葬者是1908年過世的福若瑟，這也是劉維和返鄉行程的重要目的──祭拜最早到他出生地王莊傳教的聖言會士，也是他最崇敬的傳教士典範。為緬懷舊地往事，劉維和蒐集到戴莊地目平面圖，茲配合圖示(參見圖12-2)列出內容以掌握實況：

---

[42] 雷立柏編著，《聖言會在華1879-1955年：編年史、地方志、人物列傳》，頁106-111。

[43] 韓理與能方濟兩人因1897年鉅野教案而亡，亦聖言會在魯南最早殉道的會士，兩人初葬於陽穀坡里，再遷葬至濟寧戴莊。

01.哥德式大教堂	02.原福若瑟神父故居
03.原院長神父辦公樓(紅樓)	04.原神父宿舍(北大樓)
05.原老年神父休養所平房	06.聖母山
07.福若瑟神父墓地(聖林)	08.目前安葬神父們的墓園
09.園林式花園內有珍稀樹木，樹齡二至三百年間	10.假山——荷亭水池
11.原初學院平房(目前由醫院出租為餐廳)	12.原神哲學院教學樓
13.籃球場	14.教會後的出入大門
15.聖言會會院(目前為醫院門診樓)	16.南北通道
17.葡萄園四十畝地	18.目前為修女們墓地
19.原聖神婢女會修女樓	20.目前已建成十二層醫療病房
21.原聖神婢女會修女院落	22.醫院大門入口
23.南北通道	24.原神學院(西大樓)
25.原聖言會會院(目前為醫院職工宿舍樓群)	26.醫院宿舍區
27.東西交通公路	28.往黃村樓公路[44]

　　關於戴莊各部分的實際規劃及運用情形，據1941年入大修院讀哲學班、1943年再入神學班的郭福德回憶可知：[45]神哲學院(編號12)為兩層樓房，下層門旁有院長室，另設哲學班和神學班，教室、宿舍都在該建築內。上層最西側是修院小聖堂，供修院每天的彌撒和祈禱用。大樓前有操場(編號13)，供作排球、籃球運動場。

　　初學院(編號11)有房屋十間，後面是戴莊著名的荷亭(編號10)，風景秀麗。1949年以前田耕莘、張維篤、孫金聲、袁意可(Paul,1910-1985)神父均在此度過兩年的初學期。

　　院長樓(編號03)是紅瓦覆頂，上下兩層，各十間房，供神父及外來神父住宿，二樓東側有小聖堂，辦公室則在二樓西側，樓西北角兩層均有衛浴設施。

　　神父避靜樓(編號04)位於院長樓後方，長寬和院長樓接近，分上下兩層，均有寬敞明亮的通道，內設一百多間個人宿舍，供全省聖言會士避靜時

---

[44] 《資料集》，1組3冊。
[45] 郭福德，《我的回憶錄》(未載出版項，複印本)，頁14。

住宿。上層西側有小聖堂,供神父每天做彌撒用。樓房西側有一大地下室,專供製作、存放葡萄酒用,而釀酒原料則來自位於戴莊大院外、約四十畝的葡萄園(編號 17)。

此外,修女樓群(編號 19、20、21)位於東方,為硬山式建築,有房屋一百廿五間,供作宿舍、診所、病房、學校等用途。[46]

另據 1947 年在戴莊入初學的薛保綸記載:

> 修會生活非常有規律,每天早晨四點廿五分起床,盥洗後進堂跪著唸早課,做一小時默想,接著是彌撒,彌撒後做十五分鐘的感謝聖體。早上七點鐘吃早飯,八點上課,先上兩個小時的神修學,唸一小時聖經和神修書。下午勞作兩個小時,再讀聖書準備第二天的默想一個小時,每星期上四小時德文課。晚上八點唸晚課,九點睡覺。[47]

上述內容實可觀察出聖言會為培育本地聖召之各式設施與學習規劃。

第三節　飲水思源的聖家

晚年的劉維和常說自己是個「沒有聖召的神父」,[48]因為他的聖召之路、人生旅途走得坎坷、過得艱難,幾度與聖召擦身而過,幾乎進不了聖家大門。[49]

其曾當眾或私下細數個人波折經歷:一歲時,半夜三更的寒冬,餓狼出

---

[46] 郭福德,《百歲老人回憶錄》(香港:華藝出版社,2019),頁 73-76。
[47] 〈薛保綸神父口述史〉,頁 245。
[48] 此乃劉維和於 2005 年 6 月 3 日(即耶穌聖心節、司鐸聖化日),應邀至嘉義主教公署與神職人員分享聖召經驗時的演講題目;見《資料集》,2 組 2、3 冊,〈一個沒有聖召的神父〉。劉維和甚至在其晉鐸五十周年的歌單上自書:「一個沒有聖召的神父就是我」;見《資料集》,3 組 2 冊。
[49] 孫淑寬,〈緬懷良善心謙的牧者:聖言會劉維和神父榮歸天鄉〉,頁 4。

現自宅寢室,令人驚恐萬分。五歲時(1927 年),新春過後,自己煮開水被嚴重燙傷,無藥可治,只得到鄰近村莊取狗油塗抹;接著盜匪來襲,父親抱著他與母親等人分開逃避,後來與家人於北山頂碰面,在當地住一年乃得返家。年幼時遭遇兩個荒年,一次是蝗蟲遮掩大地,全年欠收,一次是黃河氾濫成災,餓死、病死多人。

入小學第二年(1934),與同學三人齊去見校長,表達聖召意願遭拒。次年(1935)有新本堂神父到任,再度面見神父表達心意,又因此舉會影響家庭經濟二次被拒,終因父母親自出面說明,乃得神父應允。惟小學畢業後,因吐血、高燒無法立即入小修院,直至病癒乃在長兄陪伴下徒步出發,攀山涉水一周,才順利進入高密小修院就讀。

三年小修院畢業,轉至兗州大修院繼續學習,然哲學一年級(1940 年)開始便嚴重貧血,經常持續高燒不退,幾至死亡邊緣,住院三個月未能康復;當時,院長及相關長上已開會討論,認為他「沒有聖召」,決定病情好轉就須離開修院,惟因他在當地舉目無親、乏人依靠,便將之交由一位本堂神父收容,學習做輔祭和打掃工作,暫時維持一段時間。然他不知自己已遭學校開除,經常要求回修院讀書。待二戰結束,接踵而至的是共軍包圍兗州城,此時身體恢復,開始逃亡生涯,在上海與大家會合時,才知院長已將自己名字刪掉——大家以為他已放棄聖召或死於戰火之下。

1949 年到達菲律賓馬尼拉後,決定加入聖言會,卻在發初願前三天,聽到會長、初學導師說:劉修士面臨考驗,因為至今未收到領洗證明,請大家祈禱求主安排吧!直到發願前夕的晚課後,會長報告:感謝天主,劉修士的證件中午收到了![50]

退休後的劉維和先於 1995 年 1 月臨時落腳中埔耶穌君王堂,後因颱風影響於 1996 年 7 月遷居頂六聖母無玷聖心堂,9 月又遷居頂六聖言會舊會院,終因年紀愈長,考慮安全問題,故於 2007 年轉往吳鳳南路聖言會新會

---

[50] 《資料集》,2 組 2 冊,〈一個沒有聖召的神父〉;3 組 5 冊,〈虛度 90 載、進會 60 年〉;4 組 5 冊。

院定居,並展開晚年的自修學習之路。從目前存留資料可知,其於 1990 年代即獲《若望‧孟高維諾宗主教:中國第一位天主教傳教士》一書,然 2007 年定居吳鳳南路聖言會會院的十五年間,相關學習資料不斷增加。茲將劉維和的學習資料整理如下:

表 12-4　劉維和學習資料表

性質		名稱	來源	說明
教會史	世界教會	《宗教辭典》	1 組 2、4 冊,3 組 1 冊	2007.05.16、08.26、2013.05.16、2014.02.21、10.06、10.07 抄錄
		〈梵蒂岡城國的起源〉Andrea Riccardi 著、夕拾譯	1 組 4 冊	2013.05.11 抄錄
	中國教會	《天主教在中國》	1 組 1、3 冊	
		《羅馬教廷與中國》	1 組 1 冊,5 組 4 冊	原為法文、譯為中文
		《中國天主教編年史》顧衛民著	1 組 4 冊	2014.05.14 抄錄
		《中國天主教史(History of the Catholic Church in China)》穆啟蒙(Joseph Motte)編著、侯景文譯	1 組 3 冊	抄錄
		《若望‧孟高維諾宗主教:中國第一位天主教傳教士》韓承良著	1 組 5 冊	1990.10.04
		《中華殉道聖人傳》(《中華殉道先烈傳》)劉宇聲編著	1 組 5 冊,5 組 2 冊	影印
		《羅文藻主教逝世三百週年紀念文集(1691-1991)》	1 組 1 冊	2018.04.10 抄錄
		《中國天主教指南(Guide to the Catholic Church in China)》沙百里(Jean Charbonnier)著	3 組 1 冊	2005.03.15 購書
		《中國天主教教區劃分及其首長接替年表》趙慶源編著	4 組 3 冊	影印
		《天主教早期傳入中國史話》王書楷編寫	5 組 4 冊	2014.06.15 抄錄
		《景教教主聶斯多畧》羅漁著	5 組 4 冊	2013.01.20
		〈大秦景教流行中國碑〉(「大秦塔的傳奇」)	1 組 1 冊	王蜀桂提供、抄錄
		〈第六屆基督教在當代中國社會的作用及其影響〉	1 組 4 冊	2017.03.16 收藏、英文
	臺灣	《靜居隨筆》李西滿著	1 組 1 冊,	2007.11.08

溯源：劉維和神父的尋根之旅　379

			4組6冊	
	教會	《天主教在臺灣》江傳德著	4組4冊	2011.07.19
		《天主教在臺灣簡史》楊彥杰著	3組6冊、 4組4冊、 5組1冊	2008.06.01、06.02、 2011.07.09、09.06、 2013.06.09 抄錄
		《天主教臺灣朝聖旅遊指南：天主教在臺灣簡史》天主教臺灣總修院編印	4組4、5冊	2007.08.13 抄錄
		《美麗島‧主的莊田：臺灣天主教歷史(1859-1950)》山樂曼(Miguel Angel Sanroman)著	4組4冊	
		《今日「臺灣天主教」大鑑》汪富雄編輯	4組5冊	
		《臺灣天主教通訊錄》(1965年版)華明書局	4組6冊	
		《中國天主教會臺灣教省簡史》	5組1冊	剪貼
		〈內省與延續：天主教在海峽兩岸的發展〉陳方中著	5組6冊	2017.05.14 抄錄
修會史	聖言會	《天國的拓荒者》周華德著、薛保綸譯	1組1冊	2011 抄錄
		《聖言會的軌跡》	1組1冊	
		《奧古斯定‧韓寧鎬主教傳：一位德國人在華工作53年》赫爾曼‧費希爾著、雷立柏譯	1組1冊	
		《田故樞機耕莘百歲冥誕紀念大典(1890.10.24-1990.10.24)》	1組1冊	
		〈聖言會傳教小史(上)(下)〉方類思撰	1組1冊	方類思提供
		《魯南公教人物考(1879-1949年)》雷耀漢編	1組2冊	2012.10.12 抄錄
		《紀念福若瑟神父逝世一百周年(1908-2008)》	1組2冊	2008.01 收到、 2011.08.07 精讀
		《郭福德神父晉鐸金剛慶紀念冊》	1組2冊	2012.08.16 抄錄
		《聖言會來華一百周年紀念特刊(1882-1982)》	1組3冊	
		《聖言會在中國100週年》	1組4冊	英文
		〈教會為何冊封福若瑟為聖人?〉	1組6冊	2008.01 收到
		《我的回憶錄》郭福德著	4組5、6冊	
		〈輔大在臺復校與聖言會〉柯博識著	5組6冊	柯博識提供
	其他修會	《阮的腳步阮的情：天主教各修會在台簡史》天主教男女各修會編著	1組1冊	影印
		《七十雜記》方類思著	5組2冊	剪貼圖像

				2010.10.21[51]
教區史	中國教區	《華夏遺蹤：聖言會甘肅、河南福傳史(1922-1953)》吳伯著	1組1、5冊	剪貼圖像
	臺灣教區	《嘉義教區成立廿週年紀念專刊(1953-1973)》楊傳亮主編	2組2冊	2010.10.02抄錄剪貼
		《天主教嘉義教區成立五十週年紀念特刊(1952-2002)》	2組2冊，5組1冊	
		《萬金聖母殿：萬金開教153週年暨敕封聖殿30週年》	4組5冊	
		《天主教臺中教區中原耶穌聖心堂開教五十二年暨建堂五十周年慶》	4組5冊	
其他史著	中國史	《天津租界史》(《天津插圖本史綱 Tientsin: An illustrated outline history》、《天津的成長 The growth of Tientsin》)雷穆森(O.D. Rasmussen)著、許逸凡、趙地譯	1組6冊	
	臺灣史	《臺灣史》楊彥杰著	5組1冊	2007.08.28、09.04、09.06抄錄
		《臺灣人400年史》史明著	5組3冊	2009.02.08、03.19抄錄

　　由上表可知，劉維和的學習資料大多屬教會人士作品、教會出版品，此實因其成長歷程、生活範疇影響所致。又這些資料的性質不一，有專論性、通論性者，有整本書籍、單篇文章，有學術性著作、紀念性作品，亦有工具書。且這些資料涉及的內容普遍又廣泛，包括教會史(含世界教會、中國教會與臺灣教會)、修會史(含聖言會、其他男女修會)、教區史(含中國、臺灣教區)及其他史著(含中國史、臺灣史)等。

　　這些資料來自各種管道，有自己購買、別人贈閱，甚至意外尋獲者，如其曾手書：

　　　　2009年元月，一樓書櫃內，找到此書「臺灣人四百年史(漢文版)——

---

[51] 劉維和在資料上手書：「在嘉義教區同步傳教員，又是兗州修院學長，故方類思神父遺留下來的相片，提供作參考」；見《資料集》，5組2冊。

史明」,高英輝神父所屬,他十數年前意外過世,本人試圖近在落日餘輝之際,增進一些對台灣的認知,擇其簡要,記錄一些心得,以度晚年。[52]

可知這本臺灣史書籍,是同修會神父的遺物。

又其獲得史明的臺灣史一書後,曾於 2009 年以六百字稿紙數次抄錄此書內容,頁碼編號至一百三十五,總數量高達八千字。他也於 2011 年抄錄屬同修會的薛保綸之譯著《天國的拓荒者》時手書:「雖然進會 60 年,虛度 90 載,但對聖言會的認知非常淺限,自感不足,願借此著作,簡單節錄一些章節,補充或增加些對聖言會的認識」。[53]兩則史料,除顯現其學習目的外,亦可得知他的學習方式是手抄筆錄。

事實上,劉維和的學習方式確以手抄筆錄為主,但並不以此為限,另有原書影印、剪貼及圖像學習等,如《中華殉道聖人傳》、《中國天主教教區劃分及其首長接替年表》、[54]《中國天主教會臺灣教省簡史》、《天主教嘉義教區成立五十週年紀念特刊(1952-2002)》是原書影印、剪貼;[55]其中,《華夏遺蹤:聖言會甘肅、河南福傳史(1922-1953)》一書內刊載諸多圖像,劉維和除將之影印剪貼成冊外,並在旁手書「看相片,明歷史」。[56]更有以筆畫線詳細閱讀原著的情形,如《紀念福若瑟神父逝世一百周年(1908-2008)》一書,即見全書被密密麻麻地劃著紅線,[57]可知其精讀此書時之認真與用心。

整體而言,劉維和蒐集及抄錄最多者仍是自身所屬的聖言會歷史,尤其

---

[52] 《資料集》,5 組 3 冊。
[53] 《資料集》,1 組 1 冊。
[54] 劉維和在該資料上手書:「趙慶源神父,山東人,西德工作,死於德國」;見《資料集》,4 組 3 冊。
[55] 《資料集》,5 組 1 冊。
[56] 《資料集》,1 組 1、3、5 冊。
[57] 《資料集》,1 組 2 冊。

著重抄錄人物，茲將其手抄筆錄之聖言會士分類列表如下：

表 12-5　劉維和抄錄資料表

性質		人物	來源、說明
中國教區主教會士	山東兗州	安治泰、韓寧鎬、舒德祿(Theodor Schu,1892-1965)	1組2、5冊，4組6冊 錄自雷耀漢編著，《魯南公教人物考(1879-1949年)》
	山東青島	維昌祿、吳伯祿(Augustin Olbert,1895-1964)	
	山東臨沂	萬賓來(Karl Weber,1886-1970)	
	山東曹州	何方濟(Franz Hoowaarts,1878-1954)	
	山東陽穀	田耕莘	
	甘肅蘭州	濮登博	
	河南信陽	法來維、史培祿、張維篤	
	河南新鄉	米幹	
	新疆	盧菲德(Ferdinand Loy,1892-1969)	
	青海	夏思德(Hieronymus Haberstroh,1893-1961)	
任職輔仁大學(含北平及新莊)會士		蔣百鍊、奧(Paul Auer,1919-?，離會)、 穆天民(Joseph Baumgartner,1913-?，離會)、 鮑潤生(Franz Xaver Biallas,1878-1936)、 步效良(Alfons Brockmüller,1909-1963)、 浦懷仁(Stephan Bungarten,1910-1986)、 卜恩禮(Heinrich Busch,1912-2002)、 卡(Thomas Cassidy,1918-2009)、 柯(寇熙，John Cohill,1906-1994)、 商樹勳(高樹勳，Wilhelm Cremers,1901-1985)、 柴熙(Albert Czech,1902-1993)、 艾(葉德禮，Matthias Eder,1902-1980)、艾(艾德華)、 豐浮露(Eugen Feifel,1902-1999)、 費知本(Wilhelm Fitzgibbon,1908-1994)、 富施公(Friedrich Fuchs,1899-1983)、 鍾磐石(Peter Gerhards,1912-2000)、齊德芳、 關德美(Johann Glanemann,1909-1995)、 葛爾慈(Joseph Goertz,1904-1980)、 高(Joseph Graisy,1911-1983)、 海(韓克曼，Gregory Hagemann,1909-?，離會)、 韓克禮、海貴春(Matthias Hermanns,1899-1972)、 何(何豐肅，Alfons Hotze,1909-1990)、扈伯爾、 徐思本、顏師(Augustin Jensch,1882-1963)、 顧盛德(顧若愚，Hermann Köster,1904-1978)、	3組6冊， 2012.10.12抄錄。

	紀福泰、開夢蘭(Wilhelm Krömer,1903-1980)、胡魯士(Henry Kroes,1903-1989)、柯(羅度華，Edward Kroker,1913-2007)、郎(朗雅格，Jakob Lang,1908-1972)、林慎白、馬德武(Gregory Mathews,1903-1949)、麥(John McDonough,1913-1991)、閔明我、苗德秀(Theodor Mittler,1887-1956)、穆爾菲、諾(Edward Norton,1919-2009)、吳保黎(Alois Oberle,1895-1968)、艾浩盧(Edgar Oehler,1907-1974)、歐思德(Franz Oster,1899-1979)、雷冕、李(李嘉士)、芮歌尼(Harold Rigney,1900-1980)、羅(林思廉，Charles Rösslein,1910-1999)、盧華民(Theodor Rühl,1903-?，離會)、羅詩曼、桑達士(桑德厚，Joseph Sandhaas,1907-1951)、沙(沙博理、邵伯奇，Hermann Schablitzki,1908-1980)、時雷鳴(Gerhard Schreiber,1911-1972)、賽(Alois Selzer,1893-1968)、沙(孫士選)、宋德剛(Robert Sonderkamp,1886-1956)、司(司文德)、蕭理格(蕭禮格)、文訥、翁(翁良，Leo Weng 或 Joseph Weng,1912-1973)、白立鼐(Berchmans Franz Brückner,1891-1985)、艾博理(Erminoldus Elser,1903-?，離會)、克禮和(Bernwardus Krahe,1901-?，離會)、素福年(Sophronius Lippert,1907-1997)	
來臺灣會士	彭嘉德(彭加德)、文訥、賈德良、紀福泰、陶賀、龐德、英由義、倪體仁、傅禮士、吳恩禮、台義施、薛保綸、楊世豪、朱秉文、葛汎德、萬德華、武佩理(Joseph Ulbrich,1912-1996)、蓋錫恩(Alphons Gessner,1897-1965)、方若翰(方耀漢，Johannes Fleckner,1911-2003)	1組3冊，2組4冊，錄自《聖言會來華傳教一百周年紀念特刊(1882-1982)》。[58]
兗州大修院會士	郭福德、楊世豪、艾文、陳錫洵、甯衍存(寧仁存，Matthias,1921-2002)、楊庚元(楊博德，Peter,1926-1997)	1組5冊，甯衍存部分抄於2014.12.08、艾文部分抄於2014.12.19。
首批國籍會士	孫振之(孫振聲、孫金聲)、伏開鵬、張維篤	1組1、5冊

---

[58] 劉維和載記這些會士時曰：「資料很多，百周年的回顧，有些資料已知道」，「一百五十年快到了，更有些資料待知道」；見《資料集》，1組3冊。

國籍會士	尚若望、王裴利伯、田耕莘、賈多默、袁意可、郭保祿、王若望 曹縣有兩位郭神父、鍾神父、牟神父、王若翰、 臺灣有薛保綸、朱秉文、楊類思、陳錫洵、 菲律賓有曹金鎧(Petrus,1921-2002)、楊伯多祿	1組1冊
於菲國初學後返中會士	鍾偉傑、郭福德、劉仁平(John Baptist,1919-1992)	1組2冊[59]
同學會士	薛保綸、曹金鎧	1組5冊
因教難殉道會士	能方濟、韓理、賈(Alphons Gärtner,1908-1938)、 鮑顏卿(Joseph Bayerle,1899-1941)、 赫題恪(Augustin Hättig,1898-1942)、 柏(Bernhard Polefka,1910-1942)、 米(August Müller,1912-1944)、 許德美(Friedrich Hüttermann,1888-1945)、 王布澤(Johann Walburg,1892-1947)、 蕭重道(Richard Haas,1911-1949)	1組6冊

由此可知，其習慣透過人物學習聖言會史。

劉維和亦抄錄傳教區歷史，關注重心在自己故鄉山東傳教區發展史，尤其是兗州教區，即聖言會在中國開始工作的首個傳教區——魯南代牧區，[60] 亦涉及修會在山東諸多地區之發展情形，如曹縣、戴莊、高密、濟寧、臨沂、青島、陽穀坡里、沂水王莊等地。[61] 至於世界天主教史方面，主要是抄錄《宗教辭典》兩大冊中數個名詞的解釋，包括刊於上冊的聖言會、[62] 若翰小兄弟會、馬丁路德(Martin Luther,1483-1546)、加爾文(Jean Calvin,1509-1564)、女教皇若安(Joan)，[63] 及載於下冊的教會聖師厄弗冷(Ephraem Syrus,

---

[59] 劉維和載及此三位會士時，注曰：「1950 年馬尼拉初學後，立即遣回大陸，不是坐監，就是下放」，又載：聖言會簡史「在百周年紀念冊內有數位神父報告相當詳細，請參考，尤其幾部分很重要」。

[60] 《資料集》，1 組 2 冊。劉維和載曰：兗州教區簡史是於 2012 年 8 月 16 日，抄自《郭福德神父骨鐸金鋼慶紀念冊》。

[61] 《資料集》，2 組 6 冊。

[62] 《資料集》，1 組 2 冊。

[63] 《資料集》，2 組 3 冊。

306-373)，背教者阿里安(Arius,250-336)、尤里安(Flavius Claudius Julianus, 331-363)、聶斯脫利(Nestorius,386-451)等人。[64]

結　語

2011 年 11 月 11 日，天主教聖言會中華省會在嘉義會院，為劉維和舉行慶祝進會六十年暨九十嵩壽的感恩彌撒，在提供給參與者的禮儀本中，劉維和寫下了自己的心情：

年 14、孤露生涯已開始，
父母雖然捨棄了我，然而天主卻收留了我。(詠二七 10)
流浪、逃亡，流浪到何年?逃亡到何方？
到處都是我的家鄉，
到處都有我的爹娘；
縱然自幼失去了生養教育我的雙親，
天主卻把我交託給您們，
關心我如爸媽兄弟姊妹。
我說不出心裡有多麼感激，
永遠不能忘記。
求主!天主永遠祝福您，
把我的心獻給您。

——昔時一個我，現在仍故我——
來日才是真正的我，主前報到永謝主恩。[65]

---

[64] 《資料集》，1 組 4 冊。
[65] 《聖言會會士劉維和神父慶祝進會 60 年暨 90 嵩壽感恩彌撒禮儀本》(未載出版項，2011)，封底。

綜觀劉維和的一生，十四歲告別原生家庭，廿五歲遠離山東故鄉，飄流故國數地後，廿七歲落腳菲律賓，四十五歲再到臺灣度過餘生。在菲律賓定居的十八年間，他往來數個不同地方學習課業及傳教實習，停留一地時間最長的是六年；來臺灣後，廿七年間歷經南臺灣十餘個本堂、分堂的臨時、代理、主任司鐸等職，服務時間最長者七年多，最短者兩個月，可見其一生實處於經常性的變化與移動中，無怪乎常有飄零、離散之感。此種頻繁變動生涯固然與司鐸職本身性質有關，然與其時代背景亦密切相關，因出生及成長於1920至1940年代的劉維和，適逢中國大環境的持續戰亂期間，不論是軍閥混戰、對日抗戰(二次世界大戰)、國共內戰，均造成全面且普遍性地家毀人亡、生離死別；而其自幼嚮往的聖召之路亦不平順，數次面臨挑戰，幾乎被迫放棄，惟因著信仰讓他確信是靠著天主的安排與護佑才能面對挑戰、度過難關，因此他的內心充滿感恩與無限感激。然無論過往歲月是如何地艱辛、困難，劉維和於2022年7月2日這天，百年的世俗生活──即自稱的「孤露生涯」──走到了盡頭，他終於平安、順利地回歸天鄉、返抵聖家！

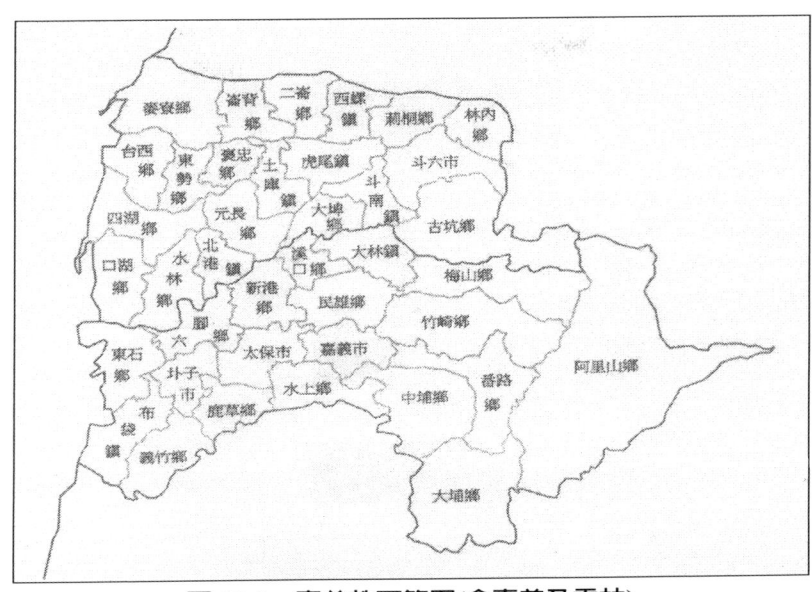

溯源：劉維和神父的尋根之旅　387

圖 12-1　嘉義教區範圍(含嘉義及雲林)

資料來源：孫慧敏，〈嘉義教區天主教教堂之空間與文化研究〉(嘉義：南華大學建築與景觀學系環境藝術研究所碩士論文，2008.06)，頁 3。

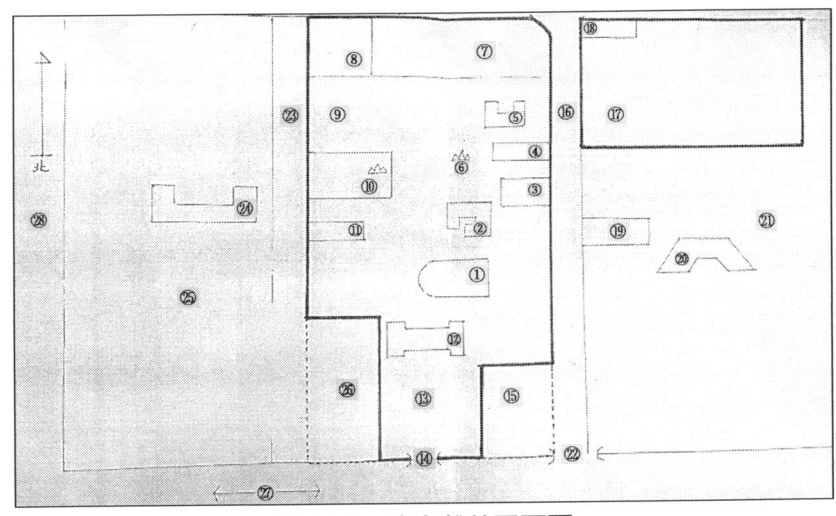

圖 12-2　濟寧戴莊平面圖

資料來源：《劉維和神父資料集》，1 組 3 冊。

徵引書目

一、史料

(一)檔案
01. 天主教聖言會中華省會。
02. 天主教聖言會美國芝加哥省會(SVD Robert M. Myers Archives, Techny, Chicago, U.S.A.)。
03. 天主教聖言會羅馬總會(SVD Generalate Archives, Rome, Italy)。
04. 中國河南焦作大聖若瑟天主堂。
05. 臺灣新店大坪林聖三天主堂。

(二)資料彙編、資料集
01. 《新鄉文史資料簡編(中卷)》，鄭州：中州古籍出版社，2012。
02. 《聖福若瑟書信》，未出版打字本。
03. 《劉維和神父資料集》，1組1-6冊；2組2-4、6冊；3組1-2、4-6冊；4組3-6冊；5組1-4、6冊。
04. 中央研究院近代史研究所編，《教務教案檔》，4輯，臺北：中央研究院近代史研究所，1976。
05. 中央研究院近代史研究所編，《教務教案檔》，5輯，臺北：中央研究院近代史研究所，1977。
06. 中央研究院近代史研究所編，《教務教案檔》，6輯，臺北：中央研究院近代史研究所，1980。
07. 中國第一歷史檔案館編，《清中前期西洋天主教在華活動檔案史料》，北京：中華書局，2003，1冊。
08. 路遙主編，《義和團運動文獻資料匯編(德譯文卷)》，濟南：山東大學出版社，2012。
09. 路遙主編，《義和團運動文獻資料匯編(法譯文卷)》，濟南：山東大學出版社，2012。

10. 雷立柏編譯，〈1924 年上海主教會議拉丁語文獻漢譯〉，未出版打字本，2022。
11. 劉志慶、尚海麗編，《河南天主教資料輯注》，北京：宗教文化出版社，2011。
12. 韓寧鎬著，陳曉春譯，《聖言會福若瑟神父——其生平和影響，兼論山東南部傳教史》，收入《義和團運動文獻資料匯編(德文譯卷)》。
13. 韓寧鎬(Augustin Henninghaus)著，陳曉春、柯雅格譯，《聖言會福若瑟神父——其生平和影響及兼論山東南部傳教史》，兗州：天主教兗州府，1920 出版，2012 譯本影印。
14. 鐘鳴旦等編，《法國國家圖書館明清天主教文獻》，臺北：臺北利氏學社，19 冊，2009；20 冊，2013。
15. 鐘鳴旦等編，《徐家匯天主教藏書樓明清天主教文獻續編》，臺北：臺北利氏學社，27 冊，2013。
16. Alt, Josef. ed. *Arnold Janssen SVD, Briefe in die Vereinigten Staten von Amerika*, Romae: Apud Collegium Verbi Divini, 1994.
17. Alt, Josef. ed. *Arnold Janssen SVD, Briefe nach Neuguinea und Australien*, Romae: Apud Collegium Verbi Divini, 1996.
18. Alt, Josef. ed. *Arnold Janssen SVD, Briefe nach China, Band. I: 1879-1897*, Romae: Apud Collegium Verbi Divini, 2000.
19. Alt, Josef. ed. *Arnold Janssen SVD, Briefe nach China, Band.II: 1897-1904*, Romae: Apud Collegium Verbi Divini, 2001.
20. Alt, Josef. ed. *Arnold Janssen SVD, Briefe nach China, Band.III: 1904-1908*, Romae: Apud Collegium Verbi Divini, 2002.
21. Bornemann, Fritz. ed. *Josef Freinademetz, Berichte aus der China-Mission*, Romae: Apud Collegium Verbi Divini, 1973.
22. Bornemann, Fritz. ed. 福神父見聞行過錄 *Josef Freinademetz SVD, Berichte aus der China-Mission*, Romae: Apud Collegium Verbi Divini, 1974.
23. Hartwich, Richard. ed. *Arnold Janssen and Josef Freinademetz: Correspondence between two saints(1904-1907)*, Romae: Apud Collegium Verbi Divini, 2008.
24. Mihalic, Frank. and Fecher, Vincent. eds. and trans. *Arnold Janssen, SVD Letters to China, Vol. I: 1879-1897*, Romae: Apud Collegium Verbi Divini, 2003.
25. Mihalic, Frank. ed. and trans. *Arnold Janssen SVD, Letters to New Guinea and Australia*, Romae: Apud Collegium Verbi Divini, 2001.
26. Pung, Robert. and Spring, Peter. eds. and trans. *Arnold Janssen SVD, Letters to the United States of America*, Romae: Apud Collegium Verbi Divini, 1998.

(三)調查資料、口訪資料
01. 艾琳達博士女工調查資料，1975、1977。
02. 袁嬿嬿女士口訪資料，2014.06.03、2014.07.21。

(四)口述史、回憶錄、回憶文、時人記載
A.書冊
01. 艾琳達口述，林佳瑩著，《美麗的探險：艾琳達的一生》，新北：遠景出版事業有限公司，2011。
02. 李西滿，《靜居隨筆》，未載出版項，2004。
03. 李西滿，《閒居隨筆(一)生活篇》，臺中：天主教互愛傳播服務中心，1994。
04. 李西滿，《閒居隨筆(二)追悼篇》，臺中：天主教互愛傳播服務中心，1994。
05. 李敦宗，《雷鳴遠(1877-1977)》，未載出版地：天主教耀漢會、德來會，1977。
06. 郭福德，《百歲老人回憶錄》，香港，華藝出版社，2019。
07. 郭福德，《我的回憶錄》，未載出版項，複印本。
08. 龐紀淑貞記述，《扈伯爾神父生平小史》，未載出版項，1991。
09. Henkels, Joseph. *My China Memoirs, 1928-1951*, Techny, Illinois: Society of the Divine Word, 1988.
10. Henninghaus, Augustin. P. *Josef Freinademetz SVD. Sein Leben und Wirken. Zugleich Beiträge zur Geschichte der Mission Süd-Schantung*, Yenchowfu: Druck und Verlag der Katholischen Mission, 1926.
11. King, Clifford. *I Remember*, Techny: Divine Word Publications, 1968.
12. Stenz, George M. *Twenty-five Years in China, 1893-1918*, Techny: Society of Divine Word, 1924.
13. White, Theodore H. and Jacoby, Annalee. *Thunder Out of China*, New York: William Sloane Associates, Inc., 1946.

B.單篇
01. 〈薛保綸神父口述史〉，收入《全人使命與社會療癒：聖言會與聖神婢女傳教會在台灣的經驗》，新北：天主教輔仁大學出版社，2023。
02. 王錫璋、蔡康志整理，〈解放前夕的新鄉〉，《新鄉文史資料》，3輯，1989.10。
03. 田玉生，〈懷念王國寶大夫〉，《紅旗區文史資料》，2輯，1989.04。
04. 李玉震，〈魯山蝗災的片斷回憶〉，《河南文史資料》，25輯，1988.02。
05. 南肯堂，〈日偽統治時新鄉教育概況(一九四二——一九四五年間)〉，《紅旗區文史資料》，1輯，1989.09。
06. 孫家福，〈我親眼目睹新鄉天主教會的幾件事〉，《新鄉文史資料》，11輯，

2000.10。
07. 張君琪口述、文戈整理,〈豫北最大的原陽王村天主教〉,《新鄉文史資料》,11輯。
08. 馮廣斌,〈天主教在新鄉縣活動的歷史〉,《新鄉文史資料》,11輯。
09. 萬德華,〈我在河南傳教的經驗〉,收入《聖言會來華傳教一百周年紀念特刊 (1882-1982)》,未載出版項。
10. 董永吉等,〈天主教在林縣的沿革〉,《林縣文史資料》,5輯,1992.05。
11. 趙連泰,〈新鄉公教醫院的始末〉,《新鄉文史資料》,11輯。
12. 趙誼林,〈回憶新鄉輔醫護士學校〉,《新鄉文史資料》,11輯。
13. 劉貞邦、王秀琴口述,馮成勛整理,〈兩位天主教修女的回憶〉,《新鄉文史資料》,11輯。
14. "An Appeal from Father Foffel, S.V.D. in China," *The Christian Family and Our Missions*, December 1933.
15. "An interesting pen picture of Msgr. Megan was given by Father Charles Meeus, Chinese missionary, in 'The Shield'," *The Christian Family and Our Missions*, February 1945.
16. "Aus der Steyler Sinsiang-Mission, Nordhonan, d. i. nördlich vom Gelben Fluß," *Steyler Missionsbote*, Juli 1940.
17. "Brief Mission: From China(Joseph Henkels)," *The Christian Family and Our Missions*, June 1943.
18. "Building a New Life," *The Word in the World*, 1968.
19. "Chronicle of St. Mary's Mission House," *The Christian Family and Our Missions*, March 1948.
20. "General Chiang Kai-Shek Names American Prelate Social Service Corps Head," *The Christian Family and Our Missions*, February 1944.
21. "It's 'Paradise' for Sure Now!" *The Christian Family and Our Missions*, May 1939.
22. "Monsignor Megan, S.V.D.," *Maryknoll Magazine*, June 1944.
23. "News from 'Paradise'," *The Christian Family and Our Missions*, June 1940.
24. "Red Peril," *Techny Chime*, 1947.
25. "Reds of Russia Advancing in China," *The Christian Family and Our Missions*, September 1932.
26. "Remembering another China," *Word USA*, Vol.13, No.2, March-April 1988.
27. "The SVD: Only the Poorest," *The Christian Family and Our Missions*, April 1944.
28. "To 'Paradise' and Back," *The Christian Family and Our Missions*, April 1940.
29. "Two Letters of Joseph Henkels, SVD," *The Word in the World*, 1981.

30. "War Front and Mission Front," *The Christian Family and Our Missions*, November 1942.
31. "With our American Missionaries(From Fr. Foffel)," *The Christian Family and Our Missions*, July 1933.
32. "With our American Missionaries(From Fr. Megan)," *The Christian Family and Our Missions*, March 1934.
33. A Paradiser, "The Shepherd of 'Paradise'," *The Christian Family and Our Missions*, November 1936.
34. Cesare, Mario Di. "To the Whole World Kin," *The Christian Family and Our Missions*, March 1953.
35. Davis, Mark. "Fr. Henkels writes of his dangerous past in China," *Word USA*, Vol.14, No. 1, December 1988-January 1989.
36. Emarzlg, Aug. "Die apokalyptischen Reiter," *Steyler Missionsbote*, Juli 1932.
37. Foffel, George. "How the Bandits Raided Tsai-keo," *The Christian Family and Our Missions*, August 1932.
38. Fontana, Joseph. "'Paradise' Welcomes Its First Prefect Apostolic," *The Christian Family and Our Missions*, February 1937.
39. Fröwis, George. "A Chapter of Honan History," *The Christian Family and Our Missions*, June 1932.
40. Haines, Arthur. "Forever Free," *The Christian Family and Our Missions*, January 1940.
41. Heier, Peter. "Even the Devil Helps Along," *The Christian Family and Our Missions*, March 1944.
42. Heier, Peter. "The Post-flood Chinese Influenza," *The Christian Family and Our Missions*, April 1932.
43. Henkels, Joseph. "Blessing the Fishing Fleet," *The Christian Family and Our Missions*, November 1951.
44. Henkels, Joseph. "Father Megan: an Atomic Missionary," *Divine Word Missionaries: 100 Years Jubilee Issue*, Fall 1979.
45. Henkels, Joseph. "Priorities & Politicies in the New China Mission," *Divine Word Missionaries: 100 Years Jubilee Issue.*
46. Henkels, Joseph. "The Locusts Are Coming!" *The Christian Family and Our Missions*, January 1944.
47. Henkels, Joseph. "The Locusts Are Coming!" *The Word in the World*, 1981.
48. Henkels, Joseph. "The Refugee Camp at Rennie's Mill," *The Christian Family and Our Missions*, December 1950.

49. Henkels, Joseph. "Welcome to Shensi," *The Christian Family and Our Missions*, September 1944.
50. Jansen, Joseph. "'Minor' Floods in China," *The Christian Family and Our Missions*, April 1932.
51. Jansen, Joseph. "The Catechumenate in China," *Our Missions*, October 1925.
52. Jansen, Joseph. "When Bandits Need Money," *Our Missions*, May 1928.
53. King, Clifford. "Among the Bandits," *Our Missions*, October 1930.
54. King, Clifford. "Go! It is Recess," *The Little Missionary*, October 1943.
55. King, Clifford. "Of Course, I love China!" *The Little Missionary*, November 1925.
56. King, Clifford. "Story of the Catholic Well of Roshan," *Our Missions*, October 1928.
57. King, Clifford. "The Catechumenate in China," *The Christian Family*, May 1930.
58. King, Clifford. "Weathering the Storm in China," *Our Missions*, August 1930.
59. Kowalski, Bernard. "Little Drops of Water," *The Christian Family and Our Missions*, July 1940.
60. Kunkel, Ray. "Edward Wojniak, SVD Missionary in two Chinas," *Word USA*, Vol.9, No.1, February-March 1984.
61. Master, Andrew. "AMERIKA: Provincia Meridionalis in Statibus Foederatis ad Sanctum Augustinum," *Arnoldus Nota*, January 1952.
62. May, Anthony. "Missionary Escapes From the Communists," *The Christian Family and Our Missions*, June 1947.
63. Megan, Thomas. "Across the Red Border," *The Little Missionary*, November 1946.
64. Megan, Thomas. "A New Church for Chiaomiao," *The Christian Family and Our Missions*, April 1942.
65. Megan, Thomas. "'A Night of Terror," *The Christian Family*, October 1928.
66. Megan, Thomas. "A Page In Sr. Adela's Diary," *Our Missions*, April 1927.
67. Megan, Thomas. "A Typical Chinese City," *Our Missions*, March 1930.
68. Megan, Thomas. "A Week on the Road in China," *The Christian Family and Our Missions*, December 1937.
69. Megan, Thomas. "An Execution," *Our Missions*, November 1930.
70. Megan, Thomas. "Boy and Girl," *The Little Missionary*, October 1944.
71. Megan, Thomas. "Can the Missionaries Work With China's Red?" *The Christian Family and Our Missions*, March 1947.
72. Megan, Thomas. "Chinese Catholics Aim at National Unity," *The Christian Family and Our Missions*, May 1945.

73. Megan, Thomas. "Chinese New Year," *The Little Missionary*, January 1935.
74. Megan, Thomas. "Escape From the Invaders," *The Christian Family and Our Missions*, February 1945.
75. Megan, Thomas. "Escaping Martyrdom," *The Christian Family and Our Missions*, February 1931.
76. Megan, Thomas. "First Things First," *The Christian Family and Our Missions*, March 1943.
77. Megan, Thomas. "Floods in China: 50,000,000 people facing starvation," *The Christian Family and Our Missions*, November 1931.
78. Megan, Thomas. "For Charity's Sake!" *The Christian Family and Our Missions*, January 1938.
79. Megan, Thomas. "Forward!—Mission Work!" *The Christian Family and Our Missions*, August 1939.
80. Megan, Thomas. "Goodby China Hello USA," *The Christian Family and Our Missions*, May 1948.
81. Megan, Thomas. "Heathen Baby," *The Little Missionary*, June 1938.
82. Megan, Thomas. "Honan in War-Time," *The Christian Family and Our Missions*, December 1938.
83. Megan, Thomas. "Hunger in Honan," *The Christian Family and Our Missions*, September 1943.
84. Megan, Thomas. "I Rescue an Infant," *The Little Missionary*, January 1940.
85. Megan, Thomas. "In and Out of Red China," *The Christian Family and Our Missions*, August 1946.
86. Megan, Thomas. "In the Nick of Time," *Our Missions*, July 1927.
87. Megan, Thomas. "Just in Time," *Our Missions*, July-August 1929.
88. Megan, Thomas. "Method of Making Converts," *The Christian Family and Our Missions*, May 1934.
89. Megan, Thomas. "Optimists by Choice," *The Christian Family and Our Missions*, May 1941.
90. Megan, Thomas. "Our New Mission in China," *The Christian Family and Our Missions*, June 1934.
91. Megan, Thomas. "Pagan Babies," *The Little Missionary*, December 1937.
92. Megan, Thomas. "Profit and Loss: On the Books of a War-Torn China Mission," *The Christian Family and Our Missions*, May 1944.
93. Megan, Thomas. "Progress in 'Paradise'," *The Christian Family and Our Missions*, March

1938.
94. Megan, Thomas. "Red," *Seminary, Bulletin, Christmas*, 1947.
95. Megan, Thomas. "Reflections of a New Prefect Apostolic," *The Christian Family and Our Missions*, February 1937.
96. Megan, Thomas. "School Days in China," *The Little Missionary*, September 1936.
97. Megan, Thomas. "Shangtsai—Chinatown," *Our Missions*, July 1930.
98. Megan, Thomas. "Sinsiang Steps Forward!" *The Christian Family and Our Missions*, June 1940.
99. Megan, Thomas. "Soul Fishing in Chinese Waters," *The Christian Family and Our Missions*, November 1938.
100. Megan, Thomas. "Taming 'China's Sorrow'," *The Christian Family and Our Missions*, July 1946.
101. Megan, Thomas. "The Attitude of the Chinese to the Church," *The Christian Family and Our Missions*, July 1937.
102. Megan, Thomas. "The Attitude of the Chinese Toward the Catholic Missionary," *The Christian Family and Our Missions*, August 1937.
103. Megan, Thomas. "The Future of the Church in China," *The Christian Family and Our Missions*, June 1939.
104. Megan, Thomas. "The Missionary's Greatest Cross," *The Christian Family and Our Missions*, March 1947.
105. Megan, Thomas. "The Sisters Changed the Town," *The Christian Family and Our Missions*, November 1947.
106. Megan, Thomas. "The Temples of Heathendom Totter," *The Christian Family*, May 1929.
107. Megan, Thomas. "Traveling in China," *The Little Missionary*, September 1934.
108. Megan, Thomas. "Twelve Days with the Bandits as told by the Catechist Wang Chiau-chan," *The Little Missionary*, April 1935.
109. Megan, Thomas. "War-Time Worries of a Mission Bishop," *The Christian Family and Our Missions*, January 1942.
110. Megan, Thomas. "When the Bishop Comes," *The Little Missionary*, September 1938.
111. Megan, Thomas. "With Fire and Sword," *The Christian Family and Our Missions*, April 1938.
112. Nepper, Mark. "Today's religion: Priest recounts mission work in China," *Telegraph Herald*, July 15, 1988.
113. Rushman, Lloyd. "Two Friends of God," *The Christian Family and Our Missions*, June

1944.
114. Schoppelrey, Hermann. "A Year's Ups and Downs in Sinyangchow," *The Christian Family and Our Missions*, November, 1936.
115. Wittwer, Dominic. "Catholic Women: China's Hope," *The Christian Family and Our Missions*, June 1937.
116. Wittwer, Dominic. "China Needs More Catholic Women," *The Christian Family and Our Missions*, May 1937.
117. Wojniak, Edward. "A Great Missionary at First Hand," *The Christian Family*, September 1957.
118. Wojniak, Edward. "Anthony Wewel, S.V.D., A Pioneer Missionary," *The Christian Family and Our Missions*, March 1939.
119. Wojniak, Edward. "Bearers of the Word," *The Christian Family*, December 1954.
120. Wojniak, Edward. "Books," *The Christian Family*, January 1959.
121. Wojniak, Edward. "Can the Church Survive in China," *The Christian Family and Our Missions*, January 1946.
122. Wojniak, Edward. "Eternity Won't Be 'Long Enough!'," *Divine Word Missionaries*, Spring 1973.
123. Wojniak, Edward. "Formosa Today China Tomorrow," *Divine Word Missionaries*, Vol.3, No.3, Autumn, 1961.
124. Wojniak, Edward. "From the Desk of the Mission Procurator," *The Christian Family*, November 1954.
125. Wojniak, Edward. "From the Desk of the Mission Procurator," *The Christian Family*, April 1955.
126. Wojniak, Edward. "From the Desk of the Mission Procurator: 25 Club News," *The Christian Family*, October 1955.
127. Wojniak, Edward. "Havoc in Honan," *The Christian Family and Our Missions*, July 1938.
128. Wojniak, Edward. "Hey! Here's The Big Idea!" *The Little Missionary*, 1947.
129. Wojniak, Edward. "Mission Scenerama at Rochester," *St. Augustin's Messenger*, 1956.
130. Wojniak, Edward. "New approach to evangelization in Taiwan," *Catholic Missions*, December 1970.
131. Wojniak, Edward. "Taiwan Hostels Inc.," *The Word in the World*, 1967.
132. Wojniak, Edward. "The Library," *The Towers*, 1927.
133. Wojniak, Edward. "Village Schools in China," *The Little Missionary*, 1947.
134. Wojniak, Edward. "Will Chinese Lose the Peace?" *The Christian Family and Our Missions*,

January 1946.

(五)報紙、周刊、月刊、通訊

01. 《大公報》(重慶)，1943。
02. 《大公報》(桂林)，1944。
03. 《天主教周報》(臺北)，2022。
04. 《中央日報》(臺北)，1964、1966-1968、1971、1983。
05. 《中國時報》(臺北)，1969、1988、1991。
06. 《平原日報》(新鄉)，1952。
07. 《民生報》(臺北)，1978、1988。
08. 《民族晚報》(臺北)，1967。
09. 《青年日報》(臺北)，1988。
10. 《婦友》(臺北)，1966。
11. 《教友生活週刊》(臺北)，1966、1969。
12. 《通用之聲雜誌》(臺北)，1975。
13. 《善導週刊》(高雄)，1966。
14. 《聖三堂訊》(新店)，1996-2005、2007-2009、2017。
15. 《經濟日報》(臺北)，1967-1968、1970-1971、1976、1981。
16. 《臺北扶輪社週刊》(臺北)，1968。
17. 《臺灣新生報》(臺北)，1966-1968。
18. 《臺灣新聞畫報》(臺北)，1966-1967、1970-1971、1976。
19. 《徵信新聞報》(臺北)，1966-1968。
20. 《聯合報》(臺北)，1965-1968、1974、1988。
21. *ARNOLDUS*, 1966-1967.
22. *Chicago Sun-Times*, 1967.
23. *China Post*, 1966-1968.
24. *Formosa High Lights*, 1962-1965、1967、1969-1970.
25. *Free China Weekly*, 1966.
26. *Life in the Missions*, 1972.
27. *Pittsburgh Catholic*, 1966.
28. *Sunday Examiner*, 1966.
29. *The Catholic Voice*, 1966.
30. *The China News*, 1967-1968、1971.
31. *The Pittsburgh Press*, 1966.

(六)地方志書

01. 《沂水縣志》，濟南：齊魯書社，1997。
02. 《河南省志‧宗教志》，鄭州：河南人民出版社，1994。
03. 《林縣志》，鄭州：河南人民出版社，1989。
04. 《修武縣誌》，鄭州：河南人民出版社，1986。
05. 《焦作市郊區志》，北京：紅旗出版社，1993。
06. 《焦作市解放區教育志》，北京：方志出版社，1997。

(七)碑刻

01. 「王村天主堂碑記」，2008.12.25，聖誕節立。
02. 「李臺建築比約聖堂紀念碑」，1940.05.05，比約瞻禮立。
03. 「河南焦作大聖若瑟堂碑刻」，2003.12.25，聖誕節立。
04. 「新鄉總堂曲水分堂建堂紀念碑」，1938.06.01，《新鄉文史資料》，11輯。
05. 「銘石脩考」，大清光緒三十三年七月初七日豎立，趙俊升撰文。

(八)禮書、禮儀本、紀念冊

01. 《天主教嘉義教區成立五十週年紀念特刊(1952-2002)》，嘉義：天主教嘉義教區，2004。
02. 《田耕莘樞機主教紀念回顧展(1890-1967)》，未載出版項。
03. 《向主僕福若瑟神父九日敬禮》，山東：兗州府天主堂印書館，1944。
04. 《真福福若瑟神父：九日敬禮》，新竹：方類思神父，1990。
05. 《聖言會會士劉維和神父慶祝進會60年暨90嵩壽感恩彌撒禮儀本》，未載出版項，2011。
06. 《劉道全神父逝世二十週年紀念文集》，未載出版項，2020。
07. 尤恩禮編，薛保綸譯，《聖福若瑟語錄》，新莊：輔仁大學出版社，2007。
08. 主教團禮儀委員會編譯，《感恩祭典(二)平日彌撒經書》，臺北：天主教教務協進會出版社，1984。
09. 主教團禮儀委員會編譯，《感恩祭典(三)平日彌撒經書》，臺北：天主教教務協進會出版社，1984。
10. 金慶特刊編輯小組編，《結緣半世紀：傳承‧出發(天主教新店大坪林聖三堂金慶特刊1962-2012)》，新店：大坪林天主教聖三堂，2012。
11. 孫靜潛譯，《梵蒂岡第二屆大公會議禮儀憲章》，臺北：天主教教務協進會鐸聲月刊社，1964。
12. 福若瑟，《亞來淑劇》，兗州：山東兗州府天主堂，1917。
13. 福若瑟，《新約中的彌撒聖祭》，未載出版地：天主教聖言會，1997。

14. 福若瑟，《避靜指南》，兗州：山東兗州府天主堂印書館，1931。
15. 楊傳亮主編，《嘉義教區成立廿週年紀念專刊(1953-1973)》，未載出版項。
16. 聖三堂第一屆傳協會編，《新店大坪林聖三天主堂四十週年堂慶紀念專輯》，新店：大坪林天主教聖三堂，2002。
17. Freinademetz, Joseph. *Sacrificium*, Yenchowfu: Typographia Missions Catholicae, 1915.

二、專書

01. 王成勉主編，《傳教士筆下的大陸與臺灣》，桃園：國立中央大學出版社、臺北：遠流出版事業股份有限公司，2014。
02. 王健康、康元非譯，《風暴遍中國》，北京：解放軍出版社，1985。
03. 方類思著，楊世豪譯，《真福福若瑟行傳》，新竹：天主教互愛傳播服務中心，1990。
04. 艾琳達，《激盪!臺灣反對運動總批判》，臺北：前衛出版社，1998。
05. 余凱思著，孫立新譯，《在「模範殖民地」膠州灣的統治與抵抗：1897-1914年中國與德國的相互作用》，濟南：山東大學出版社，2005。
06. 狄德滿著，崔華杰譯，《華北的暴力和恐慌：義和團運動前夕基督教傳播和社會衝突》，南京：江蘇人民出版社，2011。
07. 吳新豪編譯，《天主教禮儀發展史》，香港：香港教區禮儀委員會，1983。
08. 吳蕙芳，《民初直魯豫盜匪之研究(1912-1928)》(修訂版)，臺北：臺灣學生書局，2024。
09. 吳蕙芳，《萬寶全書：明清時期的民間生活實錄》，臺北：國立政治大學歷史學系，2001。
10. 汪德明(Berna, Jesus S.)著，楊世豪譯，《教友的時代》，臺北：光啟出版社，1986。
11. 芮納‧米德著，林添貴譯，《被遺忘的盟友》，臺北：遠見天下文化出版股份有限公司，2014。
12. 周華德著，薛保綸譯，《天國的拓荒者》，臺北：天主教聖言會，1996。
13. 昊伯，《華夏遺蹤：聖言會甘肅、河南福傳史(1922-1953)》，臺北：光啟文化事業，2006。
14. 孟德衛著，潘琳譯，《靈與肉：山東的天主教 1650-1785》，鄭州：大象出版社，2009。
15. 柯博識，《堂區福傳：與耶穌一起走入人群》，臺南：聞道出版社，2023。
16. 柯博識著，袁小涓譯，《私立北京輔仁大學 1925-1950：理念、歷程、教員》，新莊：輔仁大學出版社，2007。
17. 施予仁(Schmitz, B.)，《田耕莘樞機》，臺北：天主教聖言會中國省會，1990。
18. 相藍欣，《義和團戰爭的起源》，上海：華東師範大學出版社，2003。
19. 高華士著，趙殿紅譯，《清初耶穌會士魯日滿常熟賬本及靈修筆記研究》，鄭州：大象出版社，2007。
20. 張先清，《帝國潛流：清代前期的天主教、底層秩序與生活世界》，北京：社會科學文獻出版社，2021。
21. 張作錦、王力行主編，《我們生命裡的「七七」：從蘆溝橋到中日八年抗戰》，臺北：遠見天下文化出版股份有限公司，2014。
22. 張維篤，《福若瑟神父行實》，臺北：教友生活，1962。
23. 陳淑鈇、李美紗，《傳教士的夥伴：陶賀神父和聖神女子傳教學校1955-1978》，臺南：聞道出版社，2017。
24. 普路茲，《真福福若瑟神父傳》，臺北：天主教聖言會，1997。
25. 普路茲、米格著，薛保綸譯，《聖福若瑟神父傳：傳教士的典範》，嘉義：天主教聖言會，2005。
26. 費爾南·布勞岱爾著，施康強等譯，《15至18世紀的物質文明、經濟和資本主義》，臺北：貓頭鷹出版社，2000，2刷。
27. 路遙，《山東民間秘密教門》，北京：當代中國出版社，2000。
28. 鮑乃曼著，薛原、潘薇綺譯，《聖言會在華傳教小史》，新莊：天主教聖言會，1999。
29. 楊世豪編著，《人生三大問題探討》，臺北：安道社會學出版社，1994。
30. 雷立柏，《別了，北平：奧地利修士畫家白立鼐在1949》，北京：新星出版社，2017。
31. 雷立柏(Leopold Leeb)編著，《聖言會在華1879-1955年：編年史、地方志、人物列傳》，未出版打字本，2019。
32. 鄒保祿，《教會禮儀簡史》，臺南：聞道出版社，1977。
33. 趙一舟譯，《羅馬禮儀與文化共融》，臺北：天主教教務協進會出版社，1994。
34. 赫爾曼·費希爾(Hermann Fischer)著，雷立柏譯，《奧古斯定·韓寧鎬主教傳：一位德國人在華工作53年》，臺北：聖家獻女傳教修會，2006。
35. 端納(William H. Donald)譯，《外國人看中國抗戰：中國的驚雷》，北京：新華出版社，1988。
36. 潘家駿，《聖事禮儀神學導論》，臺北：光啟文化事業，2015，初版2刷。
37. 劉志慶、尚海麗，《河南天主教編年史》，北京：宗教文化出版社，2012。
38. 劉英，《飲水思源：楊生神父、福若瑟神父小傳》，臺北：天主教聖言會，1973。

39. 劉國鵬，《剛恆毅與中國天主教的本地化》，北京：社會科學文獻出版社，2011。
40. 穆盛博著，亓民帥、林炫羽譯，《洪水與飢荒：1938至1950年河南黃泛區的戰爭與生態》，北京：九州出版社，2021。
41. 羅光主編，《天主教在華傳教史集》，臺南：徵祥出版社，1967。
42. Raas, Bernhard. SVD 著，韓麗譯，《教會禮儀年度》，臺北：光啟文化事業，2012，上冊。
43. Taveirne, Patrick 著，古偉瀛、蔡耀偉譯，《漢蒙相遇：聖母聖心會在鄂爾多斯的歷史 1874-1911》，臺北：光啟文化事業，2012。
44. Tóth, Tihamér 著，楊世豪譯，《我們的宗教》，兗州：保祿印書館，1954，3 版。
45. Tóth, Tihamér 著，楊類斯(楊世豪)譯，《我們的宗教》，兗州：山東兗州保祿印書館，1948。
46. Weigl(魏格), A. M.著，楊世豪編譯，《玄義玫瑰聖母顯現記》，臺北：安道社會學社，1984。
47. Bornemann, Fritz. and others. *A History of Our Society*, Romae: Apud Collegium Verbi Divini, 1981.
48. Bornemann, Fritz. *As Wine Poured Out: Blessed Joseph Freinademetz SVD Missionary in China, 1879-1908*, Rome: Divine Word Missionaries, 1984.
49. Bornemann, Fritz. *Der selige P. J. Freinademetz 1852-1908, Ein Steyler China-Missionar Ein Lebensbild nach zeitgenössischen Quellen*, Bozen: Freinademetz-Haus Bozen, 1977.
50. Bornemann, Fritz. *Founder of Three Missionary Congregations, 1837-1909*, Romae: Apud Collegium Verbi Divini, 1975.
51. Brandewin, Ernest. *In the Light of the Word: Divine Word Missionaries of North America*, Techny: The Society of the Divine Word, 2000.
52. King, Clifford. *A Man of God: Joseph Freinademetz, Pioneer Divine Word Missionary*, Techny, Illinois: Divine Word Publication, 1959.
53. Kuepers, Jac. *China und die Katholische Mission in Süd-Shantung, 1882-1900*, Steyl: Drukkerij van het Missiehuis, 1974.
54. Miotk, Andrzej. *The Missionary Endeavor of the Society of the Divine Word in Latin America and China: the founding and biographical approaches*, Romae: Apud Collegium Verbi Divini, 2023.
55. Mitter, Rana. *Forgotten Ally: China's World War II, 1937-1945*, New York: Haughton Mifflin Harcourt, 2013.
56. Muscolino, Micah S. *The Ecology of War in China: Henan Province, the Yellow River, and Beyond, 1938-1950*. Cambridge: Cambridge University Press, 2015.

57. Rivinius, Karl Josef. *Im Spannungsfeld von Mission und Politik: Johann Baptist Anzer, 1851-1903*, Siegburg: Studia Instituti Missiologici SVD, 2010.
58. Wojniak, Edward J. *Atomic Apostle: Thomas M. Megan S.V.D.*, Techny, Illinois: Divine Word Publication, 1957.
59. Wong, Bibiana Yee-ying. *The Short-lived Catholic Centeral Bureau: National Catalyst for Cultural Apostolate in China(1947-1951)*, Taipei: Taipei Ricci Institute, 2021.
60. Wu, Albert Monshan. *From Christ to Confucius: German Missionaries, Chinese Christians, and the Globalization of Christianity, 1860-1950*, New Haven and London: Yale University, 2016.
61. Young, Ernest P. *Ecclesiastical Colony: China's Catholic Church and the French Religious Protectorate*, New York: Oxford University, 2013.

三、專文

01. 〈聖言會在華傳教工作簡史〉，收入羅光主編，《天主教在華傳教史集》，臺南：徵祥出版社，1967。
02. 于禮本，〈從德國到阿里山：聖言會林慎白神父的觸口村露德聖母堂設計〉，《南藝學報》，16期，臺南，2018.06。
03. 王志希，"Reviews: From Christ to Confucius"，《漢語基督教學術論評》，32期，桃園，2021.12。
04. 包敏(Fritz Bornemann)著，梁慧鴻譯，〈天主教聖言會歷史(二)〉，《公教文譯》，7期，羅馬，2016.06。
05. 狄剛，〈聖言會在華傳教簡史〉，收入《聖言會來華傳教一百周年紀念特刊(1882-1982)》。
06. 李小東，〈抗日戰爭時期的西安私立中學教育〉，《陝西學前師範學院學報》，32卷5期，西安，2016.05。
07. 李維紐斯，〈基督教傳教活動與山東義和團運動——以"聖言會"為中心〉，《清史譯叢》，7集，北京：中國人民大學出版社，2007。
08. 宋光宇，〈試論四十年來臺灣宗教的發展〉，收入《臺灣經驗(二)：社會文化篇》，臺北：東大圖書股份有限公司，1994。
09. 吳子清，〈悼念我們聖家會的李貞德修女〉，《天主教聖家善會會刊》，不分期，臺南，2013.03。
10. 吳蕙芳，〈口腹之欲：明版日用類書中的葷食〉，《中國歷史學會史學集刊》，35期，臺北，2004.01。

11. 吳蕙芳，〈民間日用類書的淵源與發展〉，《國立政治大學歷史學報》，18 期，臺北，2001.05。
12. 周丹，〈晚清時期聖言會在華傳教活動考實(1879-1908)〉，《天主教研究論輯》，9 期，北京，2012。
13. 柯博識，〈十九世紀的中國教案〉，收入《聖言會來華傳教一百周年紀念特刊(1882-1982)》。
14. 柯博識，〈聖言會士蔣百鍊神父與輔仁大學在臺復校的關係〉，《輔仁歷史學報》，29 期，新北，2012.09。
15. 柯毅霖著，陳愛潔譯，〈福若瑟與安治泰：兩位傳教士、兩種風格〉，《鼎》，23 卷冬季號，總 131 期，香港，2003。
16. 施珮吟，〈試論芮哥尼主校初期(1946-1948)輔仁大學的發展〉，《史學研究》，23 期，新北，2010.05。
17. 秦和平，〈對天主教重慶聖家書局出版事略的認識〉，《宗教學研究》，2014 年 3 期，成都，2014.07。
18. 袁小涓，〈1949-1950 年北京輔仁大學控制權的爭奪——以校務長芮哥尼為中心的討論〉，《輔仁歷史學報》，22 期，新莊，2009.01。
19. 康志杰，〈中國天主教發展鄉村經濟的理念與實踐——以聖言會在華活動為例〉，《天主教研究論輯》，10 期，北京，2013。
20. 康志杰，〈瞻禮單述論：兼說西曆的東傳〉，《北京行政學院學報》，2014 年 3 期，北京，2014.05。
21. 陳信行，〈打造第一個全球裝配線：臺灣通用器材公司與城鄉移民 1964-1990〉，《政大勞動學報》，20 期，臺北，2006.07。
22. 張培新，〈天主教在臺灣社會服務的一般性考察〉，《臺灣文獻》，55 卷 1 期，南投，2004.03。
23. 張傳聖撰、梁潔芬譯，〈台灣天主教會內部發展(1950-1970)〉，收入《台灣天主教研究(卷二：挑戰與展望)》，臺北：光啟文化事業，2020。
24. 崔家田，〈北洋時期中原地區紅十字組織的社會救助〉，《華北水利水電大學學報》，32 卷 3 期，鄭州，2016.06。
25. 崔家田，〈全面抗戰時期中原地區紅十字組織的社會救助——以會刊為中心〉，《理論月刊》，2016 年 1 期，武漢，2016.01。
26. 傅燕鴻，〈1940 年代「中原大災荒」中的民變研究〉，《福建論壇》，2016 年 4 期，福州，2016.04。
27. 溫安東，〈聖言會及其在中國的傳教工作〉，《鼎》，32 卷春季號，總 164 期，香港，2012。

28. 溫安東，〈聖言會在臺灣的堂區工作〉，收入《聖言會來華傳教一百周年紀念特刊 (1882-1982)》。
29. 溫安東，〈聖言會在臺灣的過去與現在〉，收入《聖言會的軌跡：創會 125 周年紀念講座手冊》，臺北：財團法人天主教聖言會，2000。
30. 楊世豪，〈三位傑出的聖言會士〉，收入《聖言會來華傳教一百周年紀念特刊 (1882-1982)》。
31. 劉志慶，〈近代河南天主教九個教區的形成與發展〉，《中國天主教》，2005 年 2 期，北京，2005.03。
32. 瞿海源，〈臺灣地區天主教發展趨勢之研究〉，《中央研究院民族學研究所集刊》，51 期，臺北，1981.春季。
33. 瞿海源、姚麗香，〈臺灣地區宗教變遷之探討〉，收入《臺灣社會與文化變遷》，下冊，臺北：中央研究院民族學研究所，1986。
34. 顧衛民，〈剛恆毅與 1924 年第一屆中國教務會議〉，《上海大學學報》，12 卷 3 期，上海，2005.05。
35. Bornemann, Fritz. "A. E. Smorenburg," *Verbum*, Vol.14, No.3, 1973.
36. Criveller, Gianni. "Freinademetz and Anzer: Two Missionaries, Two Styles," *Tripod*, Vol.23, No.131, 2003.
37. Kuepers, Jac. "A Case of Cultural Interaction between the German Catholic Mission and the Population of South Shandong in Late Qing China"，《輔仁歷史學報》，31 期，新北，2013.09。
38. Miotk, Andrzej. "Karl Josef Rivinius: *Im Spannungsfeld von Mission und Politik: Johann Baptist Anzer(1851-1903), Bishof von Süd-Shandong* (Johann Baptist Anzer: SVD Bishop between Mission and Politics," *Verbum*, Vol.52, No.1-2, 2011.
39. Nepper, Mark. "Today's religion: Priest recounts missions work in China," *Telegraph Herald*, July 15, 1988.
40. Rivinius, Karl Josef. "Bishop J. B. Anzer: On the Occasion of the 80th Anniversary of his Death," *Verbum*, Vol.24, No.4, 1983.
41. Rivinius, Karl Josef. "Mission and the Boxer Movement in Shandong Province with particular reference to the 'Society of the Divine Word'"，收入《義和團運動與中國基督宗教》，新莊：輔仁大學出版社，2004。
42. Weber, Anton. "Across the Strait to Taiwan," *The Word in the World*, 1990/1991.

四、學位論文

01. 吳惠雯，〈晚明傳教士的中國意象——以社會生活的觀察為中心〉，臺北：國立臺灣師範大學歷史學系碩士論文，2004.01。
02. 孫慧敏，〈嘉義教區天主教教堂之空間與文化研究〉，嘉義：南華大學建築與景觀學系環境藝術研究所碩士論文，2008.06。
03. 張政章，〈一九四五年以後台灣西部平原地區天主教教堂建築之研究〉，臺中：東海大學建築工程研究所碩士論文，1991.06。
04. 薛惠瑩，〈新店大坪林聖三天主堂及其鑲嵌玻璃之研究〉，新北：國立臺北大學民俗藝術與文化資產研究所碩士論文，2022.08。

五、工具書

01. 《辭海》，臺北：臺灣中華書局，1986，上冊。
02. 費賴之(Louis Pfister)著，梅乘騏、梅乘駿譯，《明清間在華耶穌會士列傳(1552-1773)》，上海：天主教上海教區光啟社，1997。
03. 雷立柏編，《中國基督宗教史辭典》，北京：宗教文化出版社，2013。
04. 雷立柏編，《聖神會在華 1905-1955 年》，未出版打字本，2001。
05. 雷耀漢(Leopold Johann Leeb)編，《魯南公教人物考(1879-1949 年)》，未出版打字本。

後記：
從聖三堂歷史到聖言會在華傳教史的探究

　　2016 年 7 月，我首次踏進天主教聖言會位於美國芝加哥泰克尼的墓園，看著過去數年間，在諸多原始資料上陸續閱讀到的神父、修士們的姓名，一個個出現在排列整齊的墓碑上，讓我既震撼又感動。2017 年 11 月、2018 年 7 月，類似場景的同樣感受，又出現在聖言會位於臺灣嘉義會院的墓室、位於德國聖奧古斯丁(Sankt Augustin)的墓園中，不同的墓碑型式與刻文字體，卻都是我熟悉的名字，再想到這些不同國籍的傳教士們為完成使命，遠離故鄉親友到異域外邦，在艱困環境裡奉獻寶貴歲月數十年後，終結束世俗旅程而長眠墓地，不禁令人難過而哽咽。

　　會接觸到在海峽兩岸華人社會服務的不同國籍之聖言會士資料，實導因於 2011 年，立於新店即將達半世紀之久的聖三天主堂歡慶大坪林堂區金慶紀念的機緣。當時教堂的主任司鐸邀請我，參與該堂為慶祝次年(2012)堂慶而編纂的五十周年紀念專輯工作；於是我開始關注聖三堂的歷史，更因此進一步地投入聖言會在華傳教史的探究。

　　十年來，在教內與教外諸多人士協助下，我利用暑假期間，長途跋涉地先後赴美國芝加哥泰克尼、中國北京與河南新鄉、德國聖奧古斯丁華裔學志(Monumenta Serica)等地的檔案室、圖書館蒐集資料，並實際訪查相關的人、事、物；一路走來，不免面臨各式問題與意外狀況的種種挑戰，然尋獲資料的喜悅，及因閱讀資料得突破研究瓶頸而出現豁然開朗的心境，實足以彌補過程中的辛勞經歷。

　　由於聖三堂的創建者是美籍會士萬德華，所以，他自然地成為我第一個關注目標；〈天主教聖言會的社會服務事業：以新店大坪林德華女子公寓為例(1968-1988)〉、〈從 *Formosa High Lights* 到《聖三堂訊》：天主教會在臺灣本地化發展的案例〉兩文，即是呈現其在新店大坪林創立教會據點聖三堂，及該堂相關工作的持續拓展與本地化過程。又因為萬德華早年曾工作於中國河南，因此，我也追隨他的足跡到河南北部的新鄉傳教區；〈萬德華神父筆下的傳教經歷：海峽兩岸的觀察紀錄〉一文，就是說明他在海峽兩岸華人社會服務期間的實際工作與心路歷程。

事實上，當我隨著萬德華足跡到達中國河南北部時，才發現聖言會在新鄉傳教區的塵煙往事。一批批以美籍為主的年輕會士們，在連年戰亂、頻繁天災、物資極度匱乏的 1920 至 1940 年代，先後到達當地，努力推動學校教育及社會救助工作，為教會事業播種與奠基。〈異域樂土：外籍傳教士眼中的華北民間社會(1920 至 1940 年代)〉、〈來自中原的訊息：傅相讓神父的河南傳教經歷〉、〈戰亂下的傳教士生活：韓克禮神父回憶錄中的景象〉三文，實描述傳教士面對天災、人禍等周圍環境的觀察、感受與遭遇、應變；而當時新鄉傳教區的首任監牧、美籍會士米幹的傳奇式經歷，更是深深吸引我撰寫成〈建立新鄉樂園：米幹神父在豫北的傳教事業〉、〈重返新鄉樂園：國共內戰時期的米幹神父〉兩文；至於〈實踐信仰生活：1931 年的中國聖教年曆〉一文，則是透過美籍會士傅相讓寄回家鄉的天主教教會年曆，剖析當時教友的實際信仰生活，並呈現外來宗教與中國傳統文化，以及民間社會彼此間相互交流與融合之特色。

在逐漸掌握聖言會於 1920 至 1940 年代、在中國河南的工作狀況後，我也愈發對聖言會在晚清初入中國傳教的情形感到好奇；於是，1880 至 1900 年代、以歐洲籍(尤其是德籍)為大宗的會士們在中國山東南部的發展，便成為我另一個關注焦點；〈聖言東傳：楊生神父書信中的魯南傳教事業(1879-1897)〉、〈福若瑟神父的華人社會生活：從香港到魯南(1879-1908)〉兩文，即是在這樣的思考脈絡下完成的。而〈溯源：劉維和神父的尋根之旅〉一文，則呈現聖言會於魯南奠基四十年後，終於 1920 年代出現國籍會士的本地化成果，且這些歷經諸多政治動亂的國籍與外籍會士們，雖於 1940 年代末被迫先後離開中國，惟於 1950、1960 年代又齊聚臺灣，彼此攜手合作，持續在華人社會的教會事業迄今。

綜觀本書整體架構，實依循自然時間軌道，始於聖言會於 1880 年代在山東的奠基，後拓展至 1920 至 1940 年代的河南，再於 1950、1960 年代傳承到臺灣；然自己的實際研究路徑，卻是相反地從聖言會在臺灣的工作開始，再往前追至河南北部，最後溯及山東南部。

教會史研究(特別是天主教教會史)在臺灣史學界長期以來屬少數人的投入領域，此或有其主、客觀條件的侷限性，然教會史涉及諸多值得探究的重要課題，不論是中外文化交流、新式教育推動、醫療機構創建、政教關係糾葛、偏鄉地域發展等，都是不容忽視的。而傳教士工作必須深入民間基層，其親眼所見、親筆載記者，亦可補充或印證華人社會中庶民百姓鮮為人知的部分內容；僅以筆者個人之研究經歷而言，1980 年代碩士論文關注的盜匪活動、1990 年代博士論文著重的庶民生活，乃至 2000 年以後專心於民間社會對生活知識的掌握等課題，均可在傳教士遺留的資料裡尋得若干線索，使筆者有機會透過不同來源的多樣化史料，再次觀察、互證昔日曾涉獵過的課題，令歷史圖像的呈現更為完整清晰。

年過半百才踏進教會史課題的研究，筆者初衷僅欲釐清若干未明及不解之處，然一路走來的累積成果竟可形成此書，究其原因，實得力諸多人士的支持、鼓勵與肯定、協助，他們不論何種專業背景、成長經歷、年齡輩份，均在我需要時伸出援手，無論是在資料蒐集、疑問解答或生活照顧等方面；這些援助者為數眾多，為免掛一漏萬，筆者不個別稱名道謝，謹此致上誠摯謝意與由衷敬意，並滿懷感恩而銘記在心。

此外，本書撰寫期間曾獲數次科技部、國科會研究計畫案的支援，包括 102 至 103 年度的「天主教聖言會在大坪林地區的發展(1962-2012)」、104 年度的「天主教聖言會在華北的傳教事業：以傳教士為核心之觀察(1882-1949)」、105 至 106 年度的「米幹神父在華北的傳教事業」、107 年度的「社會救助或政治參與?抗戰時期的米幹神父」、109 至 110 年度的「清末民初天主教聖言會在魯南的傳教事業」、111 至 112 年度的「地方教會與民間社會：天主教聖言會在嘉義的發展」。而單篇論文、整本專書完成後，均經匿名審查機制並獲通過准予刊登之結果，這些都是激勵筆者往前邁進的重要力量。

　　惟此期間筆者亦遭逢母親離世、個人身體違和等狀況，必須中斷研究相當時日以調整身心靈的不適，但這也促使自己更想要把握時間進行各項工作。筆者深知這本個人的首部教會史著作仍有諸多不足與疏漏，為此，尚祈各方高明先進不吝賜教、大雅齊正，亦期待日後有更多同好者能投入這個領域，為學界教會史的研究貢獻心力。

吳蕙芳
記於海大風雨樓412室
2025.02.04

本書各章原始刊載說明(依出版時間順序排列)

第九章　　天主教聖言會的社會服務事業：以新店大坪林德華女子公寓為例(1968-1988)
原載於《國立政治大學歷史學報》，44 期，臺北，2015.11，頁223-280。
THCI 核心期刊【NSC102-2410-H-019-004-MY2】
本文另有其他中、英文簡版：
〈天主教聖言會的社會服務事業：以新店大坪林德華女子公寓為例(1968-1988)〉，收入《華人情境下的基督宗教與社會關懷》，桃園：國立中央大學出版中心、臺北：遠流出版事業股份有限公司，2016，頁 301-327。
"Social Services Provided by the Catholic Divine Word Missionaries: A Case Study of Dehua Girls' Hostel in Dapinglin, Xindian," 收入《全人使命與社會療癒：聖言會與聖神婢女傳教會在台灣的經驗》，新北：天主教輔仁大學出版社，2023，頁 67-83。

第七章　　重返新鄉樂園：國共內戰時期的米幹神父
原載於《國史館館刊》，53 期，臺北，2017.09，頁 71-108。
THCI 核心期刊【MOST105-2410-H-019-011- MY2】

第六章　　建立新鄉樂園：米幹神父在豫北的傳教事業
原載於《國史館館刊》，56 期，臺北，2018.06，頁 1-42。
THCI 核心期刊【MOST105-2410-H-019-011- MY2】

第三章　　異域樂土：外籍傳教士眼中的華北民間社會(1920 至 1940 年代)
原載於《輔仁歷史學報》，39 期，新北，2018.06，頁 43-82。
【MOST104-2410-H-019-006-】

第八章　　戰亂下的傳教士生活：韓克禮神父回憶錄中的景象
原載於《日本帝國下的基督宗教》，桃園：國立中央大學出版中心、臺北：遠流出版事業股份有限公司，2018，頁 329-357。

【MOST104-2410-H-019-006-】

第五章　實踐信仰生活：1931 年的中國聖教年曆

原載於《國立政治大學歷史學報》，52 期，臺北，2019.11，頁 103-142。

THCI 核心期刊【MOST104-2410-H-019-006-】

第十章　萬德華神父筆下的傳教經歷：海峽兩岸的觀察紀錄

原載於《海絲之路：祖先的足跡與文明的和鳴》，1 輯，廈門：廈門大學出版社，2019，頁 269-292。

【MOST104-2410-H-019-006-】

第十一章　從 Formosa High Lights 到《聖三堂訊》：天主教會在臺灣本地化發展的案例

原載於《海洋文化學刊》，29 期，基隆，2020.12，頁 119-156。

【NSC102-2410-H-019-004-MY2】

第四章　來自中原的訊息：傅相讓神父的河南傳教經歷

原載於《淡江史學》，33 期，淡水，2021.09，頁 21-41。

【MOST104-2410-H-019-006-】

第二章　福若瑟神父的華人社會生活：從香港到魯南(1879-1908)

原載於《國立政治大學歷史學報》，56 期，臺北，2021.11，頁 93-124。

THCI 核心期刊【MOST109-2410-H-019-010- MY2】

第一章　聖言東傳：楊生神父書信中的魯南傳教事業(1879-1897)

原載於《國立政治大學歷史學報》，60 期，臺北，2023.11，頁 1-52。

THCI 核心期刊【MOST109-2410-H-019-010- MY2】

第十二章　溯源：劉維和神父的尋根之旅

原載於《海洋文化學刊》，36 期，基隆，2024.06，頁 125-166。

【NSTC111-2410-H-019-028-】

Reminiscence of Paradise:
Missionary Histories of the Catholic Society of the Divine Word in Chinese Society

Wu, Huey-Fang

Distinguished Professor, General Education Center,

National Taiwan Ocean University

Preface	I
Introduction	1

Part One：Foundation in Shandong

I. Spreading the Divine Word to the East：
  Missionary Work in South Shandong as Seen through the Letters of Father Arnold Janssen, 1879-1897 ... 9

II. Father Joseph Freinademetz's Life in Chinese Society：
  From Hong Kong to South Shandong, 1879-1908 ... 53

Part Two：Expansion in Henan

III. Paradise in a Foreign Land：
  Observations about Rural Society in North China by Foreign Missionaries, 1920s-1940s ... 85

IV. Message from the Central China：
  Father George Foffel's Missionary Career in Henan ... 111

V. Practice of Religious Life：
  The Chinese Catholic Liturgical Calendar for 1931 ... 133

VI. Establishing Paradise in Sinsiang：

Father Thomas Megan's Missionary Work in North Henan ... 165

VII. Return to Paradise in Sinsiang：

Father Thomas Megan's Activities During the Chinese Civil War ... 197

VIII. Missionary Life in Wartime China：

Scenes From the Memoirs of Father Joseph Henkels ... 227

Part Three：Continuation in Taiwan

IX. The Social Services Delivered by the Catholic Divine Word Missionaries：

A Case Study of Dehua Girls' Hostel at Dapinglin, Xindian ... 255

X. Missionary Experience of Father Edward Wojniak：

According to His Observations from Across the Strait ... 301

XI. From *Formosa High Lights* to *Newsletter of Holy Trinity Church*：

A Case Study of Localization Efforts of the Catholic Church in Taiwan ... 329

XII. Tracing the Origin：

Father Joseph Weihe Liu's Root-seeking Journey ... 355

Bibliography ... 389

Postscript ... 407

國家圖書館出版品預行編目資料

樂園憶往：天主教聖言會在華傳教史

吳蕙芳著. – 初版. – 臺北市：臺灣學生，2025.06
面；公分

ISBN 978-957-15-1964-7 (平裝)

1. 天主教 2. 傳教史 3. 中國 4. 臺灣

246.233　　　　　　　　　　　　114003757

樂園憶往：天主教聖言會在華傳教史

著　作　者	吳蕙芳
出　版　者	臺灣學生書局有限公司
發　行　人	楊雲龍
發　行　所	臺灣學生書局有限公司
地　　　址	臺北市和平東路一段 75 巷 11 號
劃撥帳號	00024668
電　　　話	(02)23928185
傳　　　真	(02)23928105
E - m a i l	student.book@msa.hinet.net
網　　　址	www.studentbook.com.tw
登記證字號	行政院新聞局局版北市業字第玖捌壹號
定　　　價	新臺幣七五〇元
出版日期	二〇二五年六月初版
I S B N	978-957-15-1964-7

24601　　　　有著作權・侵害必究